LA SICOMINES

5-7, rue de l'École-Polytechnique, 75005 Paris

www.harmattan.fr

ISBN : 978-2-343-21358-3
EAN : 9782343213583

Jean MPISI

LA SICOMINES

(Sino-congolaise des mines)

L'Harmattan

La Convention de Collaboration [signée le 22 avril 2008] a prévu la création d'une Joint-Venture devant exploiter les gisements miniers, laquelle fut créée avec comme actionnaires le Groupe Gécamines détenant 32 % des parts et les Entreprises Chinoises détentrices de 68 % des parts.

Jouant le rôle de plateforme financière, c'est cette JV minière, la Sicomines SA, qui emprunte, finance le Projet d'Infrastructures et le Projet Minier et assure le remboursement sur base de revenus d'exploitation minière évitant ainsi un accroissement de la pression de la dette à l'Etat Congolais. (...)

Je voudrais préciser que le Projet de Coopération Sino-Congolais ne stipulent nullement la cession des concessions minières au Groupement d'entreprises chinoises ni aux Chinois, mais à une entreprise de droit congolais, en l'occurrence la Sicomines SA (...).

La Sicomines SA a, entre autres pour obligations, de commercialiser les produits qui seront issus du traitement métallurgique des minerais dans l'intérêt des parties.

Le remboursement des financements du Projet d'Infrastructures et du Projet Minier est assuré par 66 % du bénéfice d'exploitation de la Sicomines SA, le solde soit 34 % étant distribué aux actionnaires au titre de dividendes au prorata de leurs mises.

Moïse EKANGA LUSHYMA
Secrétaire exécutif du « Bureau de Coordination et de Suivi du Programme Sino-Congolais » (BCPSC).

Ouvrages de Jean MPISI chez L'Harmattan

Tabu Ley « Rochereau », innovateur de la musique africaine, 2003, 454 pages.

Jean-Paul II en Afrique (1980-2000), 2004, 483 pages.

Le cardinal Malula et Jean-Paul II. Dialogue difficile entre l'Eglise « africaine » et le Saint-Siège, 2005, 552 pages.

Manisa, un mariage congolais, comédie en trois actes, 2006, 98 pages.

Le patron congolais, comédie en quatre actes, 2006, 134 pages.

Antoine Gizenga, l'héritier de P. Lumumba, 2008, 750 pages.

Kivu, RDC : La paix à tout prix ! La conférence de Goma, 2008, 296 pages.

Le Kivu pour la paix. Les Actes de la Conférence de Goma, 2008, 492 pages.

Traite et esclavage des Noirs au nom du christianisme, 2008, 250 pages.

Les papes et l'esclavage des Noirs. Le pardon de Jean-Paul II, 2008, 200 pages.

Les évêques africains et la traite négrière : Pardon de l'Afrique à l'Afrique, 2008, 190 pages.

Les prêtres africains en Occident. Leur mission et restrictions vaticanes sur leur séjour, 2008, 280 pages.

Rapport final de la Conférence provinciale sur la Reconstruction, 1997, 2008. (Une série de 4 publications : Bas-Congo, Kasaï Occidental, Katanga et Sud-Kivu).

Antoine Gizenga pour une Gauche en RDC, 2011, 130 pages.

Adolphe Muzito. La RDC en marche, la vérité des chiffres, 2011, 254 pages.

* (Avec Jacques Fumunzanza Muketa), *Les tribunes d'Adolphe Muzito, de la 10ème à la 15ème*, 2017.

Le Programme sino-congolais pour le développement des infrastructures en RDC, 2020, 525 pages.

Ali-Foreman, le combat du (XXe) siècle, 2020, 568 pages.

Dans la Collection « Dossiers, études et documents »

La Collection « Dossiers, études et documents », créée et dirigée par Jean MPISI, reçoit les manuscrits de tous les auteurs. Jusqu'à ce jour, elle a publié les œuvres suivantes, hormis celles du fondateur :

- Esdras KAMBALE, *Du Shaba au Katanga. A propos du « massacre » de l'Université de Lubumbashi et de la période pré-insurrectionnelle (1990-93)*, 2008.

- NKERE Nkingi Ntanda, *La crise financière internationale de 2008 et ses conséquences en RdCongo*, 2008.

- NKERE Nkingi Ntanda, *Education des Electeurs au Congo-Kinshasa : Un défi de la République*, 2009.

- Innocent UNYON Vakpa Katumba, *Le conflit armé en Ituri (RDC) : La problématique de sa prévention et de sa gestion*, 2009.

- Jacques FUMUNZANZA Muketa, *Kinshasa d'un quartier à l'autre*, 2009.

- Antoine GIZENGA, *Ma vie et mes luttes*, 2011.

- Philippe BIYOYA, *Diplomatie Congolaise Régionale. Nouveaux fondements, défis et enjeux*, 2012.

- Augustin KALUBI sj, *Vision et leadership selon Ignace de Loyola. Pour une éducation de qualité*, 2014.

- Adolphe MUZITO et ses tribunes (2015-2016) :

0° *Installation de nouvelles Provinces : Défis et contraintes* (25 août 2010) ;
1° *La RDC, un Etat sans provinces* ;
2° *La RDC, un Etat sans budget*;
3° *Nouvelles provinces et élections locales : la faillite de l'Etat, la vérité des chiffres* ;
4° *La RDC, un Etat sous-endetté* ;
5° *Le chômage en RDC hier, aujourd'hui et demain* ;
6° *Kinshasa, l'enfer au paradis* ;
7° *Les nouvelles provinces en RDC, des mort-nées !*
8° *La RDC : un royaume d'aveugles conduit par des borgnes* ;
9° *RDC : 2 Dialogues et 2 Transitions* ;
10° *RDC : Le Dialogue Vertical* ;
11° *RDC : Emergence à l'horizon 2030, illusion ou propagande ?* ;
12° *RDC : Les 3 crises* ;
13° *Pourquoi je n'ai pas signé l'Accord du 18 octobre 2016* ;
14° *RDC : Quelle est la source de légalité du Dialogue du Centre interdiocésain ? ;*
15° *Vers un 3ème Dialogue ?*

- Jacques FUMUNZANZA Muketa et Jean MPISI, *Les tribunes d'Adolphe Muzito, de la 10ème à la 15ème*, 2017.

Un accord de partenariat entre la RDC et un groupe d'entreprises chinoises

Le 17 septembre 2007, à Kinshasa, le Gouvernement de la République démocratique du Congo signe avec un groupe d'entreprises chinoises un important « protocole d'accord », qu'entérinera le 22 avril 2008, à Beijing, une « Convention de Collaboration RDC – Entreprises chinoises ».

Au terme de cet accord historique, la partie chinoise s'engage à construire en RDC une série d'infrastructures, que financera Exim Bank, à hauteur de 6 milliards de dollars américains. En contrepartie, les entreprises chinoises doivent exploiter les ressources naturelles du Congo pendant 30 ans, d'une valeur estimée à 3 milliards de dollars.

Le Gouvernement de la République est parvenu à sceller cette alliance avec les entreprises d'une puissance émergente qu'est la Chine, pour soutenir la politique de reconstruction nationale initiée en 2006 par Joseph Kabila au lendemain de son élection à la tête de l'Etat congolais. L'importance ou la logique de ce partenariat économique est soulignée, dès le 6 décembre 2007, par le Président de la République lui-même :

''*Puisque les institutions financières chinoises disposent de liquidités importantes et que leur pays a des besoins importants en ressources naturelles, notamment minières, pourquoi ne pas conclure avec eux un accord où chaque partie trouverait son compte ? En échange de concessions minières, exploitées en partenariat avec des entreprises publiques congolaises, donnant de l'emploi aux Congolais et produisant de la valeur ajoutée localement, les banques chinoises acceptent de contribuer au financement de nos Cinq chantiers.*

Pour la première fois dans notre histoire, le peuple congolais pourra enfin voir à quoi aura servi son cobalt, nickel ou cuivre ! Tel est l'esprit des accords avec la partie chinoise. Ils ont été conclus en toute transparence et nous sommes prêts à conclure des accords similaires avec d'autres partenaires.''

Le présent ouvrage essaie de reconstituer le *chemin parcouru en dix ans* par la fameuse Convention de Collaboration, depuis ses origines jusqu'à ce jour. Nous avons pu décliner cette démarche en dix chapitres.

Le *premier chapitre*, « **Aux origines de la Convention de Collaboration** », évoque les faits qui ont prévalu à la conclusion de ce deal économique sino-congolais, qui sont notamment le Programme présidentiel de Reconstruction nationale, appelé les « Cinq chantiers », et la signature antérieurs des accords de partenariat économique et technique entre la RDC et un groupement d'entreprises chinoises.

Le ***contenu*** de cette Convention de Collaboration sino-congolaise est détaillé dans le *second chapitre*, lequel aborde le cadre juridique de cet accord historique, les obligations des parties prenantes et le rôle que jouera la joint-venture mixte dénommée la Sino-congolaise des Mines (« Sicomines »), celui d'exploiter les gisements cupro-cobaltifères dans la province du Lualaba pour le remboursement du Projet de Coopération (les infrastructures construites par les entreprises chinoises et l'investissement minier).

Afin de veiller à l'application de la Convention de Collaboration, celle-ci a prévu, comme le montre le *troisième chapitre*, deux organismes étatiques de pilotage et de coordination, qui, institués le 26 août 2008 par le Gouvernement congolais, sont le « Bureau de Coordination et de Suivi du Programme Sino-Congolais » (BCPSC) et l'« Agence Congolaise des Grands Travaux » (ACGT). Le premier service public s'attellera à la gestion et au suivi de la mise en œuvre de la Convention de Collaboration, tandis que le second supervisera la construction des infrastructures de base retenues dans cet accord sino-congolais.

A peine signée, la Convention de Collaboration a essuyé plusieurs ***critiques*** venant de l'opposition parlementaire et des partenaires traditionnels de la RDC ainsi que des institutions de Bretton Woods (Fonds monétaire international et Banque mondiale). Pour eux, le deal sino-congolais est un contrat léonin en faveur de la Chine et équivaut à un nouvel endettement du pays. Pressées par cette opposition hétéroclite et néanmoins combative, la RDC et la Chine procèdent à la ***révision de la Convention de Collaboration***. En octobre 2009, elles parviennent à produire un avenant à la Convention, lequel retire la garantie de l'Etat congolais au remboursement du projet minier et réduit à 3 milliards le financement des infrastructures. Désormais, le Projet de Coopération sino-congolais vaut 6 milliards USD, au lieu de 9 initiaux.

C'est dans le cadre de ce contrat amendé que s'effectueront désormais en RDC les *travaux de construction des infrastructures de base*. En fait, il s'avérera que ces travaux exécutés par les entreprises chinoises ne seront pas seulement financés par les Chinois (à travers l'institution Exim Bank ou le gouvernement de Pékin) et par la joint-venture Sicomines, mais ils bénéficieront également des fonds divers, pouvant provenir du gouvernement congolais, de la Banque mondiale, ou de l'Union européenne. C'est la substance du *quatrième chapitre*.

Le *cinquième chapitre* aborde les différentes ***sources de financement*** de la Convention de Collaboration qui gère le Projet de Coopération ou le Programme sino-congolais pour la construction des infrastructures et l'investissement du Projet minier. Le cas de l'Exim Bank, principal bailleur de ce programme, est évoqué.

Le *sixième chapitre*, « **L'entrée en vigueur de la Convention de Collaboration** », montre les premières difficultés rencontrées lors de l'application de l'accord sino-congolais, les évaluations du niveau de réalisation des engagements des Parties prenantes, la laborieuse constitution de la Sicomines et l'approbation tardive de l'Etude de faisabilité liée au démarrage du Programme sino-congolais.

Le *septième chapitre*, « **La mise en œuvre du Projet minier** », évoque toutes les conditions de l'exécution du Projet Sicomines et le démarrage des travaux miniers. Les autorités de l'Etat et surtout le Secrétaire exécutif du BCPSC se sont déployé pour que l'on arrive à asseoir la plateforme destinée au financement du Programme sino-congolais et au remboursement de ce financement.

Les travaux miniers ont consisté, ainsi que le montre le *huitième chapitre*, « **La concession minière de la Sicomines** », à aménager l'environnement physique du Projet et à dégager le gisement minier (les mines de Dikuluwe et de Mashamba-ouest) confié à la Sicomines par la Gécamines. La composition minéralogique du minerai Sicomines est ainsi connue, pour l'exploitation des produits marchands visés par le projet.

Le *neuvième chapitre*, « **Elaboration métallurgique du cuivre et du cobalt** », tente d'expliquer comment sont obtenus industriellement les produits issus de deux principaux métaux du gisement minier, des produits marchands visés par le Projet Sicomines. Les trois méthodes industrielles sont la minéralurgie, l'hydrométallurgie et la pyrométallurgie ; la Sicomines a construit des usines en rapport avec ces procédés. A l'issue de cette métallurgie, les produits envisagés sont : les concentrés de cuivre, le carbonate de cobalt et surtout la cathode de cuivre. Celle-ci sort des usines en 2015. C'est la phase I de l'objectif Sicomines, qui, théoriquement, attend 125.000 tonnes du produit par an. La Sicomines a prévu également une phase II, au cours de laquelle la co-entreprise minière doublera sa production, mais à condition qu'elle a ait assez suffisamment d'énergie électrique. Pour bénéficier de cette énergie, le projet a commencé à construire la centrale hydroélectrique de Busanga d'une puissance installée de 240 MW. Une joint-venture, la « Sino-congolaise Hydroélectrique » (Sicohydro) a été mise en place pour gérer le barrage.

Les parties prenantes à la Convention de Collaboration peuvent ainsi se satisfaire dix ans après sa signature, en notant qu'elle a enfin aboutit à ses objectifs. Sont donnés, pour évaluation et bilan, les Encaissements et décaissements des fonds pour le Projet de Coopération, les coûts de l'investissement minier et des infrastructures réalisées ainsi que les tableaux récapitulatifs des infrastructures réalisées. C'est l'essence du *dixième chapitre*.

Pour terminer, le *onzième et dernier chapitre* de l'ouvrage reprend quelques ***annexes***, jugées importantes, précieuses pour les chercheurs et ceux qui veulent approfondir leur connaissance et leur compréhension de la Convention de Collaboration. Les annexes concernent les textes fondamentaux (Protocole d'accord du 17 septembre 2007, Convention de Collaboration du 22 avril 2008, Avenants à cette Convention), la création de trois institutions-clé pour la Convention (Sicomines, ACGT et BCPSC), les positions pour et contre la Convention, les quelques interventions du Secrétaire exécutif du BCPSC et quelques autres articles de presse.

***

Le présent ouvrage, on l'aura compris, ne développe qu'un thème, à savoir la *Convention de Collaboration* (ou le *Programme sino-congolais*), lui-même déployé en plusieurs sous-thèmes. En général, l'objectif visé par un chercheur consiste à livrer sa propre lecture de l'histoire et de l'actualité de l'objet qu'il veut présenter au public. Pour ce faire, le choix est en principe à opérer entre une *présentation thématique* et une *présentation chronologique*. Bien entendu, chaque option présente ses avantages et ses inconvénients.

La méthode *thématique* permet notamment de regrouper des idées, d'aller pour ainsi dire directement à l'essentiel, en évitant de reproduire les répétitions constatées au fil des textes traitant le même thème ; mais elle a aussi tendance à aplanir la réalité, à en donner une vision expurgée qui empêche d'en mesurer toute la portée.

La méthode *chronologique*, quant à elle, offre la possibilité de suivre l'évolution des phénomènes étape par étape, et permet alors d'en rendre compte de façon plus fidèle, mais par ailleurs elle implique certaines longueurs qui peuvent paraître fastidieuses.

Dans le cas qui nous concerne, nous ne pouvions opter que pour une présentation chronologique, une méthode qui mette en lumière certains sous-thèmes fondateurs, car nous espérons pouvoir donner ainsi une vue d'ensemble de la progression réelle des idées théorisées et pratiquées. Il nous semble en effet que cette méthode permet de mieux prendre conscience des diverses caractéristiques à souligner. En d'autres termes, elle nous replonge dans le contexte de l'époque où le discours a été tenu ou l'interview a été accordée : nous refaisons en quelque sorte le chemin suivi par une idée ou son auteur, et de ce fait, nous mesurons mieux la distance parcourue depuis lors. Nous en avons en quelque sorte une connaissance intime. En outre, cela permet de situer les phénomènes dans un cadre englobant, et nous pouvons davantage en saisir la portée en notant comment ils s'enchaînent les uns aux autres, dans quelle situation ils surgissent, se renforcent, s'estompent, ou se perpétuent. On ressent le poids du passé, et on réalise pleinement à quel point l'histoire de l'idée ou de l'action est liée aux multiples autres facteurs qui font l'histoire en général, qu'ils soient économiques, culturels, politiques, etc. Au fil des années, on voit se dessiner des lignes de force, se distinguer certains aspects dont la position dominante se confirme et se consolide.

Bref, cette approche reflète le développement réel de la pensée et de l'action. Cela implique par ailleurs que ce qui apparaît à plusieurs reprises au cours de l'histoire soit également réitéré dans le panorama. Bien sûr, cela peut entraîner des lourdeurs propres aux répétitions, mais cela permet avant tout, nous semble-t-il, de mettre en relief le caractère répétitif des thèmes en question. Ce qui n'est pas sans importance lorsqu'on s'attache à repérer les principaux courants historiques et leur évolution.

***

Le présent ouvrage n'est nullement l'expression officielle de la Sino-Congolaise des Mines (SICOMINES). C'est nous, un membre pendant qui donnons notre propre lecture de cette plateforme financière, de son évolution et de ses activités, convaincu que notre exposé reflète la réalité et la vérité. Pendant dix ans, soit de 2008 jusqu'en 2018, nous avons évolué au sein du Bureau de Coordination et de Suivi du Programme sino-congolais (BCPSC), cette entreprise étatique instituée pour piloter la Convention de Collaboration signée le 22 avril 2008 entre l'Etat congolais et un groupement d'entreprises chinoises. Cette Convention avait prévu la création d'une joint-venture, nommée plus tard la SICOMINES (Société à responsabilité limitée puis Société anonyme), destinée à rembourser le prêt chinois alloué à la construction des infrastructures en RDC et l'investissement minier. Le BCPSC était au four et au moulin pour la mise en œuvre de cette co-entreprise mixte de droit congolais. C'est ce qui nous avait permis, mes collègues experts et moi, de suivre certains dossiers y relatifs. Avec ces experts du BCPSC, j'avais le plaisir de travailler en toute fraternité, en toute amitié et en toute complicité, en tenant compte des humeurs, circonstancielles, de chacun. Je me permets les nommer. D'abord ceux qui, avec moi, étaient les « pionniers » (les premiers embauchés) : Ali Baba MWANANTEBA, José LUMBALA, Claudine TUPA-PAONY et Zénon NGABURU Lupana Fioti. Puis ceux qui sont venus nous rejoindre après : Yvette MWANGU Barashishwa, Yves OTSHUDI Ekanga, Henri KABEYA, Chrisos ILA, Didier KAMUNGA, Tristan ETUMBA et Yvon MOMBONG. Je ne peux manquer de mentionner quelques autres cadres du Bureau, qui y rendent encore leur service ou non : Constance MUNZAMBIYA, Vital YAOSUKA, Francisca MOSOMBO, Najah LM, Guy-Paul BOFEFA, Norah PINDI Kadiebwe, Ornella AMBATSHE, Flory NSUMBALA, John OMOMBO…

Avec certains de ces collègues, j'avais eu l'honneur de me rendre par deux fois au lieu de l'installation de la structure SICOMINES, au début et à la fin des travaux.

Ces déplacements, aussi bien au pays – à Kolwezi et ailleurs – qu'à l'étranger (notamment en Chine, en France et aux Pays-Bas), ainsi que mon épanouissement au BCPSC, ont été rendus possibles par la bonne volonté de Moïse EKANGA Lushyma et de Justin-Marie MBALAKA, respectivement Secrétaire exécutif et Secrétaire exécutif adjoint du BCPSC, que je remercie de tout cœur.

Je ne saurais oublier de manifester ma gratitude aux amis de l'Agence congolaise des Grands Travaux (ACGT), avec lesquels j'entretenais une sympathique collaboration, puisque nos deux établissements étatiques, nés le même jour – le 26 août 2008 – sont appelés à œuvrer ensemble pour la réussite de la Convention de Collaboration. Je pense notamment aux deux patrons de l'entreprise, celle qui supervise les travaux d'infrastructures, le DG Charles-Médard ILUNGA Mwamba et le DGA Nico NZAU NZAU, qui me recevaient en ami, avec beaucoup d'égards en leurs bureaux de travail et qui m'invitaient même en dehors du cadre de travail pour prendre part à certaines manifestations qu'ils organisaient. Je pense aussi à leurs collaborateurs qui m'accueillaient avec le même entrain – qu'ils m'excusent de ne point les citer tous, du fait qu'ils sont nombreux !

Nous espérons que la somme de nos cogitations sera la réponse, que nous souhaitons être imparable ou patente, à ceux qui, en RDC ou ailleurs, affirmaient, ou affirment encore, de bonne ou de mauvaise foi, avec ou sans raison, que la Convention de Collaboration, qui a donné naissance à la Sicomines, était – est – frappée d'un sceau de secret, c'est-à-dire que ses animateurs ne voulaient pas – ou ne cherchaient pas à – communiquer sur le contenu réel de ce texte essentiel et sur l'évolution des activités effectuées dans son cadre.

Ce sera notre grande joie d'avoir atteint cet objectif.

1

Aux origines de la « Convention de Collaboration »

CONTEXTE DE LA (NOUVELLE) « COOPERATION ECONOMIQUE » SINO-CONGOLAISE

22 avril 2008 – 22 avril 2020. La « Convention de Collaboration » sino-congolaise accomplit douze ans. Douze ans de (nouvelle) coopération économique entre l'Etat congolais et un consortium d'entreprises chinoises.

Cette Convention, approuvée et signée à Beijing, formalise l'ensemble d'accords que, depuis 2007, la RDC s'est mise à signer avec les entreprises chinoises et donne un cadre aux autres accords qui seront négociés après.

Pour répondre aux nombreuses critiques qui seront formulées contre tous ces contrats, il faut essayer de replacer cette démarche dans un contexte historique, afin de dégager son importance pour la RDC.

La réflexion peut partir de 2001. Le 26 janvier de cette année-là, Joseph Kabila, qui prend la succession, à la tête de l'Etat congolais, de son père Laurent-Désiré Kabila, mort assassiné, donne, dans son discours de prise de pouvoir, les grandes lignes de ce que sera sa politique. Le développement socioéconomique en constitue l'un des défis à relever : ''le défi de la reconstruction nationale sur tous les plans''. Pour ''reconstruire un pays plus beau qu'avant, comme l'affirme notre hymne national'', l'ouverture au monde extérieur s'avère nécessaire : ''En appui à nos propres efforts, je demande à la communauté financière internationale de nous assister à mobiliser les ressources humaines, techniques et financières pour accélérer notre programme de reconstruction nationale.''

Le nouveau chef de l'Etat en arrive là, après avoir noté l'état calamiteux de l'économie nationale. Dès le départ, le problème consistait surtout à assainir le cadre macroéconomique, afin de permettre la relance de la production et des activités économiques.

Des programmes d'urgence furent alors élaborés et mis en exécution. Ils aboutirent, le 1er juillet 2010, à l'atteinte du point d'achèvement de l'initiative « Pays Pauvre Très Endetté » (i-PPTE). Autrement dit, le stock de la dette extérieure de la RDC venait d'être réduit d'au moins 80 %, passant de 13,7 milliards USD à 2,9 milliards USD.

Mais, l'on n'en était pas encore là. De 2001 à 2006, le Président « gère » ce qu'il a hérité : la guerre, une économie délabrée et tant d'autres crises, dont celle de la légitimité au pouvoir. Cette dernière crise est résolue en novembre 2006, lorsque, à la suite de l'organisation des élections démocratiques, il est élu Président de la République.

Son pouvoir légitimé par le peuple, Joseph Kabila peut élaborer un vrai plan de reconstruction nationale. Pour le financer, il s'enquit auprès de tous ses partenaires traditionnels. Ceux-ci multiplièrent des promesses pour financer la reconstruction. Par exemple, l'Union européenne s'était engagée à verser 750 millions d'euros sous forme de dons. Mais la RDC ne voyait rien venir.

C'est alors qu'elle décida de tenter une nouvelle expérience avec les Chinois, qui avaient prouvé leur efficacité par le passé en construisant, à peu de frais peut-on dire, des grandes œuvres telles que le Palais du Peuple et le Stade des Martyrs à Kinshasa ou la Sucrerie de Lutokila en Province Orientale.

En signant des contrats avec les entreprises de ce dernier pays, le Gouvernement de la République est parti du fait que, en 1990, la reconstruction du pays coûtait au bas mot 9 milliards de dollars, un chiffre qui doit être triplé ou quadruplé aujourd'hui. Cette somme devait évidemment venir des partenaires traditionnels occidentaux. Mais les déboursements effectifs de cette « aide » internationale n'atteignaient qu'un quart des montants promis, dont 30 ou 40 % étaient affectés aux salaires et aux frais de fonctionnement. En définitive, l'Etat ne tirait qu'un très faible bénéfice. Ainsi, ce bénéfice n'était que de 6 % du budget, versé par les quelque 400 contrats miniers passés avec des entreprises occidentales pendant la transition (de 2003 à 2006, période « 1 + 4 »). C'est dans ces conditions que le Gouvernement s'est vu obligé de prendre deux mesures palliatives : la « revisitation » des contrats miniers et l'appel au secours de la Chine.

Mais pendant cinq ans, le chef de l'Etat ne put matérialiser véritablement sa politique de développement économique, tout occupé qu'il fut à chercher à réduire la guerre à l'est du pays et à légitimer son pouvoir. La légitimation du pouvoir arrive en 2006, lorsque, à l'issue des élections démocratiques, il est confirmé dans sa fonction présidentielle. C'est en ce moment-là qu'il élabore un plan de reconstruction nationale, lequel se décline en ce qu'il appelle judicieusement *les* ***« Cinq chantiers*** », une formule-choc qui va qualifier son programme d'action.

LES « CINQ CHANTIERS », LE PROGRAMME PRESIDENTIEL DE RECONSTRUCTION NATIONALE

La « Convention de Collaboration RDC-Chine », approuvée et signée à Kinshasa, marque résolument la volonté du président Kabila d'exécuter la politique de reconstruction nationale définie méthodiquement en 2006. Le 14 novembre de cette année-là, le nouveau Président élu démocratiquement révèle à Colette Braeckman du journal belge *Le Soir*, ses priorités :

''La réalité, c'est que le Congo d'aujourd'hui, ce n'est même pas le Congo de 1960. En 1960, il y avait des infrastructures, aujourd'hui la situation est tellement plus morose. J'ai identifié *cinq chantiers* urgents : *les infrastructures* d'abord, routes, rails, ponts ; il faut que les régions soient reliées les unes aux autres, que les gens puissent circuler.

Ensuite la *création d'emplois*. Aujourd'hui, moins de 5 % de la population travaille dans les secteurs formels, le reste dans l'informel, les autres sont au chômage. La création d'emplois doit passer par l'investissement. Troisième chantier : *l'éducation*. Ecoles primaires, secondaires, universités, tout est à reconstruire. Quatrième chantier : *l'eau et l'électricité*. Pendant la campagne, j'ai sillonné le pays et partout c'étaient les plus grands problèmes. Et puis, bien sûr, il y a le chantier de *la santé*. Voilà les priorités des priorités.''

Peu avant de se confier à la presse, le Président avait, en juin 2006, produit un opuscule qui portait bien son titre : *''Voici mes 100 propositions pour changer la face de la RDC''*. C'était un condensé, en 100 points bien numérotés, de son programme politique, un projet de société assez ambitieux, dont l'essentiel repose sur les quelques fondamentaux suivants : la consolidation de la paix, la restauration de l'Etat et de son autorité, la relance économique, la lutte contre la pauvreté et les inégalités sociales... Dans ce programme, la relance économique prend une place importante ; elle concerne surtout les infrastructures de base, fer de lance des « Cinq chantiers », et est libellée dans les quelques points suivants :

33. Réhabilitation des routes nationales et de desserte agricole ainsi que des ponts et bacs sur ces routes afin d'accroître la fluidité du trafic à l'arrière-pays et de favoriser les mouvements des personnes et des biens ;

34. Achèvement des travaux en cours sur les grands axes routiers Kisangani-Niania-Beni, Kisangani-Bunia, Mbuji-Mayi-Kasongo, Bukavu-Kasongo, Kinshasa-Kikwit ;

35. Réhabilitation des ports fluviaux, dragage et balisage des principaux cours d'eau pour augmenter le tonnage en trafic fluvial ;

36. Appui à l'Onatra ainsi qu'à la SNCC pour moderniser le charroi ferroviaire et fluvial afin de désenclaver le pays et restructurer, pour ce faire, ces deux sociétés ;

37. Poursuite de la réhabilitation des équipements collectifs, tels que les hôpitaux, les écoles, la voirie urbaine, les bâtiments publics… ;

38. Relance de l'Office Congolais des Postes et des Télécommunications (OCPT) ;

39. Intéressement de l'initiative privée à la construction et à la gestion des infrastructures des transports et communications ;

40. Diversification des sources de financement internes des infrastructures publiques des transports et des communications ;

41. Modernisation de l'aéroport international de Ndjili et des aéroports de Lubumbashi, Kisangani, Mbuji-Mayi, Kananga et Goma ;

42. Accroissement des efforts en vue de diversifier les sources d'énergie et d'augmenter la production énergétique nationale ainsi que l'approvisionnement de l'ensemble du pays ;

43. Promotion et extension des champs de production des hydrocarbures dans le bassin côtier, la cuvette centrale et le graben par les investissements privés ;

44. Achèvement des travaux de réhabilitation partielle des turbines du barrage d'Inga et lancement des travaux du barrage de Kakobola dans le Bandundu et achèvement de celui de Katende dans le Kasaï Oriental ;

45. Augmentation du taux de desserte électrique par l'intensification de l'électrification rurale et utilisation des énergies renouvelables dans l'arrière-pays, telles que l'énergie solaire, éolienne, biomasse… ;

46. Assainissement et développement des réseaux de distribution d'électricité notamment par des investissements nouveaux publics et privés afin de doter la RD Congo des infrastructures viables de transport d'énergie ;

47. Elargissement de l'accès à l'eau potable au plus grand nombre des Congolais par l'amélioration du réseau de distribution notamment par la relance du programme d'hydraulique rurale et l'achèvement des chantiers en cours ;

50. Encouragement des investissements privés dans les secteurs de l'eau et de l'électricité ;

51. Octroi des titres miniers en conformité avec le code minier, plus particulièrement par adjudication publique et suivi rigoureux de l'exécution des conventions minières notamment par l'évaluation périodique de l'exécution des engagements pris et des investissements promis par les opérateurs privés ;

68. Réhabilitation des infrastructures médico-sanitaires et accroissement de leur capacité d'accueil par des investissements nouveaux en vue d'élargir la couverture sanitaire et l'accès aux soins de santé à toutes les couches de la population ;

81. Réhabilitation, extension et création des écoles techniques, agricoles, et vétérinaires à l'arrière-pays ;

82. Réhabilitation progressive des infrastructures scolaires avec la participation des communautés de base ;

84. Promulgation d'une loi-cadre sur l'habitat, assistance à l'auto-construction, promotion de l'industrie locale de production des matériaux de construction et intéressement des promoteurs privés à la construction des logements sociaux ;

94. Redynamisation du Programme National d'Assainissement et promotion des initiatives privées pour mettre fin à l'insalubrité publique surtout dans les grands centres urbains…

Sur qui allez-vous compter pour réaliser cette tâche colossale ? Telle est la question que la journaliste belge Colette Braeckman pose au Président de la République[1]. La réponse est on ne peut plus claire :

''*On va compter d'abord sur nous-mêmes. Mobiliser davantage nos ressources, nos recettes. Compter aussi sur l'appui des pays amis, mais avant tout sur la réorganisation interne. L'objectif est de transformer la société, non pas avec des changements cosmétiques, mais des bouleversements en profondeur.*''

« Compter aussi sur l'appui des pays amis ». Pendant longtemps, la RDC a eu comme amis les pays occidentaux. Mais ceux-ci ont, pour intervenir en faveur du développement national, commencé à poser beaucoup de conditions, les unes parfois plus insupportables que les autres. Alors, s'est dit le Président de la République, pourquoi ne pas essayer avec de nouveaux amis, sans abandonner les amis traditionnels ?

Parmi les nouveaux amis, le choix s'est posé sur la République populaire de Chine, qui, apparemment, n'assujettissait pas son aide à des considérations d'une nature qui n'avait rien à voir avec l'économie. Bien plus, la Chine se mettait volontiers au service des pays du Sud, en leur construisant des ouvrages de bonne qualité et qui coûtaient moins chers. Quand les entreprises chinoises étaient mises en compétition avec les autres partout dans le monde, elles avaient tendance à rafler tous les marchés, car sur le plan qualité, leurs soumissions s'avéraient très compétitives et en ce qui concerne le prix elles étaient quasi imbattables. En effet, comme l'écrivent Stefaan Marysse et Sara Geenen[2], ''le désavantage de l'aide occidentale est que son prix, à cause de l'exclusion de la compétition, est plus élevé. Cependant, dans le cas de la Chine, il paraît très étonnant que des entreprises occidentales puissent faire mieux en termes de prix, vu que les Chinois travaillent volontiers dans des conditions que d'autres entreprises internationales ne peuvent se permettre. En effet, on sait que les travailleurs chinois non qualifiés reçoivent un salaire qui consiste dans le paiement d'un à deux dollars par jour et les frais d'entretien de la main d'œuvre (logement sur les chantiers dans des conditions austères, et nourriture). De même les cadres reçoivent un

---

[1] *Le Soir*, 14 novembre 2006.

[2] S. Marysse et S. Geenen, « Les contrats chinois en RDC : l'impérialisme rouge en marche ? », *L'Afrique des Grands Lacs, Annuaire 2007-2008.*

salaire qui est à peu près le cinquième de ce qu'un cadre local pourrait gagner en travaillant pour une entreprise occidentale''.

Ainsi, la Chine serait un partenaire idéal pour la RDC. C'est un pays du « Sud », qui comprend mieux les autres pays du Sud. Joseph Kabila a appris à découvrir et à admirer ce pays depuis son jeune âge. En 1998, il y a été pendant quelques mois pour suivre une formation militaire. Là, il a découvert que la Chine s'est concentrée sur elle-même pour sortir de son sous-développement dans tous les domaines, dont économique, et elle y est parvenue, au grand étonnement du monde extérieur. Joseph Kabila a aimé cette expérience chinoise, et a voulu que la RDC s'en inspire, afin qu'elle fasse comme elle, et même qu'elle se hisse à son niveau. Aussi, en mars 2006, peu avant son élection à la tête de l'Etat congolais, il affichait clairement son rêve pour son pays ; en effet, à un journaliste qui lui demande ''à quoi ressemblera le Congo dans dix ans ?'', il répond[1] :

''A ce qu'il aurait dû être depuis longtemps. Un pays puissant, stable. Il sera possible d'y circuler par route de Kinshasa à Goma et de Lubumbashi à Gbadolite. L'espérance de vie à la naissance, qui est aujourd'hui de 49 ans, sera de 55 ans, voire plus. Le Congo, c'est la Chine de demain en Afrique. Avec toutes les richesses que nous avons, notre sous-développement est un scandale permanent.''

Les richesses naturelles, notamment minières, que possède la RDC, peuvent intéresser la Chine, qui est devenue l'une des nations les plus grosses consommatrices des matières premières du monde. Pourquoi ne peut-on pas les lui fournir, en échange avec des travaux de reconstruction nationale ?

L'idée vient de germer dans la tête du chef de l'Etat. Une idée qu'il faut matérialiser. Voilà pourquoi Joseph Kabila, au début de cette année 2007, engage ses émissaires à des négociations avec des Chinois, afin de conclure des accords de coopération économique et technique.

---

[1] *Jeune Afrique*, n° 2361, 12 avril 2006.

DES ACCORDS DE PARTENARIAT ECONOMIQUE ET TECHNIQUE AVEC DES ENTREPRISES CHINOISES

La « Convention de Collaboration RDC-Chine » du 22 avril 2008 résulte d'une série d'accords (ou de contrats)[1] de coopération économique et technique conclus au préalable en 2007 entre le Gouvernement de la République démocratique du Congo et des entreprises chinoises.

Il paraît important de donner la substance de ces accords précurseurs, afin de mieux appréhender la « Convention de Collaboration RDC-Chine » dont il est question ici. Citons-les de manière chronologique :

- « Mémorandum d'entente commune[2] sur le développement des infrastructures de la RDC par l'exploitation de ses ressources » signé avec Sinohydro Corporation ;

---

[1] Nous verrons plus tard la définition du mot « convention ». Un « *accord* », que l'on peut traduire par « agreement » en anglais, peut être entendu comme une entente entre deux parties résultant de leur conformité de volontés, de sentiments, d'idées sur un même point. Il peut, dans ce cas, être assimilé à un contrat.

[2] « Mémorandum d'entente commune », expression plus connue sous son sigle anglophone de MOU (« Memorandum Of Understanding »). C'est est un document décrivant un « *accord* » ou une « *convention* » bilatérale ou multilatérale entre ses parties. Elle déclare une convergence d'intention entre les différentes parties, indiquant une ligne d'action commune. Il est souvent utilisé dans les cas où les parties n'ont pas impliqué un engagement juridique ou bien dans des situations où les parties ne peuvent pas créer une entente ayant force exécutoire. Il est une alternative plus formelle à un « *gentlemen's agreement* ».

Dans certains cas, le mémorandum d'entente peut avoir le pouvoir de liaison d'un *contrat* ; du point de vue de droit, les contrats n'ont pas besoin d'être étiquetés en tant que tels pour être légalement contraignants : le fait qu'un document constitue un contrat liant dépend uniquement de la présence ou de l'absence d'éléments bien définis dans le texte juridique du document.

En pratique, « mémorandum d'entente (commune) » a parfois ou même souvent pour synonymes « *entente de principe* » ou « *protocole d'accord* ». Il peut alors avoir la définition de « texte, dénué de valeur juridique contraignante, par lequel deux parties récapitulent leurs points de convergence dans le cours d'une négociation ».

Dans cet ouvrage, nous respecterons les expressions utilisées par les signataires congolais et chinois, qui peuvent être « Protocole d'accord », « Accord », « Accord-cadre », « Convention », etc.

- « Mémorandum d'entente commune sur le développement des infrastructures de la RDC par l'exploitation de ses ressources » signé avec Shanghai Pengxin Group ;

- « *Accord de Coopération de financement* » entre la RDC et Exim Bank of China ;

- « *Accord de Coopération économique et technique* » entre la RDC et la Chine ;

- « Mémorandum d'entente commune sur le développement des infrastructures de la RDC par l'exploitation de ses ressources » avec CREC ;

- « *Protocole de coopération* » entre la RDC et l'entreprise chinoise Sinohydro Corporation Ltd ;

- « *Protocole d'accord*[1] » entre le Gouvernement congolais et un groupe de trois entreprises chinoises (Exim Bank, Sinohydro, CREC) ;

- « *Accord-cadre de coopération de financement pour le développement* ».

« Mémorandum d'entente commune sur le développement des infrastructures de la RDC par l'exploitation de ses ressources »

Signé à Beijing le 9 août 2007, entre la RDC et Sinohydro Corporation Ltd, la plus grande société chinoise spécialisée dans les hydrocarbures, la construction d'infrastructures et l'exploitation minière. La RDC est représentée par Pierre Lumbi Okongo, Ministre d'Etat en charge des Infrastructures, Travaux Publics et Reconstruction, tandis que l'entreprise chinoise est représentée par son Managing Director, Yuan Liang.

L'article 1 de l'accord définit le mode de coopération à établir entre les partenaires congolais et chinois : ''Les Parties s'engagent à coopérer en vue du développement des projets d'infrastructures en RDC par le mode dit « I.D.R.F. » (Infrastructure Development with Resources-backed Finance). L'I.D.R.F. est compris comme étant un mode financement par lequel Sinohydro utilise les crédits obtenus de l'Exim Bank of China, la plus grande banque mondiale de crédits à l'exportation et l'importation, pour l'exploitation des ressources naturelles et le financement des projets d'infrastructures en RDC''.

[1] Un « Protocole d'accord » est un préalable à la signature définitive d'un contrat.

L'article 2 définit les obligations des Parties : ''En vue d'un bon fonctionnement de l'I.D.R.F., les Ministres et les Organes nationaux concernés de la RDC accordent à Sinohydro dans le cadre d'une Convention le droit d'exploiter les ressources naturelles telles que le cuivre, le cobalt, l'or, sachant que la liste n'est pas limitative. Sinohydro s'engage à obtenir les crédits auprès d'Exim Bank en vue de l'exploitation des ressources naturelles ci-dessus indiquées et de l'exécution des projets d'infrastructures spécifiés à l'article 3 ci-dessus. Le Gouvernement de la RDC veillera à ce que l'exploitation minière concédée à Sinohydro, évaluée en quantité et en qualité, soit suffisante pour le remboursement de l'emprunt obtenu pour l'exploitation des ressources naturelles et le développement des infrastructures. L'évaluation des ressources dont l'exploitation est concédée à Sinohydro devra être certifiée par une expertise internationale et acceptée par le Gouvernement de la RDC.''

L'article 3 identifie les infrastructures à construire, à réhabiliter ou à moderniser :

1. Routes et Voiries :

a) Banana – Kinshasa – Mbuji-Mayi – Goma – Beni – Kisangani et voies connexes ;
b) Mbuji-Mayi – Mwene-Ditu – Nguba – Lubumbashi – Kasenga et voies connexes ;
c) Autoroute aéroport de Ndjili – Centre-Ville (Kinshasa) et modernisation des voiries (Kinshasa et Bukavu) ;
d) Réhabilitation et modernisation des voiries dans les chefs-lieux des provinces et les autres villes de taille moyenne.

2. Voies navigables :

e) Réhabilitation du port de Kisangani et équipement de dragage et de balisage sur l'axe Kinshasa-Kisangani.

3. Infrastructures sociales :

f) Centres de santé et Hôpitaux.

4. Universités :

g) Construction des Universités à l'Ouest, au Centre et à l'Est.

5. Bâtiments publics :

h) Parlement et Hôtel du Gouvernement.

L'article 4 demande aux deux Parties de s'engager ''à la confidentialité de toute information fournie à l'autre Partie ou toute information ayant trait aux projets, en particulier le mode de coopération identifié à l'article 1''.

« Mémorandum d'entente commune sur le développement des infrastructures de la RDC par l'exploitation de ses ressources »

Conclu à Beijing le 9 août 2007, entre la RDC et Shanghai Pengxin Group Co. Ltd. Le ministre d'Etat Pierre Lumbi représente le Gouvernement de la RDC, tandis qu'Alexandre Arminjon signe au nom de l'entreprise chinoise.

L'article 1 de l'accord définit le mode de coopération à établir entre les deux partenaires : ''Les Parties s'engagent à coopérer en vue du développement des projets d'infrastructures en RDC par le mode dit « I.D.R.F. » (Infrastructure Development with Resources-backed Finance). L'I.D.R.F. est compris comme étant un mode financement par lequel Pengxin Group utilise les crédits obtenus de la Banque chinoise Exim Bank pour l'exploitation des ressources naturelles et le financement des projets d'infrastructures en RDC''.

L'article 2 définit les obligations des Parties : ''En vue d'un bon fonctionnement de l'I.D.R.F., les Ministres et les Organes nationaux concernés de la RDC accordent à Sinohydro dans le cadre d'une Convention le droit d'exploiter les ressources naturelles telles que le cuivre, le cobalt, l'or, sachant que la liste n'est pas limitative. Pengxin Group s'engage à dégager un financement de l'ordre de USD 1 milliard dont USD 150 millions au titre de soutien au budget du Gouvernement de la RDC tandis que le solde soit 950 millions devra être affecté à l'exploitation des ressources naturelles ci-dessus indiquées et de l'exécution des projets d'infrastructures spécifiés à l'article 3 ci-dessous. Le Gouvernement de la RDC veillera à ce que l'exploitation minière concédée à Pengxin Group, évaluée en quantité et en qualité, soit suffisante pour le remboursement de l'emprunt obtenu pour l'exploitation des ressources naturelles et le développement des infrastructures. L'évaluation des ressources dont l'exploitation est concédée à Sinohydro devra être certifiée par une expertise internationale et acceptée par le Gouvernement de la RDC.''

L'article 3 identifie les infrastructures à construire, à réhabiliter ou à moderniser :

1. Routes et Voiries :

a) Réhabilitation et modernisation des voiries de Kinshasa (200 km) : USD 170 millions ;

b) Modernisation de l'aéroport de Lubumbashi : USD 200 millions ;

c) Réhabilitation et modernisation de l'aéroport de Bangboka : USD 100 millions ;

d) Réhabilitation aéroport de Mbuji-Mayi : USD 16 millions ;

e) Réhabilitation aéroport de Kananga : USD 6,5 millions.

2. Université :

g) Réhabilitation y compris assainissement et érosion de l'Université de Kinshasa : USD 50 millions.''

Pour réaliser ces projets, ''le Gouvernement de la RDC se propose de mettre à la disposition de Pengxin Group, dans le cadre de cette coopération au titre de garantie de remboursement, les concessions minières ci-après :

- Concession de Kambove ;
- Concession de Kamoya''

L'article 5 demande aux deux Parties de s'engager ''à la confidentialité de toute information fournie à l'autre Partie ou toute information ayant trait aux projets, en particulier le mode de coopération identifié à l'article 1''.

« *Accord de Coopération de financement* » entre la RDC et Exim Bank of China

Dans cet accord, signé le 16 août 2007, pour la RDC par Pierre Lumbi Okongo, ministre d'Etat chargé des ITPR, et par Exim Bank par son Président-Directeur général, les Parties s'engagent à :

- entreprendre une coopération financière mutuellement avantageuse, en vue de garantir un approvisionnement régulier en ressources minérales à l'Exim Bank et aux entreprises chinoises recommandées ou approuvées par elle d'une part un financement conséquent pour la réhabilitation, la reconstruction et la construction des infrastructures prioritaires en faveur de la RDC, d'autre part (article 1) ;

- mettre en place un mécanisme de coopération du type Infrastructure Development Resources-Backed Finance (IDRF) dans le cadre des joint-ventures crédibles et fiables… (art. 2) ;

- mettre en place des partenariats mutuellement profitables pour l'exploitation des ressources minières de la RDC d'une part, et la réhabilitation et la construction des infrastructures prioritaires d'autre part… (art. 3) ;

- assurer les facilités nécessaires à l'accomplissement de l'objet du présent protocole d'accord conformément à leurs législations respectives (art. 4).

« *Accord de Coopération économique et technique* » entre la RDC et la Chine

Accord entre les deux Gouvernements, signé le 17 août à Beijing. Par cette entente, la RPC accorde à la RDC ''une aide sans contrepartie d'un montant de quarante millions (40.000.000) de yuans renminbi'' (art. 1).

Cette aide ''sera destinée à la réalisation des projets conclus entre les deux Gouvernements'' (art. 2).

La partie congolaise signataire de l'accord est Pierre Lumbi Okongo, Ministre d'Etat chargé des Infrastructures, Travaux publics et Reconstruction. La partie chinoise, elle, est représentée par Chen Jian, Ministre Assistant.

L'on note que cet accord est l'unique qui engage le Gouvernement chinois au Gouvernement congolais, les autres accords étant conclus entre les entreprises privées chinoises et l'entité publique qu'est la RDC. C'est la politique chinoise : laisser le privé travailler avec le privé et/ou le public, mais en donnant son quitus à une telle entente bilatérale.

« Mémorandum d'entente commune sur le développement des infrastructures de la RDC par l'exploitation de ses ressources »

Document conclu le 17 août 2007 entre la RDC et China Railway Engineering Corporation (CREC). Le Gouvernement de la RDC est représenté par Pierre Lumbi Okongo, Ministre d'Etat en charge des

Infrastructures, Travaux Publics et Reconstruction (ITPR), tandis que l'entreprise chinoise est représentée par son président, Li Changjin.

L'article 1 de l'accord énonce que ''CREC et le Gouvernement de la RDC acceptent de mettre en place une coopération en vue du développement des projets d'infrastructures en RDC par le mode dit « I.D.R.F. » (Infrastructure Development with Resources-backed Finance). Par le « mode I.D.R.F. », il est entendu que CREC utilisera les crédits obtenus des organisations financières chinoises pour l'exploitation des ressources naturelles et la participation dans le plan de développement d'infrastructures en RDC.

Les ressources naturelles évoquées sont le cuivre, le cobalt, l'or, etc. CREC les exploitera dans :

- la Cuvette Mashamba (1.003.617 t/Cu et 151.331 t/Co) ;
- la Cuvette Dima (3.933.160 t/Cu et 49.883 t/Co) ;
- le Synclinal Dik Colline D (2.000.000 t/Cu) ;
- Kolwezi (1.113.884 t/Cu et 1.076 t/Co).

En contrepartie, CREC devra réhabiliter, construire et/ou moderniser des infrastructures routières et ferroviaires d'une valeur de 4.632.000 USD.

« *Protocole*[1] *de coopération* » entre la RDC et l'entreprise chinoise Sinohydro Corporation Ltd

Signé à Kinshasa le 6 septembre 2007. La RDC est représentée par Pierre Lumbi, Ministre d'Etat en charge des ITPR, et Sinohydro par son vice-Président, Jiang Guoyin.

L'objet de l'accord : ''Le Gouvernement charge Sinohydro en liaison étroite avec les entreprises et bureaux d'études congolais désignés par le Gouvernement de préparer, pour chacun des projets énumérés dans l'annexe, les études de faisabilité dans un délai de deux mois, à dater de la signature du présent protocole. Les entités congolaises concernées seront ensuite invitées à négocier avec Sinohydro des contrats d'exécution des projets après approbation des dossiers correspondants par les autorités gouvernementales compétentes et leur évaluation par la banque concernée. Les Parties conviennent que les dépenses liées à l'élaboration des études de

---

[1] Un « protocole » est un ensemble de règles et de procédures à respecter pour établir et entretenir des échanges d'informations entre des entités.

faisabilité engagées par les parties feront partie intégrante du coût total des projets.''

« *Protocole d'accord*[1] » entre le Gouvernement congolais et un groupe de trois entreprises chinoises

Contrat conclu à Kinshasa le 17 septembre 2007 entre la RDC et un groupe de trois entreprises chinoises. La partie congolaise, qui signe l'accord au nom du Gouvernement de la République démocratique du Congo (RDC), est le ministre des Infrastructures, Travaux Publics et Reconstruction (ITPR), à l'époque Pierre Lumbi. La partie chinoise, elle, comprend trois entreprises privées chinoises : *Export-Import Bank Of China* (EXIM-BANK), *Sinohydro Corporation* (SINOHYDRO) et *China Railway Engineering Corporation* (CREC) ; c'est le président de cette dernière entité, M. Li Changjin, qui représente la délégation chinoise. Plus tard, d'autres entreprises chinoises se reconnaîtront et évolueront dans cet accord ; elles formeront, avec les trois premières, un « groupement d'entreprises chinoises ».

Le protocole d'accord ''porte sur la fixation des modalités de coopération de financement pour le déve loppement des infrastructures de la première tranche, en contrepartie, de l'exploitation des ressources naturelles de la RDC''.

Il prévoit la *création d'une société de joint-venture* (JV) sous forme de société mixte de droit congolais regroupant les entreprises chinoises et les entreprises congolaises désignées par le Gouvernement. Ladite JV possédera des concessions minières pour garantir le financement du développement des travaux d'infrastructures. Les participations respectives des actionnaires dans le capital social de la JV seront de 32 % pour la Partie Congolaise et 68 % pour la Partie Chinoise.

La répartition du résultat d'exploitation se fera en trois étapes :

- La première, dite *étape d'amortissement d'investissement minier*, servira entièrement au remboursement et à l'amortissement de l'investissement minier extractif et industriel et ce, compris les intérêts;

---

[1] Un « Protocole d'accord » est un préalable à la signature définitive d'un contrat.

- La seconde est une *étape de remboursement ou de paiement des travaux d'infrastructure* ; le remboursement des travaux de la première tranche des projets sera fera à hauteur de 66 % du bénéfice net du résultat d'exploitation de la JV, tandis que le reste, soit 34 %, sera distribué proportionnellement entre parties ;

- La troisième sera une *étape d'exploitations commerciales* ; elle consistera au remboursement et à l'amortissement de la totalité des investissements…

Cet accord, que l'on appellera « contrat du siècle »[1], sera considéré comme la matrice la plus importante de la « Convention de Collaboration » du 22 avril 2008. Il n'empêche, les quelques autres contrats qui lui sont antérieurs et postérieurs interviennent également comme éléments importants dans l'ossature de la « Convention ».

« Accord-cadre[2] de coopération de financement pour le développement ».

Contrat signé le 11 octobre 2007 à Kinshasa entre la RDC et la Banque de Développement de Chine (CDB). La RDC est représentée par Athanase Matenda et Adolphe Muzito, Ministres respectivement des Finances et du Budget, tandis que la CDB est mandatée par son président, Gao Jian.

L'article 2 de l'accord en donne le but : ''La coopération entre les deux Parties a pour objet non seulement d'accélérer le développement et d'atteindre les objectifs stratégiques de la RDC, mais aussi d'élargir les relations bilatérales aussi bien économiques que commerciales. La priorité sera accordée aux secteurs clés qui répondent aux orientations du Gouvernement de la RDC. Les deux Parties, à travers la coopération financière et la réalisation des projets, vont œuvrer pour le développement social, harmonieux et durable de la RDC''.

---

[1] Voir exemple l'article de *La Libre Belgique* du 7/12/2007.

[2] Un « accord-cadre » est un contrat conclu avec un ou plusieurs opérateurs économiques, ayant pour objet d'établir les termes régissant les marchés à passer au cours d'une période donnée. Ce contrat pose les bases essentielles de la passation de marchés ultérieurs pris sur son fondement et accorde en conséquence une exclusivité unique ou partagée aux prestataires retenus.

Il reviendra à la CDB de ''fournir les ressources nécessaires pour la réalisation des projets'' présentés par la RDC, ''en vue de l'amélioration de l'économie, du marché et la crédibilité du système financier de la RDC'' (art. 4).

Les projets de développement concernent les domaines suivants : agriculture, infrastructures, énergie, santé, éducation, transports et communication, mines, environnement, industries manufacturières et télécommunications'' (art. 5).

La période de validité de l'accord est de 30 ans, soit de 2007 à 2037.

Joseph Kabila décline la logique des accords signés avec les entreprises chinoises

Dans son discours sur l'état de la Nation prononcé le 6 décembre 2007 devant les parlementaires réunis en congrès, le chef de l'Etat explique le bien-fondé des accords signés entre Congolais et Chinois :

''Permettez que, en quelques mots, je puisse rendre compte des accords conclus et à conclure avec la République Populaire de Chine, et rassurer notre peuple quant au sens et au contenu de notre démarche. La logique de ces accords se décline en cinq points.

Premièrement, « Cinq chantiers pour changer le Congo », ce n'est ni un slogan, ni une utopie. C'est un projet. Mieux, c'est un contrat passé avec le peuple. Nous avons donc une obligation de résultat, et il nous faut trouver des ressources financières pour matérialiser ces chantiers sur le terrain.

Deuxièmement, nous avons assaini le cadre macroéconomique et nous gérons mieux nos finances publiques. Cependant, nos ressources propres, quoique en constante progression, demeurent insuffisantes face à l'ampleur de nos besoins de reconstruction.

Troisièmement, le concours de nos partenaires traditionnels est fort appréciable et apprécié. Il est cependant déjà pris en compte dans le calcul du déficit de financement à combler et, vu les procédures de décaissement qui lui sont propres, il ne répond pas à l'urgence de nos besoins.

Quatrièmement, nous sommes dans la dernière ligne droite vers le point d'achèvement de l'initiative PPTE et la réduction substantielle du fardeau de la dette. Le financement additionnel à trouver doit être susceptible de décaissement rapide, et s'obtenir à des conditions qui n'accroissent pas notre endettement et mettent en danger le point d'achèvement.

Cinquièmement, puisque les institutions financières chinoises disposent de liquidités importantes et que leur pays a des besoins importants en ressources naturelles, notamment minières, pourquoi ne pas conclure avec eux un accord où chaque partie trouverait son compte ? En échange de concessions minières, exploitées en partenariat avec des entreprises publiques congolaises, donnant de l'emploi aux Congolais et produisant de la valeur ajoutée localement, les banques chinoises acceptent de contribuer au financement de nos Cinq chantiers.

Pour la première fois dans notre histoire, le peuple congolais pourra enfin voir à quoi aura servi son cobalt, nickel ou cuivre ! Tel est l'esprit des accords avec la partie chinoise. Ils ont été conclus en toute transparence et nous sommes prêts à conclure des accords similaires avec d'autres partenaires.''

Puis, le Président de la République énumère les principales tâches auxquelles vont s'atteler les entreprises chinoises :

''Désormais, notre devoir est de nous attaquer aux tâches de développement et de reconstruction. Dans cette perspective, nous accordons la priorité à la construction et à la modernisation des infrastructures de base, de manière à libérer le potentiel des secteurs productifs porteurs de croissance.

Nous avons en effet l'ambition de mettre fin à l'enclavement du Congo et des parties entières de son territoire, d'interconnecter tous les coins et recoins du pays et de rendre fluide la circulation des personnes, des biens et des services.

C'est pourquoi, plusieurs projets de routes, ports, aéroports et chemins de fer, d'écoles et hôpitaux, d'adduction d'eau, d'électrification, d'aménagement des biefs maritime et fluvial et de modernisation du système national des télécommunications ont été identifiés, sont en voie d'être étudiés, vont être financés et devraient bientôt démarrer. Sans être exhaustif, il s'agit principalement des projets prioritaires suivants :

- Modernisation des aéroports, dont ceux de Kavumu et de Ndjili, et construction d'une autoroute reliant ce dernier aéroport au centre de la ville ;

- Modernisation de la voirie urbaine des principales villes du pays, sur une longueur de 450 km, en plus du Boulevard Lumumba, du Boulevard du 30 Juin et de l'Avenue de la Libération à Kinshasa ;

- Construction d'hôtels cinq étoiles de classe internationale, dont au moins un à Kinshasa et un autre à Lubumbashi ;

- Lancement des travaux de construction et modernisation d'une ligne de chemin de fer reliant Sakania à Matadi ;

- Construction de centres commerciaux ultra modernes ;

- Réhabilitation de quatre quais au Port maritime de Matadi, de la drague de Banana, du port de Mbandaka et, de plusieurs bacs ;

- Construction de deux universités modernes et réhabilitation des homes des étudiants dans plusieurs universités et instituts d'enseignement supérieurs publics ;

- Début des travaux de modernisation de plusieurs routes d'intérêt national à travers toutes les provinces du pays, dont une route bitumée reliant Lubumbashi à Kisangani ;

- Démarrage du programme de développement des infrastructures sociales qui prévoit à terme la construction des hôpitaux, de centres de santé et de logements sociaux.''

L'importance de la Convention de Collaboration est contamment soulignée, à la suite du Chef de l'Etat, par les membres de son Gouvernement, dont le Premier ministre Adolphe Muzito et le ministre Pierre Lumbi, et par les responsables des institutions étatiques, dont Moïse Ekanga du Bureau de Coordination et de Suivi du Programme sino-congolais et Charles-Médard Ilunga Mwamba de l'Agence congolaise des Grands Travaux.

2

La Convention de Collaboration entre la RDC et les entreprises chinoises

UN ACCORD HISTORIQUE

Le 22 avril 2008, est conclu à Beijing un important accord, appelé « Convention de Collaboration », entre la RDC (représenté par le ministre des Infrastructures, Travaux Publics et Reconstruction (ITPR), Pierre Lumbi) et deux entreprises chinoises, China Railway Group Limited et Sinohydro Corporation (représentées respectivement par Li ChangJin et Fan JiXiang).

C'est un accord historique, que d'aucuns vont appeler – abusivement – « contrat chinois » (alors qu'il s'agit d'un « contrat sino-congolais »). C'est un « méga-contrat », ou encore « contrat du siècle », puisque, évalué à 9 milliards USD, il constitue, à l'époque, et encore aujourd'hui, le plus grand accord de partenariat économique jamais conclu en Afrique par la République populaire de Chine[1]. En effet, comme l'écrit *Global Witness*, ONG internationale créée en 1993 et spécialisée dans la lutte contre le pillage des ressources naturelles des pays en développement (PVD) et la corruption, dans un rapport sur la RDC publié en 2011[2] :

''Au moment de sa signature, l'accord avec le Congo était le plus gros contrat « ressources contre infrastructures » conclu avec la Chine en Afrique. Des dispositions similaires avaient été prises en Angola, où un montage financier de 2 milliards de dollars pour des projets d'investissements publics avait été approuvé en mars 2004. Par ailleurs, en 2006, une entreprise paraétatique chinoise avait signé, avec le soutien de la China Exim Bank, un accord de 3 milliards de dollars avec le gouvernement gabonais pour accéder à des réserves de

---

[1] Selon le FMI, le commerce entre la Chine et l'Afrique est passé de 10 milliards USD en 2001 à 55 milliards USD en 2006. L'Angola a reçu plus de 5 milliards USD, et l'aide de 8,3 milliards USD lui avait été promise pour un projet de chemin de fer.

[2] *La Chine et le Congo : Des amis dans le besoin*. Un rapport de Global Witness sur la République démocratique du Congo, mars 2011. *https://www.globalwitness.org/sites/default/files/library/friends_in_need_fr_lr2.pdf*

minerai de fer jusquelà inexploitées et construire des lignes de chemin de fer, des ports et des barrages. Depuis début 2009, des entreprises chinoises ont également conclu un accord de 7 milliards de dollars avec la Guinée, et un autre de 8 milliards de dollars avec le Zimbabwe. Ces pays ont plusieurs points communs : ils sont riches en ressources, pauvres en liquidités et peu solvables. C'est justement pour cette raison que les ressources naturelles servent souvent de garanties en cas d'emprunt.''

Cette entente sino-congolaise (*ressources contre infrastructures*) du 22 avril 2008 résulte en réalité d'une série d'accords de coopération antérieurs conclus en 2007 (le 9 août avec la Sinohydro, le 16 août avec Exim Bank, le 17 août avec CREC et le 17 septembre avec Exim Bank, Sinohydro et CREC). Puisqu'il s'agit de plusieurs accords passés et d'autres à venir, le « contrat du siècle » (celui du 17 septembre 2007, confirmé par la Convention du 22 avril 2008) est parfois mis au pluriel : les « accords » entre la RDC et la Chine, ou même seulement les « contrats chinois ». Mais il paraît plus exact de dire : « contrat sino-congolais », pour désigner « Convention de Collaboration RDC-Chine », et qui comprend donc l'ensemble d'accords passés entre les deux pays depuis le 17 septembre 2007 ou, mieux, depuis le 22 avril 2008. Dire qu'il s'agit d'un « contrat chinois » (ou des « contrats chinois ») paraît inexact, puisque l'on aurait dans ce cas-là l'impression de croire que c'est un deal imposé par une seule partie et acceptée sans rechigner par l'autre. Cependant, dans la bouche ou sous la plume de beaucoup de gens, l'on entend souvent « contrats chinois ». Nous allons admettre ainsi cette expression, même si nous le préférons à la formule plus exacte de « contrat sino-congolais ».

L'importance du protocole d'accord du 17 septembre 2007 est, à l'époque, soulignée par l'un de ses principaux négociateurs, Pierre Lumbi, ministre des Infrastructures, Travaux Publics et Reconstruction (ITPR)[1] :

''Etant ministre chargé des Infrastructures, c'est moi qui suis allé à Pékin négocier le financement des travaux que je m'étais engagé à réaliser. Il s'agit d'accords de troc : en échange de grands travaux, que seules les entreprises chinoises ont la capacité de réaliser dans les délais requis et à prix compétitif, le Congo s'est engagé à permettre

---

[1] P. Lumbi, dans une interview accordée au journal *Le Monde* du 25 mai 2009.

l'exploitation de ressources minières, à raison de 9 millions de tonnes de cuivre et de 200.000 tonnes de cobalt. Si les réserves actuellement connues ne nous permettaient pas de tenir nos engagements, d'autres prospections seraient entreprises. Nous trouverions d'autres moyens de financement, de nouvelles mines ou des terres agricoles par exemple. Alors qu'en ces temps de crise, les États occidentaux s'engagent massivement aux côtés de leurs banques, pourquoi l'État congolais ne pourrait-il encourager le développement du pays ?''

Pour appuyer ses propos, Pierre Lumbi cite en exemple l'époque coloniale :

''En 80 ans, la Belgique a réussi à financer le formidable développement du Congo, de ses villes, de ses voies de communication, uniquement grâce aux ressources naturelles du pays. Pourquoi les Chinois ne pourraient-ils faire de même ?''

Pour lui, les contrats chinois sont doublement avantageux : ''En plus des réalisations prévues, ils nous rendent éligibles à la coopération chinoise, à des prêts à taux préférentiels.''

Parfois, et cela est surtout passé dans le langage politique et courant, la « Convention de Collaboration » a pris le nom de « Programme sino-congolais », car il s'agit d'un programme de développement basé sur l'accord de partenariat économique conclu entre la RDC et la Chine, un point qui entre dans le programme général présidentiel de la reconstruction nationale. Les spécialistes, eux, préfèrent utiliser le terme consacré arrêté le 22 avril 2008.

CADRE JURIDIQUE DE LA CONVENTION

Beaucoup ont dénoncé « l'illégalité » de la signature de la Convention de Collaboration, la nature ou la qualité des acteurs de la signature (un Gouvernement et des privés), le fait que la signature se soit effectuée en secret (sans en informer au préalable le Parlement), et le fait que ce soit le Ministre des Infrastructures, Travaux publics et Reconstruction (ITPR), et non celui des Affaires étrangères (ou encore celui d'un ministère ayant en charge l'Economie, ou les Finances...) qui ait apposé son nom au bas de la signature.

Dans son intervention à la plénière de l'Assemblée nationale du 12 mai 2008, le ministre Pierre Lumbi, signataire pour la partie congolaise de la Convention de Collaboration, soutient que celle-ci forme bien un contrat légal, qui a été conclu en conformité avec les lois de la République. A cet effet, il se réfère à l'article 213, al. 2 de la Constitution du 18 février 2006, pour justifier son mandat à la conclusion de cette convention.

Cette disposition constitutionnelle, assure-t-il, prévoit la possibilité pour le Gouvernement de la République de conclure certains accords internationaux non soumis à ratification après délibération du Conseil des Ministres et d'en informer après les deux Chambres du Parlement (l'Assemblée Nationale et le Sénat). Il s'agit des « accords en forme simplifiée » qui sont des traités bilatéraux ou multilatéraux signés par des Etats suivant une procédure raccourcie.

Or, note le professeur Kirongozi Ichalanga[1], expert congolais spécialiste de la Chine sur la question, la Convention n'a pas été conclue entre deux Etats, mais plutôt entre un Etat – en l'occurrence la RDC – et un groupe d'entreprises privées chinoises, ce qui l'exclurait du régime juridique propre à l'article précité. Aussi, dit Kirongozi, c'est un contrat d'une nature particulière, dont les parties sont d'une part un Etat, sujet du droit international, et d'autre part des sociétés privées étrangères. En dépit de cela, ce contrat est tout de même un « contrat d'Etat » (*state contract*), lequel se définit comme un contrat international mixte liant d'une part, une personne morale de droit public, l'Etat ou une entité paraétatique, et d'autre part un particulier, personne privée physique ou morale.

Cette notion a donc été inventée par la doctrine pour rendre compte du développement d'une pratique contractuelle venant régir les rapports entre une partie étatique et une partie privée ; elle s'est précisément développée à propos des contrats d'investissements, notamment investissements pétroliers, entre Etats et concessionnaires pétroliers dans les années 1950-1960.

Le ministre Pierre Lumbi, quant à lui, a tenu à rassurer les députés que dès le départ, les gouvernements chinois et congolais s'étaient laborieusement concertés avant l'aboutissement du montage

---

1 Kirongozi Ichalanga, *A propos de Contrat de Collaboration entre le Gouvernement de la RDC et quelques entreprises chinoises : Point de vue d'un Expert, spécialiste de la Chine*, Research Center, Study and Short Training Area, Sous le n°7/CDFL-13.957-S (CEBADAC créé en 1994).

technique, financier, juridique et institutionnel qu'est la Convention de Collaboration du 22 avril 2008. Mais pourquoi les deux gouvernements ne l'ont-ils pas signée ? La raison est simple, explique Lumbi. Il fallait, à tout prix, rechercher un financement qui n'aurait aucune incidence devant alourdir la dette extérieure de la RD. Congo. Pour y arriver, les deux parties avaient convenu de travailler sur base d'un modèle qui évite le prêt d'Etat à Etat. Le choix des entreprises publiques de deux Etats en était donc un passage obligé.

Pour convaincre davantage les députés, Lumbi a démontré que les deux entreprises chinoises qui travaillent avec la Gécamines ne sont pas de petites entreprises, mais celles qui comptent en Chine et à l'étranger. CREC, par exemple, emploie 100.000 agents et cadres, et justifie d'un chiffre d'affaires évalué, en 2007, à 27,8 milliards USD. Sinohydro, quant à elle, emploie 60.000 personnes.

Le ministre insiste que dans sa phase exécutive, la Convention de Collaboration est régie par la Convention de Joint-Venture et les statuts qui ont été signés par les actionnaires du groupement d'entreprises chinoises et la Gécamines. Mais les travaux d'infrastructures sont, par contre, soumis aux contrats spécifiques qui seront signés, le moment venu, par le Ministre des ITPR et les entrepreneurs chinois et congolais.

La RDC n'est pas la seule à avoir opté pour le modèle chinois de coopération dite « gagnant-gagnant ». Avant elle, ce modèle avait déjà séduit plusieurs pays en Afrique qui l'ont adopté (Algérie, Gabon, Angola, Niger, Zambie, Soudan, Zimbabwe et Sénégal).

Pour terminer, Lumbi a voulu souligner le bon sens du gouvernement en signant la Convention sino-congolaise. En effet, dans sa démarche, le gouvernement s'en est tenu, on l'a dit, aux dispositions de l'article 213 alinéa 2 de la Constitution. Pour le gouvernement, cette Convention ne rentre pas dans la catégorie des traités et accords soumis à la ratification qui, eux, relèvent de dispositions stipulées à l'article 214 de la Constitution.

Normalement, seuls les accords entre Etats ou les organisations internationales sont régis par le droit international public et donc, soumis à la ratification. Ici, il s'agit simplement d'une convention du droit international privé. Elle est signée entre un Etat et des entreprises privées, à savoir le Groupement d'entreprises chinoises, pour couvrir un accord de prêt. C'est donc une convention qui a un caractère commercial.

TERMINOLOGIE

Il est important de saisir le sens des termes utilisés dans la Convention de Collaboration, avant même de pénétrer son contenu.

Les termes les plus importants sont :

- Convention de Collaboration,
- Projet de Coopération,
- Groupement d'entreprises chinoises,
- Joint-Venture,
- Pas-de-porte,
- Droits et titres miniers,
- Maître d'ouvrage, maître d'œuvre et entrepreneur.

Convention de Collaboration

Les signataires de l'accord sino-congolais du 22 avril 2008 préfèrent utiliser l'expression « Convention de Collaboration » pour désigner le document qu'ils produisent.

Selon le dictionnaire Littré, une « convention » indique « un arrangement formalisé entre personnes ou entités qui s'entendent autour d'une idée ou d'un point». Elle peut donc être entendue comme un accord de volonté écrit conclu entre des personnes et/ou des entreprises pour créer, modifier, étendre des obligations ou transférer des droits. C'est un pacte, qui s'apparente à un contrat.

En fait, un contrat est une convention spéciale, formelle ou informelle, celle par laquelle des parties s'engagent, s'obligent à respecter certaines choses. Il s'approche, dans ce cas, du mot « accord » (en anglais, *contract*, *agreement*).

D'ailleurs, en pratique, les mots « contrat » et « convention » sont souvent utilisés indifféremment. En fait, « contrat » désigne plutôt le document et « convention » désigne plutôt le contenu du contrat, c'est-à-dire, ce à quoi les signataires se sont engagés.

La convention étant un contrat, les personnes qui sont tenues par les termes de cette convention sont les « parties contractantes », ou simplement les « parties », les « contractants » ou encore les « signataires ». Comme celles d'un contrat, les dispositions d'une convention sont appelées « clauses » ou « stipulations ».

Puisqu'un engagement est pris entre au moins deux parties appelées à travailler ensemble, la convention se précise par le vocable « de collaboration ». Une « convention de collaboration » est donc une convention bilatérale ou multilatérale. Celle du 22 avril 2008, qui concerne deux parties, est bilatérale.

Une telle Convention de Collaboration est en fait un « Contrat de partenariat » économique, c'est-à-dire un accord par lequel deux parties, en l'occurrence congolaise et chinoise, s'entendent, dans le respect des règles relatives à la concurrence, pour coopérer en vue d'acquérir des parts de marché ou de faire face à des évolutions de marché. Il s'agit d'une forme de prestation interentreprises (la RDC considérée comme une « entreprise » publique, et les entreprises chinoises étant des entités privées sous le paravent de l'Etat) ; cette forme comporte la définition d'un projet commun.

Le contrat de partenariat, ou dans ce cas « Convention de Collaboration », formalise en effet la volonté des parties de construire une relation suivie. C'est pourquoi un tel accord comporte généralement une clause de la confidentialité. C'est pourquoi, pendant longtemps, la Convention de Collaboration ne sera pas publiée, ce qui suscitera l'ire de ses encenseurs.

Projet de Coopération

Dès le premier article de la Convention de Collaboration, qui parle des objectifs des parties signataires (RDC et entreprises chinoises), l'on évoque ''le financement pour la construction des infrastructures en RDC''.

La construction des infrastructures constitue le « Projet d'Infrastructures ». Le financement des infrastructures trouvé auprès des banques chinoises sera remboursé par les revenus de l'exploitation minière des gisements de Kolwezi ; cet aspect de la Convention constitue le « Projet Minier » (ensemble des activités de conception, de prospection, de recherche, de développement, d'exploitation minière et de gestion visant à la mise en valeur des gisements reçus ainsi qu'à la commercialisation des produits qui en résultent).

"Le Projet Minier et le Projet d'Infrastructures sont appelés collectivement le Projet de Coopération." (Alinéa 3 de l'article 1).

Le but de la Convention de Collaboration est de définir et de préciser le Projet de Coopération que les Parties, congolaise et chinoise, vont réaliser, ainsi que leurs droits et leurs obligations (article 2).

Groupement d'entreprises chinoises et consortium

Les entreprises qui signent l'accord du 22 avril 2008 (CREC et Sinohydro) et d'autres chinoises qui travailleront dans ce cadre forment ce que la Convention de Collaboration appelle le « Groupement d'entreprises chinoises ».

Dans la Convention, les deux entreprises fondatrices sont appelées à désigner cinq sociétés devant réaliser le Projet Minier. Ces cinq « sociétés affiliées de CREC et de Sinohydro » sont toutes chinoises : China Railway Group (Hong Kong) Limited, China Railway Sino-Congo Mining Limited, China Railway Resources Development Limited, Sinohydro Corporation Limited et Sinohydro Harbour Co., Ltd. ; elles forment le « consortium » (art. 1.5).

C'est le consortium qui participera à la constitution de ce qui est appelée la Joint-Venture Minière (Sicomines Sarl)[1].

Joint-venture

Pour financer les infrastructures, la Convention de Collaboration sino-congolaise prévoit la constitution d'une « société de joint-venture minière »[2] ; ce thème fait l'objet du deuxième grand point de la Convention de Collaboration, intitulé « Projet Minier ».

---

[1] Plus tard, ce consortium sera composé des sociétés suivantes : China national Overseas Engineering Corporation (COVEC), China Railway Engineering Consultants Group, China Railway Sixth Group Co., Ltd, Sinohydro Corporation Limited et Sinohydro Harbour Co., Ltd.

[2] Article 1.5 de la Convention de Collaboration.

Expression anglaise, *joint venture* (ou joint-venture) pourrait se traduire en français par le mot « co-entreprise », un terme désignant un projet pour lequel au moins deux entreprises se sont groupées.

La joint venture est donc une entité commune, montée dans le but de créer des synergies entre les entreprises qui se sont mises ensemble, afin de diversifier leurs activités, ou surtout de partager les compétences dans un ou des domaines particuliers. Il s'agit généralement d'une alliance technologique et industrielle pour mettre en commun l'expertise des partenaires de la joint venture pour la réalisation d'un *projet industriel* ou de *projets d'infrastructures*.

La plupart des alliances technologiques ou industrielles se traduisent par la création d'une société commune ou joint-venture souvent détenue à 50/50. En cela, elle diffère d'une simple alliance, qui ne requiert pas que les deux entreprises partagent les parts d'une compagnie commune.

En créant une joint venture, les parties s'accordent sur le partage des bénéfices et des dépenses, ainsi que sur le contrôle de la co-entreprise. Une joint-venture peut être crée pour un projet spécifique, ou pour faire l'objet d'un partenariat sur le long terme.

C'est une voie privilégiée par certains pays développés ou émergents, comme la Chine, qui incitent les entreprises souhaitant entrer sur le marché local à former des joint-ventures avec des entreprises locales.

Sur le plan juridique, une « *joint venture* » peut être contractuelle, et les parties peuvent chercher dans le contrat à exclure toute responsabilité solidaire en prévoyant qu'il ne s'agit pas d'une association de nature sociétaire. Elle peut avoir un caractère institutionnel avec la création d'une personne morale. C'est le cas de la joint venture minière évoquée par la Convention sino-congolaise. La joint-venture optée pour le contrat sino-congolais se présente en effet comme une société par actions à responsabilité limitée (SARL) de droit congolais.

Cette société, qui sera créée un peu plus tard sous la dénomination de la « Sino-Congolaise des Mines », en sigle « Sicomines », sera dotée d'un capital social de 100 millions de dollars américains dont la structure sera de 68 % pour le groupement d'entreprises chinoises et de 32 % pour la Gécamines, représentante de l'Etat congolais.

La constitution du capital de la joint-venture minière proposée procède d'une manière particulière. Alors qu'en général et en principe chaque partie apporte directement sa part du capital, dans le cas du contrat sino-congolais, c'et la partie chinoise qui apporte tout l'argent ! Autrement dit, non seulement elle amène sa propre part, mais elle contribue aussi, sous forme de prêt, pour la part de la partie congolaise. En plus, la partie chinoise apporte, toujours sous forme de prêt, l'assistance financière à la rénovation technique de la Gécamines d'un montant de 50 millions USD (Article 5.2 de la Convention). Il faut noter également, en plus de ces prêts, que la partie chinoise mobilisera et mettra en place le financement du projet d'infrastructures (Article 9 de la Convention).

Bref, tout ce montage juridique signifie simplement que c'est la partie chinoise qui apporte l'argent et la partie congolaise qui apporte les ressources minières qui doivent encore être exploitées. Mais le Congo avait-il le choix ?

Droits et titres miniers

La Convention de Collaboration (en ses articles 1.2.1, 3.1, 4, 5, 9.3, 13 et 14.2.2) parle des « droits et titres miniers » couvrant les gisements naturels cupro-cobaltifères détenus par la Gécamines que celle-ci, au nom de l'Etat congolais, doit céder à la Société de Joint Venture afin de rembourser, par l'exploitation minière, le financement du Projet de Coopération.

Un « *titre minier* » est une concession, ou permis d'exploitation attribué par décret en Conseil de ministres après une longue procédure. Il mentionne un périmètre, une superficie, une société titulaire, le ou les produits concernés. Il donne un droit d'exclusivité au titulaire pour la recherche et l'exploitation de ce ou ces produits dans le périmètre défini dans le texte du décret. Attribué à l'origine à perpétuité à la Gécamines, sa durée est en principe limitée à des sociétés non étatiques.

Le titre peut être cédé, mais cette vente doit être validée par l'autorité concédante par un arrêté ministériel qui autorise la *mutation* du titre et qui est obtenu à la suite d'une procédure précise. Il peut être aussi loué sous forme d'une *amodiation* (l'amodiation est la location d'un droit d'exploitation) qui doit également être autorisée par l'autorité concédante. L'amodiation peut ne porter que sur une partie de la concession, une partie des produits, voire sur une seule couche.

Le titulaire du titre (concession ou permis d'exploitation) peut à tout moment et après là encore une procédure spéciale, renoncer à son titre. Cette *renonciation* peut être totale ou partielle. Elle fait l'objet d'une autorisation de la part de l'autorité concédante sous forme d'un arrêté ministériel. S'il n'a pas exploité sa concession, le propriétaire peut être déchu de son titre ; enfin, les concessions dont les titulaires ne sont plus connus (sociétés dissoutes, héritages indivis ...) peuvent être annulées par l'autorité concédante sous forme d'arrêtés de retrait.

Ce titre donne d'abord la possibilité pour la société d'exploiter les matériaux situés sur ou sous des terrains ne lui appartenant pas (contrairement aux carrières). Le « concessionnaire » est également autorisé à utiliser les terrains de surface même sans l'autorisation de leur propriétaire, pour y édifier les installations nécessaires à son travail y compris routes et voies ferrées. Ces *servitudes* ouvrent évidemment droit à indemnité.

Dans la Convention de JV Minière, « Droits et Titres miniers » signifient Permis d'Exploitation et Certificats d'Exploitation au sens donné à ces termes par le Code Minier congolais (loi n° 007/2002 du 11 juillet 2002) et qui couvrent les gisements de Cuvette Dima, Dikuluwe, Jonction Dima, Mashamba Ouest, Cuvette Mashamba et synclinal Dikuluwe Colline D (ces gisements contiennent, sous réserve de confirmation par l'Etude de Faisabilité, des réserves minières estimées à environ 10.616.000 de tonnes de cuivre dont environ 6.813.000 de tonnes de ressources certaines, environ 626.600 tonnes de cobalt et, en tonnages encore à déterminer, toutes autres substances minérales valorisables, gisements pour lesquels Gécamines détient droits et titres miniers et situés dans le Groupe Ouest de Gécamines, au Katanga, conformément au plan en Annexe D).

Pas-de-porte

L'article 5.1 de la Convention de Collaboration évoque un « pas-de-porte », d'une valeur de 350.000.000 USD, que la Partie chinoise doit verser à la Partie congolaise avant qu'elle n'entreprenne l'exploitation des ressources minières congolaises.

Un « *pas-de-porte* » (aussi écrit « pas de porte ») est souvent appelé « droit d'entrée » qui est plus utilisé dans le langage courant.

Dans le domaine minier, un « pas-de-porte » équivaut au bonus de signature dans le domaine pétrolier. C'est une somme d'argent non remboursable et sans contrepartie qu'un opérateur minier verse au titulaire des titres miniers dont il veut se faire cessionnaire... C'est une sorte de prime ou droit d'entrée dans les lieux. Dès lors, les 350.000.000 USD à verser à la RDC par le GEC au titre de pas-de-porte est usuel et n'emporte aucune obligation particulière du côté de la partie congolaise. Sous réserve du montant qui est variable, il en est ainsi pour tous les contrats miniers.

Le pas-de-porte n'est pas du tout réglementé en droit congolais et le montant reste du domaine conventionnel. Ainsi, l'on ne sait sur quels critères les négociateurs congolais se sont fondés pour obtenir les 350 millions USD qu'ils ont exigé des Chinois ou que ceux-ci leur ont proposé. De plus, ce montant sera, selon la volonté du « donneur », versé non pas en une fois, mais en plusieurs.

Le droit d'entrée est une somme versée en une ou plusieurs fois par le locataire ou le preneur d'un local commercial au bailleur. Cette somme est définitivement acquise par le bailleur.

Il ne faut pas confondre le rôle du pas de porte et celui de la cession d'une concession minière. La cession d'une concession minière s'établit entre l'ancien « locataire » et le nouveau. Ici, il s'effectuera entre la Gécamines, propriétaire au nom de l'Etat de la concession, et la Société de Joint Venture (Sicomines).

Il faut noter que dans la Convention de Collaboration, le versement de pas-de-porte est conditionné par les études de préfaisabilité et de faisabilité, l'audit effectué par le consortium sur la régularité et la validité des droits et titres miniers, la cession des droits et titres miniers par la GCM à la JVM (art. 5.1). Les études de Préfaisabilité et de Faisabilité doivent démontrer que le Projet Minier permettra de dégager un taux interne de rentabilité d'au moins 19 % au profit du Groupement d'entreprises chinoises (art. 6.3). Les conclusions de ces études doivent, après avoir été soumises au Conseil d'Administration et à l'Assemblée Générale de la JVM, approuvées par le Gouvernement Chinois et de la RDC (art. 6.20).

Maître d'ouvrage, maître d'œuvre et entrepreneur

L'article 10 de la Convention de Collaboration mentionne ces trois concepts.

Un « *maître d'ouvrage* » est l'entité qui porte un ou des besoins et attend que se réalise un produit, appelé ouvrage, lequel est destiné aux utilisateurs. Avant d'obtenir ce produit, il élabore, à partir de ses besoins, un projet, dont il définit l'objectif (ou les objectifs), le calendrier d'exécution et le budget qui est alloué à ce projet.

En d'autres termes, le maître d'ouvrage se présente comme celui qui *commande* le produit. Son rôle essentiel consiste à fixer formellement les objectifs du produit à réaliser en matière de « coût, délai, performance » :

- Le maître de l'ouvrage est celui qui exprime et formalise le besoin à satisfaire et les caractéristiques du produit qui lui permettront de satisfaire à son emploi futur.

- Sur le plan budgétaire, il est celui qui *paie* l'ouvrage à construire. A ce titre, il est juge final des arbitrages envisageables entre coûts et performances.

- Sur le plan calendaire, il est celui qui juge de l'opportunité du projet par rapport à son calendrier propre, lance sa réalisation, et le clôt en prononçant la réception.

Il appartient à la maîtrise d'ouvrage :

- de s'assurer de la faisabilité et de l'opportunité de l'opération envisagée ;

- d'en déterminer la localisation et d'en définir le programme : il définit dans le programme les objectifs de l'opération et les besoins qu'elle doit satisfaire ainsi que les contraintes et exigences relatives à la réalisation et à l'utilisation de l'ouvrage ;

- d'en arrêter l'enveloppe financière prévisionnelle et d'en assurer le financement.

Dans le cadre de la Convention de Collaboration, le Maître d'Ouvrage du Projet d'Infrastructures est le Ministère en charge des Infrastructures, Travaux Publics et Reconstruction (ITPR) de la RDC. (art. 10.4).

La maîtrise d'ouvrage induit la maîtrise d'œuvre. Parfois appelé *architecte*, un « *maître d'œuvre* » a pour mission de réaliser l'ouvrage, dans les conditions de délais, de qualité et de coût fixées par le maître d'ouvrage, et généralement conformément à un contrat. Il est donc responsable du bon déroulement du projet, des choix techniques (relevant de l'état de l'art) inhérents à la réalisation de l'ouvrage et nécessaires pour atteindre les objectifs fixés, ainsi que du suivi des délais et des budgets selon les modalités définies dans le cahier des clauses administratives particulières.

Concrètement, son rôle propre est :

- Dans une première phase de *conception*, l'établissement des plans de l'ouvrage apte à satisfaire le besoin exprimé ;
- Dans une seconde phase de *réalisation*, le contrôle de l'exécution des travaux par rapport à ses *spécifications* techniques.

La Convention de Collaboration annonce que le Maître d'œuvre (architecte) des travaux d'infrastructures sera tout organisme désigné par le Maître d'Ouvrage (art 10.5). Dans le cas du programme sino-congolais, le Maître d'Ouvrage choisira le plus souvent les entreprises pérennes, généralement étatiques ; par exemple l'Office des Routes (OR) pour gérer une route construite, et l'Office des Voiries et Drainage (OVD) pour les travaux d'infrastructure urbaine.

Le maître d'œuvre joue un rôle de conseil dans le choix des entreprises ou des entrepreneurs qui vont les réaliser. Le terme « *entrepreneur* » recouvre différentes significations connexes mais distinctes :

- L'usage courant l'assimile à un chef d'entreprise, porteur d'un projet d'entreprise en phase de démarrage ou dirigeant d'une entreprise établie, à laquelle le plus souvent il s'identifie étroitement et personnellement.

- L'entrepreneur correspond également à l'appellation donnée aux chefs d'entreprise du secteur du Bâtiment ou des travaux publics.

- En droit l'entrepreneur (ou Maîtrise d'œuvre) désigne ''*la personne qui, dans un contrat d'entreprise, s'engage à effectuer un travail pour le maître d'ouvrage*''.

La Convention de Collaboration a retenu cette dernière acception du terme, le Maître d'Ouvrage, qui est l'Etat congolais, ayant estimé que le choix effectif des entreprises relevait de sa compétence. La

Convention stipule : ‘‘Chaque projet des travaux d’infrastructures fera l’objet d’un contrat spécifique entre le Maître d’ouvrage, la JV Minière, l’une ou l’autre des sociétés du Groupement d’Entreprises Chinoises et/ou ses sociétés affiliées qui seront autorisées et appelées à les réaliser.’’ (art. 10). Puis la Convention décrète que ‘‘l’Entrepreneur sera le Groupement d’Entreprises Chinoises et/ou ses sociétés affiliées dûment désignées’’ (art. 10.6).

On le voit, la maîtrise d’ouvrage doit assurer de nombreuses tâches pendant le déroulement du projet : validité de l’opportunité, faisabilité, programmation, budget et modes de financement, autorisations administratives et d’urbanisme, cahiers des charges, recrutement des compétences qui l’assisteront, validation des phases d’études du projet, lancement des appels d’offres, passations des marchés, suivi des opérations techniques et des dépenses, réception des ouvrages (étape juridiquement importante), désignation du maître d’œuvre et de l’entrepreneur, etc.

A défaut de compétence dans un domaine donné (construction de bâtiment par exemple), le maître d’ouvrage peut confier à un *mandataire* l’exercice, en son nom et pour son compte, de tout ou partie des attributions de la maîtrise d’ouvrage. Un maître d’ouvrage mandaté est appelé aussi *maître d’ouvrage délégué*.

La Convention de Collaboration ne prévoit pas cette disposition, mais le Maître d’Ouvrage, qui est le Ministère des ITPR, afin de suivre complètement et minutieusement la construction d’infrastructures, confiera d’importants pouvoirs à un Maître d’Ouvrage délégué, lequel sera un service public créé entre autres à cet effet : l’Agence congolaise des grands travaux (ACGT).

Sous la tutelle donc du Maître d’Ouvrage, le Maître d’Ouvrage délégué accomplira les tâches suivantes :

- Définition des conditions administratives et techniques selon lesquelles l’ouvrage sera étudié et exécuté ;
- Préparation du choix du maître d’œuvre, signature du contrat de maîtrise d’œuvre, après approbation du choix du maître d’œuvre par le maître de l’ouvrage, et gestion du contrat de maîtrise d’œuvre ;
- Approbation des avant-projets et accord sur le projet ;

- Préparation du choix de l'entrepreneur, signature du contrat de travaux, après approbation du choix de l'entrepreneur par le maître de l'ouvrage, et gestion du contrat de travaux ;

- Versement de la rémunération de la mission de maîtrise d'œuvre et des travaux ;

- Réception de l'ouvrage (l'acte par lequel le maître de l'ouvrage déclare accepter l'ouvrage avec ou sans réserves. Avant la réception des travaux, le maître d'ouvrage doit s'assurer de ce que le résultat est conforme à ses exigences. Il peut faire l'objet dans ce but d'un programme de qualification).

L'on peut se résumer en disant que dans l'exercice de ses fonctions, le mandataire ou maître d'ouvrage délégué :

- représentera le maître de l'ouvrage à l'égard des tiers dans l'exercice des attributions qui lui ont été confiées,

- pourra le représenter pour l'accomplissement de tous actes afférents aux attributions mentionnées ci-dessus.

- pourra notamment agir en justice. Cependant, il ne peut agir que dans la limite du programme arrêté par le maître de l'ouvrage, qu'il doit respecter. Il doit également en respecter l'enveloppe financière prévisionnelle.

- devra respecter la mission qui lui a été confiée et doit rendre des comptes au mandant.

Le maître d'ouvrage conserve un droit de regard sur l'exécution des missions de son délégué. Le mandat s'achève quand il a pu constater l'achèvement de sa mission.

OBJET DE LA CONVENTION

La Convention de Collaboration du 22 avril 2008 vient préciser le projet mentionné dans le Protocole d'accord du 17 septembre 2007, les modalités de sa réalisation ainsi que les droits et obligations des parties (Article 2 de la Convention de collaboration).

Outre le préambule, le document comprend 27 articles répartis en 9 points portant respectivement sur :

- l'objet,
- le projet minier,
- le projet d'infrastructures,

- le remboursement des investissements,
- les engagements et garanties de la RDC,
- les garanties du Groupement des Entreprises chinoises,
- la consultation périodique des parties,
- la force majeure et
- le règlement des différends et les dispositions finales.

La Convention de Collaboration a pour objet :

- L'apport de financement par le Groupement d'entreprises chinoises en vue d'investir dans la réalisation d'un Projet de joint-venture minier et dans celle d'un Projet de construction d'infrastructures ;

- La création d'une joint-venture minière entre la Gécamines et un consortium formé de 5 sociétés chinoises. Cette joint-venture sera chargée de réaliser le Projet minier et de prendre en charge le remboursement des investissements miniers et des infrastructures ;

- La cession par la Gécamines à la joint-venture des gisements de Dikuluwe, Mashamba Ouest, Jonction D, Cuvette Dima, Cuvette Mashamba et Synclinal Dikuluwe Colline D contenant environ 10.616.070 tonnes de cuivre dont 6.813.070 tonnes en ressources certaines, 626.619 tonnes de cobalt et d'autres substances minérales valorisables à déterminer ;

- L'exécution d'un projet de construction d'infrastructures pour la RDC.

Cet objet de la Convention de Collaboration se résume, en fait, comme on peut le voir, en la construction d'une série d'infrastructures de base en RDC par les entreprises chinoises (Projet d'Infrastructures), qui les financeront par l'exploitation des ressources minières congolaises (Projet Minier).

INFRASTRUCTURES CONTRE MINES

1. Construction d'infrastructures par les Chinois

Sur quoi porte le contrat sino-congolais ? Il s'agit d'un accord de *troc*[1], diminuant au maximum la circulation d'argent (ou

---

[1] Plus tard, le mot « troc » sera récusé, pour dire qu'il s'agit d'un contrat « normal », où l'argent (issu du gouvernement congolais ou de la vente de ses matières

d'enveloppes...) : les Chinois s'engagent à construire une série d'infrastructures en RDC, que financera une de leurs banques.

L'article 8 énonce que la liste des travaux d'infrastructures à choisir, à financer et à réaliser est jointe en ***Annexe C*** de la Convention de Collaboration.

1°. Routes et voiries

- 3.402 km de routes bitumées reliant la Province du Katanga (Kasumbalesa) à la Province Orientale (Kisangani), en passant par le Sud-Kivu et le Nord-Kivu (au total, 12 routes d'intérêt national et provincial et 3 autoroutes).
- 135 km de routes à réhabiliter entre Matadi et Boma et les 135 autres km entre Mbuji-Mayi et Mwene-Ditu.
- 2.738 km de routes en terre battue reliant quelques entités, dont Kananga-Kindu, Boma-Moanda-Yema, Niania-Isiro.
- 450 km de voiries urbaines (construction, renforcement et réhabilitation) dont 249 km à Kinshasa et 251 km dans les chefs-lieux des provinces en raison de 30 km par chef-lieu.
- Une autoroute entre Lubumbashi (Katanga) et la frontière zambienne.

2°. Chemin de fer :

Une ligne de chemin de fer, longue de 3.213 km reliant le Bas-Congo (Matadi) au Katanga (Sakania), en passant par les provinces du Kasaï-Oriental, du Kasaï-Occidental, de Bandundu et de Kinshasa (construction de 1.015 km Kinshasa-Ilebo, modernisation Matadi-Kinshasa et Ilebo-Kananga-Lubumbashi-Sakania).

3°. *Hôpitaux*

- 1 hôpital moderne de 450 lits à Kinshasa (appelé Hôpital du Cinquantenaire).
- 31 hôpitaux de 150 lits, répartis sur les 26 futures Provinces.
- 145 centres de santé de 50 lits, soit 1 centre de santé par Territoire.

4°. Enseignement

- 2 grandes universités modernes dont la localisation est encore à déterminer par le Gouvernement.

---

premières, dont les mines) intervient pour payer le travail rendu par les entreprises chinoises.

- 2 centres de formation aux métiers de Bâtiments et Travaux Publics à Kinshasa et à Lubumbashi.

5°. Electricité

- 2 barrages hydroélectriques (à Katende au Kasaï Occidental et à Kakobola dans le Bandundu).
- 2 réseaux de distribution électrique à Kinshasa et à Lubumbashi (réhabilitation).

6°. Autres

- 5.000 logements sociaux, dont 2.000 à Kinshasa et 3.000 en Provinces.
- 2 aéroports, ceux de Goma et de Bukavu (réhabilitation).

2. Travaux contre exploitation minière

Toutes les réalisations mentionnées seront exécutées par des entreprises chinoises, en partenariat avec des sociétés congolaises, à hauteur de 6,5 milliards de dollars pour la première tranche. Les crédits pourraient atteindre 11 milliards de dollars en phase finale.

En contrepartie, les entreprises chinoises doivent exploiter les ressources naturelles du Congo pendant 30 ans. Pendant cette période, elles entendent produire 8,05 millions de tonnes de cuivre (ce qui donnera 6,5 millions de tonnes de cuivre raffiné), 202.290 tonnes de cobalt dans des sites situés dans les cuvettes de Mashamba et Dima, sur le synclinal Dik colline D. et la ville de Kolwezi, et 372 tonnes d'or dans les sites à prospecter et exploiter.

La valeur de ces biens exportés, au moment de la signature du contrat, est estimée à 3,25 milliards de dollars. Un premier prêt chinois (2 milliards de dollars) permettra de moderniser l'appareil minier afin d'entamer l'exploitation. Un deuxième prêt sera affecté au financement des travaux d'infrastructures. Le total de ces prêts consentis par Exim Bank atteint environ 9 milliards de dollars (une somme qui sera réduite à 6 milliards, après amendement).

3. Remboursement

Le remboursement des prêts consentis par Exim Bank sera garanti par la constitution d'une Société de Joint Venture avec participation majoritaire chinoise qui va exploiter, produire et fournir huit millions de tonnes de cuivre et de cobalt (investissements miniers : 3,2 milliards USD et développement des infrastructures : 6 milliards USD) se fera en trois étapes principales, figurant au programme de répartition des résultats d'exploitation.

1°. Première étape : pendant quatre ans, la totalité des bénéfices à réaliser sera destinée au remboursement et à l'amortissement de l'investissement minier, ainsi qu'aux intérêts.

2°. Seconde étape : 66 % du bénéfice net du résultat d'exploitation de la Société de Joint Venture (appelée Sino-congolaise des mines, Sicomines en abrégé) couvriront le paiement et le remboursement de la première tranche des travaux d'infrastructures, dont le montant total est estimé à 3 milliards de dollars. Le solde, soit 34 %, sera distribué au titre de dividendes entre les actionnaires au prorata de leurs mises.

3°. Troisième étape, en pleine période de l'exploitation commerciale de la Sicomines : il est prévu le remboursement et l'amortissement de la totalité des investissements, grâce aux impôts et taxes prélevés sur l'activité minière. C'est au cours de cette dernière étape qu'interviendra la répartition du dividende proportionnel à la participation, en raison de 68 % pour les entreprises chinoises et 32 % pour les sociétés congolaises.

Le passage d'une phase à l'autre ne peut se réaliser qu'après le remboursement total (principal + intérêts) du prêt y relatif. Le taux d'intérêt est de 6,1 % pour le remboursement des investissements miniers et de Libor + 1 pour les infrastructures, une partie de ce dernier taux sera à charge des entrepreneurs chinois suivant chaque projet.

LES OBLIGATIONS DES PARTIES

Engagements et garanties de la RDC et avantages accordés au GEC

La RDC prend les engagements (les plus nombreux de toutes les Parties) suivants envers les entreprises chinoises (le chiffre placé devant est l'article qui évoque l'obligation) :

3.1. *Céder, par l'entremise de son entreprise publique Gécamines et avec la participation de cette dernière, les droits et titres sur les gisements miniers* (art. 3.1). Ces gisements sont donnés en Annexe A (« Liste des gisements cédés à la JV Minière ») et décrits en Annexe B (« Description géologique et coordonnées des gisements ») de la convention de Collaboration. Localisés à Kolwezi, au Katanga, ils couvrent "les gisements naturels cupro-cobaltifères suivants : Dikuluwe, Mashamba Ouest, Jonction D, Cuvette Dima, Cuvette Mashamba et Synclinal Dikuluwe Colline D contenant des réserves minières estimées à environ 10.616.070 tonnes de cuivre dont environ 6.813.070 tonnes de cuivres en ressources certaines, environ 626.619 tonnes de cobalt et, en tonnage restant à déterminer, toutes autres substances minérales valorisables." (art. 4).

10.3. *Assurer la garantie du remboursement* et s'engager à octroyer au Groupement d'Entreprises Chinoises d'autres concessions minières ou d'autres ressources et moyens satisfaisants au cas où les revenus attendus de la JV Minière s'avéreraient insuffisants pour réaliser le remboursement de ses investissements dans le Projet Minier et dans le Projet d'Infrastructures.

13.1. *Garantir, pendant toute la période du Projet de Coopération, que les Droits et Titres miniers cédés à la JV Minière ne soient entachés d'aucun vice caché et/ou apparent* pouvant compromettre leur jouissance paisible. Si ce vice apparaît, la Gécamines s'engage à y remédier dans les délais les plus brefs. Au cas où le vice est irrémédiable, la Convention de Collaboration sera résiliée !

13.2. *Garantir que les gisements, dont les Droits et Titres miniers seront cédés à la JV Minière, contiennent les réserves minières indiquées*. Si le niveau de réserve n'est pas atteint, s'engager à accorder de nouvelles concessions à la JV minière, ou suspendre l'investissement d'infrastructures !

13.3. *S'engager à accepter la résiliation de la Convention et la dissolution de la JV Minière* si, en définitive, l'Etude de Préfaisabilité sur le Projet Minier n'est pas acceptée et si l'Etude de Faisabilité n'est pas validée par les Gouvernements chinois et la RDC.

13.3.3. *S'engager à prendre toutes les mesures susceptibles d'améliorer les conditions de coopération* afin d'atteindre le seuil de 19 % au profit du Groupement d'Entreprises Chinoises.

13.3.4. *S'engager à rembourser le solde restant à payer par toutes autres voies* si la JV Minière n'a pas remboursé les investissements et les intérêts des Projets Minier et d'Infrastructures dans les 25 ans qui suivent sa création.

14.1.1. *Accorder à la JV Minière le bénéfice de tous les avantages* douaniers, fiscaux et de change prévus par les lois et les règlements en vigueur en RDC ainsi que les dispositions particulières applicables aux marchés publics à financement extérieur.

14.1.2. *Consentir au GEC les dispositions particulières* applicables aux marchés publics pour que la JV Minière atteigne le plus tôt possible un niveau permettant de payer ou de rembourser la construction des travaux d'infrastructures.

14.1.3. *Garantir au GEC et/ou à la JV Minière le libre transfert de fonds*, la libre ouverture de comptes bancaires en devises et en monnaie locale à l'intérieur comme à l'extérieur du pays et la sécurité des opérations intéressées ainsi que l'exemption des droits, impôts et frais bancaires liés à l'imposition administrative.

14.1.4. *Accepter que la JV Minière ait le loisir de choisir librement le fournisseur du matérie1 et d'équipements*, de technologie et de service, d'embaucher, à l'intérieur comme à l'extérieur du pays, le personnel qualifié conformément à la législation congolaise en la matière.

14.2. *Concéder*, pendant les périodes de remboursement de l'investissement minier et de l'investissement de la première tranche d'infrastructures, les avantages particuliers suivants :

14.2.1. *L'exonération totale* de tous les impôts, droits, taxes, douanes, redevances, directs ou indirects, à l'intérieur ou à l'import et l'export, payables en RDC et ceux liés aux activités minières et au développement d'infrastructures.

14.2.2. *L'exemption des frais et paiements* relatifs à la demande, à l'octroi, au transfert et à la cession des Droits et Titres miniers, des permis de prospection et d'exploitation ;

14.2.3. *L'exemption des frais des royalties* liées à l'exploitation minière.

14.2.4. Durant les deux premières périodes, *tous paiements éventuels d'impôts*, droits, taxes douanières, redevances, qui auraient été payés par la IV Minière ou par les entreprises chinoises chargées des travaux d'infrastructures, dans le cadre de la présente Convention de Collaboration, seront considérés et comptabilisés comme dépenses des travaux d'infrastructures.

14.3.1. *S'engager à faciliter l'octroi des visas et permis de travail aux employés expatriés*, en RDC, de l'entrepreneur d'infrastructure et de la JV Minière.

14.3.2 *S'engager à maintenir la sécurité sur les sites* des Projets Minier et d'Infrastructures, et à régler, en temps voulu, tous les problèmes relatifs aux ou provoqués par les émeutes, les actes de violence publique, les grèves, etc. afin que les Projets Minier et d'Infrastructures puissent être réalisés dans les meilleures conditions.

14.4. *Admettre que la JV Minière et l'entrepreneur chargé des travaux d'infrastructures bénéficient des avantages résultant de toutes les nouvelles dispositions légales et réglementaires* qui seraient ultérieurement prises par la RDC ou des conventions que celle-ci viendrait à conclure avec d'autres investisseurs.

15.1. *S'engager à obtenir*, dans les 12 mois qui suivent l'approbation du Projet de Coopération par le Gouvernement chinois, *de son Parlement l'adoption d'une loi devant sécuriser le régime fiscal, douanier et de change* applicable au Projet de Coopération en raison de sa spécificité. Sinon, le GEC aura le droit de décider de réaliser ou résilier la Convention !

15.2. *S'engager à ne jamais, en aucun cas, s'approprier, nationaliser*, ni exproprier, directement ou indirectement, la JV minière ainsi que son patrimoine.

15.3. *S'engager à respecter le Traité relatif à l'encouragement et à la protection mutuelle des investissements* signé entre les Gouvernements congolais et chinois à la date du 18 décembre 1997.

15.4. *S'engager à donner à temps sa garantie au GEC et ses sociétés affiliées* au cas où ils décident de s'assurer, à leurs frais, du Projet Minier, des investissements des travaux d'infrastructures ou d'autres projets de coopération éventuels ultérieurement convenus, contre les risques politiques en particulier.

15.5. *Reconnaître la validité d'un éventuel paiement en réparation reçu par le GEC et ses sociétés affiliées*, suite à la souscription d'assurance, et également accepter la subrogation de l'assureur pour le remboursement.

15.6. Garantir à la JV Minière la sécurité de son investissement minier et le remboursement des travaux d'infrastructures qui seront réalisés.

16. *S'engager à instituer, un comité multisectoriel, appelé «Comité de Pilotage et de Coordination»*, ayant pour tâches : suivre la présente Convention de Collaboration et les accords signés dans ce cadre ; faciliter la réalisation du Projet de Coopération, notamment les questions liées au transport, à l'accès à l'eau et à l'électricité, etc. ; assurer le suivi des Travaux d'Infrastructures Gouvernementales ; assurer l'interface entre le Gouvernement chinois, la RDC et la JV Minière. Ce Comité :

- servira de guichet unique qui pourra représenter la RDC ;
- se chargera de toutes les questions et formalités relatives aux travaux d'infrastructures ;
- se chargera également des relations et des formalités entre le JV Minière et les autorités gouvernementales ;
- pourra jouer d'autres rôles que pourront lui attribuer la RDC et le GEC ;
- élaborera le plus rapidement possible un règlement d'ordre intérieur, afin d'assurer le bon fonctionnement du Projet de Coopération.

19.4. *Savoir* que ''l'expropriation, la nationalisation, la promulgation d'une nouvelle loi ou la modification de législation en RDC ne peut, en aucun cas, constituer un *cas de force majeure*.''

En résumé, pour bénéficier des infrastructures, la RDC accorde aux entreprises chinoises des nombreux avantages. Ceux-ci sont décortiqués dans tout le titre V de la Convention, constitué de 4 articles, de l'article 13 à l'article 16. L'article 13 relatif aux garanties relatives aux gisements et droits et titres miniers contient 10 alinéas, l'article 14 relatif aux avantages commerciaux et fiscaux et d'autres avantages accordés par la RDC en contient 12, l'article 15 relatif aux garanties de la RDC contre les risques politiques en contient 6 et l'article 16 relatif aux autres engagements et garanties en contient un seul.

On peut récapituler comme suit ces avantages accordés au GEC (et parfois à la JVM) :

- l'exclusivité sur les droits et titres miniers pour la constitution de la JVM,

- d'autres concessions dans le cas où les gisements cédés s'avéraient insuffisants ou non productifs,

- la clause de la nation la plus favorisée,

- des dispositions particulières applicables aux marchés publics,

- des incitants fiscaux,

- des exonérations tarifaires et douanières (impôts, droits, taxes, douanes, redevances directs ou indirects, à l'intérieur ou à l'import et export, payables en RDC et ceux liés aux activités minières et au développement d'infrastructures),

- l'exemption des frais et paiements relatifs à la demande, à l'octroi, au transfert et à la cession des Droits et titres miniers, des permis de prospection et d'exploitation, l'exemption des frais des royalties,

- la latitude d'importer les matériels et autres équipements ou technologies de leur choix,

- La latitude d'embaucher, à l'intérieur comme à l'extérieur, le personnel qualifié pour la bonne exécution des projets.

Engagements et garanties des entreprises chinoises (et/ou leurs sociétés affiliées)

5.1. *Verser un pas-de-porte* de trois cent-cinquante millions de dollars américains (350.000.000 USD) à la Partie congolaise, à condition que : l'Etude de Préfaisabilité ait été approuvée par le Gouvernement Chinois.

5.2. *Chercher et mettre en place une assistance financière* à hauteur de 50 millions de dollars américains (50.000.000 USD), sous la forme d'un prêt à Gécamines, pour la réhabilitation de ses Ateliers de l'Ouest (AO), du Centre (ACP) et de Lubumbashi (LC). Ledit financement sera payé en liquide et/ou en équipement.

6.1. *Effectuer une Etude de Préfaisabilité sur le Projet Minier* pour le compte et à charge de la JV Minière, une étude à soumettre à l'approbation des organes autorisés de Gécamines et des sociétés du G.E.C.

9. *Mobiliser et mettre en place le financement du Projet d'Infrastructures*, au travers de la JV Minière. Le montant total de celui-ci sera déterminé en fonction du résultat d'exploitation minière. Ledit financement sera compté dans le financement pour la première tranche de travaux d'infrastructures et sera remboursé par la JV Minière.

9.3. *Mettre en place le financement pour réaliser des travaux d'infrastructures les plus urgents* et dont les conditions de réalisation sont remplies, à condition qu'une hypothèque ait été constituée en sa faveur sur les titres miniers. Ledit financement sera compté dans le financement pour la première tranche de travaux d'infrastructures et sera remboursé par la JV Minière.

11.2. *Recourir au maximum aux entreprises congolaises* pour toutes les fournitures et les prestations qu'elles seront capables de satisfaire, mais pour les prestations que les entreprises congolaises ne pourront pas satisfaire, donner priorité au marché chinois à condition que les prix offerts par ce dernier soient compétitifs.

10.6. *Entreprendre* les travaux d'infrastructures.

17.1. *Garantir, stipuler et déclarer* qu'il a la ferme volonté de s'engager, en partenariat avec la RDC ou la Gécamines, dans la réalisation du Projet de Coopération.

17.2. *S'engager à mobiliser les financements nécessaires pour la réalisation du Projet de Coopération*, c'est-à-dire à octroyer à la JV Minière, sur prêt d'Actionnaire, à rembourser sans intérêt, 30% des investissements estimés nécessaires pour son développement par l'Etude de Faisabilité qui sera effectuée préalablement et pour la mise en œuvre du Projet Minier.

17.3. *S'engager à prêter à Gécamines les fonds nécessaires pour sa participation au capital social de la JV minière* et aux augmentations éventuelles de celui-ci.

17.4. *Veiller notamment à ce que la JV Minière soit capable de faire face à un remboursement rapide* des investissements miniers et des Travaux d'Infrastructures Gouvernementales ; veiller aussi à ce que la JV Minière opte pour une technologie performante, capable de réduire les coûts d'exploitation qui devront être avantageusement comparables à ceux des sociétés opérant dans le même secteur.

17.5. *S'engager à tout mettre en œuvre pour réduire le coût de revient*, économiser les ressources financières des constructions, assurer la moderne conception, la qualité, le haut rendement, la fiabilité et la durabilité des travaux d'infrastructures et de service à travers sa participation à la reconstruction nationale en cours en RDC.

17.6. *Veiller à ce que le Projet de Coopération soit approuvé par l'autorité compétente chinoise* dans les 120 jours qui suivent la signature de la présente Convention de Collaboration.

En résumé, le GEC s'engage à mobiliser les financements nécessaires pour la réalisation des projets, mais la JV Minière doit rembourser ses investissements dans le Projet minier et dans le Projet d'infrastructures (article 10.3). Il prête à la JVM dont il est pourtant membre 30 % des investissements estimés nécessaires pour son développement par l'étude de faisabilité, prêt à rembourser (art. 17.2) ; il prête même à la GCM les fonds nécessaires pour sa participation au capital social de la JVM, prêt à rembourser... Il est évident que le GEC ne fait aucun apport ; en dehors de pas-de-porte, tout l'argent qu'il apporte ne constitue que des prêts à rembourser avec intérêts.

Engagements de la Joint Venture Minière

La Joint Venture Minière (JV Minière, ou JVM) s'engage à :

6.2. *Effectuer une Etude de Faisabilité* à soumettre pour approbation au Conseil d'Administration et à l'Assemblée générale de la JV Minière, puis à l'aval des Gouvernements chinois et la RDC.

10.1. *Emprunter des fonds* pour les travaux d'infrastructures, réaliser le Projet Minier et prendre en charge le remboursement des investissements miniers et d'infrastructures.

10.2. *Effectuer le remboursement* du financement des travaux d'infrastructures.

10.7. *Ne pas intervenir dans la conduite ou dans la supervision des travaux d'infrastructures*, mais pouvoir effectuer les opérations et procédures financières et comptables, les transferts, la mise à disposition des fonds destinés à la construction des infrastructures, et effectuer le paiement des travaux sur instruction du Maître d'ouvrage, sur la base des factures décomptes présentées par les entreprises prestataires (entrepreneurs) et après qu'elle aura vérifié la conformité en terme de prix.

12. *Rembourser les investissements du GEC* dans le Projet Minier et le Projet d'Infrastructures, de la manière suivante :

*1ère période, dite période de remboursement minier (première Etape), *affecter la totalité de ses bénéfices au remboursement complet des investissements miniers*, y compris au paiement de leurs intérêts, du GEC dans le développement du Projet Minier. Le financement du Projet Minier sera fait à 30 % sous forme de prêt d'Actionnaire, remboursé sans l'application d'intérêts. Les 70 % restants seront remboursés avec un taux d'intérêts annuel de 6.1 %.

*2ème période, dite période de remboursement de la 1ère tranche des infrastructures (2ème Etape), *affecter 66 % de son bénéfice au remboursement des investissements de la première tranche des infrastructures* et au paiement de leurs intérêts annuels de Libor (six mois) + 100 BP[1], et répartir les 34 % restant à la rétribution de ses actionnaires, proportionnellement à leurs parts dans le capital social. Le montant total du remboursement durant cette période ne saurait dépasser 3 milliards de dollars américains en principal.

*3ème période, dite période commerciale (Troisième Etape), *distribuer la totalité de ses bénéfices à ses Actionnaires*, au prorata de leurs parts dans le capital social.

Financer la deuxième tranche des travaux d'infrastructures ainsi que le paiement de leurs intérêts annuels de Libor (six mois) + 100 BP.

Engagements communs de la RDC et du GEC

Ces engagements sont pris envers la JVM ; parfois, la RDC les prend seule pour rassurer le GEC ou la JVM :

7.1. *Aider la JV Minière à commencer la production commerciale* dans le délai fixé par l'Etude de Faisabilité réalisée par la JV Minière.

---

[1] Acronyme pour « London Interbank Offered Rates », le LIBOR est le taux d'intérêt utilisé pour les emprunts/prêts entre banques sur le marché de l'argent de Londres. Si l'on ajoute un pourcentage à ce LIBOR, l'on obtient « + 100BP », qui est l'abréviation pour « 100 basic points ».

L'objectif de la première année de production commerciale est fixé à 200.000 tCu. Ce niveau sera porté à 400.000 tCu à partir de la troisième année de production commerciale.

7.2. *Accepter* que le montant total des investissements miniers ainsi que le délai pour la mise en place de ce financement seront déterminés par l'Etude de Faisabilité.

9.3. *Procéder par consultation mutuelle*, en fonction de la rentabilité du Projet minier, pour déterminer le démarrage ainsi que le volume des travaux des infrastructures de la deuxième tranche.

11.1. *Reconnaître* que ''le financement du développement d'infrastructures par le dividende de la part de l'Etat résultant de l'exploitation minière de la JV Minière ne sera pas le choix unique dans le cadre de la Convention de Collaboration entre la RDC et la JV Minière.''

11.2. *Convenir* que pour la réalisation des investissements qu'il fera pour les Projets Minier et d'Infrastructures, le GEC recoure au maximum aux entreprises congolaises pour toutes les fournitures et les prestations qu'elles seront capables de satisfaire, mais pour leurs approvisionnements à l'étranger, il donne priorité au marché chinois à condition que les prix offerts par ce dernier soient compétitifs.

13.3.1. *Se concerter pour trouver une solution si l'étude de Préfaisabilité sur le Projet Minier n'est pas acceptée* par le GEC et/ou Gécamines, et éviter ainsi que le GEC mette fin à l'investissement d'infrastructures.

CREATION DE LA JOINT VENTURE MINIERE (LA SINO-CONGOLAISE DES MINES – « SICOMINES »)

Le Protocole d'accord sino-congolais du 17 septembre 2007 avait prévu, en son article 2, l'érection d'une *société de joint-venture minière*.

Le 24 décembre 2007, une telle entreprise publie son acte constitutif et ses statuts, où on lit qu'elle naît et s'établit à Lubumbashi, qu'elle est une société à responsabilités et qu'elle prend le nom de « La Sino-Congolaise des Mines Sarl », en abrégé « Sicomines Sarl »''.

La co-entreprise a choisi d'installer son lieu d'activités, c'est-à-dire ses bureaux et ses usines, à la cité de Kapata, dans la commune de Dilala, l'une de deux communes (l'autre étant Manika) du territoire municipal de Kolwezi.

La Sicomines se présente comme une société mixte de droit congolais, comprenant sept actionnaires, congolais (Catégorie « A ») et chinois (Catégorie « B »), chacun intervenant avec ses parts sociales, pour un capital social global de cinquante milliards de francs congolais (FC. 50.000.000.000), équivalant à cent millions de dollars américains (USD 100.000.000). Chaque part sociale vaut cent mille (100.000) Actions d'une valeur nominale de cinq cent mille francs congolais (FC 500.000) chacune, équivalant à mille dollars (USD 1.000).

1. GECAMINES (« A ») : 20.000 Actions, soit 20 % du capital social ;
2. Monsieur Gilbert Kalamba Banika (« A ») : 12.000 Actions, soit 12 % du capital social ;
3. COVEC (« B ») : 20.000 Actions, soit 20 % du capital social ;
4. CEC (« B ») : 13.000 Actions, soit 13 % du capital social ;
5. China Railway Sixth Group Co. Ltd (« B ») : 10.000 Actions, soit 10 % du capital social ;
6. Sinohydro Corporation Limited (« B ») : 20.000 Actions, soit 20% du capital social ;
7. Sinohydro Harbour Co. Ltd. (« B ») : 5.000 Actions, soit 5 % du capital social.

L'on note que les actionnaires de la catégorie « B » (des Chinois) sont majoritaires par rapport à ceux de la catégorie « A » (des Congolais), soit 68 % contre 32 % du capital social.

L'article 4 définit les tâches auxquelles s'adonnera la nouvelle entreprise :

''Sicomines a pour objet toutes opérations d'études, de prospection, de recherche et d'exploitation de toutes substances minérales valorisables, ainsi que toutes opérations de concentration et de traitement métallurgique et chimique, de transformation et de commercialisation de ces substances et de leurs dérivés, pour son compte ou pour le compte des tiers, ainsi que toutes autres opérations connexes de nature à favoriser le développement de son objet social.

Sicomines Sarl peut, en conséquence, faire toutes opérations à caractère industriel, commercial, financier ou de nature immobilière, ayant un rapport direct ou indirect avec son objet ou pouvant en faciliter la réalisation ou en assurer le développement.''

La Convention de Collaboration du 22 avril 2008, qui vient confirmer le Protocole d'accord du 17 septembre 2007, ne parle pas de la Sicomines, mais évoque tout simplement, en son article 1 (1.4 et 1.5), ''la constitution d'une « Joint Venture Minière »'', laquelle comprendra le « Groupe Gécamines » (constituée par la Gécamines et ''une autre personne physique de son choix qui sera ultérieurement remplacée par l'une des sociétés affiliées de Gécamines'') et un Groupement de cinq entreprises chinoises (China Railway Group (Hong Kong) Limited, China Railway SinoCongo Mining Limited, China Railway Resources Development Limited, Sinohydro Corporation Limited et Sinohydro Harbour Co. Ltd.).

La constitution de la joint venture minière est détaillée dans les articles 3 à 7, en rapport avec le « Projet Minier ».

- L'article 3 parle ''d'une JV Minière à laquelle la RDC fera céder, par l'entremise de son entreprise publique Gécamines et avec la participation de cette dernière, les droits et titres sur les gisements faisant l'objet de la présente Convention de Collaboration au Projet Minier.'' La répartition du capital social de la JV Minière se fera de la manière suivante : ''68 % pour le Groupement d'entreprises chinoises et 32 % pour le Groupe Gécamines.''

- L'article 4 détaille les gisements à céder à la JV : ''Dikuluwe, Mashamba Ouest, Jonction D, Cuvette Dima, Cuvette Mashamba et Synclinal Dikuluwe Colline D''. Ces sites naturels sont cupro-cobaltifères et contiennent ''des réserves minières estimées à environ 10.616.070 tonnes de cuivre dont environ 6.813.070 tonnes de cuivres en ressources certaines, environ 626.619 tonnes de cobalt et, en tonnage restant à déterminer, toutes autres substances minérales valorisables. Ces gisements, dont Gécamines détient les Droits et Titres miniers sous la numérotation PE 9681 et 9682 tels que inscrits dans les registres ad hoc tenus par le Cadastre Minier (« CAMI »), sont situés dans la région de Kolwezi, Province du Katanga, République Démocratique du Congo, conformément au plan en Annexe B de la présente Convention de Collaboration.''

- L'article 5 évoque ''un pas-de-porte de 350.000 USD'', que ''la Partie chinoise s'engage à verser'' ''à la Partie congolaise, à condition que : l'Etude de Préfaisabilité ait été approuvée par le Gouvernement chinois, lors de l'approbation de la Convention de JV qui sera conclue entre le Groupe Gécamines et le Consortium''. Par ailleurs, ''le Groupement d'entreprises chinoises promet de chercher et mettre en place une assistance financière à hauteur de 50 millions de dollars américains (50.000.000 USD), sous la forme d'un prêt à Gécamines, pour la réhabilitation de ses Ateliers de l'Ouest (AO), du Centre (ACP) et de Lubumbashi (LC).''

- L'article 6 parle d'une ''Etude de Préfaisabilité sur le Projet Minier pour le compte et à charge de la JV Minière'', à effectuer par le Groupement d'Entreprises Chinoises et à soumettre ''à l'approbation des organes autorisés de Gécamines et des sociétés du Groupement d'Entreprises Chinoises''. Il parle ensuite d'une ''Etude de Faisabilité'' à entreprendre par la JV Minière et à soumettre pour approbation au Conseil d'Administration et à l'Assemblée générale de la JV Minière, afin qu'elle soit ''avalisée par les Gouvernements chinois et la RDC.'' L'article conclut que ''les Etudes de Préfaisabilité et Faisabilité devront démontrer que le Projet Minier permettra de dégager un taux interne de rentabilité au profit du Groupement d'Entreprises Chinoises, c'est-à-dire un IRR, d'au moins 19 %.''

- L'article 7 insiste sur la réalisation du Projet Minier, dont ''l'objectif de la première année de production commerciale est fixé à 200.000 tCu. Ce niveau sera porté à 400.000 tCu à partir de la troisième année de production commerciale.''

Pendant quelque temps, le « Comité de Pilotage et de Coordination », mis en place pour appliquer la Convention de Collaboration, comme ignorant l'existence de la Sicomines née le 24 décembre 2007, ne parle toujours que d'une joint venture minière. Jusqu'au 28 juin 2008, date où est produit un avenant, dit « Avenant N°1 à la Convention de Joint Venture du 22 avril 2008 ».

Dans ce dernier document, on lit notamment que ''Gécamines a constitué Simco Sprl au sein de laquelle elle détient 99 % des parts sociales constitutives du capital social ; de ce fait, Simco Sprl, étant sa filiale, Gécamines la désigne, en remplacement de Monsieur Gilbert

Kalamba Banika[1], pour participer avec elle dans la création de la JV Minière qui sera dénommée « La Sino-Congolaise des Mines Sarl », en abrégé « Sicomines Sarl »''

La Sicomines est évoquée donc comme une entreprise à naître. Et effectivement, c'est le 14 juillet 2008 qu'une ordonnance présidentielle (N° 08/046) autorise enfin la création d'une société par actions à responsabilités limitées dénommée la « Sino-Congolaise des Mines », en sigle « SICOMINES SARL » (laquelle deviendra après une Société anonyme, dite SICOMINES SA).

La nouvelle entreprise étatique de droit congolais est placée sous la tutelle du Ministre de l'Economie Nationale et Commerce.

Actuellement, la *Fiche d'information* de la Sicomines est la suivante :

1. Structure

a) Consortium d'entreprises chinoises :

*China Railway Group (27 %)
*China Railway Resources Development (6 %)
*Sinohydro International (26 %)
*Sinohydro Harbour (4 %)
*Huayou (5 %).

b) Groupe Gécamines :

*Gécamines (20 %)
*Simco (12 %)

2. Historique partenaires

- Avril 2008 : CRHK, CR Resources, China Railway Sino-Congo Mining Ltd (CR Sino-Congo), Sinohydro International, Sinohydro Harbour, GCM 20 %, Gilbert Kalamba Banika 12 %.
- Juin 2008 : CRHK 22 %, CR Resources 6 %, Sinohydro International 16 %, Sinohydro Harbour 4 %, China Metallurgical Group Corp (MCC) 20 %, GCM 20 %, Simco 12 %.

[1] Kalamba Banika, Secrétaire Général chargé de la gestion légale et juridique de la Gécamines, a été écarté du « Groupe Gécamines » selon une loi datant du… 13 août 1954, à laquelle la Gécamines n'aurait pas su se conformer.

• 2009 : CRHK 27 %, CR Resources 6 %, Sinohydro International 26 %, Sinohydro Harbour 4 %, Huayou 5 %, GCM 20 %, Simco 12 %.

3. Permis et contrats publiés officiellement :

a) Convention de collaboration (RDC – Consortium entreprises chinoises) :

*« Protocole d'Accord entre la RDC et le groupement des entreprises chinoises » ;

*« Convention de collaboration entre la RDC et le groupement d'entreprises chinoises… » ;

*Avenant 1 du 28.06.2008 à la Convention de collaboration ;

*Avenant 2 à la Convention de Collaboration entre la RDC et le consortium d'entreprises chinoises (non publié) ;

*Avenant 3 du 21.10.2009 à la Convention de collaboration… du Congo du 22 Avril 2008 ».

b) Convention JV Sicomines (Gécamines – Consortium entreprises chinoises 2) :

*« Convention de Joint-Venture entre le groupe Gécamines et le consortium d'entreprises chinoises » et « Acte Constitutif et Statuts, La Sino-Congolaise des Mines (Sicomines Sarl) » de Décembre 2007 ;

*Avenant 1 du 28.06.2008 au contrat de JV Sicomines du 22.04.2008 ;

*Avenant 2 du 11.11.2008 au contrat de JV Sicomines du 22.04.2008.

4. Gisements

Dikuluwe et Mashamba Ouest. Le projet Sicomines détient les Permis d'Exploitation 9681 (7 carrés miniers) et le Permis d'Exploitation 9682 (6 carrés miniers) pour l'exploitation des gisements de Mashamba Ouest et Dikuluwe Mashamba, situées dans les environs de la ville de Kolwezi, précisément à Kapata, à environ 350 km de Lubumbashi.

Un petit mot sur la zone cupro-cobaltifère de Kolwezi

Le territoire municipal de Kolwezi, dans lequel est installée l'entreprise SICOMINES, est un important centre minier et industriel, le premier de la RDC, reposant sur de très riches gisements de cuivre et de cobalt.

L'essor de la ville repose sur un extraordinaire développement économique : depuis sa création par l'ancienne Union Minière du Haut-Katanga, devenue la GECAMINES, Kolwezi est le principal foyer d'activité de la grande société, un des tout premiers centres d'extraction minière et de métallurgie lourde du continent africain. Ainsi s'explique la fortune d'une ville qui occupe l'extrémité nord-ouest du pays du cuivre, sur les hauts plateaux peu peuplés de l'Afrique centre-australe...

Kolwezi est présentée comme suit par Jean-Claude Bruneau et Mansila Fu-Kiau de l'Université de Lubumbashi[1] :

''Kolwezi est une ville jeune, puisqu'elle ne fut créée qu'en 1937 pour être le Siège du Groupe des mines de l'ouest de l'Union Minière du Haut-Katanga (UMHK). Jusqu'en 1960, date de l'accession du pays à l'indépendance, l'agglomération se présenta comme un ensemble de « villettes », c'est-à-dire de divers quartiers d'habitat éparpillés dans l'espace municipal. S'opposaient d'une part le double noyau directionnel et résidentiel des quartiers de cadres européens, flanqué au sud-est par le Centre Extra-Coutumier destiné à la population « indigène », et d'autre part par les cités ouvrières planifiées de l'UMHK situées à proximité des carrières et des usines.

Cette structure polynucléaire était l'expression d'un urbanisme colonial de type ségrégatif inspiré de ce qui existait alors dans les autres villes du Haut-Katanga, et à vrai dire dans toute l'Afrique centre-australe. La séparation des quartiers d'habitat était d'ailleurs facilitée ici par la dispersion remarquable des divers sites miniers et industriels composant le centre de Kolwezi. (…).

De la fondation de la ville à l'indépendance, l'Union Minière mit en place plusieurs quartiers d'habitat pour ses travailleurs : les cités ouvrières de Kolwezi (102 hectares, créée en 1937) et Musonoïe (189 ha, créée en 1945) étaient proches du quartier européen. Celles de I'UZK (34 ha) et de Luilu (110 ha) au nord-ouest, et celle de Ruwe (32 ha) au nord-est, créées respectivement en 1953, 1958 et 1956, étaient nettement plus excentriques et plus éloignées, puisque localisées à proximité des mines et des usines dont elles logeaient la main-d'œuvre.''

---

[1] « Kolwezi : l'espace habitfi et ses problèmes dans le premier centre minier du Zaïre », *https://horizon.documentation.ird.fr/exl-doc/pleins_textes/pleins_textes_4/sci_hum/23506.pdf*

L'autre quartier, né après, fut celui de Kapata. C'est la cité ouvrière la plus récente et la plus isolée, à 15 km au sud-ouest de la ville, qui s'étale sur 90 hectares. Installée à partir l'ensemble des camps de l'Union Minière, elle comprend les Carrières de Dikuluwe et Mashamba-ouest, que la Gécamines a cédées à la Sicomines.

3

Le pilotage et la coordination de la Convention de Collaboration

« COMITÉ DE PILOTAGE ET DE COORDINATION »

En son article 16, la Convention de Collaboration du 22 avril 2008 exige de la RDC qu'elle s'engage à ''instituer un comité multisectoriel (« Comité de Pilotage et de Coordination ») chargé

- 1) du suivi de la présente Convention de Collaboration et des accords dans le cadre de la présente Convention de Collaboration,

- 2) de la facilitation de la réalisation du Projet de Coopération, notamment les questions liées au transport, à l'accès à l'eau et à l'électricité, etc.

- 3) d'assurer le suivi des Travaux d'Infrastructures Gouvernementales,

- 4) de l'interface entre le Gouvernement chinois, la RDC et la JV Minière.

Ce Comité servira de guichet unique qui pourra représenter la RDC. De plus, le Comité se chargera de toutes les questions et formalités relatives aux travaux d'infrastructures.

Le Comité se charge également des relations et des formalités entre la JV Minière et les autorités gouvernementales.

La RDC et le Groupement d'Entreprises Chinoises pourront convenir par la suite de lui attribuer d'autres responsabilités. Un règlement d'ordre intérieur devra être élaboré le plus rapidement possible par le Comité afin d'assurer le bon fonctionnement du Projet de Coopération.''

Le « Comité de Pilotage et de Coordination » produit, par le décret n° 08/018 du Premier ministre signé le 26 août 2008, le « Bureau de Coordination et de Suivi du Programme Sino-Congolais » (BCPSC).

Il faut noter que, constatant au fil des années que le « Comité de Pilotage et de Coordination » ne fonctionnera point et ses prérogatives seront en fait assumées par le « Bureau de Coordination et de Suivi du Programme Sino-Congolais », il sera produit, neuf ans plus tard, soit en juillet 2017, un avenant, dit « *Avenant n° 4* a la Convention de Collaboration relative au développement d'un Projet Minier et d'un Projet d'Infrastructures en République Démocratique du Congo du 22 avril 2008 ». Cet avenant, en son article 3, confiera précisément au « Bureau de Coordination et de Suivi du Programme Sino-Congolais » (BCPSC) les rôles initialement définis pour le « Comité de Pilotage et de Coordination », modifiant ainsi l'article 16 de la Convention de Collaboration (où l'expression *comité multisectoriel, ou « Comité de Pilotage et de Coordination »*, s'effacera devant l'expression *« Bureau de Coordination et de Suivi du Programme Sino-Congolais », BCPSC en sigle, dénommé « Bureau de Coordination »*).

AGENCE CONGOLAISE DES GRANDS TRAVAUX (ACGT)

Ainsi donc, le BCPSC qui naît le 26 août 2008, accumulera plus tard les prérogatives attribuées au Comité de Pilotage dans la Convention de Collaboration.

Mais, avant d'en arriver là, le « Comité de Pilotage et de Coordination » produisit, par deux décrets du Premier ministre signés le 26 août 2008, numérotés respectivement 08/017 et 08/018, deux structures étatiques dévolues au Programme sino-congolais : l'Agence Congolaise des Grands Travaux (ACGT) et le « Bureau de Coordination et de Suivi du Programme Sino-Congolais » (BCPSC).

Placée sous la dépendance du Ministre des ITPR (Infrastructures, Travaux Publics et Reconstruction) et siégeant à Kinshasa[1], l'ACGT, comme le BCPSC, est un service public doté d'une autonomie administrative et financière, créé pour une mise en œuvre du Programme National de Reconstruction initié par le Président de la République, afin d'assurer la gestion, en qualité de Maître d'ouvrage délégué, de l'exécution des Projets d'infrastructures définis dans la Convention de Collaboration RDC-Chine du 22 avril 2008.

---

[1] Adresse : 01, av. OUA, Kinshasa-Ngaliema. Tél. (+243)990783779. E-mail : contact@acgt.cd ; Web : www.acgt.cd.

L'ACGT joue aussi le rôle de guichet unique dans la mise en œuvre des projets qui lui sont confiés par le gouvernement dans le secteur des infrastructures routières, ferroviaires, portuaires, aéroportuaires, énergétiques, sociales, sanitaires, touristiques, sportives, publiques…

L'ACGT est conduite par un Directeur Général et un Directeur Général adjoint. Depuis début 2011, ce sont deux hommes de compétence et d'expérience, tous des ingénieurs civils, Charles-Médard Ilunga Mwamba et Nico Nzau Nzau, nommés par l'ordonnance présidentielle n°11/008 du 21 janvier 2011.

La tâche de ces deux ingénieurs chevronnés : lancer l'énorme machine ACGT, entre autres, dans la planification du programme d'infrastructures, l'établissement et la mise en œuvre des plans annuels d'investissement, ainsi que l'ingénierie de conception des projets d'infrastructures de grande envergure et structurantes du gouvernement et l'évaluation de leurs coûts.

Le DG Médard Ilunga présente l'ACGT comme suit[1] :

''Créée en août 2008, dans le cadre de la mise en œuvre du Programme sino-congolais, l'Agence Congolaise des Grands Travaux (ACGT) poursuit trois missions principales, à savoir : Concevoir, Superviser et Conseiller.

A ce titre, l'ACGT joue aussi bien le rôle de maître d'ouvrage délégué du ministère des Infrastructures et Travaux publics, que de maître d'œuvre.

Elle coordonne ainsi l'exécution des projets d'infrastructures spécifiés dans la Convention et Accords de Collaboration signés entre la République Démocratique du Congo et le groupement des entreprises chinoises CREC et Sinohydro.

L'ACGT intervient dans les secteurs des infrastructures routières, ferroviaires, portuaires, aéroportuaires, énergétiques, sociales, sanitaires, touristiques, sportives, de bâtiments et autres infrastructures publiques.

Ses objectifs spécifiques sont la Constitution d'un fonds documentaire technique sur l'ensemble de projets ; l'interface des projets avec les Ministères sectoriels et autres structures publiques ; la facilitation administrative pour toutes les questions se rapportant aux projets.''

---

[1] *Infrastructures*, Agence Congolaise des Grands Travaux, novembre 2016, p. 5.

Les missions de l'ACGT sont autrement déclinées par l'agence elle-même comme suit[1] :

''L'Agence Congolaise des Grands Travaux (ACGT) a été créée par le décret n° 08/017 du 26 août 2008 avec pour objectif de piloter les projets d'infrastructures structurantes des secteurs suivants : routes, voiries, ports, aéroports, bâtiments et énergie.

Ainsi, les missions de l'ACGT dans ses secteurs d'intervention sont de concevoir, superviser et conseiller pour une mise en œuvre efficace et efficiente des projets.

A ce titre, elle est chargée des tâches spécifiques suivantes :

1. Planifier le programme d'infrastructures, établir et mettre en œuvre les plans annuels d'investissement ;

2. Assurer l'ingénierie de conception des projets d'infrastructures de grande envergure et structurantes du Gouvernement et en évaluer les coûts : études de préfaisabilité et de faisabilité, études d'avant-projets sommaires et détaillés, études de cohérence, d'opportunité, d'insertion, de diagnostic et de pertinence. Ces études concerneront à la fois les volets techniques (architecture, aménagement, géotechnique, hydrologie, hydraulique et industries), socio-économiques, financières, d'impacts sociaux et environnementaux, afin de réaliser des projets bancables ;

3. Valider les études réalisées par les tiers pour la mise en œuvre de différents projets y relatifs ;

4. Elaborer les dossiers d'appel d'offre (DAO), préparer et signer les contrats de travaux, de prestations intellectuelles, de services et de fournitures pour la mise en œuvre des projets d'infrastructures ;

5. Piloter, en sa qualité de Maitre d'ouvrage délégué du Ministère de l'Aménagement du Territoire, Urbanisme, Habitat, Infrastructures, Travaux Publics et Reconstruction, la mise en œuvre des projets d'infrastructures lui confiés par le Ministère ;

6. Assurer l'interface des projets d'infrastructures avec les Ministères sectoriels ;

7. Constituer une base de données technique et scientifique des infrastructures.''

De cette façon, l'ACGT ambitionne de devenir un acteur majeur de la construction d'infrastructures au Congo[2] :

''L'ACGT exerce la mission de conception et de management des projets d'infrastructures structurantes dans les secteurs de Routes,

---

[1] *ACGT Rapport annuel 2013*, *www.acgt.cd/cmssurmesure/pdf/25.pdf*, p. 51.
[2] *http://www.acgt.cd/a-propos-de-l-acgt/creation-missions-et-valeurs*

Voiries, Ports, Aéroports, Chemins de fer, Architecture, Énergies, Infrastructures passives de télécommunication et Environnement.

L'ACGT ambitionne devenir un grand bureau d'ingénierie compétitif et performant, capable d'apporter des solutions innovantes aux questions de développement des projets d'infrastructures en République Démocratique du Congo.

Nous pouvons affirmer, sans crainte, que l'ACGT est un creuset d'expertise en matière d'ingénierie de conception des projets. Grâce aux formations et au partage d'expériences et de connaissances, l'ACGT dispose d'une équipe d'ingénieurs, parmi les meilleurs du pays, dans les domaines d'études, d'infrastructures.

La maitrise de la gestion des concessions, qui est une expérience nouvelle au pays, par l'ACGT, a permis le financement de nouveaux projets d'infrastructures dans les zones de leur influence. Cette expérience acquise est un atout dans la mise en œuvre des projets de nouvelles concessions, en cours d'implémentation sous initiative de l'ACGT.''

Pour conduire à bon port l'ACGT, une organisation bien structurée, Médard Ilunga et Nico Nzau s'entourent d'une solide équipe d'experts répartie en six directions et 24 sections ainsi qu'entités. Les six directions, chapeautées par une Direction Générale, sont :

* Direction Générale elle-même ;

* Direction des Etudes et Développement (DED), chargée de la réalisation des études et la conception des ouvrages en vue de maîtriser la qualité, le coût et le délai d'exécution des projets ;

* Direction de Gestion des Projets (DGP), qui assure le Management (planification, suivi de la mise en œuvre et évaluation) des projets d'infrastructures ;

* Direction Financière (DFI), qui gère les finances et la logistique de l'ACGT ;

* Direction Administrative et Juridique (DAJ), qui gère les ressources humaines, prévient et gère les risques juridiques ;

* Direction de l'Audit et Contrôle (DAC), qui s'assure de l'application des procédures, règlements, politiques et stratégies de l'ACGT.

S'attachent également à la Direction Générale une « Cellule de Gestion et Passation des Marchés publics (CGPMP), un « Noyau Qualité » (NQ), une « Unité Planification et Informatique » (UPI) et trois (Antennes Provinciales » (Grand Katanga, Grand Kivu et Kongo Central, principaux lieux d'activités).

Outre les 24 sections ainsi qu'entités regroupées en 6 Directions, l'ACGT comprend la « Cellule de Gestion de Passation des Marchés Publics » (CGPMP) et 2 Antennes provinciales, lesquelles relèvent de la responsabilité de la Coordination de la Direction Générale.

Les 2 Antennes Provinciales sont établies respectivement à Lubumbashi pour les provinces démembrées du Katanga et à Matadi pour la Province du Kongo-Central. L'ACGT a aussi des représentations qui assurent la gestion des projets :

*à Kisangani : projet d'installation d'une unité de fabrication des panneaux préfabriqués ;

*à Bukavu : projet de modernisation de la RN5, tronçon Bukavu-Nyangezi-Kamanyola ;

*à Butembo : projet de construction d'une route revêtue RN2 : traversée ville de Butembo.

Pour réussir sa mission, la Direction Générale élabore, en 2015, un « Plan Stratégique de Développement (PSD) pour une période de 5 ans »[1], couvrant la période allant de 2015 à 2019. Cette « vision et politique managériale de développement de l'ACGT », assurent les DG et DGA, ''constitue un référentiel pour le développement de l'ACGT et la mise en œuvre d'actions visant la réalisation de ses missions. Il identifie les dysfonctionnements et les besoins en compétences de l'Entreprise. Il fixe les objectifs à atteindre en matière de formations, d'acquisition d'équipements et de réalisation des projets d'infrastructures structurantes aussi bien qu'il repense l'organisation du travail et le management des hommes. Ce plan se fixe notamment les priorités suivantes :

*Faire du management de la qualité un atout de réussite pour l'ACGT ;

*Attirer et fidéliser les compétences requises, développer les compétences acquises et mobiliser celles disponibles ;

*Maintenir et améliorer les dispositifs pertinents nécessaires à la mesure et à la surveillance de l'efficacité et de l'efficience du personnel et des processus ;

---

[1] Agence Congolaise des Grands Travaux (ACGT), « Rapport annuel 2015, 5. Vision et politique managériale de développement de l'ACGT », p. 16, *http://www.acgt.cd/images/documents/rapports_annuels/R2015.pdf*

*Implanter une « Culture d'Entreprise » basée sur l'innovation, l'esprit d'équipe, la rigueur, la discipline, l'intégrité, la réactivité et l'anticipation.

*Investir dans l'innovation technologique soutenue par l'acquisition des équipements matériels et logiciels modernes pour réaliser avec efficacité et efficiente la conception des projets et la supervision des travaux.''

Après les analyses diagnostiques et prospectives sur le fonctionnement de l'ACGT, le PSD ACGT 2015-2019 articule ses actions autour de 6 piliers qui tiennent compte de la vision, des missions et des valeurs de l'ACGT. Ces piliers sont :

1. Réorganiser et restructurer l'ACGT ;
2. Renforcer les capacités de l'ACGT ;
3. Elaborer les études des projets ;
4. Renforcer la fonction Supervision des travaux ;
5. Développer les projets en Partenariat Public Privé ;
6. Développer une communication stratégique autour des valeurs et des missions de l'ACGT.

Les actions retenues dans le PSD ACGT 2015-2019 seront financés par les fonds propres de l'ACGT, provenant des recettes des frais des études des projets et celles des frais de maitrise d'ouvrage dans le cadre de la supervision des travaux d'infrastructures des projets sous son pilotage. Le PSD ACGT 2015-2019 s'est fixé les objectifs suivants :

*Poursuivre l'effort de renforcement des capacités, notamment le développement de l'expertise dans les domaines stratégiques liés à ses métiers et de la gouvernance pour un budget total de 2.545.324 USD, avec une moyenne de 19 participations aux formations par agent ;

*Investir 7.301.561USD pour l'acquisition des équipements nécessaires à la maitrise des produits et l'amélioration de la productivité dans la conception des projets et la supervision des travaux. Ce montant représente 6 fois les coûts d'investissements de 5 dernières années ;

*Accroître de 252 % le nombre actuel de projets d'études (38), en réalisant en moyennant 19 projets d'études par année ;

*Accroitre de 6 à 32 le nombre de projets mis en œuvre par l'ACGT dans le cadre du Partenariat Public Privé (PPP) ;

*Renforcer le corps des spécialistes des métiers de l'ACGT qui ne représente que 51 % des effectifs des cadres de l'ACGT en le portant à 80 % en 2016 et 88 % en 2019 par les actions de reconversion soutenue par les formations et de recrutement de 50 spécialistes principalement dans les compétences stratégiques, entre 2015 et 2019. En considération de recrutement et de départ en retraite, les effectifs de l'ACGT connaitront ainsi un accroissement de 30% à l'horizon 2019 ;

*Réaménager le cadre organique de l'ACGT en vue de la mise en œuvre efficace des actions projetées...

Le nouvel organigramme comprend une classification des emplois de cadres sur une échelle de 15 grades. Il engage l'ACGT dans la démarche qualité, initiée depuis décembre 2014. Le PSD ACGT annonce la devise de l'ACGT qui est « Excellence est ma loi ».

Le DG Charles-Médard Ilunga Mwamba explique ce que signifie cette devise bien trouvée[1] :

"« Excellence est ma loi », telle est la devise de l'ACGT adoptée au courant de l'année 2015 et qui trouve son fondement dans les principales valeurs de l'entreprise, acquises et escomptées. Toute la culture d'entreprise, qui constitue le levier stratégique pour son développement, est désormais basée sur ses valeurs.

L'ACGT a ainsi développé, tout au long de l'année 2015, l'ensemble de ses actions sur une vision d'excellence, en vue de son positionnement comme une des structures de référence du Gouvernement en matière d'ingénierie de conception et de management des projets d'infrastructures à l'effet d'internationaliser, à terme, ses prestations.

Dans la recherche permanente de l'amélioration de ses performances, l'ACGT a, pendant cet exercice, consolidé ses objectifs dans ses missions de conception et de management des projets, en enregistrant, comme l'année passée, une augmentation de nombre de projets d'études et de travaux. En effet, par rapport à l'exercice 2014, le taux d'accroissement des projets d'études réalisés est de 89 % et celui des projets de travaux sous sa supervision est de 150 % ; une amélioration remarquable des performances dues à la politique d'équipement et de formation, amorcée depuis 2012 et soutenue par la Direction de l'entreprise.

---

[1] Agence Congolaise des Grands Travaux (ACGT), « Rapport annuel 2015, 5. Vision et politique managériale de développement de l'ACGT », p. 8, *http://www.acgt.cd/images/documents/rapports_annuels/R2015.pdf*

En 2015, le développement de l'ACGT a été marqué par trois (3) importantes actions suivantes :

1. L'élaboration du plan stratégique de développement de l'ACGT à l'horizon 2019 : l'objectif global de ce plan était de réorganiser l'entreprise et d'installer les balises pour la matérialisation du tracé du chemin de son ascension, à emprunter pendant les 5 prochaines années ;

2. La mise en œuvre d'un système de management de la qualité au sein de l'entreprise : par cette démarche qualité, commencée en septembre 2014, l'ACGT veut maitriser ce qu'elle fait, garantir la qualité de chaque produit et assurer sa crédibilité vis-à-vis de ses clients, ses partenaires et les bénéficiaires de ses services ;

3. L'amélioration des évaluations de performances professionnelles mensuelles du personnel de l'Agence pour les rendre davantage objectives, accroitre la productivité et mobiliser les agents autour des objectifs de l'entreprise. Pour ce faire, des changements ont été apportés aux outils et au mécanisme d'évaluation.

Quatre (4) ambitions clés pour le développement de l'ACGT sont retenues pour 2016, à savoir :

a) Étendre les activités et contribuer au développement de la RDC ;
b) Produire et renforcer les partenariats stratégiques ;
c) Soutenir l'innovation ;
d) Encadrer la qualité.

Pour les réaliser, l'ACGT doit cibler les projets porteurs de ressources financières et s'engager à affecter 60 % de ses ressources à l'investissement. L'accent sera mis dans l'investissement pour la poursuite des formations et de l'acquisition des équipements de conception et de supervision des projets, conformément aux objectifs définis dans notre plan stratégique de développement 2015-2019.

Un appel au sacrifice et au dévouement est ainsi lancé à l'endroit de tout agent ACGT, pour bâtir une équipe cohérente.''

Un appel pressant, qui va être entendu par chacun des 189 agents (dont 70 % ont un niveau supérieur ou équivalent au bac + 5), parmi lesquels 140 CDI, 42 CDD et 7 détachés (chiffre fin 2018)[1], lesquels vont se déployer « pour bâtir une équipe cohérente » afin de réussir la mission assignée au « Programme sino-congolais », celle de

[1] C'est, dit le DG Ilunga, une équipe qui a ''une expertise avérée, diversifiée et performante, qui doit rester attentive au besoin du pays, pour de grands projets structurants et à grand impact dans les secteurs de l'énergie, des infrastructures de transport, infrastructures portuaires et aéroportuaires, dans les chemins de fer et dans les bâtiments et autres aménagements urbains.'' (*RDC Infrastructures*, n° 1, p. 7).

construire, de moderniser et/ou de réhabiliter les infrastructures de base en RDC.

ERECTION D'UN « BUREAU DE COORDINATION ET DE SUIVI DU PROGRAMME SINO-CONGOLAIS »

Pour la mise en œuvre de la Convention de Collaboration

Service public à caractère administratif et financier placé directement sous la tutelle du Premier ministre, le Bureau de Coordination et de Suivi du Programme Sino-Congolais (BCPSC), qui établit son siège à Kinshasa[1], a pour objet la gestion et le suivi de la mise en œuvre des accords de coopération signés entre le gouvernement congolais et les partenaires privés chinois dans les domaines des mines et des infrastructures de base. A cet effet, le Bureau :

- joue le rôle de l'*interface* entre les différentes parties et entités intéressées par les projets issus des accords de coopération ;
- suit la mise en œuvre des conventions et accords de partenariat ;
- prépare les différentes rencontres, réunions et/ou négociations et enfin,
- assure les négociations avec les banques ou institutions financières pour obtenir tout appui supplémentaire en vue de bien mener la mise en œuvre des projets.

Dans sa structure, le BCPSC comprend le Comité interministériel de coordination et le Secrétariat exécutif.

Constitué des ministres directement impliqués dans l'œuvre de la reconstruction nationale (dont celui des Infrastructures), le comité interministériel est un organe délibérant chargé de la *conception*, du *suivi* et de la *définition* des orientations générales sur la supervision projets issus des accords de coopération avec les entreprises chinoises ou d'autres partenaires. Le Secrétariat exécutif, lui, a mission de *coordonner l'ensemble des activités* liées à l'encadrement pour la bonne fin des projets et assure la gestion courante du BCPSC. Il est dirigé par le Secrétaire exécutif, lequel est assisté d'un Secrétaire exécutif adjoint. Dans leur gestion quotidienne du Bureau, ils

---

[1] 16, avenue du Fleuve, Commune de la Gombe, non loin de l'Hôtel du Gouvernement (« Primature »).

s'entourent des cadres de commandement (comité d'experts), des agents de collaboration et des agents d'exécution.

Pour diriger le Bureau de Coordination et de Suivi du Programme sino-congolais, le Président de la République opère son choix sur Moïse Ekanga Lushyma et Me Justin-Marie Mbalaka, que le mardi 18 novembre 2008, il nomme par ordonnance, respectivement « *Secrétaire exécutif* » et « *Secrétaire exécutif adjoint* ». Auparavant, Moïse Ekanga, licencié en Sciences économiques, option « Mathématiques », de l'Université de Kinshasa, était conseiller au Ministère des Finances. A ce titre, il avait participé activement dans les négociations sino-congolaises qui avaient abouti, le 22 avril 2008, à la conclusion de la Convention de Collaboration.

C'est le mardi 11 décembre 2008 que le ministre des Infrastructures, Travaux publics et Reconstruction (ITPR), Pierre Lumbi Okango, installe le comité de direction du BCPSC (ainsi que celui de l'ACGT).

Le BCPSC, un service majeur autour du Président et d'autres institutions de la République

Pour revenir au contrat sino-congolais, l'importance que l'Etat lui accorde est donc telle qu'il a été élevé au niveau d'un programme dans son exécution. Un programme sino-congolais qui constitue, sans doute, la pièce-maîtresse de la politique générale de la reconstruction nationale, puisqu'il se confond pratiquement avec « les Cinq chantiers de la République ». Aussi, ce programme, qui existe par la coopération RDC-Chine, se concentre d'abord sur la Présidence et les acteurs clés tournant autour du Président. Pour celui-ci, la relation avec les entreprises chinoises est si précieuse qu'un jour ne se passe sans qu'il ne l'évoque avec ses collaborateurs qui animent ce thème. Les investissements dans les infrastructures, en cours et futurs, par les Chinois sont donc cruciaux pour que la Présidence puisse démontrer des produits livrables aux Congolais.

A cet effet, le BCPSC revêt d'une importance capitale aux yeux du Chef de l'Etat. Celui-ci ne manque pas une occasion d'entrer en contact, téléphonique ou autre, avec le Secrétaire exécutif de cette institution étatique, pour avoir des nouvelles sur l'évolution des projets exécutés par les entreprises chinoises, ou des rapports sur l'état des discussions menées en RDC ou en Chine avec les partenaires chinois, ou encore des propositions pour la mise sur pied d'une idée entrant dans la réalisation des « cinq chantiers ». Le Président est tellement attaché au patron du BCPSC qu'il n'hésite pas de l'amener souvent dans ses tournées des chantiers, dans ses déplacements à Kinshasa ou en province pour des poses de première pierre d'une infrastructure ou pour des inaugurations d'ouvrages terminés.

Les autres corps de l'Etat ont compris l'intérêt que le Chef de l'Etat porte pour le Programme sino-congolais et pour Moïse Ekanga, son principal animateur. Aussi s'empressent-ils quotidiennement vers celui-ci pour « avoir des nouvelles »... Le siège du BCPSC est ainsi devenu un lieu de passage quasi-obligatoire pour beaucoup de membres du gouvernement et d'autres personnalités intéressées de loin ou de près au Programme sino-congolais, ou tout simplement à la politique présidentielle en matière de reconstruction nationale.

Pour être juste et complet, il faut dire aussi que d'autres centres d'intérêt du Programme sino-congolais existent. Mentionnons des acteurs cruciaux que sont le bureau du Premier Ministre et le Ministère des Affaires étrangères (MAE). Un comité de suivi du FOCAC (« Forum sur la coopération sino-africaine ») mené par le MAE se rencontre trois fois par an. Il se compose de 30 membres, dont cinq du MAE et ceux d'autres Ministères (Plan, Agriculture, Transports, Enseignement primaire et secondaire, Mines, Energie, Enseignement supérieur, Postes et Télécommunications), ainsi des représentants de la Banque centrale du Congo, de la Société nationale d'électricité (SNEL), de l'Office congolais des Postes et de Télécommunication (OCPT) et de la Régie de distribution d'eau (Regideso). Le travail du comité se passe bien, notamment en raison du fait que la Présidence accorde une place prioritaire aux relations sino-congolaises. Tous ces ministères et tous ces services étatiques entretiennent des bonnes relations avec le BCPSC, ou le BCPSC avec eux.

De plus, comme on le sait, les activités chinoises en RDC se concentrent principalement sur les infrastructures et l'extraction des ressources. En conséquence, le Ministère des Infrastructures, Travaux publics et Reconstruction (ITPR) et le Ministère des Mines sont des acteurs essentiels dans le contrat sino-congolais. Le BCPSC, dont la tâche principale est de faire avancer l'exécution des projets sino-congolais, entretient naturellement d'étroites relations avec ces deux ministères.

Le BCPSC vit également en bons termes avec d'autres acteurs qui contribuent au développement du Programme sino-congolais. Il faut citer la JV Minière, la Gécamines qui lui a cédé droits et titres miniers et qui entre dans sa composition, ainsi que, évidemment, l'ACGT et les entrepreneurs chinois. Ces derniers sont les plus fréquents au siège du BCPSC et ceux qui maintiennent un contact permanent avec lui.

Il faut, pour terminer, mentionner l'engouement des gouverneurs de province pour le BCPSC. Pratiquement tous se bousculent auprès du Secrétaire exécutif, pour savoir ce qui est prévu comme réalisations du Programme sino-congolais dans leur entité administrative, ou pour l'inciter à faire quelque chose pour leur entité administrative.

Résolument, le BCPSC est au centre du Programme de développement national basé sur l'apport chinois.

L'importance du BCPSC s'accroîtra au fil des années, au point que, dès février 2014, cette institution étatique se verra octroyer de nouvelles prérogatives qui dépassent le simple cadre du Programme sino-congolais : il va coordonner et suivre toutes les Conventions de Collaboration signées entre la RD-Congo et les partenaires privés. Le BCPSC pilotera donc le Partenariat Public-Privé (PPP).

Le BCPSC pour le suivi de toutes les Conventions de Collaboration signées entre la RDC et les partenaires privés

Depuis la mise sur pied de la politique des « Cinq chantiers », la RDC était mue par la volonté manifeste de mettre en place un partenariat public – privé (PPP) qui vise la mobilisation des fonds importants pour financer le vaste programme de reconstruction et de développement destiné à doter le pays d'infrastructures de base pour le bien-être social de la population. Les infrastructures de base ne sont pas les seules à constituer des domaines créateurs de richesse ; il y a aussi les ressources naturelles, telles que les mines, les hydrocarbures, la forêt et l'eau. Celles-ci visent également les projets connexes, concernant notamment la construction des centrales hydroélectriques, du réseau d'électricité, des infrastructures routières, ferroviaires, etc.

Déjà matérialisée par la Convention de Collaboration sino-congolaise du 22 avril 2008, cette volonté de mobiliser les fonds afin de procéder au développement national va s'étendre avec les partenaires non chinois. D'où la loi que, le 11 février 2014, le Président de la République va promulguer, une loi qui crée un nouveau cadre juridique pour la promotion du partenariat public-privé (PPP) en RDC.

Cette loi sur le PPP crée un cadre juridique particulier et un régime spécial dans les domaines fiscal, parafiscal, douanier et de change susceptibles de promouvoir ou de soutenir des projets d'investissements dans les secteurs porteurs de richesses et de développement pour le pays, compte tenu de l'importance du financement à mobiliser.

La loi sur le PPP précise qu'un décret du Premier Ministre détermine les conditions d'éligibilité et le contenu des conventions de collaboration. Néanmoins les conditions essentielles devant être remplies sont au nombre de cinq, à savoir :

- la valeur des investissements ne doit pas être inférieure à l'équivalent en francs congolais d'un milliard de dollars américains ;
- la prise en charge des clauses sociales et environnementales ;
- la présentation d'une offre sous forme d'un montage financier sur le projet ;
- l'engagement d'assurer le transfert de la technologie ;
- l'engagement de ne recourir à la main d'œuvre étrangère que lorsque les qualifications et compétences ne sont pas disponibles localement.

La Loi stipule que les entreprises, groupements d'entreprises, sociétés, établissements ou entreprises créées en vertu des conventions de collaboration, qui exécutent la convention de collaboration et les conventions connexes, sont exonérés des impôts, droits, taxes, droits de douanes, redevances au niveau national, provincial et municipal, directs ou indirects, à l'intérieur, à l'importation ou à l'exportation, payables en RDC, pour autant qu'ils soient strictement liés à la convention de collaboration et aux projets de coopération. Ces exonérations s'appliquent également aux sous-traitants dans les limites des prestations ou activités liées exclusivement à la convention de collaboration et aux projets de coopération pendant la durée du projet.

La Loi prévoit les modalités du régime fiscal, dont les principales définissent :

**Une exonération générale de principe* : le contractant est exonéré des impôts, droits, taxes, et redevances tant au niveau national, provincial que municipal ;

**Un régime d'exonération étendu aux sous-traitants du contractant* ;

**L'exception : la liste d'impositions fixée par la Loi*, des impositions qui font échec au principe général d'exonération. Ainsi, le contractant reste, notamment, soumis aux impositions suivantes :

– la redevance pour les services rendus ;

– l'impôt sur les bénéfices et profits à la fin du remboursement des financements ;

– l'impôt exceptionnel sur les rémunérations du personnel expatrié;

– l'impôt sur les revenus sur les revenus mobiliers à l'exception de celui frappant les intérêts des capitaux empruntés à des fins professionnels en faveur des tiers prêteurs ;

– la taxe sur la valeur ajoutée, l'impôt professionnel sur les rémunérations, les droits superficiaires, la redevance minière, royalties ;

– les droits d'accises ;

– la marge distribuable ;

– le droit de participation de l'État ;

– les bonus prévus dans les secteurs des hydrocarbures et des mines ;

– le profit oil ;

– les pas de porte ;

– les droits, redevances et taxes des secteurs forestier, de l'eau et de l'électricité ;

– les droits, redevances et taxes du secteur de la télécommunication;

– les droits, redevances et les taxes relatifs à la protection de l'environnement (…).

**L'impôt dû par le contractant-collecteur* : le contractant demeure redevable légal de tous impôts et taxes pour lesquels il n'est que simple collecteur.

**L'assujettissement aux taxes de financement du service public* : le contractant reste assujetti aux redevances et taxes qui contribuent au fonctionnement des administrations et services publics.

**L'exercice d'activités étrangères* : le contractant « retombe » dans le régime fiscal de droit commun, en cas d'exercice d'activités étrangères au projet.

Par ailleurs, l'État garantit aux entreprises, groupement d'entreprises, sociétés ou établissements et à leurs actionnaires, ayant conclu des contrats de collaboration, le libre transfert de revenus et capitaux conformément à la Règlementation de change en vigueur, ainsi que la libre ouverture des comptes bancaires en devises et en monnaie locale à l'intérieur du pays dans les conditions prévues par les lois.

Par la mise en place des mécanismes innovants consacrés par la loi sur le PPP, la RDC espère ainsi attirer des investissements conséquents aux fins de la réalisation de son programme de reconstruction et de développement dont les atouts pour l'émergence à l'horizon 2030 sont nombreux et à portée de main. Il est à noter que ce nouveau régime des investissements s'insère dans un vaste processus de réforme du cadre législatif et réglementaire des mines, des hydrocarbures, de l'agriculture, de l'électricité et des assurances.

En son article 29, cette loi du 11 février 2014 attribue au BCPSC le pouvoir d'assurer ''le suivi de la mise en œuvre des conventions de collaboration signées entre la République Démocratique du Congo et les partenaires privés'', en attendant la création de l'établissement public visé à l'article 13. L'article 13 de la présente loi stipule que ''le pilotage, la coordination et le suivi des conventions de collaboration sont assurés par un établissement public. Un décret du Premier ministre délibéré en Conseil des ministres en fixe l'organisation et le fonctionnement.''

Jusqu'à ce jour, cet établissement public n'est toujours pas créé, mais le BCPSC anticipe pour jouer le rôle dévolu à cette institution à naître.

4

La Convention de Collaboration critiquée. Réponses congolaises et chinoises

LES DIFFERENTES CRITIQUES

Le contrat que la RDC signe avec la Chine le 17 septembre 2007 et qui se formalise dans la Convention de Collaboration du 22 avril 2008 est, à l'époque, vivement critiqué, à l'intérieur par l'opposition politique, et à l'extérieur par les partenaires occidentaux. Il a laissé ces derniers pantois.

Ceux-ci veulent connaître les dessous de ce nouveau modèle d'aide au développement qu'expérimente la RDC, pays post-conflit, en proie aux difficultés financières inextricables pour éponger sa dette extérieure, rétablir l'autorité de l'Etat, remettre son administration en marche, reconstruire ses infrastructures détruites par des guerres, des rébellions et des pillages. Selon les Occidentaux, les Congolais ont tout simplement été abusés par les Chinois.

L'opposition parlementaire : ''Le contrat sino-congolais est léonin ; il faut le renégocier !''

Aussitôt la Convention de Collaboration signée, elle fut vivement attaquée par les députés de l'opposition. Les critiques les plus acerbes furent entendues au Palais du Peuple, le siège du Parlement, le vendredi 9 mai 2008. Le quotidien kinois *Le Potentiel* du lendemain rapporte l'atmosphère qui fut notée dans la salle des Congrès :

''Une scène surréaliste ! La ferveur s'est substituée, vendredi à la passion qui caractérise généralement les séances de l'Assemblée nationale consacrées à l'audition des membres du gouvernement sur des questions d'actualité. L'explication : la lumière attendue des délégués de l'Exécutif sur les contrats miniers engageant la RDC et la Chine dans une aventure multisectorielle aux contours demeurés flous. Rappelons que la nature des contrats controversés ainsi que le contexte international entourant ce dealer en ont fait un mystère.

Mystère dont la communauté tant nationale qu'internationale cherchait à percer le secret. Y parviendra-t-on après l'ouverture du débat parlementaire ? La République y gagnerait. Transparence oblige. L'heure est grave. La souveraineté de la RDC remise en cause. Les contrats signés entre la RDC et la Chine paraissent flous. Le Congo est le plus grand perdant dans ce dossier.

C'est ce qu'ont dénoncé plusieurs députés de l'Opposition intervenant au cours de la plénière, hier vendredi 9 mai 2008 dans la salle de Congrès. C'est pourquoi, le ministre des Travaux publics et Infrastructures qui a signé ces contrats, pour la partie congolaise, était convié à éclairer la lanterne de la députation nationale sur ce dossier combien brûlant.

Contrairement à la pratique, hier, le président de l'Assemblée nationale a, pour prendre la parole, aligné d'abord les députés MLC, suivis de leurs collègues PPRD. Les députés du Mouvement de Libération du Congo (MLC) ont développé des arguments massues qui ont imposé un silence de cimetière dans la salle des Congrès du Palais du peuple.''

Et le journal de la capitale cite les quelques interventions parmi les plus marquantes. Celle d'abord qui ouvre le débat, venue de François Mwamba, président du Groupe Parlementaire et secrétaire général du Mouvement de libération du Congo (MLC). Au nom de son parti, le député, sans détours, a rejeté tous les contrats que la RDC a signés avec le Groupement d'entreprises chinoises dans leur formulation actuelle et a fustigé la Convention qui entérine tous ces accords.

D'après lui, la coopération avec la Chine est floue. ''Comment comprendre que pour 4 km de route qui coûteraient 7.000.000 USD d'après le devis confidentiel de nos ingénieurs, les Chinois exigent 17.000.000 USD.''. Dans ces conditions, ''qui aide qui ?'', s'est interrogé François Mwamba. Avant de déplorer le fait que sur 100 % de la production, ''les amis qui viennent les mains vides doivent gagner 68 % tandis que 32 % reviennent à la RDC.''

Il faut, termine Mwamba, renégocier le contrat sino-congolais. Conclusion approuvée par Delly Sessanga, président de la Commission Politique et administrative de l'Assemblée nationale. Pour lui, cet accord n'est qu'un contrat léonin ! Et le ministre des TPI signataire de la Convention n'avait pas qualité d'engager le pays à ce niveau-là !

L'on retient que les parlementaires de l'opposition ne demandent pas l'abandon, mais seulement la renégociation du contrat sino-congolais.

Le timide soutien de la majorité parlementaire : ‘‘Il n'existe pas de contrat parfait !’’

L'offensive du groupe parlementaire de l'opposition, appuyée par des arguments plus ou moins crédibles qui rencontrent ceux du FMI, va impressionner les députés de la majorité parlementaire, qui ne trouveront presque pas d'arguments étayés pour défendre totalement le protocole d'accord sino-congolais. *Le Potentiel*[1] écrit :

‘‘Curieusement, dans le camp du PPRD et de l'AMP, tous les gros calibres connus se sont abstenus de prendre la parole. On dirait qu'ils étaient tous convaincus par le discours de MLC François Mwamba et Delly Sessanga, qui exigent la renégociation desdits contrats.

Nul n'ignore que, chaque fois qu'il y a débat sur un sujet d'actualité, si Delly Sessanga, Thomas Luhaka, Lucien Busa et François Mwamba de l'Opposition prennent la parole, la majorité réplique toujours à travers notamment Boris Mboku Laka, Aubain Minaku, Mwenze, Alexis Thambwe Mwamba et pourquoi pas Théophile Mbemba. Ce n'en était pas le cas hier.’’

Tout au plus, ces ténors de la majorité vont soutenir, en public ou en privé, que ce contrat, pour être accepté par tous, peut subir quelque « toilettage ». Position exprimée par Evariste Boshab, secrétaire général du PPRD, le parti le plus important de la majorité parlementaire. Pour lui, sur cette terre des hommes, il n'existe pas de contrat parfait en droit, il y a toujours à dire sinon à redire tant et si bien que la plus grande prudence serait de ne jamais conclure pour ne pas être floué... Mais il faut toujours conclure, en essayant de tirer le maximum que l'on peut...

Pour appuyer cette attitude de prudence, Boshab rappelle que le contrat sous analyse n'est pas le premier du genre :

‘‘Lorsque la RDC, à l'époque Zaïre, avait cédé la Sominki à un groupe canadien, pour créer la Sakima, notre pays n'a eu droit qu'à 7%

[1] *Le Potentiel*, Kinshasa, 10 mai 2008.

du capital. Si l'on n'accède pas à la logique de ce genre de contrat, on peut s'en offusquer et crier au scandale, pourtant, il n'en est rien, car il faut tenir compte des trois paramètres.

Il s'agit des réserves géologiques qui constituent une denrée aléatoire qui peut à tout moment être contredite dans l'exploitation effective ; la deuxième contrainte c'est le temps en ce que les prix des métaux oscillent entre la hausse et la baisse. C'est donc un risque que prend tout investisseur. Et la troisième contrainte porte sur les conditions de génie civil particulièrement difficiles dans notre pays où il y a souvent glissement des terrains et éboulement.''

Et Evariste Boshab tire la conclusion qui lui paraît logique :

''Dans la vie d'une nation et même dans sa survie, la décision de mise en place des infrastructures pour permettre le décollage économique et social ne se prend pas deux fois. On la prend une seule fois quitte à pouvoir apporter des correctifs sinon les adaptations en raison des impondérables... Pour une fois que notre pays vient de prendre cette décision, nous avons le devoir d'offrir aux générations à venir les conditions meilleures par rapport aux nôtres.

Saisissons cette occasion pour que notre pays prenne date avec l'humanité. Certes, il y a des inquiétudes, mais celles-ci sont mineures par rapport aux avantages attendus par toute la nation''.

La nette hostilité de l'Occident

Dès que le Protocole d'accord du 17 septembre 2007 fut connu, il y eut un grand tollé en Occident. Le sentiment quasi-unanime était : ''Les Chinois vont nous voler « notre Congo » !''. C'est ce qu'exprime la journaliste française Marie-Françoise Cros[1] :

''Le contenu de l'accord avait soulevé une série de protestations chez les Occidentaux, soit dans les milieux d'affaires, où l'on craignait que les Chinois ne mettent la main sur toutes les richesses congolaises ; soit dans les milieux politiques, où l'on s'indignait de ce que Pékin coupe ainsi l'herbe sous le pied de ceux qui conditionnaient l'aide à Kinshasa à une diminution de la corruption et une amélioration des droits de l'homme ; soit dans les milieux d'aide au

---

[1] M.-F. Cros, « RDC : Le contrat chinois est modifié », in *La Libre Belgique*, 16 novembre 2009.

développement, où l'on considérait le contrat comme léonin pour le Congo.''

François Kabasele abonde dans le même sens, lorsqu'il donne les raisons du mécontentement de l'Occident à la signature du contrat sino-congolais[1] :

''Le Congo n'est pas n'importe quel pays. Nous-mêmes répétons à longueur des journées que notre pays est un scandale géologique, mais souvent nous n'avons pas une idée précise de ce que ce « scandale » vaut en termes de dollars. Le journal *New African* a publié au mois d'avril de l'année passée, sous le titre « The curse of coltan » (La ruée vers le coltan), les conclusions troublantes d'une enquête menée par Valérie Noury, après recoupement avec bien d'autres études sur le sujet : « la richesse minérale non exploitée de la RDC est estimée à 24.000 milliards de dollars américains d'aujourd'hui» ! Soit une valeur correspondant au produit intérieur brut (PIB) de toute l'Europe et les Etats-Unis d'Amérique combinée ! Dans l'esprit de l'Occident, il ne sera jamais question de laisser n'importe qui faire main basse sur pareil pactole.''

C'est aussi l'opinion de la journaliste belge Colette Braeckman, qui écrit[2] :

''Les « amis » traditionnels de la RDC — qui, comme la Belgique et la France, s'étaient fortement engagés pour mettre fin à la guerre (d'agression de 1998) et convaincre la « communauté internationale » de soutenir financièrement l'organisation des élections — éprouvèrent le sentiment très net, et teinté d'amertume, que les réserves de matières premières congolaises allaient changer de mains pour servir au développement économique de la Chine et d'autres pays émergents comme l'Inde, la Corée du Sud ou encore le Brésil, impliqué dans l'exploration pétrolière. Parmi les ressources en jeu se trouvent des minerais rares ou stratégiques comme l'uranium, le niobium, le coltan (ou colombo-tantalite) et le cobalt, sans oublier le pétrole récemment découvert.''

George Forrest, un puissant homme d'affaires belge opérant en RDC, exprime brutalement, mais clairement, cette amertume éprouvée par certains Occidentaux[1] :

---

[1] F. Kabasele, « Les contrats sino-congolais du 17 septembre 2007, contrats léonins ou contrat du siècle », *DIA/MMC*, Kinshasa, 22/09/2011.

[2] *Le Monde Diplomatique*, septembre 2009.

‘‘Si on les laisse faire, ils vont nous évincer d'Afrique. Les Occidentaux parlent de bonne gouvernance, imposent des conditions impossibles à leur aide au développement. Les Chinois sont moins regardants et nous taillent des croupières.’’

C'est peut-être pour cette raison, qu'au début de l'année 2009, le FMI va tenter de bloquer l'application du contrat sino-congolais, en arguant que la RDC ne pouvait pas conclure de nouvel arrangement avec un créancier préférentiel privilégié alors qu'elle n'avait pas encore réglé sa dette extérieure de 11 milliards de dollars. Pour y parvenir, le FMI va s'attaquer au talon d'Achille de ce contrat, la « garantie de l'Etat » !

Pour le FMI et les partenaires occidentaux, le contrat sino-congolais signifie un (re)endettement de l'Etat

Contrairement aux opposants congolais qui parlent le plus souvent d'un contrat léonin, le Fonds Monétaire international (FMI) et la Banque Mondiale, bailleurs des fonds traditionnels, sans doute pour ne pas froisser l'Etat congolais, ont trouvé deux arguments pour combattre le contrat sino-congolais.

Le premier, ce sont, soutiennent-ils alors, les dérapages en matière de dépenses militaires. Celles-ci ont augmenté en 2008 à cause de la guerre menée dans l'Est du pays, des opérations de désarmement des rebelles des Forces démocratiques pour la libération du Rwanda (FDLR) et finalement, de l'intégration des militaires du Conseil national pour la paix et le développement (CNDP) au sein des forces gouvernementales. Sur ce point, la Belgique fait observer qu'on ne pouvait à la fois inciter le Congo à désarmer les FDLR et à intégrer les groupes armés, et le pénaliser pour le coût de ces opérations.

L'autre point litigieux, sans doute le plus déterminant, est beaucoup plus sensible ; il concerne l'atteinte du point d'achèvement de l'initiative « pays pauvre très endetté » (PPTE), un objet poursuivi avec détermination par l'Etat congolais et encouragé par le FMI et la BM. Or, du point de vue de ces bailleurs des fonds, le gouvernement congolais s'est engagé sur deux projets qui leur paraissent

---

[1] Dans une interview au quotidien français *Le Monde*, 25 mars 2008.

inconciliables, puisque contradictoires : permettre au pays d'atteindre enfin le « point d'achèvement», qui signifiera un allègement substantiel du paiement des intérêts de la dette et accepter les « contrats chinois », essentiels pour le développement des infrastructures (routes, hôpitaux, écoles, logements sociaux) et le démarrage des « cinq chantiers » de la reconstruction.

Sur le plan technique, en dépit de la crise financière et de la chute des prix des matières premières, le Congo estime qu'en juin 2009, il aura rempli les conditions requises pour que ses principaux créanciers consentent à effacer une partie substantielle de la dette, soit 6,3 milliards de dollars. Le service de cette dette absorbe chaque mois quelque 40 millions de dollars, une ponction qui freine le financement des secteurs sociaux (santé et éducation) et celui de la sécurité. Les Occidentaux, y compris la Belgique, estiment qu'on ne peut consentir un allègement substantiel de la dette congolaise alors que, dans le même temps, Kinshasa se rendetterait auprès de la Chine, en accordant la garantie de l'Etat au contrat passé avec les sociétés chargées de réaliser les travaux d'infrastructures. Autrement dit, l'argument consiste à dire que la « garantie » par l'Etat congolais de l'emprunt de la société de joint-venture minière créée pour l'occasion (et détenue à 68 % par des entreprises chinoises et à 32 % par la société publique congolaise Gécamines) signifie que la RDC contracte de nouvelles dettes auprès de la Chine alors que les Occidentaux envisagent d'effacer son ardoise.

C'est donc, pour les bailleurs de Washington, la garantie d'Etat dans le contrat sino-congolais qui poserait le plus problème. Le fait que l'Etat congolais garantit le crédit de la China Exim Bank, signifie que le contrat doit être considéré comme une dette nationale.

REPONSES AUX CRITIQUES

Pour contrecarrer ces nombreuses critiques, la meilleure manière consisterait à répondre à ces quelques questions :

- Dans quel contexte ce contrat a-t-il été signé ?
- Quelle est la philosophie de cet accord ?
- Pourquoi les Occidentaux sont-ils hostiles à ce contrat ?
- Qui gagne et qui perd ?
- S'agit-il d'un contrat léonin ?

Les réponses à ces quelques questions sont contenues dans la plaidoirie des autorités de l'Etat, lesquelles vont défendre bec et ongle les accords qu'elles ont négocié avec les Chinois. Ces réponses sont naturellement à l'opposé des adversaires de ces accords. Nous retenons celles de Pierre Lumbi et de Moïse Ekanga.

Le ministre P. Lumbi : "un contrat dont la philosophie repose sur le principe « gagnant-gagnant »"[1]

Pierre Lumbi, ministre des Travaux publics et Infrastructures (TPI), l'un des principaux négociateurs du contrat sino-congolais, est l'un des mieux placés à le présenter et à le défendre.

Pour lui, l'objet de cette Convention porte sur le financement des travaux d'infrastructures de base à réaliser par le groupement des entreprises chinoises. Ce financement sera supporté par des revenus générés par l'exploitation des concessions minières en partenariat avec la Gécamines.

En signant un contrat avec l'Etat congolais, la partie chinoise a pris l'engagement portant sur les points ci-après :

(1) mobiliser et mettre en place le financement nécessaire au développement minier et au financement des infrastructures. La valeur de ces investissements, en attendant La confirmation des études de faisabilité est de l'ordre de 3,25 milliards USD pour les investissements miniers et 6 milliards pour le développement des infrastructures en deux tranches de 3 milliards chacune ;

(2) assurer la formation, le transfert des technologies, le renforcement des capacités, le contrôle de l'ouvrage à réaliser, le volet social et le respect des normes environnementales ;

(3) financer la Gécamines sans intérêt, à concurrence de 30 % du capital, dans le cadre du développement minier au litre d'apports d'associés, à valoir sur les dividendes de celle-ci ;

(4) verser, après approbation de l'étude de préfaisabilité sur les investissements miniers, un pas-de-porte de 350 millions USD, dont 250 millions au titre d'appui budgétaire pour l'exercice 2008 de la solde en faveur de la Gécamines ;

---

[1] *Le Potentiel*, Kinshasa, 10 mai 2008.

(5) prêter à la Gécamines sans intérêt 50 millions de USD en équipements remboursables sur les dividendes de celle-ci.

Ceux qui aiment le pays de Joseph Kabila, suggère Pierre Lumbi, devraient se réjouir de la Convention sino-congolaise. Celle-ci n'est nullement dirigée contre les partenaires traditionnels de la RDC. Devant les députés, le ministre veut les rassurer solennellement. La RDC, dit-il, ne tournera jamais le dos à ses amis. L'option levée par le Gouvernement de diversifier sa coopération ne remet pas en cause ses engagements vis-à-vis d'eux. Il le déciare avec force :

''Nous sommes conscients que l'assistance qu'ils accordent à notre pays à un moment si difficile est importante, irremplaçable et déterminante. Ils ont donc droit à la reconnaissance du peuple congolais. La nouvelle option de coopération diversifiée ouvre des nouvelles perspectives de développement par l'apport des ressources additionnelles et les nouvelles méthodes de travail profitables pour tous''.

Le ministre vient de dégager quelques avantages des accords de coopération que la RDC a signés avec la Chine. D'autres existent.

La Chine offre des échéances de remboursement et un taux d'intérêt exceptionnels et extrêmement concessionnels

En signant un contrat avec les Chinois, les Congolais ont été séduits par quelques autres avantages qu'ils ne trouvaient pas auparavant chez les partenaires traditionnels.

Il faut d'abord savoir que, concernant les obligations des parties, la partie chinoise s'engage à financer la Gécamines sans intérêt, à concurrence de 30 % de sa participation au capital de la Sicomines, à valoir sur ses dividendes. Elle devrait verser en outre à la Gécamines un montant de 350 millions USD à titre de pas-de-porte, de même qu'elle accepte de prêter à cette dernière 50 millions USD en équipements, sans intérêt, remboursables sur les dividendes.

Il faut ensuite souligner que les Chinois acceptent que, dans chacun des projets, 1 % du coût total devrait être utilisé pour financer le social dans les régions minières, 3 % pour couvrir les coûts environnementaux et 10 à 12 % des travaux effectués devraient être sous-traités à des sociétés congolaises.

Il faut remarquer également et surtout que le préfinancement chinois est un prêt sur 30 ans au taux de 0,25 % assuré par la banque d'Etat China Exim Bank. Cela montre que les échéances de remboursement et le taux d'intérêt offerts par la Chine sont exceptionnels et extrêmement concessionnels. L'on peut noter à cet effet que le taux d'intérêt lié aux contrats miniers signés par la Gécamines avec les firmes occidentales varie entre 15 et 20 % l'an.

Le remboursement du prêt chinois est garanti, on le sait, par la constitution d'une joint venture, la Sicomines, détenue à 68 % par des entreprises chinoises, à 32 % par la société publique congolaise, Gécamines. La Gécamines apporte les titres miniers sur ses concessions et les sociétés chinoises apportent le financement pour une exploitation du cuivre, du cobalt et de l'or au Katanga. Ce n'est pas une partie, mais les deux (chinoise et congolaise) qui rembourseront le prêt, puisqu'elles se retrouvent dans la Sicomines, dont les profits seront utilisés pour rembourser ces investissements en priorité. La Sicomines exploitera environ 10 millions de tonnes de cuivre brut d'où sortiront 6,5 millions de tonnes de cuivre raffiné, 200.000 tonnes de cobalt, 372 tonnes d'or. François Kabasele écrit[1] :

''Il faut se rappeler que c'est au terme de 20 ans de production, à raison d'environ 500 000 tonnes de minerais produits par an, que ce chiffre d'affaires pourrait être réalisé. Si dans l'entre-temps le cours de ces minerais augmentait très sensiblement, la Chine et la RDC feraient une meilleure affaire ensemble. Pour la Chine ce serait une juste récompense des risques qu'elle a pris car personne d'autre avant elle n'a tiré profit d'un investissement massif et à long terme dans ce pays (nous avons tendance à l'oublier). Que l'on se rappelle également que le chiffre d'affaires n'est pas à confondre avec le bénéfice. Etant donné que dans ce secteur minier les coûts de production sont souvent évalués à 60 %, la Chine et la RDC se partageront en réalité un profit de 24,1 milliards USD à raison de 16,4 milliards pour la Chine et 7,7 pour la RDC.''

En optant pour l'investissement chinois, les Congolais ont aussi aimé le fait que les accords conclus précisent que les Chinois livrent à la RDC les ouvrages réalisés clés en main. Les Chinois s'engagent avec les partenaires dans les affaires et, par conséquent, refusent de

---

[1] F. Kabasele, ''Les contrats sino-congolais du 17 septembre 2007, contrats léonins ou contrat du siècle'', *DIA-MMC*, Kinshasa, 22/09/2011.

s'ingérer dans la politique intérieure du pays hôte. Ils savent que chaque peuple a ses problèmes et que lui seul parviendra à les surmonter. Lui donner les leçons n'entre pas dans la mentalité chinoise. Là où les Occidentaux assujettissent leur aide ou leur investissement à l'orientation politique qui n'est pas la leur, les Chinois travaillent sans état d'âme. Peut-on leur reprocher cette attitude ? Trop de conditions politiques tuent assurément les affaires. Trop de critères « scientifiques » également qui font qu'un tel pays ne peut pas bénéficier ou mériter de l'aide financière d'un pays nanti. Ainsi, un pays sans argent ou sans capacité de remboursement doit être exclu de la marche vers le développement. La Chine ne le pense pas. Elle doit trouver la parade. Pour beaucoup de pays africains, la parade est que ceux-ci mettent à profit leurs ressources naturelles pour financer le développement ou pour rembourser les prêts. Le contrat qui s'ensuit relève du « troc » : dans le cas de la RDC, minerais contre travaux d'infrastructure. Ce mode de financement présente l'avantage de laisser très peu de place à la corruption et au détournement des fonds. Cet aspect constitue un atout et non un inconvénient, car il est plus adapté aux réalités de gestion des pays africains.

Pour comprendre le choix congolais pour les Chinois, il faut également avancer le fait du prix de construction de 1 km de route. Les Chinois le proposent aux Congolais à plus ou moins 1 000 000 USD. Selon le ministère des ITPR, ''le coût de réhabilitation d'une route asphaltée de standard classique (7m de bande de roulement), par kilomètre, varie actuellement de 1,2 million à 3,0 millions USD, le coût le plus élevé étant inhérent au caractère contraignant des voiries asphaltées (ouvrages d'assainissement). Ce coût se retrouve dans différents types de financement (Don japonais exécuté avec les entreprises japonaises, Union Européenne, Banque Mondiale, ...). Les informations reçues de certains pays de l'OCDE font état des prix variant de 3,5 à 13 millions d'euros pour une autoroute à 4 bandes de roulement, selon qu'il s'agit des reliefs plats ou montagneux (Suisse)''.

Il faut enfin évoquer une autre raison, et non la moindre, qui justifie l'option congolaise pour l'investissement chinois : les ouvrages construits par les Chinois ont un rapport qualité/prix. En effet, quand les entreprises chinoises sont mises en compétition avec les autres, que ce soit en Angola, au Cameroun, en Tanzanie ou en RDC, elles ont tendance à rafler tous les marchés. Car, sur le plan de la qualité, leurs soumissions sont très compétitives, et en ce qui concerne le prix, elles sont quasi imbattables. En effet, l'ouvrier qualifié chinois ne coûte pas si cher : autant ou même moins cher que son homologue congolais, car il ne gagne que 1 USD par jour, en dehors de l'hébergement et la nourriture qui sont à charge de l'employeur ; de même, un ingénieur chinois travaillant sur les chantiers congolais ne touche que 130 USD le mois (selon le Centre for chinese studies, China's Interest and Activity in Africa's Construction and Infrastructure Sector).

En dépit de ces avantages que les Congolais ont pu trouver en décidant d'avoir conclu avec la Chine une Convention de Collaboration, les bailleurs de fonds occidentaux, à travers le FMI, ne peuvent admettre l'investissement chinois qui, selon eux, constituent une dette, laquelle viendrait alourdir celle que la RDC a déjà contractée auprès d'eux et qu'elle peine à payer. C'est contre cet argument que Congolais et Chinois vont en guerre.

Moïse Ekanga : ''L'Etat ne reprendra la dette que si le projet d'exploitation minière remboursant le prêt échoue''

La position du FMI, qui parle d'un nouvel endettement de la RDC, est battue en brèche par Moïse Ekanga, lequel exprime la position du Gouvernement congolais, à travers le Bureau de coordination et du suivi du Programme sino-congolais qu'il dirige. Ekanga tente de démontrer que, sur le plan technique, le contrat sino-congolais ne peut être assimilé à une dette publique, puisqu'il est couvert par le gisement minier[1] :

''L'Etat ne devra reprendre la dette que si le projet d'exploitation minière, qui rembourse le prêt, échoue. Celle-ci est couverte par le gisement minier concédé...

Partout dans le monde il y a des risques. Est-ce à dire que nous ne resterons pas fidèles au contrat ? Non. Le risque est tout à fait réduit.

Le Congo a également accepté une plus longue échéance sur le crédit, qui améliore les conditions de remboursement afin de répondre à la demande du FMI.

---

[1] Agence britannique *Bloomberg*, 2 juin 2009.

Les entreprises chinoises ont déjà commencé à s'investir dans l'infrastructure à plus de 300 millions USD. Un autre contrat de 400 millions USD dans le développement est actuellement à l'étude.

Sicomines, la joint-venture minière dans laquelle la RDC détient 32 % de part, va finaliser ses études géologiques à la fin de l'année.''

Sur ce dernier point, les détracteurs du contrat sino-congolais affirment que celui-ci est un contrat léonin, c'est-à-dire un contrat dont la « part du lion » revient à une seule entité, ici à la partie chinoise. C'est déjà à la signature du méga-contrat du 17 septembre 2007 et encore aujourd'hui, que, nous l'avons vu, certaines voix, provenant notamment de l'opposition parlementaire, se sont levées pour dénoncer ce contrat qui ne profiterait qu'à la Chine.

Le contrat sino-congolais est-il vraiment *léonin* ? Oui, acquiescent certains le plus sérieusement du monde. Comme Guilain Babs, qui affirme que le contrat ne serait pas léonin si l'Etat congolais participait au capital avec au moins 40 % des parts[1] :

''La participation de la Gécamines au capital avec 32 % et celle du Groupe d'entreprises chinoises avec 68 % ne s'accordent pas avec l'article 2 de la loi n°77-027 du 17 Novembre 1997 portant mesures générales de rétrocession des biens zaïrianisés ou radicalisés qui exige que pour toute entreprise exerçant ses activités en République Démocratique du Congo, la part détenue par les personnes physiques ou morales étrangères ne peut excéder 60 % du capital, le reste des parts devant revenir aux Congolais à 40 % ou plus. Ce qui entraine que, du point de vue de l'orthodoxie juridique, le contrat de société SICOMINES Joint-venture serait illégal et donc ne saurait ressortir ses effets juridiques. Néanmoins, le non-respect de cette règle dans plusieurs contrats de société depuis maintenant plusieurs années devrait plutôt conduire à la conclusion que cette disposition légale est devenue désuète.''

La désuétude de cette loi du 17 novembre 1997 a sans doute également été constatée par les gouvernements pos-mobutistes, ou du moins par le Ministre des Infrastructures, Travaux Publics et Reconstruction ayant signé la Convention de Collaboration, puisque, dans son allocution devant l'Assemblée Nationale en date du 9 Mai

[1] Guilain Babs, « Quelques considérations juridiques sur le deal sino-congolais », *business-et-finances.com*, 29 avril 2015.

2008, il souligne le fait que "Le taux de participation de la Gécamines au capital social de la JV minière est le plus élevé de toutes les autres conventions, soit 32% contre une autre tranche allant de 7 à 25 %".

Guilain Bats, qui mentionne cette intervention du Ministre, s'attaque à deux autres aspects du contrat qui le feraient léonin, ou « illégal » :

''Mieux encore, l'invalidité du contrat SICOMINES Joint-venture partant de ce grief ne saurait être invoquée en cas de différend entre les parties à cause de l'internationalisation du contrat. En soumettant leur différend à la compétence du CIRDI (Centre international pour le règlement des différends relatif aux investissements), les parties ont entendu soustraire les contrats ''chinois'' de la juridiction du juge national. (…). La même remarque vaut pour le point de vue selon lequel la Convention serait nulle du fait de l'absence du contreseing de tous les ministres concernés ainsi qu'alternativement de la délégation de pouvoir de ceux-ci à un de leurs collègues, tels que prescrit par l'ordonnance-loi nº 07/018 du 16 mai 2007 (...).''

Le gouvernement congolais ne nie pas le fait du partage inégal (et « illégal » ?) « 32 – 68 ». Mais il soutient que le contrat sino-congolais n'est nullement léonin. En effet, s'il est vrai que la SICOMINES s'établit sur une base inégale de 32 % pour la Gécamines et 68 % pour le groupement d'entreprises chinoises (plus que la plupart des contrats passés avec les sociétés occidentales), la RDC, longtemps laissée pour compte par l'Occident, devrait beaucoup gagner dans sa collaboration avec la Chine. Notamment, les ressources du pays seront mises en exploitation au lieu d'être dilapidées, bradées sauvagement ou gardées en réserve pour les générations futures, mais les infrastructures réalisées seront mises au service de tous les secteurs d'activité et devraient améliorer la vie de tous les Congolais…

Ainsi donc, en signant le mégacontrat avec les Chinois, la RDC ne se serait pas fait spolier par eux ; l'accord profiterait au contraire aux deux parties. Ce serait donc effectivement un accord « gagnant-gagnant ». Moïse Ekanga, Secrétaire exécutif du BCPSC, répond à ceux qui prétendent que l'accord sino-congolais est un contrat léonin ; il explique pourquoi il ne peut l'être[1] :

[1] *Le Potentiel*, 16 septembre 2010.

‘‘Le partenariat [Chine-RDC] est un partenariat comme tous les autres. Avec les anciens partenaires, la part revenant à la Gécamines était comprise entre 7 et 25 %, tandis que cette part s'élève à 32 % avec les Chinois, ce qui représente pour nous une grande première.

De plus, pour les réserves de 10 millions de tonnes de gisements de cuivre, le « pas-de-porte » prévu pour la Gécamines est de 350 millions de dollars à raison de 35 dollars la tonne, alors que cette tonne rapportait à peine 10 dollars avec les autres partenariats. Et lorsque l'on tente de réviser les contrats miniers avec les entreprises autres que chinoises, elles ne se montrent pas prêtes à payer plus de 20 dollars la tonne. Donc ce partenariat n'est pas uniquement profitable aux Chinois, et nous ne nous faisons pas « spolier ».

Deuxième chose, lorsque les gens se mettent en association, les bénéfices nets sont généralement divisés en termes de dividendes entre les actionnaires. Or dans ce cas-là, nous réservons 66 % des bénéfices nets au remboursement des investissements réalisés dans les infrastructures et dans les projets miniers, et sur les 34 % restant, la Gécamines en récupère 32 % et les entreprises chinoises se répartissent les autres 68 % sans obtenir de contrepartie.’’

Voilà donc pour la défense de la Convention de Collaboration RDC-Chine, assurée par Moïse Ekanga, qui dirige le « Bureau de Coordination et de Suivi du Programme Sino-Congolais ».

Un point de vue partagé par les Chinois.

Wu Zexian : ‘‘Le FMI est de mauvaise foi. A Beijing, il nous a dissuadé de nous entendre avec la RDC !’’

« Malmenée » par le FMI, la RDC ne sera secourue que par son alliée, la Chine. En effet, ainsi que le rapporte la journaliste belge Colette Braeckman[1], l'ambassadeur de Chine en RDC, Wu Zexian, prend nettement la défense de la position congolaise, en niant également, comme Moïse Ekanga, et de manière catégorique, l'idée d'un (re)endettement de la RDC :

‘‘Nous avons évité, dès le début, une situation qui pouvait mener à une augmentation de la dette. Et donc il n'y a plus de discussion possible. Le FMI doit trouver de nouveaux éléments, et ce n'est pas

[1] C. Braeckman, dans *Le Monde Diplomatique* du mois de septembre 2009.

notre travail de les trouver. Nous, nous travaillons à aider le Congo, nous ne sommes pas de ceux qui créent les problèmes.''

L'ambassadeur réfute également que la garantie des projets d'infrastructure par les réserves minérales puisse constituer une dette extérieure. Il insiste sur le fait que les entreprises chinoises ont déjà commencé à travailler sur trois routes et un hôpital, sans attendre que l'exploitation minière soit effective, ou que l'Etat congolais ne commence à rembourser quoi que ce soit.

''Nous n'avons demandé qu'une seule garantie : que l'Etat, au cas où les gisements existants ne permettraient pas de tenir les engagements, nous autorise à réaliser de nouvelles prospections. Les risques seraient pris par la banque d'Etat China Exim Bank, et par elle seule...

De toute façon, même si les mines ne suffisent pas, le Congo a d'autres ressources à proposer dans ces accords de troc, de la terre par exemple...''

Selon le diplomate chinois, la garantie de l'Etat, présentée comme un nouvel endettement, n'interviendrait donc qu'en troisième position. Pour lui, le Club de Paris, à travers les institutions de Breton Woods, dont le FMI, en tentant de bloquer les contrats sino-congolais, veut faire croire que la RDC ne pouvait pas conclure de nouvel arrangement avec un créancier préférentiel privilégié alors qu'elle devait encore à des créanciers de l'Ouest 11,5 milliards de dollars. La vérité serait tout autre : en s'attaquant au talon d'Achille de ces accords, la "garantie de l'Etat", le FMI ne vise qu'un objectif, celui d'amener la Chine à se retirer de la scène économique africaine en général et congolaise en particulier. Wu Zexian a beau expliqué que "l'Etat congolais n'est nullement tenu de rembourser le moindre sou en cas de difficulté" mais simplement de proposer des alternatives ...

Sans langue de bois, l'ambassadeur dénonce l'ambigüité de l'attitude du monde occidental ; l'Occident, révèle-t-il, accepte bien de commercer avec la Chine mais en même temps veut empêcher que celle-ci fasse les affaires avec l'Afrique :

''Le FMI est de mauvaise foi. Ses représentants se sont même déplacés à Beijing pour nous dissuader de nous entendre avec la RDC. Et cela alors que la Chine est sollicitée pour engager des milliards de dollars dans le refinancement du FMI lui-même...''

Ce qui montre, suggère le diplomate, que la Chine n'est nullement un pays agressif comme veulent le faire croire les Occidentaux ; au contraire, elle veut être amie avec tout le monde. Wu Zexiang souligne, non sans étonnement, qu'il est contradictoire de voir les institutions internationales et les pays occidentaux s'intéresser aux réserves financières de la Chine, qui est le premier partenaire économique de l'Union européenne, et tenter en même temps de bloquer la même Chine en Afrique et plus particulièrement au Congo...

Les Occidentaux, à travers les institutions de Bretton Woods, FMI et BM, seraient de mauvaise foi parce que, soutient l'ambassadeur, lors de la négociation du contrat de joint venture, les Chinois étaient parfaitement conscients du fait qu'il fallait absolument éviter que le Congo contracte de nouvelles dettes. En réalité, poursuit Wu Zexian, c'est la Chine qui a pris tous les risques : si les mines actuelles ne suffisent pas, assure-t-il, les Chinois investiront dans de nouvelles prospections et c'est l'Exim Bank chinoise qui les financera...

Pour terminer, l'ambassadeur affirme, avec fermeté, que le contrat sino-congolais est irréversible ; les Chinois ne vont pas reculer, et les Congolais non plus...

Les Congolais non plus : à l'époque, en effet, ils se montrent solidaires de la position chinoise, celle qui consiste à ne pas revoir les termes de la « Convention de Collaboration » du 22 avril 2008.

Aussi, quelques jours plus tard, le 28 mai, la Chine et la RDC signent à Kinshasa un nouveau protocole d'accord portant sur 40 millions de yuans chinois, soit près de 6 millions de dollars américains. Cette aide financière de la Chine servira à la réalisation de nouveaux projets de développement qui seront déterminés par le gouvernement congolais.

Mais cette détermination de deux alliés d'appliquer la Convention de collaboration sans en modifier les termes va finir par s'effriter sous la pression du FMI et... de l'Assemblée nationale congolaise.

RECOMMANDATIONS DE L'ASSEMBLEE NATIONALE

Les réactions vives et désagréables suscitées par les contrats sino-congolais dans les capitales occidentales ainsi que dans l'opinion nationale congolaise vont être canalisées par l'Assemblée nationale. Dans ce sanctuaire, les élus du peuple vont prendre acte de la Convention de Collaboration signée entre les entreprises chinoises et le gouvernement congolais, moyennant plusieurs recommandations.

L'Opposition ne rejetait pas le deal sino-congolais, mais exigeait plutôt sa renégociation, et c'est cela que sous-entendent les recommandations formulées par l'Assemblée nationale. Ces recommandations sont[1] :

1. indiquer clairement la valeur des infrastructures à construire ;
2. respecter les standards internationaux de coûts ;
3. évaluer clairement la valeur des gisements de la Gécamines cédés dans le cadre de la Convention ;
4. définir clairement les avantages de la Gécamines découlant de son apport à la joint-venture ;
5. revoir les réalisations pour la ville de Kolwezi où seront exploités les principaux minerais ;
6. retirer de l'actionnariat la personne physique de Gilbert Kalamba, en faveur de la société Kisenge Manganèse ;
7. s'assurer que les termes de la Convention sont conformes à la Constitution et aux lois congolaises, notamment le code minier ;
8. définir un chronogramme ou feuille de route des travaux ;
9. respecter les législations congolaises en matière de passation des marchés et de sous-traitance ;
10. recourir aux instances internationales d'arbitrage au lieu du droit chinois.

AMENDEMENT DE LA CONVENTION DE COLLABORATION

Adolphe Muzito : "Rendre compatible le contrat sino-congolais avec les conditionnalités du FMI"

La position des parlementaires congolais et celle du FMI, renouvelée par son directeur général, finit par ébranler la « résistance » du gouvernement congolais. Celui-ci finit par se dire

[1] *Le Phare*, « Contrats chinois : Voici les recommandations faites au gouvernement », 14 mai 2008.

qu'il ne peut pas se permettre de mécontenter indéfiniment ses partenaires traditionnels. C'est alors qu'il décide qu'il procédera à la revisitation du contrat, quitte à convaincre le partenaire chinois de cette nécessité.

Le contrat sino-congolais, qu'il ne considère pourtant pas comme un contrat léonin (ainsi qu'il le dit aux amis chinois) sera donc révisé. C'est le Premier ministre Muzito qui le dit publiquement le 25 mai 2009, à l'issue de la visite du directeur général du FMI en RDC :

''Le gouvernement veut et a, d'ailleurs, déjà commencé à discuter avec nos amis chinois pour des réajustements possibles, de manière à rendre compatible ce contrat avec les conditionnalités aussi bien du FMI que des bailleurs bilatéraux.''

La stratégie, pour y parvenir, passe par la conclusion préalable d'''un programme formel avec le Fonds monétaire international, dont l'entrée en vigueur est prévue de manière rétroactive au 1er juillet 2009.''

Un tel programme sera bientôt conclu, assure le Premier ministre, avec la signature, entre le gouvernement congolais et les entreprises chinoises engagées dans la reconstruction nationale, de l'avenant à la Convention de Collaboration signée le 22 avril 2008. Muzito en appelle ici à l'Assemblée nationale d'aider le gouvernement à mettre en œuvre tous les déclencheurs devant permettre l'atteinte du point d'achèvement avant la fin de l'année 2009 ; les députés devraient, notamment, accélérer l'adoption des projets de loi relatifs à cet objectif, tels que le projet de loi sur les marchés publics.

Moïse Ekanga : ''Nous sommes des partenaires du FMI. Nous ne pouvons faire la sourde oreille à ce qu'il dit''

A la suite du chef du Gouvernement, le Secrétaire exécutif du BCPSC, Moïse Ekanga, dans une interview à l'agence de presse britannique *Bloomberg*[1], traduit la nouvelle position congolaise – que certains n'hésitent pas d'assimiler à une « capitulation » : ''Nous sommes des partenaires du FMI. Nous ne pouvons pas faire la sourde oreille à ce qu'il dit''.

[1] *Bloomberg*, 2 juin 2009.

Ce changement dans la position congolaise, indique le patron du BCPSC, signifie que les trois milliards de dollars américains de la deuxième phase de livraison ne seront uniquement envisagés qu'après l'achèvement de la première.

Le patron du BCPSC ajoute : ''La deuxième phase de livraison ne sera envisagée qu'après l'achèvement de la première''. Autrement dit, au moins trois milliards de dollars du contrat chinois passé avec le gouvernement de la RDC vont être gelés, pour ne pas dire abandonnés.

Le bras de fer aura donc tourné à l'avantage du FMI, malgré la longue résistance de Kinshasa. La Chine est contrainte, momentanément peut-être, de renoncer à une partie des 10 millions de tonnes de cuivre et des 600 000 tonnes de cobalt dont elle avait acquis les droits d'exploitation en contrepartie de 9 milliards de dollars de travaux d'infrastructures.

Ainsi, entre les besoins de la reconstruction et la nécessité de renouer avec le FMI, la RDC a choisi la voie du « bon sens ». Le divorce avec l'institution de Bretton Woods allait conduire le pays à un isolement financier qui, à son tour, allait lui priver des fonds indispensables à la reconstruction.

C'est donc en force que le FMI va désormais entamer les discussions sur la renégociation du contrat sino-congolais. C'est ainsi que, du 16 au 31 mars 2009, il envoie à Kinshasa une mission, dirigée par M. Brian Ames. Objectif : discuter un nouvel accord triennal dans le cadre de la facilité pour la réduction de la pauvreté et la croissance (FRPC) du FMI. Dans le communiqué publié à l'issue de son séjour, on peut lire : ''La mission attend la finalisation de l'accord de coopération sino-congolais afin d'en évaluer les implications sur la viabilité de la dette et l'allègement de la dette.''

C'est pour pousser un peu plus le gouvernement à décréter l'amendement du contrat que le plus haut dirigeant du FMI décide d'effectuer le déplacement de Kinshasa.

Avenant à la Convention de Collaboration

La revisitation du contrat sino-congolais consiste à produire un *avenant* à la Convention de Collaboration du 22 avril 2008.

L'article 24 de la Convention de Collaboration avait prévu la possibilité d'un amendement : ''Tout amendement à la présente Convention de Collaboration ne pourra intervenir qu'après et par la voie d'un avenant dûment signé par les Parties.''

En droit, un « avenant » désigne une convention par laquelle les parties liées par un contrat antérieurement conclu entre elles apportent une ou plusieurs modifications aux termes et conditions dudit contrat.

L'avenant explicite les points sur lesquels l'accord initial est modifié (qui peuvent être divers : prix, durée, définition des prestations, etc.). Les éléments de l'accord initial qui ne sont pas explicitement visés ou modifiés implicitement par l'avenant demeurent inchangés.

Le mot « avenant » peut également être approché du concept anglais « amendment » (« amendement » en français), qui, en termes de Législation, signifie ''modification faite à un projet de loi, d'arrêté, pour changer quelqu'une de ses dispositions, ou seulement pour lui donner plus de clarté, plus de précision.''

Dans le cas qui nous concerne, l'on parlera donc d'un ou des amendements à la Convention de Collaboration, et l'on pourra dire que celle-ci a été amendée. Mais, puisqu'il s'agit ici d'un contrat et non d'un projet de loi ou d'un arrêté, il est préférable, de privilégier le vocable « avenant », plus précis, plutôt que celui d'amendement, assez général.

L'avenant dont il est question doit être signé avec la Chine, et donc être accepté d'elle. Le gouvernement congolais se doit donc de convaincre ce précieux partenaire, sans trop le bousculer. En ce moment, comme l'avait avoué le Premier ministre au directeur général du FMI, la RDC s'était mise à discuter sur la production de cet avenant.

En réalité, les discussions seront encore longues et fastidieuses, et la RDC pourrait y laisser des plumes. Les députés le savent, ou le pressentent, qui, au lendemain de la visite de Strauss-Kahn qui a accouché d'une souris, en font leur affaire à l'Assemblée nationale. Pour beaucoup d'entre eux, la RDC devrait militer pour l'harmonisation des deux points de vue du FMI et de la Chine. De cette façon, elle ne devrait être prisonnière d'aucun camp.

Nouvelle amie de la Chine, la RDC est invitée à appeler celle-ci à réviser et à clarifier le contrat qu'elles avaient signé ensemble…

Le problème de la « révision » du contrat sino-congolais constitue l'un des thèmes abordés lors de la « 8ème Commission mixte de Coopération Economique, Commerciale et Technique entre la République populaire de Chine et la République démocratique du Congo », brièvement « 8e session de la commission mixte RDC-Chine ».

Cet évènement, qui s'organise à Kinshasa les 27 et 28 mai 2009, vient à la suite de la Commission mixte sino-congolaise qui avait eu lieu il y a huit ans (en 2001). L'on n'a pas pu la tenir rapidement à cause d'un certain nombre de problèmes qui se posaient dans la république, notamment l'instabilité politique et la guerre qui déchirait l'Est du pays. Maintenant que la situation semble s'être stabilisé, il est temps qu'on relance et redynamise la coopération économique et commerciale entre les deux pays.

Au cours de cette rencontre, Chinois et Congolais ont :

- passé en revue tous les dossiers économiques et commerciaux,
- engagé des discussions franches concernant les dossiers à problèmes,
- fait des propositions concrètes pour la consolidation des relations entre les deux pays.

Parmi les « dossiers à problèmes » figure précisément la « revisitation » du contrat sino-congolais, un cas à traiter dans le cadre du Commerce bilatéral, un de deux volets importants de la coopération économique, commerciale et technique entre la RDC et la Chine (l'autre volet étant l'Aide au développement).

Le volet Commerce bilatéral comprend, en effet, la Convention de Collaboration, dont on parle tant en ce moment concernant un avenant à lui attacher. Les Chinois sont invités à aider la RDC à évacuer tous les obstacles créés par les institutions de Bretton Woods dans l'exécution du programme sino-congolais.

A l'issue de cette rencontre, un nouvel accord de 6 millions USD est signé entre les deux pays. Le ministre congolais de la Coopération Internationale et Régionale remercie tout naturellement la Chine pour ce nouvel appui au développement de la RDC. Raymond Tshibanda réaffirme, sans doute à l'endroit des bailleurs des fonds occidentaux, les liens de coopération entre le Congo et la Chine :

''La Chine est un de nos principaux partenaires. Nous avons des domaines de coopération, qui entrent dans le cadre de la coopération économique et technique, qui sont importantes et s'accroissent chaque jour davantage.''

De son côté, le vice-ministre chinois du Commerce, Zong Chan, assure que son pays s'engage à élargir ses relations commerciales avec la RDC et ne l'abandonnera point dans son souci d'atteindre le point d'achèvement de l'initiative « Pays Pauvre Très Endetté » (i-PPTE).

La RDC retire sa garantie d'Etat

En dépit de ces amabilités, les Chinois vont se montrer réticents à revisiter les termes du contrat signé le 17 septembre 2007 et confirmé le 22 avril 2008. Ils ne veulent pas toujours approuver le discours du FMI qui veut qu'il y ait de dette du fait qu'il s'agit d'un contrat « minerais contre infrastructures ».

Du lundi 10 au mardi 18 août 2009, une équipe du département Afrique du FMI, conduite par Brian Ames, séjourne à Kinshasa. L'amendement du contrat sino-congolais constitue l'un des points traités au cours des discussions de l'institution financière internationale avec les autorités congolaises. A ce propos, la mission communique[1] :

''Malgré les incertitudes qui pèsent sur la signature effective du contrat chinois révisé, la mission du FMI est confiante quant à l'aboutissement concret de ce nouvel accord qui prévoit : (i) la levée de la garantie de l'Etat sur les investissements d'un montant de USD 3 milliards sur le volet commercial de l'activité minière ; (ii) le maintien de la garantie de l'Etat sur les projets d'infrastructures de USD 3 milliards mais à des taux concessionnels n'excédant pas 4.5% ; (iii) et l'élimination de la deuxième phase du projet d'infrastructure d'un montant de USD 3 milliards.

La feuille de route pour l'accès au point d'achèvement de l'initiative PPTE reste maintenue sous réserve d'un accord tangible sur les amendements du contrat sino-congolais.''

---

[1] 24.08.09 « FMI : débriefing de la Mission au Congo », *www.congoforum.be/fr/nieuwsdetail.asp?subitem=1&newsid...*

Bien que se disant ‘‘confiante quant à l’aboutissement concret de ce nouvel accord’’, la mission du FMI ne s’empêche pas de ‘‘souligner quelques sources d’inquiétudes que seule l’action du Gouvernement peut aplanir’’, dont la première d’entre elles :

‘‘Le nouveau contrat sino-congolais amendé n’est pas disponible et la mission FMI fonde ses analyses sur un engagement verbal et la volonté politique manifeste du Gouvernement, pour avancer dans la préparation de ses dossiers et du calendrier tout en reconnaissant que son action est conditionnée à l’accord cadre (signature du contrat chinois amendé et accord du Club de Paris).’’

C’est le même mercredi 19 août 2009 de la communication de la mission du FMI que le gouvernement congolais prend enfin officiellement la décision de *retirer sa garantie* au prêt chinois de 9 milliards. Son porte-parole l’annonce : ‘‘Après huit mois de négociations, la Chine avait levé sa demande de garantie de l’Etat sur la dernière tranche. Elle se contentera désormais de simples garanties d’ordre commercial.’’ La première partie des prêts destinés aux infrastructures sera bien libérée, ainsi que les 3 milliards USD destinés au secteur minier. Par contre les 3 milliards USD destinés à la deuxième phase de reconstruction des infrastructures seront mis en veilleuse.

Privé d’un tiers des crédits chinois, la RDC n’obtiendra cependant pas tout de suite l’allègement d’une dette estimée à 11 milliards de dollars : le FMI l’invite encore à remettre de l’ordre dans ses finances publiques et à donner des gages en matière de bonne gouvernance, ce qui reporterait à 2010 l’échéance de la remise de 90 % de la dette.

Le Premier ministre approuve le FMI. Son seul souci est de conduire le pays à l’atteinte du point d’achèvement. Lors de la présentation, le 16 octobre 2009, du Projet de budget 2010, le chef du gouvernement évoque ce thème crucial :

‘‘A moyen terme, mon Gouvernement mise sur [...] l’allègement de la dette extérieure qui résultera dès le mois de mai 2010 de l’atteinte du point d’achèvement de l’Initiative PPTE et permettra de booster notre investissement dans le capital humain [...].

L’atteinte du point d’achèvement, projetée au courant du premier semestre 2010, reste le meilleur gage de la stabilité macroéconomique.’’

Pour le chef du Gouvernement, parlant en cette année 2009, ‘‘aujourd’hui, le point d’achèvement n’est plus un mirage’’ ; il sera bien atteint, et bientôt. Dès lors, ‘‘le Gouvernement s’est engagé à réaliser les différents déclencheurs du point d’achèvement de l’initiative PPTE, afin de bénéficier de l’allègement de la dette et dégager ainsi des ressources additionnelles pour le financement de son programme.’’

Le 24 octobre 2009, le Premier ministre adresse une lettre au Directeur général du FMI, avec une copie réservée au président de la Banque mondiale. Dans le courrier, il assure que les autorités congolaises ont négocié un amendement au Projet de coopération sino-congolais, rendant ainsi *l’Accord conforme à la viabilité de la dette de la RDC*. Est jointe à la lettre, une copie signée de l’amendement.

Les termes de l’Avenant

On peut retenir trois grands types de modifications de la « Convention » amorcés par l’Avenant, qui concernent :

- la garantie d’Etat,
- le remboursement des investissements chinois,
- le degré de concessionnalité des conditions du remboursement.

1°. Pas de garantie d’Etat pour le remboursement des investissements dans le Projet Minier par l’octroi d’autres concessions minières.

C’est ainsi que les articles 5 et 8 de l’Avenant modifient l’article 10.3 de la « Convention ». La garantie d’Etat demeure pour le remboursement dans le Projet d’Infrastructures. Pour le Projet Minier, elle dépendra du succès de l’entreprise.

Le FMI a donc réussi à faire plier les partenaires congolais et chinois. Il est parvenu à imposer sa logique, qui consiste à dire que le remboursement ne dépende que de la capacité à produire. C’est à l’entreprise, et non à l’Etat, de prendre le risque d’entrepreneur, car l’investissement n’alourdira pas la dette de l’Etat en cas de non-fonctionnement de l’entreprise.

Cette logique de marché correcte introduite par le FMI épargnerait ainsi un nouvel endettement à l’Etat congolais : celui-ci ne garantira plus que les infrastructures publiques, mais pas l’investissement d’une entreprise œuvrant pour le marché mondial ;

l'entreprise doit se repayer elle-même et ne pas compter sur l'Etat congolais.

Cependant, il faut noter que, bien que la garantie de l'Etat congolais pour le Projet Minier soit désormais rayée, l'article 7 de l'Avenant stipule que ce projet et l'étude de faisabilité doivent acquérir l'approbation du Conseil des Affaires de l'Etat de Chine !

La « Convention » soutenait aussi l'accord de l'Etat congolais. Cette clause disparaît. Ce qui veut dire que la garantie ne joue plus une fois que le contrat est en cours d'exécution. Mais cette garantie demeure, dans le sens que la RDC est toujours appelée à octroyer d'autres droits et titres si la Chine n'approuve pas l'accord de faisabilité !

2°. *Changement dans le remboursement des investissements du Groupement d'entreprises chinoises*

L'article 6 de l'Avenant modifie fondamentalement l'article 12 de la « Convention », puisqu'il redéfinit les étapes du Projet Minier et du Projet d'Infrastructures ainsi que les conditions de concessionnalités des emprunts. Notamment :

- La première période sera celle du remboursement des travaux d'infrastructures « les plus urgents ». Ces travaux, qui seront énumérés ultérieurement, ne devront pas dépasser 3 milliards de dollars américains. Le remboursement des travaux sera effectué pendant cette période ; il proviendra de la totalité des bénéfices et des intérêts de la joint-venture (Sicomines).

- La deuxième période concernera le remboursement des investissements miniers et de la première tranche d'infrastructures (non comprises les infrastructures les plus urgentes). Le remboursement des investissements miniers sera à la hauteur de 30 % sous forme de prêt d'actionnaires, sans intérêt, et à la hauteur de 70 % avec un taux d'intérêt de 6,1 % (comme dit dans la « Convention »). En outre, le remboursement des investissements par la joint-venture ne se fera plus à 100 %, mais à 85 % de son taux de rendement interne (bénéfices), comme stipulé dans la « Convention ». C'est seulement après cela que s'appliquera, pour le remboursement des infrastructures, le taux d'intérêt de Libor (six mois) + 100BP (Libor du 22 avril 2008)[1]. De nouveau la *joint venture* doit affecter 85 % de ses bénéfices. Pour cette phase, la Convention prévoyait une affectation de 66 % de son bénéfice au remboursement.

3°. *Augmentation du degré de concessionnalité des conditions du remboursement*

L'article 6 de l'Avenant scinde entre les deux parties les responsabilités pour le remboursement des investissements. Mais surtout, il augmente considérablement le degré de concessionnalité des conditions du remboursement. Il énonce que « Les investissements de la première tranche des infrastructures seront remboursés avec un taux d'intérêt annuel de LIBOR (six mois) + 100BP (LIBOR du 22 avril 2008) ». Dans la Convention de Collaboration, il était prévu des taux d'intérêt annuels de « LIBOR (six mois) + 100BP ».

L'on voit la différence, importante, avec la « Convention », dont le LIBOR, calculé avant la crise bancaire, était historiquement bas, à savoir de 3,4 % annuel. Par conséquent, comme l'écrit Stefaan Marysse[2] :

''Il fallait seulement que la RDC repaye ses dettes contre un taux d'intérêt de 3,4 + 1 = 4,4 %. Ceci constitue un taux d'intérêt très bas et fait des différences de remboursement de plusieurs millions de dollars par an. Si on avait pris le taux du marché au moment du remboursement, c'est-à-dire les taux crise ou après crise, qui sont fortement à la hausse, la RDC aurait dû repayer beaucoup plus. Mettre seulement une date entre parenthèses dans un contrat peut signifier une grande différence et des millions gagnés pour la RDC. Un coup de maître de la part du FMI, et on comprend en même temps pourquoi la Chine a rechigné avant de signer l'Avenant en question ici.''

L'on peut résumer que l'Avenant à la Convention de Collaboration apporte des modifications significatives, telles :

- la révision à la baisse des investissements d'infrastructures (de 6 à 3 milliards) ;

---

[1] Acronyme pour « London Interbank Offered Rates », LIBOR est le taux d'intérêt utilisé pour les emprunts/prêts entre banques sur le marché de l'argent de Londres. Si l'on ajoute un pourcentage à ce LIBOR, l'on obtient « + 100 BP », qui est l'abréviation pour « 100 basic points ».

[2] S. Marysse, ''Le bras de fer entre la Chine, la RDC et le FMI : la révision des contrats chinois en RDC'', *L'Afrique des Grands Lacs. Annuaire 2009-2010*, juin 2010.

- la révision des paiements d'intérêts et les modalités de remboursement ;

- le retrait de la garantie de l'Etat congolais pour le remboursement de l'investissement minier ;

- le maintien de la garantie de l'Etat congolais sur les projets d'infrastructures de 3 milliards USD, mais à des taux concessionnels n'excédant pas 4,5 % ;

- l'annulation de la deuxième phase du projet d'infrastructures d'un montant de 3 milliards USD ;

- le détail des valeurs des investissements miniers et d'infrastructure, des taux d'intérêt relatifs aux différentes phases et types d'investissement, et de l'attribution des recettes qui devraient être dégagées de la JV minière tout au long du cycle de vie du projet ;

- la désignation de la Commission chinoise nationale pour le développement et la réforme en tant qu'organe d'Etat chinois chargé d'approuver les développements de projets ;

- la suppression de la garantie donnée par le consortium de compagnies chinoises consistant à s'assurer que le projet est approuvé par les autorités chinoises dans les 120 jours suivant la signature de la Convention de collaboration.

Ainsi, après d'âpres négociations, les deux parties ont fini par trouver un accord sur deux points fondamentaux : *les Chinois ont accepté de lever la garantie de l'Etat sur le Projet minier, qui devient ainsi un simple projet commercial, et la deuxième phase du volet infrastructures a été annulée.* Donc, de 9 milliards USD, le contrat a été ramené à 6 milliards USD. Un endettement soutenable pour le pays. *Seule la garantie de l'Etat sur le volet infrastructures a été maintenue*, car c'est l'Etat qui est bénéficiaire de ces équipements. Mais elle ne prendra effet que dans vingt-cinq ans.

Dès lors, l'optimisme est donc de mise à Kinshasa fin août 2009. Il ne restait plus qu'à franchir le cap du Club de Paris, qui représente environ 60 % de l'en-cours total de la dette extérieure du pays, avant de conclure l'accord tant attendu. Une étape incontournable pour que le FMI puisse statuer sur la concessionnalité et la viabilité de la dette dans son ensemble. C'était sans compter avec la partie chinoise, qui n'avait pas signé l'avenant à la mi-septembre. Toutefois, c'est promis, elle va le faire, affirme son ambassadeur en RDC, Wu Zexian.

Néanmoins, au début d'octobre, seule une des entreprises avait paraphé l'avenant.

Du coup, s'engage la course contre la montre pour respecter le timing. Car tout retard pris avec le FMI prive non seulement la RDC de 600 millions USD, déblocables dès la signature de l'accord, sur les 3 milliards prévus par la « Facilité pour la réduction de la pauvreté et pour la croissance » (FRPC), mais il fait aussi reculer l'échéance de l'atteinte du point d'achèvement de l'initiative PPTE, sésame pour l'allègement de la dette publique.

Les partenaires chinois signent l'Avenant

Trois jours après que le chef du gouvernement ait écrit sa lettre au FMI lui annonçant l'obtention d'un avenant à la Convention de la Collaboration RDC-Chine, soit le mardi 27 octobre 2009, les experts du département Afrique du FMI séjournent en RDC. Ils ont juste deux semaines pour vider tous les litiges qui continuent à obstruer la voie étroite qui mène à un second programme économique du gouvernement (PEG II), après celui qui avait été arrêté brutalement en mars 2006. Deux semaines décisives durant lesquelles le gouvernement doit déployer tous ses artificiers du cercle économico-financier pour convaincre le FMI. Et le gouvernement a de la chance : ce même jour du 27 octobre 2009, les trois entreprises chinoises (Exim Bank, CREC et Sinohydro) signent des amendements portés sous forme d'avenant sur le partenariat sino-congolais.

Le fait de cette signature était déjà acquis un mois plus tôt par Pékin[1], ainsi que le révélait, le mardi 29 septembre 2009, l'ambassadeur chinois en RDC, Wu Zexian. En effet, dans une interview au quotidien kinois *Le Potentiel*[2], Wu Zexian expliquait que

---

[1] Stefaan Marysse (« Le bras de fer entre la Chine, la RDC et le FMI : la révision des contrats chinois en RDC », *L'Afrique des Grands Lacs. Annuaire 2009-2010*, p. 149) affirme : ''Bien qu'il s'agit du Groupement d'Entreprises Chinoises et non du gouvernement de la Chine, il est tout à fait clair que ce contrat a été négocié au plus haut niveau politique en Chine, non seulement parce qu'il s'agit de trois entreprises d'État qui sont les parties contractantes mais aussi parce que l'Avenant stipule que toutes les décisions doivent être entérinées par la « Commission nationale de Développement et de la Réforme de la Chine » et le « Conseil des Affaires de l'État en Chine » (article 2).

[2] *Le Potentiel*, 30 septembre 2009.

son pays ne voulait pas porter le chapeau de l'échec des négociations entre la RDC et le FMI. Le journal kinois rend compte de cet entretien de la manière suivante :

''Plus de doute autour de la signature, par le consortium d'entreprises chinoises (Exim Bank, CREC et Sinohydro), de l'avenant qui sanctionne les divers amendements portés au partenariat sino-congolais. L'on pensait que la partie chinoise émettait certaines réticences contre cette option, solution proposée par le Fonds monétaire international, FMI, pour dégager la voie à la conclusion d'un nouvel accord formel avec la RDC au titre de la Facilité pour la réduction de la pauvreté et pour la croissance (FRPC). Il n'en est plus le cas. La Chine cède, mais prévient...

La confirmation est de l'ambassadeur de la Chine en RDC, M. Wu Zexian, en visite hier mardi aux installations du groupe de presse Le Potentiel. « Nous ne nous opposons pas à la signature de cet avenant. Il s'agit tout simplement de clarifier certains termes. Mais, nous espérons qu'il n'y aura plus d'autres points à changer », a néanmoins prévenu l'ambassadeur chinois. Une façon de mettre en garde tous ceux qui s'érigent en obstacle pour gêner la concrétisation de la convention sino-congolaise.

Le diplomate chinois considère toujours cette nouvelle formule de coopération entre la Chine et la RDC comme une manifestation de concrétiser la volonté de la Chine de faire le « développement en commun » avec différents pays. « C'est un accord un peu particulier qui inaugure une ère nouvelle de coopération », a-t-il souligné.

Concernant l'impact supposé négatif de ces contrats sur le cycle d'endettement de la RDC, il a réfuté cette affirmation en précisant que la garantie aux projets d'infrastructures par les réserves minérales ne peut constituer une dette extérieure. Il a insisté sur le fait que les entreprises chinoises avaient déjà commencé à travailler sur trois routes et un hôpital.

« Il faut que les gens changent de raisonnement pour voir les choses plus clairement. Cette nouvelle forme de coopération basé sur le principe « gagnant-gagnant » profite à tout le monde, surtout pour un pays post-conflit comme la RDC qui a un grand besoin d'infrastructures pour se reconstruire », a-t-il indiqué. Plus explicite, il a enchaîné : « Nous avons évité, dès le début, une situation qui pouvait mener à une aggravation de la dette de la RDC. Nous, nous travaillons à aider le Congo, nous ne sommes pas de ceux qui créent les problèmes et la Chine ne s'immisce jamais dans les problèmes internes d'un Etat souverain. La Chine œuvre pour la paix et le développement des Nations ».

Ainsi, les contrats chinois ne sont plus un obstacle sur lequel le FMI devait s'accrocher pour justifier les multiples reports de la conclusion d'un nouveau programme triennal avec la RDC. La Chine a finalement mis de bémol dans son projet d'accompagner la reconstruction de la RDC.

La garantie commerciale rattachée au projet minier sur lequel sont greffés les travaux d'infrastructures constitue une soupape de sécurité à tout accord commercial et joue plus un rôle psychologique. ''La RDC ne court aucun risque d'endettement. Les risques ont été pris par la banque chinoise et la joint-venture'', a-t-il précisé. Plus rien ne bloquerait donc la signature d'un nouveau programme économique entre la RDC et le FMI.

Cependant, si la Chine a accepté, de parvenir à un compromis avec le FMI, elle n'entend pas céder à d'autres pressions ultérieures. La garantie commerciale est certes abandonnée, mais la Chine, à en croire son ambassadeur, continue à défendre l'idée selon laquelle le partenariat signé avec la RDC ne porte nullement des germes d'un nouveau cycle d'endettement.''

FMI et BM : ''La Convention RDC-Chine amendée est compatible avec la viabilité de la dette''

C'est avec la bonne nouvelle de la signature, par la Chine, de l'avenant, que la correspondance du Premier ministre du 24 octobre 2009 est accueillie avec joie par les deux institutions de Bretton Woods. Le 30 octobre, deux de leurs responsables, Mark Plant, directeur par intérim au Département Afrique du FMI, et Obiageli Ezekwesili, vice-présidente de la Banque mondiale pour la région Afrique, signent une lettre conjointe adressée au Premier ministre. Dans ce courrier, le Fonds et la Banque annoncent deux nouvelles, toutes bonnes. La première affirme que *la Convention de collaboration sino-congolaise qui a été amendée est compatible avec la viabilité de la dette*. La deuxième nouvelle soutient que *le montage financier est concessionnel*, avec un élément variant entre 42 et 46 %.

Dans un rapport que le FMI publie à cet effet, il présente le nouvel accord amendé sous forme d'un encadré comme suit[1] :

''En avril 2008, la RDC a signé un accord de coopération avec un consortium de sociétés chinoises qui fait intervenir un projet minier de 3,2 milliards de dollars EU et un jeu de projets d'infrastructure publiques équivalant à 6 milliards de dollars EU à mettre en œuvre en deux phases. L'Accord a été amendé en octobre 2009 pour exclure la seconde phase des projets d'infrastructure pour ne conserver qu'une phase unique pour un total de 3 milliards de dollars EU à mettre en œuvre au cours de la période qui va de 2009 à 2014. L'accord amendé limite aussi la garantie du financement des projets d'infrastructure par l'État.

L'accord prévoit la création d'un partenariat (Sicomines) entre une entreprise d'exploitation minière paraétatiques congolaise (Gécamines) et le consortium des entreprises chinoises. Le capital entièrement versé de 100 millions de dollars EU donne à Gécamines une prise de participation de 32 % dans le partenariat. Sicomines investira 3,2 milliards de dollars EU dans le projet minier financé par un prêt sans intérêt équivalant à 1,1 milliard de dollars EU et un prêt de 2,1 milliards de dollars EU assorti d'un taux d'intérêt fixe de 6,1 %. L'investissement de 3 milliards de dollars EU dans l'infrastructure publique sera financé moyennant une série de prêts à un taux d'intérêt fixe de 4,4 %. Tous les prêts sont libellés en dollars EU.

Les bénéfices d'exploitation du projet minier seront utilisés pour rembourser le financement de l'infrastructure minière et publique. La mine devrait engendrer des bénéfices exploitation à compter de 2013. Au départ, les bénéfices nets de Sicomines permettront de rembourser le principal et les intérêts capitalisés de quatre projets d'infrastructures publiques prioritaires (375 millions de dollars EU). Lorsque ce financement sera totalement remboursé, 85 % des bénéfices d'exploitation nets seront utilisés pour rembourser le principal et les intérêts capitalisés du prêt minier. Lorsque le financement minier sera complètement remboursé, 85 % des bénéfices d'exploitation net de Sicomines seront utilisés pour rembourser le principal et les intérêts

[1] « Rapport des services du FMI pour les consultations de 2009 au titre de l'article IV, demandes d'un accord triennal au titre de la Facilité pour la réduction de la pauvreté et pour la croissance et d'une assistance intérimaire supplémentaire dans le cadre de l'Initiative renforcée en faveur des pays pauvres très endettés », Texte préparé par le Département Afrique (En consultation avec d'autres départements) et approuvé par Mark Plant et Dominique Desruelle, le 30 novembre 2009.

capitalisés des prêts restants d'infrastructure publique et le solde sera distribué aux actionnaires de Sicomines à titre de dividendes.

L'élément don du financement de l'infrastructure est estimé à 42–46 %, selon que l'on prend en compte ou non la prime de signature de 250 millions de dollars EU. Ce chiffre repose sur les hypothèses suivantes : (i) le projet minier ne génère pas suffisamment de revenus nets et la garantie de l'État est appelée au bout de 25 ans, comme prévu dans l'Accord amendé ; (ii) les intérêts cumulés sont composés et (iii) un taux d'intérêt fixe de 4,4 % s'applique.''

Le Premier ministre Adolphe Muzito n'a pas l'habitude d'exprimer publiquement sa joie ; il le fait dans une lettre d'intention adressée le 30 novembre 2009 au directeur général du FMI, où il se dit satisfait de l'obtention de l'amendement à la Convention de Collaboration :

''Je suis heureux de vous annoncer que nous avons fait des progrès importants face aux préoccupations suscitées par l'incidence sur la viabilité de la dette des grands projets miniers et infrastructurels essentiels au développement du pays, que prévoit l'accord de coopération sino-congolais.

Nous avons convenu avec nos partenaires chinois de supprimer la garantie de l'État au financement de la composante minière (3,2 milliards de dollars EU) et d'annuler la seconde phase du financement des infrastructures (3 milliards de dollars EU). Ainsi, la garantie de l'État au titre de l'accord est exclusivement limitée à la composante infrastructurelle de 3 milliards de dollars EU, dont les conditions sont fortement concessionnelles (élément don de 42 à 46 % suivant que le pas-de-porte est pris en compte ou non).''

Un analyste de la scène politique congolaise, Joachim Diana, écrit dans son journal[1] :

''Cette approbation du FMI ouvre la voie à la RDC de réussir ce que d'aucuns considéraient à tort comme une utopie. Il s'agit pour le gouvernement congolais de concilier l'objectif d'accélération du développement des infrastructures, dans le cadre du programme sino-congolais, d'une part et d'autre part d'obtenir un allégement significatif de la dette, dans le cadre de l'initiative PPTE (Pays Pauvres Très Endettés).''

---

[1] *L'Avenir*, Kinshasa, 4 novembre 2009.

Ainsi donc, le FMI et la BM lèvent le veto sur la conclusion d'un nouvel accord formel avec la RDC. Ce qui devrait permettre au consortium d'entreprises chinoises (Exim Bank, Sinohydro et CREC) impliquées dans le partenariat sino-congolais d'avoir le champ libre pour exécuter les travaux prévus dans ce cadre – mais dans les limites de l'accord révisé. Les auteurs de la lettre soulignent que "les services du FMI et de la Banque mondiale ont achevé une analyse conjointe de la viabilité de la dette (AVD) qui prend en compte les termes de l'Accord de coopération révisé".

Pourtant, le FMI et la BM ne se montrent pas encore prêts à signer le nouvel accord formel avec Kinshasa. Pour la simple raison que :

"L'AVD aboutit aux conclusions suivantes :

a) le niveau d'endettement de la RDC n'est pas viable sans un allègement substantiel de sa dette ;

b) s'il est vrai que les indicateurs de l'endettement de la RDC devraient repasser sous les seuils pertinents en cas d'allègement, le pays restera néanmoins vulnérable aux chocs exogènes négatifs ;

c) la prise en compte de la garantie de l'Etat congolais prévue dans l'Accord de coopération augmentera le niveau d'endettement extérieur à moyen terme mais n'aura pas d'impact majeur sur la viabilité de la dette à long terme".

Le FMI et la BM s'imaginent que la RDC peut mal interpréter ses conclusions. Aussi prennent-ils soin de l'informer qu'ils ont procédé à l'évaluation du degré de concessionnalité (ou élément don) de la garantie fournie par l'État congolais au financement des infrastructures visées dans l'accord. Les conclusions qu'ils en ont tiré sont :

"L'élément don a été estimé à 42 % en partant des hypothèses suivantes :

i) le projet minier ne génère aucun revenu net et le recours à la garantie de l'Etat intervient au bout de 25 ans comme le prévoit l'Accord révisé ;

ii) les intérêts courus sont composés, avec un taux d'intérêt fixe de 4,4 %. L'élément don augmente à 46 % si le gouvernement reçoit 250 millions USD au titre du pas-de-porte de la part des partenaires chinois."

En conclusion, Mark Plant, du FMI, et Obiageli Ezekwesili, de la BM, notent judicieusement que leurs services ont eu ces derniers mois avec les Congolais des ‘‘entretiens productifs dans le cadre de l’évaluation des incidences de l’Accord de coopération sur la viabilité de la dette de la RDC, afin de permettre au gouvernement de la RDC de concilier l’objectif d’accélération du développement des infrastructures avec l’impératif d’obtention d’un allègement significatif de la dette’’.

Concilier les créanciers traditionnels de la RDC avec les partenaires chinois

Aucune entrave sérieuse ne serait donc plus permise à la conclusion du nouvel accord formel à signer entre le FMI et la RDC dont on parle depuis très longtemps. La RDC n’a qu’à régler que quelques « questions de détail » si elle veut y arriver, semblent entendre les deux hauts fonctionnaires de la finance internationale dans la conclusion de leur lettre : ‘‘Nous vous saurions gré de bien vouloir nous communiquer à votre meilleure convenance, toute observation que vous auriez sur les deux notes techniques établies par nos services.’’

Pour le gouvernement, il s’agit là sans aucun doute d’une bonne nouvelle. Adolphe Muzito considère que l’heure est venue de concilier l’objectif d’accélération du développement des infrastructures, dans le cadre du programme sino-congolais, avec l’impératif d’obtenir un allègement significatif de la dette, dans le cadre de l’initiative PPTE, à travers le point d’achèvement. Il le déclare devant les ambassadeurs de l’Union européenne et les chefs de mission du FMI et de la BM réunis le mardi 3 novembre à la Primature :

‘‘Depuis le lundi 2 novembre 2009, le gouvernement a transmis au secrétariat du Club de Paris une étude sur l’analyse de viabilité de la dette et l’évaluation par les services du FMI et de la Banque mondiale du degré de concessionnalité du financement des projets dans le cadre de la Convention de collaboration sino-congolaise.’’

A cet effet, le Premier ministre prie les diplomates de plaidoyer auprès de leurs pays pour que l’issue de la réunion du Club de Paris soit favorable à la RDC. Ainsi donc, les autorités du pays viennent de concilier les créanciers traditionnels de la RDC avec les partenaires chinois. On peut lire dans *Le Potentiel* (3 novembre 2009) :

''La persévérance de Kabila et du gouvernement. Les contrats chinois semblaient être condamnés définitivement par la volonté exprimée de l'Occident. La remise en cause de ce montage financier constituait, à n'en point douter, le requiem des Cinq chantiers initiés par le président de la République. Au plus fort de la crise, Joseph Kabila et le gouvernement ont tenu bon jusqu'à sauver l'essentiel de ce partenariat voulu « gagnant-gagnant » avec les opérateurs chinois.

Une dose de patience et de persévérance a suffi pour amorcer des négociations ayant conduit à la signature des avenants. D'évidence, le financement de grands travaux de construction d'infrastructures logistiques de base d'envergure contenues dans les cinq chantiers est désormais possible.''

Le 10 novembre 2009 au soir, le gouvernement et le FMI bouclent, à Kinshasa, leurs discussions entamées depuis près de deux semaines. Le contrat sino-congolais, qui faisait obstacle à un programme économique entre le FMI et la RDC, ne pose donc plus problème et la voie est ouverte pour l'effacement de la dette extérieure du pays. C'est ce qui ressort du point de presse tenu, à cette occasion, par le directeur de la zone Afrique du FMI, Brian Ames. Cela signifie que, désormais, le chemin est balisé vers l'effacement de la dette extérieure.

Cet avènement se produira le 1er juillet 2010. A cette occasion, les autorités congolaises salueront les partenaires chinois, pour avoir accepté de collaborer avec elles dans la construction des infrastructures de base :

''Notre joie est d'autant plus immense que nous avons gagné sur deux fronts : le front de l'allègement de la dette dans le cadre de l'initiative PPTE et celui de la mobilisation des financements de la part de nos partenaires chinois.

Ce double défi a été un succès grâce à la détermination du Président de la République et du Gouvernement mais aussi à la franche collaboration de nos partenaires traditionnels.

Ces derniers, en accord avec le Gouvernement, ont reconnu en effet que l'Etat congolais pouvait concilier ce double objectif. C'est-à-dire, obtenir l'allègement de sa dette et en même temps contracter de nouveaux prêts à des conditions concessionnelles, dans les limites de la viabilité de sa dette.

Je remercie également nos partenaires chinois, ainsi que leur Gouvernement, pour avoir fait preuve d'ouverture en accordant à la RDC des financements concessionnels et indispensables au développement de ses infrastructures, dans le cadre de la convention de collaboration sino-congolaise.''

La révision du contrat : bonne pour les deux pays

Ainsi donc, le Gouvernement congolais se satisfait de la signature de l'Avenant à la Convention de Collaboration du 22 avril 2008. La partie chinoise, en dépit de ses réticences du début, devrait finalement être aussi contente, en considérant que certains amendements lui ont été plus favorables qu'à la RDC. Nous l'avons souligné à travers les lignes précédentes. Mais laissons Stefaan Marysse nous résumer mieux l'évaluation de la révision du contrat sino-congolais[1] :

''La révision du contrat sino-congolais a beaucoup de mérites et clarifie les choses mais a aussi un important point faible si on l'évalue dans la perspective du développement et de la reconstruction du Congo.

En premier lieu, la révision a le mérite de bien scinder ce qui est de l'aide et qui doit donc répondre aux critères de l'aide publique, et ce qui ressort d'une logique de marché qui est l'investissement dans la production minière.

Les prêts pour réaliser les infrastructures publiques sont des biens publics qui doivent normalement être payés par les fonds publics : au cas où il n'y a pas de fonds publics propres, un État peut faire appel aux fonds publics internationaux, c'est-à-dire l'aide publique. Pour qu'on puisse parler d'aide, il doit y avoir une composante de concessionnalité, c'est-à-dire l'élément don dans les prêts peut être de 100 % s'il s'agit de dons ou, dans le cas où il s'agit de prêts, les conditions de remboursement doivent être plus généreuses que des prêts contractés sur le marché privé financier. La différence entre un don à 100 % et un prêt aux conditions de marché constitue l'élément don. Le Fonds monétaire, en fixant le taux d'intérêt dû sur le remboursement du principal au taux du LIBOR + 100 BP au moment de la passation du contrat, c'est-à-dire le 22 avril 2008, réalise un coup de maître car les taux étaient

---

[1] S. Marysse, ''Le bras de fer entre la Chine, la RDC et le FMI : la révision des contrats chinois en RDC'', *L'Afrique des Grands Lacs. Annuaire 2009-2010*, pp. 146-147.

historiquement bas à ce moment. Le résultat se lit dans l'encadré publié par le FMI, le taux d'intérêt des remboursements est de 4,4 %, ce qui augmente sensiblement l'élément don, car les Chinois voulaient utiliser le taux LIBOR du jour du remboursement et donc normalement sensiblement plus haut. Ensuite, c'est seulement pour ces prêts d'infrastructures publiques que la garantie d'État est donnée, c'est-à-dire où la Chine peut exiger que l'État congolais doive donner d'autres concessions minières s'il n'était pas en mesure de rembourser les dettes. Enfin le remboursement des travaux prioritaires, donc selon l'encadré de 375 millions USD et celui de la 'première' tranche des infrastructures doivent être remboursés à partir des profits générés par la production minière qui sont attendus à partir de 2013. Cependant la Sicomines devra utiliser 85 % de ces bénéfices pour rembourser la première tranche des travaux d'infrastructures et non 66 % comme prévu dans la « Convention... », ce qui augmente la capacité de repayer les dettes plus vite que prévu en utilisant les bénéfices de la société minière au lieu d'augmenter le risque de transférer le remboursement sur la dette publique congolaise.

Tous les investissements miniers sont considérés comme des biens privés qui doivent plutôt répondre aux exigences du marché et il n'y a donc pas de garanties d'État pour ces investissements. La Chine peut exiger ici un taux d'intérêt plus haut (de 6,1 %) pour rembourser le principal et les capitalisations des intérêts de cet investissement minier.

En ce qui concerne les mérites de cette révision, il reste à mentionner que le texte du FMI est plus clair que l'Avenant sur différents points : le calendrier d'exécution des travaux et le remboursement, ainsi que les sommes engagées. Les travaux d'infrastructures doivent être réalisés dans les quatre années à venir (2014). C'est aussi le moment où le début des remboursements à partir de la production minière est attendu. Puis commence le remboursement des prêts pour les travaux d'infrastructures prioritaires (de 375 millions USD), et ensuite le remboursement des investissements miniers et ensuite les prêts travaux d'infrastructures restants, c'est-à-dire 3 milliards de dollars moins les 375 millions des travaux d'infrastructures prioritaires. Et c'est exactement dans le mot « restants » que plane le doute sur l'impact de cette révision.

Il est dit très clairement [selon le FMI] que l'accord sur les financements de l'infrastructure exclut « la seconde phase des projets d'infrastructure pour ne conserver qu'une phase unique pour un total de 3 milliards de dollars EU ». *La logique du FMI et son souci premier sont donc de limiter l'impact du contrat sino-congolais sur la formation de la dette, non de maximaliser l'impact sur le développement et la reconstruction du Congo.* En bonne logique, on peut comprendre qu'un pays qui sera admis à une remise de la dette dans le cadre des PPTE n'aille pas immédiatement se jeter dans un nouveau cycle de dettes. Le mérite revient au FMI d'avoir amélioré les conditions de prêts et de minimaliser les impacts sur la dette de l'État congolais vu le peu de possibilités qu'a eu ce dernier de rembourser les dettes dans le passé. Ce qu'on déplore dans cette révision est que la RDC a grandement besoin d'infrastructures publiques, car sans cela toute la reconstruction économique s'en trouvera ralentie.''

La conclusion que tire Stefaan Marysse de « l'affrontement » entre les trois protagonistes (RDC, Chine et FMI), qui a abouti à la signature de l'Avenant au contrat sino-congolais, semble être pertinente[1] :

''L'analyse du bras de fer entre la Chine, la RDC et le FMI penche nettement en faveur de ce dernier. La RDC a essayé à différentes reprises de maintenir le contrat dans sa forme convenue avec la Chine. La RDC se trouvait entre le marteau et l'enclume et elle n'avait que peu de marge de manœuvre, car ne pas accepter les changements apportés par le FMI voulait dire pas d'accord dans le Club de Paris, pas d'accès à la réduction substantielle de sa dette et pas d'accord pour l'entrée en vigueur du nouveau programme triennal avec le FMI/Banque mondiale (FPRC). Cela compromettrait d'autres formes d'aide de la part des bailleurs de fonds qui exigent souvent un accord préalable avec le FMI/Banque mondiale. Bien entendu la RDC a gagné suite à cette révision car les modalités de concessionnalité des prêts chinois ont été améliorées, mais elle a grandement perdu en ce qui concerne le montant d'investissements nécessaires pour reconstruire le pays.

La Chine par contre avait bien une porte de sortie, mais alors elle compromettait son accès aux matières premières dont elle a besoin pour alimenter sa croissance fulgurante. Elle a longtemps résisté à cette révision et ce n'est qu'à la toute dernière minute qu'elle a signé l'Avenant, lequel alors a débloqué l'accord sur l'allégement de la dette au sein du Club de Paris du 18 novembre 2009, et permis l'atteinte du « point d'achèvement » de l'initiative PPTE et l'IADM au sein des IFI.

Du point de vue maîtrise d'une dette supportable pour la RDC, on peut dire que le FMI a rendu un service appréciable en faisant en sorte que celle-ci ne rentre pas dans l'engrenage d'un nouveau cycle de

---

[1] S. Marysse, *op. cit.*, pp. 149-150.

dettes. En effet, la révision du contrat sino-congolais forcé par le FMI a clarifié bien de choses.

D'abord elle a introduit une logique claire. Un investissement privé étranger doit se rembourser soi-même et la garantie de remboursement ne doit pas être supportée par l'État congolais, mais c'est le principe de marché et le risque d'entrepreneur qui doit jouer ici. Ensuite, le Projet d'infrastructures publiques est bel et bien un projet d'aide à l'État congolais et donc il est logique que ce dernier rembourse l'argent et apporte des garanties pour ce remboursement. Le FMI enfin a fait en sorte que ces prêts chinois soient beaucoup moins onéreux pour l'État congolais en changeant les conditions de ces prêts chinois pour la construction des infrastructures. Le FMI a pu augmenter sensiblement la concessionnalité de ces prêts en abaissant le taux d'intérêt appliqué pour le remboursement du principal et des arriérés.

Cependant, du point de vue du développement congolais, il y a quand même une grande ombre qui plane sur cette révision. Rien n'a été fait pour qu'il y ait, par exemple, des garanties concernant la valeur ajouté créée par cette *joint venture*. Est-ce qu'on va exporter ces matières premières sous forme brute où y-a-t-il des garanties pour que l'emploi et la création de revenus soient maximisés au Congo ? Qui va payer et entretenir les infrastructures étant donné que les exonérations de taxes de la *joint venture* minière Sicomines restent très libérales ? A-t-on oublié que la Gécamines, en produisant dans les années de gloire 500 000 tonnes de cuivre annuellement, alimentait la caisse de l'État à concurrence de plus de la moitié du budget de celui-ci ? C'est cette production annuelle qui est prévue par le contrat sino-congolais mais rien pour la caisse d'État pendant les premières phases de l'opération, ce qui peut durer 25 ans ?

Enfin et surtout le FMI a seulement visé, non sans y rechercher aussi son intérêt propre, la viabilité/soutenabilité de la dette congolaise dans le court et moyen terme, mais elle l'a surtout fait en réduisant le nombre d'infrastructures qui auraient été construites et qu'elle a ramené de 6,2 milliards à trois milliards USD. Pourtant, on sait que la priorité des priorités de la reconstruction congolaise est la construction d'infrastructures et là on la prive, le Congo au nom de la viabilité de la dette de ce dont il a le plus besoin.

Si on peut comprendre logiquement que la capacité d'absorption de l'aide et donc de contracter de nouvelle dettes soient limitées, il est un peu amer de voir comment un petit pays relativement riche comme la Grèce peut attirer 30 milliards USD d'aide du FMI pour le redressement de son économie3 tandis que le FMI et donc la communauté internationale rechigne à propos des 3 milliards qui sont absolument nécessaires pour la reconstruction de la RDC. À titre d'exemple nous avons aussi développé le cas de l'ex-Allemagne de l'Est lors de la réunification de l'Allemagne après la période de la guerre froide. On a montré combien d'argent doit être investi si on veut vraiment reconstruire un pays. C'est à la lumière de cette réalité que nous avons commencé cet article en évoquant « l'effet Matthieu » : « Car on donnera à celui qui a et il sera dans l'abondance, mais à celui qui n'a pas, même ce qu'il a lui sera retiré. »''

5

Le financement dans l'exécution de la Convention de Collaboration

LE FINANCEMENT SINO-CONGOLAIS

Le financement sino-congolais, que d'aucuns appelleraient (improprement) « financement chinois », est naturellement le plus important du Programme sino-congolais. Car, en termes de montants alloués, c'est cette source qui fournit évidemment le plus d'argent.

Ce financement consiste à fournir de l'argent aux entreprises chinoises, via la Sicomines, par une banque chinoise agréée par Pékin.

Il s'agit ici de la *Banque d'Export-Import de Chine* (en pinyin : *Zhōngguó Jìnchūkǒu Yínháng*), plus connue sous son appellation anglaise de *The Export Import Bank of China*, en abrégé *China Exim Bank*, ou encore *Exim Bank of China*, ou simplement *Exim Bank* (orthographié aussi *Eximbank*), ou rarement *C-Exim* (pour China Exim Bank). C'est elle qui a été retenue depuis le début et pendant longtemps comme la seule banque chinoise engagée dans l'exécution des travaux définis dans la Convention de Collaboration sino-congolaise.

Exim Bank est l'une des trois banques institutionnelles en Chine, avec la China Development Bank (CDB) et Sinosure. Subordonnées au Conseil d'Etat, toutes trois sont destinées à mettre en œuvre les politiques de l'État dans l'industrie, le commerce extérieur, la diplomatie, économie, et à fournir un soutien financier de la politique afin de favoriser l'exportation des produits chinois et des services.

Exim Bank, la CDB et Sinosaure sont donc des banques étatiques chinoises, donc des banques à caractère dit politique, entièrement détenues par l'Etat chinois et relevant directement de l'autorité du Conseil des Affaires d'Etat. L'on peut comparer leur notation internationale de solvabilité à la notation souveraine de la Chine.

Les deux plus grandes banques, créées en 1994, à travers lesquelles la Chine opère, sont actives en Afrique, la CDB et Exim

Bank. A elles seules, elles font mieux que la Banque mondiale. Amine Ater[1] écrit :

‘‘Ces banques ont rapidement séduit en Afrique vu leur capacité à offrir aux gouvernements africains une alternative au système dominé par les banques occidentales qui imposent des conditions politiques et sociales contraignantes.

L'Eximbank ou C-Exim et la CDB détiennent aujourd'hui plus d'actifs que les actifs combinés des banques de développement multilatérales soutenues par l'Occident. En effet, les deux banques détiennent plus de 1,8 mille milliards de dollars en actifs à travers le monde, alors que les banques soutenues par l'Occident n'en détiennent qu'un peu plus de 700 milliards de dollars. Une force de frappe qui s'explique par le large éventail de produits financiers proposés par les « policy banks », notamment des financements concessionnels et non concessionnels.’’

C'est à travers ces deux banques que la Chine a mis au point sa politique africaine de financement d'ouvrages.

‘‘Les relations économiques sino-africaines ont toujours reposé sur le besoin en matières premières de Pékin et sa volonté d'en diversifier les sources. Un besoin qui a conduit la Chine à adopter une stratégie active vis-à-vis de l'Afrique, en tirant parti de la libéralisation opérée sur le continent suite aux différents programmes d'ajustement mis en place entre 1980 et 1990. La République Populaire de Chine (RPC) s'est également basée sur le Forum de coopération sino-africain, véritable plate-forme diplomatique qui a facilité un grand nombre d'investissements à grande échelle. Une fois les objectifs de coopération bilatérale fixés par le forum de coopération, les opérations des entreprises chinoises sont couvertes par les *policy banks*, avec l'Exim Bank en première ligne chargée de les financer. Pour mener à bien cette mission, la banque a décidé de dupliquer le modèle « prêts contre ressources ». Un mode de financement pratiqué par le Japon en 1970 dans plusieurs pays en développement (notamment en Chine). Ironie du sort, c'est aujourd'hui Pékin qui utilise ce procédé en Afrique.’’

Ce type de financement « prêts contre ressources » (ou « ressources contre financement »), écrit Amine Ater, ‘‘repose sur un

---

[1] Amine Ater, « Banques : Eximbank et CDB, le duo de choc chinois », 28/03/2017, 17:35, *https://afrique.latribune.fr › Finances › Banques / Assurances*

accord conclu avec un gouvernement africain pour un programme d'infrastructures financé par des prêts chinois et réalisé essentiellement par des firmes chinoises. Un accord qui accorde au passage à une compagnie nationale chinoise le droit d'investir ou d'intervenir comme opérateur dans l'exploitation de ressources (pétrole, bauxite, chrome, minerai de fer, cacao...).''

Cette approche – « prêts contre ressources » – porte parfois, ou souvent d'ailleurs, le curieux nom de « financement angolais », puisque, comme l'écrit Amine Ater, l'Angola en est le plus grand bénéficiaire en Afrique[1] :

''En 14 ans (2000-2014), les établissements bancaires chinois (publics) ont injecté pas moins de 86,3 milliards de dollars en crédits en faveur des gouvernements africains comme des entreprises nationales. L'Angola reste l'un des pays à avoir eu le plus recours aux crédits chinois avec une dette cumulée dépassant les 21,2 milliards de dollars depuis 15 ans, dont le quart est chinois. Luanda est suivie par l'Ethiopie avec 12,3 milliards de dollars, le Soudan 5,6 milliards, le Kenya avec 5,2 milliards ou encore la RDC avec 4,9 milliards de dollars.

La majeure partie de ces créances sont détenues par l'Exim Bank, puis par la China Development Bank (CDB).''

Exim Bank a naturellement son siège à Pékin, mais elle a ouvert des filiales commerciales et des bureaux de représentation dans d'autres endroits en Chine. À la fin de l'année 2016, elle compte 29 succursales nationales et un bureau de représentation national à Hong Kong. La Banque est également présente à l'étranger, où elle a érigé quatre établissements, à savoir la succursale de Paris (France) ouverte le 29 octobre 2013 pour les pays européens, le Bureau de représentation à Saint-Pétersbourg (Russie) pour les pays de l'ancien bloc soviétique et deux bureaux de représentation pour l'Afrique, un dans sa partie orientale et australe établi à Rabat (Maroc) le 28 mai 2015 et un autre pour le nord et l'ouest du continent installé à Johannesburg (Afrique du Sud) depuis 1999. L'on voit que c'est d'abord en Afrique que la banque chinoise avait ouvert sa première représentation étrangère. L'on peut noter également que le Bureau de Johannesburg s'occupe de 26 pays anglophones du continent, tandis

---

[1] Amine Ater, « Banques : Eximbank et CDB, le duo de choc chinois », 28/03/2017, 17:35, *https://afrique.latribune.fr › Finances › Banques / Assurances*

que celui de Rabat couvre 26 pays francophones d'Afrique (y compris le Maroc, l'Algérie, la Tunisie, etc.). La banque a également noué des relations avec plus de 300 correspondants bancaires dans le monde.

L'Exim Bank joue un rôle important dans le soutien du commerce extérieur et du développement économique de l'État chinois sur la scène mondiale. Elle finance le commerce des produits et équipements de haute technologie, contrats de construction offshore, projets d'investissement à l'étranger, et fournit des garanties internationales. En outre, Exim Bank a pour mandat de promouvoir l'accès à long terme de la Chine à des ressources naturelles stratégiquement importantes par les méthodes conventionnelles de crédit à l'exportation (CEA), une subvention dans laquelle une CEA assume le risque d'un emprunteur étranger, et non conventionnelles, telles que les prêts directs et les garanties de crédit.''

De façon générale, Exim Bank excelle dans les *principaux domaines d'activité* suivants[1] :

- l'octroi des crédits à l'importation et crédits à l'exportation, des prêts pour contrats de travaux publics ou investissements à l'étranger et des prêts préférentiels ;
- la rédaction des lettres de garantie internationale ;
- la rétrocession de prêts consentis par des gouvernements étrangers et des institutions financières ;
- les activités de règlements nationaux et internationaux et de services d'épargne d'entreprise proposées dans le cadre des prêts ;
- la levée de fonds sur les marchés de capitaux et les marchés monétaires nationaux et internationaux ;
- les prêts interbancaires internationaux, prêts syndiqués nationaux ou internationaux (organisation et participation) ;
- le crédit interbancaire au comptant et le rachat d'obligations en yuans ;
- les transactions de fonds en devises pour le compte de la banque et, sur autorisation de l'Etat, pour le compte de ses clients ;
- l'offre des services de vérification du crédit standing, de consultation, d'évaluation et d'attestation, entrant dans le cadre des activités de la banque ;

---

[1] Amine Ater, « Banques : Eximbank et CDB, le duo de choc chinois », 28/03/2017, 17:35, *https://afrique.latribune.fr › Finances › Banques / Assurances*

- les autres activités que la China Exim Bank s'est vue confiée ou autorisée à exercer.

En RDC, c'est Exim Bank qui finance les entreprises chinoises œuvrant dans l'optique du Projet de coopération. Pourtant, cette institution FINANCI7RE n'était pas partie prenante dans la Convention de Convention du 22 avril 2008, mais elle avait bien signé le Protocole d'accord du 17 septembre 2007 qui annonçait cette Convention. C'est peut-être pour rappeler que l'institution financière chinoise sera indispensable dans l'exécution du Projet de coopération sino-congolais que, en juillet 2008, le chef de l'Etat signe une ordonnance portant approbation de l'accord-cadre des prêts préférentiels entre la RDC et Exim Bank. A la même date, deux autres ordonnances sont publiées, qui portent respectivement autorisation de la création de la Sino-Congolaise des Mines (Sicomines), co-entreprise via laquelle Exim Bank agira, et sur des projets conclus dans le cadre des accords entre la Chine et la RDC.

DIFFERENTS AUTRES TYPES DE FINANCEMENT

Les travaux effectués en RDC par les entreprises chinoises sont donc, évidemment, financés par le Programme sino-congolais dans le cadre de la Convention de Collaboration. Mais parfois ils le sont aussi avec les fonds extérieurs et même les fonds propres congolais. Globalement, ces fonds « non chinois » proviennent notamment :

- des institutions financières non chinoises (par exemple la Banque mondiale),
- des pays étrangers (souvent des pays occidentaux partenaires traditionnels de la RDC),
- du mode BOT,
- du Fonds d'entretien routier (FONER),
- du gouvernement congolais.

Elle est suivie, de très loin, par le mode BOT et le financement FONER. Ainsi, en 2011, elle a, selon l'ACGT, contribué pour l'exécution (par cinq entreprises chinoises : CREC 7, CREC 8, Sinohydro 1, Sinohydro 2 et Sinohydro 14) de 15 projets, à hauteur de 733,35 millions USD représentant 93 % du financement global (pendant la même année, les parts du mode BOT et du FONER ont été respectivement de 6 % et de 1 %, soit 49 millions et 7 millions USD).

Financement de la Banque mondiale

En dépit de leur hostilité avérée ou non envers les entreprises chinoises en RDC, les organismes occidentaux ont accepté que celles-ci, à la demande de la RDC, exécutent certains projets d'infrastructures.

C'est le cas de la Banque mondiale, qui intervient financièrement dans la réhabilitation de certaines avenues de Kinshasa. Pour ce faire, elle alloue des fonds à l'Unité de coordination des projets (UCOP, agence gouvernementale placée sous tutelle du Ministère du Plan), qui gère le Projet d'urgence à la réhabilitation urbaine et sociale (PURUS). Pour l'exécution des travaux, l'UCOP, depuis la signature de la Convention de Collaboration, conclut régulièrement des contrats avec des entreprises chinoises. Par exemple, le 6 octobre 2008, elle s'est entendu avec l'entreprise chinoise ayant gagné le marché, le 7ème Groupement de chemin de fer de Chine. Le 4 avril 2009, un autre contrat a été passé avec un groupe d'entreprises chinoises pour la réhabilitation de l'avenue Lukengo dans la commune de Limete. Un troisième contrat (de 17 millions USD), dans le même cadre, a été signé avec deux entreprises chinoises (Power Master Congo et China First High), pour l'exécution des travaux du 3ème lot du PURUS, concernant quelques avenues de la capitale.

Mais l'un des financements le plus visible de la Banque mondiale (36 millions USD), utilisé par une entreprise chinoise (Sinohydro), a été libéré en 2010, pour construire le « Pont du Cinquantenaire » sur la rivière Loange entre les ex-provinces du Kasaï Occidental et du Bandundu.

Financement BOT

Acronyme de l'anglais « Build, operate, tranfer » ou du français « Bâtir, œuvrer, transférer », le BOT est un mode de financement ou une politique d'investissement consistant à transférer la propriété d'une infrastructure après en avoir assuré la réalisation et l'exploitation pour une période donnée.

S'il veut répondre à ses besoins en infrastructures tout en contrôlant ses déficits, un Etat se doit de faire appel à des investisseurs privés dans le cadre de partenariats public-privé (PPP). La forme de contrat communément utilisée dans cette perspective est donc le contrat de type « concession-BOT ». Dans les contrats BOT, des investisseurs privés financent tout ou partie d'une infrastructure en échange du droit de l'exploiter pendant la durée de la concession, en général de 30 à 99 ans. Quand celle-ci prend fin, l'infrastructure est remise au public.

En période de restriction budgétaire, ce type de contrat est attractif, car il permet de faire supporter le coût de l'investissement aux usagers via des péages sur les autoroutes, les ponts, les tunnels, ou directement en facturant les services tels que l'électricité ou le transport. La présence de péages ou de nouvelles tarifications réduit bien évidemment l'usage des équipements, ce qui n'est jamais bon pour l'efficacité économique. Mais, même avec un prix de monopole, cette situation reste préférable à celle où l'infrastructure n'est pas construite.

Les contrats BOT existent sous plusieurs formes et sont utilisés partout dans le monde. Sur 4 300 projets recensés dans la base de données « participations privées dans les infrastructures » (PPI) de la Banque mondiale, qui couvre 137 pays pauvres ou intermédiaires, plus de la moitié sont de type BOT. Dans les pays riches, ports, aéroports, autoroutes, tunnels, stations d'épuration, métros sont financés grâce à des BOT.

Dans aucun de ses articles, la Convention de Collaboration RDC-Chine n'évoque ce mode de financement, mais l'on peut noter qu'il est envisagé dans un accord bilatéral postérieur : « Accord de Coopération entre la Banque de Développement de Chine et le Gouvernement de la RDC », 30 juillet 2008. On peut y lire en effet :

''A long terme, sans préjudice de l'article 5 de l'Accord-cadre de Coopération de financement pour le Développement signé le 11 octobre 2007, les deux parties discuteront l'application du modèle de BOT pour soutenir les projets de la centrale hydroélectrique Inga, le port en eau profonde Banana et l'exploitation des mines de fer…''

D'autres projets, non compris dans cet accord, bénéficieront également du financement BOT dans leur réalisation ; citons-en quelques-uns :

- Construction du Pont Mpozo, travaux exécutés par CREC 7, coût : 21.000.000 USD ;

- Réhabilitation, renforcement, assainissement et réfection des ouvrages sur la RN1 : Kinshasa-Matadi, lot 1 : pont Mpozo – Nduizi (40 km) : 27.545.683 USD ;

- Modernisation des 10 km de la voirie de Matadi ;

- Construction de l'autoroute Lubumbashi-Kasumbalesa (en BOT avec l'entreprise chinoise COVEC).

Il faut noter que dans le cadre du financement en mode BOT, d'autres projets existent, notamment pour la réalisation de divers travaux sur la route Matadi-Kinshasa ; il s'agit, entre autres, de l'entretien régulier de la route Matadi jusqu'au pont Maréchal, de la modernisation de trois stations de péage et de pesage, de la construction de deux stations de péage, de la construction de voiries à Matadi, des travaux de réhabilitation de la route en terre Kisantu-Ndinginga, etc.

En 2011, le BOT entrait pour 6 % dans l'exécution des travaux du programme sino-congolais.

Le financement FONER

Créé par la loi n° 08/006-A du 7 juillet 2008 et par le décret n° 08/27 du 24 décembre 2008, le Fonds national d'entretien routier (FONER) est un service public placé sous la tutelle administrative du Ministère des Finances et sous la tutelle technique des deux Ministères des Travaux publics et des Transports. Il a pour missions :

- la collecte des ressources financières,

- le financement de l'entretien et la protection des routes et voirie urbaine d'intérêt national,

- l'affectation de la quotité réservée aux provinces en vue de l'entretien et de la protection des routes et voiries d'intérêt provincial et local.

A ce jour, le FONER n'est intervenu que dans le financement de quelques petits projets impliquant une entreprise chinoise. Il s'agit notamment de la sauvegarde du site érosif de Kindele à Kinshasa et de la route qui relie Kimwenza à Kinshasa dont l'état a été dégradé à la suite de l'érosion qui l'a coupée en deux. Les travaux de l'exécution de deux projets liés ont été effectués par l'entreprise chinoise ChangDa Highway Engineering Corporation (CGCD).

Le projet « Sauvegarde du site érosif de Kindele », dont les travaux ont été exécutés pendant 21 mois (au lieu de 4 mois prévisionnels), soit de novembre 2009 à août 2011, a coûté 5.698.013 USD (4.750.000 USD contractuels plus un avenant de 948.013 USD). Le projet « Reconstruction de la route de Kimwenza » (tronçon de 450 m à l'endroit du site érosif sauvegardé), lui, dont les travaux ne devaient durer qu'un mois, était estimé à 1.337.136 USD.

C'est vrai, cette intervention du FONER est mineure, voire négligeable, puisque, en 2011, elle n'entrait que pour 1 % dans l'exécution des travaux de la reconstruction nationale dans le cadre du Programme sino-congolais, mais elle a une certaine signification.

Les fonds propres du gouvernement congolais

A la signature de la Convention de Collaboration, il était prévu que les travaux de la reconstruction en RDC soient uniquement financés par Exim Bank via la joint venture minière (Sicomines). Mais cette institution financière ne s'exécutait pas toujours ou le faisait parfois en prenant tout son temps. C'est alors que, quand elle faisait défaillance, c'est le gouvernement congolais qui puisait dans ses fonds propres pour pallier le manque. Ainsi, bien qu'exécutés par les entreprises chinoises, quelques projets ont été financés par le trésor public congolais. Parmi eux, la modernisation du Boulevard du 30 Juin à Kinshasa, Lot 1 : Gare Centrale – Socimat. Travaux réalisés par CREC, sur financement mixte (Programme Relais RDC : 25 841 000 USD et Sino-Congolais : 24 118 559,82 USD).

Au total, selon le ministère des ITPR, les travaux d'infrastructures à fin 2011 ont coûté 2.696,5 millions USD ; les sources de ce financement se répartissent comme suit :

- Financement sur Fonds propres de l'Etat congolais : 489,5 millions USD ;
- Financements extérieurs : 1.557 millions USD
- Financements Sino-congolais 650 millions USD.

Depuis avril 2013, la presse a alarmé l'opinion en prétendant que Exim Bank, le prêteur attitré de l'argent pour l'exécution des travaux du Projet de Coopération, avait signé la mort de cette Convention, puisqu'elle ne la finançait plus. La presse ignorait – ou voulait ignorer

– que l'institution financière chinoise, bien que la plus grande, n'était pas la seule fournisseuse en prêts, puisque, comme on l'a vu, le programme sino-congolais bénéficiait aussi d'autres sources d'argent, dont le gouvernement congolais, le mode BOT et le FONER.

Il est intéressant de revenir sur cette « information » sensationnelle de la presse – qui se révélera être une « fausse alerte » – pour comprendre que, avec ou sans Exim Bank, le programme sino-congolais allait continuer son bonhomme de chemin.

LE CAS EXIM BANK

« Fini le ''contrat chinois'' – Exim Bank se retire » (*Congonews*)

Le jeudi 2 mai 2013, le quotidien kinois *Congonews* produit, sous la signature de Paul Muland, ce titre-choc : « Fini le ''contrat chinois'' – Exim Bank se retire ».

Cet article, qui pose le problème du financement et de l'existence même de la Convention de Collaboration du 22 avril 2008, va faire la joie de l'opposition au régime du président Joseph Kabila, qui va crier à l'échec de sa politique de développement ! En même temps, il va créer de l'émoi dans les milieux qui animent le contrat sino-congolais, notamment à l'ACGT, où les agents ont cru à la fin de leur emploi !

Il est important de reproduire ledit article, afin de répondre aux points litigieux.

''Kabila et son gouvernement viennent d'essuyer un échec de plus retentissant. Ils sont dans une impasse terrible. Et pour cause, le fameux « contrat chinois » – d'un montant initial de 9 milliards USD revu par la suite à la baisse pour 6.2 milliards USD sur conseil du Fonds monétaire international (FMI) – a du plomb dans l'aile après le retrait de China Export-Import (Exim Bank), l'unique financier de ce deal particulier où l'Etat s'était engagé à offrir ses mines contre un projet ambitieux de construction d'infrastructures.

Cette nouvelle a été annoncée dans *The European Financial Review* par Patrick Smith s'appuyant sur une étude de l'influence de la Chine en Afrique publiée en mars par Johanna Jansson sous le titre « China in African : Think again ».

Cette nouvelle est une véritable bombe car Joseph Kabila avait fait du contrat chinois la pierre angulaire de son ambitieux programme de reconstruction appelé « Cinq chantiers » avant d'être rebaptisé « révolution de la modernité ». Le motif de cette rétractation de la banque chinoise se justifie par le risque trop élevé que comporte ce contrat après le retrait de la garantie de l'Etat opérée en 2008 suite aux recommandations des institutions de Bretton Wood. Interrogé par Johanna, Moïse Ekanga, le responsable du Bureau de Coordination et de Suivi du Programme Sino-Congolais, la vraie appellation du "contrat chinois", a affirmé que ce retrait découle du refus par le gouvernement de céder les 32 % de la Gécamines dans la Sicomines. Les investisseurs chinois voulaient absolument avoir 100 % de la Sicomines pour compenser l'absence de garantie de l'Etat.

La Sicomines est cette Joint-Venture qui garantissait les prêts chinois. L'Etat via la Gécamines y détient 32 % contre 68 % au consortium chinois. Elle a hérité de deux gisements riches en cuivre et cobalt, celles de Dikuluwe et Mashamba au Katanga. La dernière a été dépossédée à l'homme d'affaires belge Forrest qui continue à réclamer son dû estimé à 800 millions USD. Pour Exim Bank, le retrait de la garantie de l'Etat avait lézardé l'édifice. Et pour le consolider, les Chinois, en vrais capitalistes, ont exigé les 32 % de la Gécamines dans cette JV. De ce fait, les Chinois allaient contrôler la coentreprise à 100 % de telle sorte qu'on ne parlerait plus de JV mais d'une entreprise chinoise à part entière.

L'Etat n'a pas cédé à cette exigence d'Exim Bank, d'où l'impasse dans laquelle se trouve ce projet avec un décaissement qu'on peut qualifier de dérisoire. Sur les 3 milliards USD destinés aux projets d'infrastructures et sur les 3.2 milliards dédiés à l'érection de la mine, seuls à peine 468 millions USD en près de 5 ans ont été décaissés. Ce sont notamment les fameux « pas de porte » versés à la Gécamines : 175 millions USD.

Le différend entre le gouvernement et la banque chinoise a donc eu raison du « contrat chinois ». Le dernier signe qui atteste de la crédibilité de cette information, c'est la lettre qu'Exim Bank a adressé à la Snel (société nationale d'électricité) et dans laquelle elle l'informait de son retrait du projet de construction de la centrale hydroélectrique de Busanga, celle même qui doit fournir de l'énergie à la Sicomines. Pas d'énergie, pas de production de cuivre et, partant, pas de remboursement du prêt. Le projet est donc à l'arrêt. Joseph Kabila essuie là une déconfiture économico-politique majeure qui doit l'amener à reconsidérer sa stratégie en matière de développement des infrastructures. Selon des experts interrogés par *Congonews*, cela était prévisible, disent-ils. Le fait que le tout nouveau président chinois, Xi Ping, ait zappé la RD-Congo lors de son périple africain en dit long sur les rapports entre les deux Etats. Le président chinois a pris la peine de faire escale en Zambie pour souligner les liens forts qui existent entre les deux pays notamment dans les mines. Il s'est aussi rendu au Congo-Brazza. La Chine, faut-il le rappeler, s'était abstenue lors du vote au conseil de sécurité des Nations unies sur la mise sur pied de la Force neutre internationale pour combattre les mouvements rebelles qui écument l'Est de la République. Ceci mis ensemble avec cela, fait donc dire aux analystes avertis que la RD-Congo ne compte que pour du beurre dans ses rapports diplomatiques avec l'empire du milieu.

Avec cet échec du « contrat chinois », la RD-Congo vient de révéler qu'elle est incapable de garder même les investisseurs les moins rigoureux que sont les chinois. Aujourd'hui que le socle de la reconstruction selon la vision présidentielle est sérieusement compromis, il y a lieu d'initier un véritable débat national pour tirer les responsabilités des uns et des autres dans ce fiasco économique. Nos mines troquées aux Chinois contre les infrastructures étaient la panacée de Kabila pour résoudre la problématique de la carence en infrastructure. Le retrait d'Exim Bank est un désaveu à la politique de Kabila. Il faut que des explications soient fournies à l'opinion afin que des mesures palliatives soient prises.

Il sied de rappeler que « le contrat chinois » avait été signé dans des conditions contestables car en dehors des responsables gouvernementaux attitrés. Il a fallu une forte pression de la communauté internationale et de l'opposition pour qu'une version de ce contrat soit débattu en plénière à l'Assemblée nationale. Avec ce contrat le gouvernement avait promis monts et merveilles à la population notamment la construction des plusieurs kilomètres de route, la construction des plusieurs kilomètres de rail pour relier Lubumbashi à Matadi en passant par les deux Kasaï et le Bandundu, l'érection des universités et hôpitaux à travers la République ainsi que la construction des barrages hydroélectriques.

Le bilan du « contrat chinois » s'impose donc pour savoir de quoi il retourne exactement plus de 5 ans après son entrée en vigueur. A ce jour, selon Moïse Ekanga lors du débat public sur le « contrat chinois » organisé par l'ITIE-RDC en novembre dernier, il a ventilé les dépenses comme suite : sur le volet infrastructure du contrat chinois, seulement 468 millions USD ont été dépensés. A peu près 100 millions pour l'hôpital du Cinquantenaire, 54 millions pour le boulevard du 30 juin, 44 millions pour l'avenue du Tourisme, le tronçon Lubumbashi Kasomeno pour 135 millions et la bretelle Beni-Luna pour 64 millions. On est loin du compte des 3 milliards USD. Des questions demeurent tout de même sur le sort des sommes déjà décaissés par les Chinois tant sur le volet infrastructure que sur le volet construction de la mine où on nous apprend que 548 millions ont été libérés notamment pour actualiser les études de faisabilité de la mine. Quoi qu'on dise, il y a dans ce « contrat chinois » trop de zones d'ombres, et c'est la réponse des responsables gouvernementaux comme le ministre des Mines Martin Kabwelulu où celui des Infrastructures Fridolin Kasweshi qui doivent éclairer la lanterne des Rd-congolais.

En tous les cas, le retrait d'Exim Bank vient de porter un coup dur à Joseph Kabila et son projet de reconstruction. Le gouvernement est dos au mur car il ne peut pas accéder à l'exigence des Chinois alors qu'il est en train de négocier un programme économique formel avec le FMI après l'échec du PEG II. D'où la nécessité de définir une nouvelle stratégie de construction des infrastructures.''

Congonews ne semble pas être le premier journal à évoquer la fin du contrat sino-congolais. L'on sait qu'il se base sur *The European Financial Review* pour avancer ses affirmations. Mais un mois auparavant, un autre journal congolais, *Les Médias du Citoyen* (9 avril 2013), sous la signature d'Achille Ekele, JDC/Ifasic, titrait : « RDC : le contrat chinois s'estompe ». Dans l'article, on pouvait lire :

''La présence des entreprises chinoises, qui opèrent depuis 2006 à Kinshasa dans le cadre du programme gouvernemental de la reconstruction nationale, devient de moins en moins perceptible sur le terrain des travaux publics, à travers la capitale de la RDC. Sur les quelques chantiers encore ouverts, notamment au niveau de l'Echangeur de Limete, le long de la nationale 1 qui mène à l'aéroport international de Ndjili ou le long de l'Avenue By-Pass dans la commune de Lemba, les mouvements des engins et des travailleurs deviennent quasi-rares. *« Les Chinois sont en train de déserter leurs sites »*, remarque-t-on à travers la ville. Juste après l'élargissement de quelques artères principales de la ville de Kinshasa, les travaux des «

cinq chantiers » ont tendance à se ralentir sensiblement, comme si leur financement ne suivait plus.

Dans les milieux de l'opposition politique, l'on n'arrête pas d'arguer que les institutions financières de Bretton Woods ont tellement mis la pression sur l'actuel régime congolais pour avoir signé un contrat avec Pékin que le gouvernement congolais a fini par jeter l'éponge.''

Après *Congonews*, *Le Phare* (7 mai 2013). Se basant lui aussi sur les élucubrations de *The European Financial Review*, le quotidien kinois reprend « l'information » sous le titre : « Contrats chinois : Exim Bank bloque ! » Voici le contenu de l'article (signé Kimp) :

''La nouvelle se chuchote dans la ville haute, encore sous forme de rumeur. En dehors du pays pourtant, des médias périphériques soutiennent que les fameux « Contrats chinois » conclus en 2007 en vue de financer les travaux d'infrastructures à travers le pays, seraient en panne. Ceux qui ont lu la dernière édition de « The European Financial Review » soutiennent que l'information ne fait l'ombre d'aucun doute.

On laisse entendre que Exim Bank, l'institution financière chinoise qui devait mettre la main à la poche, a donné un brutal, coup de frein au processus de décaissement. Pourtant, il était entendu qu'elle puisse disponibiliser un fond estimé au départ à 9 milliards de dollars américains puis revu à la baisse à hauteur de 6,2 milliards Us à la suite des remous suscités par le bradage des minerais congolais au niveau des capitales occidentales et des Institutions de Bretton Woods, notamment le Fonds Monétaire International.

La fermeture du robinet d'Exim Bank serait liée, indique-t-on, au refus de Kinshasa de céder à la partie chinoise les 32 % des parts de la Gécamines : Sicomines, la joint-venture censée piloter l'exécution du contrat entre l'Etat congolais et les investisseurs chinois. Ceux-ci, indique-t-on, tenaient à contrôler à 100 % le capital de Sicomines. Il y a aussi la décision de l'Etat congolais portant retrait de sa garantie depuis 2008, sur insistance des institutions de Bretton Woods.

La peur d'Exim Bank se fondait sur le risque de travailler, sans la moindre couverture des aléas du secteur minier, un domaine où les chutes brutales des cours font parfois des malheurs dans les rangs des Etats comme des multinationales.

S'agissant de la mobilisation effective des fonds, il semble qu'Exim Bank, rendue fort prudente et méfiante par l'Etat congolais, n'a décaissé jusque-là, en tout et pour tout que 368 millions USD en cinq ans, ce qui représente à peine le 1/10 des fonds promis à l'Etat congolais. D'où, l'opinion congolaise ne devrait pas être surprise par' la lenteur des travaux sur de nombreux chantiers et la fermeture de plusieurs autres.

On croit savoir que les prétentions de Sicomines sur l'actionnariat conclu avec l'Etat congolais découlent des habitudes constatées chez les négociateurs congolais, à savoir la signature des contrats léonins au mépris de la, loi. Alors que celle-ci dispose que dans l'optique d'une société d'économie mixte, l'Etat congolais contrôle au moins 51 % du capital, l'on en est aujourd'hui à la conclusion des partenariats gagnants-gagnants où la RDC se retrouve avec 30 ou 20 % des parts. On ne devrait pas se scandaliser de voir Sicomines réclamer carrément les 100 % des parts.''

Pendant au moins une semaine, « l'information » donnée par *Congonews* et *Le Phare* va être reprise abondamment par quelques autres organes de presse et surtout par les sites internet, le plus souvent d'obédience antikabiliste. Il fallait au plus vite dénoncer la « désinformation ». C'est ce à quoi va laborieusement s'atteler Ekanga.

La réplique de Moïse Ekanga : ‘‘Le programme sino-congolais continue. Exim Bank n'y est pas partie prenante !''

Après avoir pris connaissance de l'article « dévastateur » de *Congonews*, tous ceux qui s'intéressent, de loin ou de près, au Programme sino-congolais, se tournent vers Moïse Ekanga, son principal animateur. Celui-ci est appelé avec diligence à confirmer ou à infirmer les propos de Paul Muland.

Avec son sang-froid et son assurance habituels, Moïse Ekanga répond volontiers aux différentes inquiétudes. C'est ainsi que, le lundi 6 mai, quatre jours après la publication de l'article de *Congonews*, il s'adresse, pour la première fois, à la direction de l'ACGT. Le lendemain 7 mai, il réunit les cadres du BCPSC. Partout, il fournit les plus amples explications sur le projet sino-congolais, des explications qui vont montrer que le « scoop » de *Congonews* n'en est pas un, et qu'au contraire il ne signifierait que méconnaissance du dossier ou mauvaise foi d'un organe de presse en mal de sensation.

Tout d'abord, souligne le Secrétaire exécutif du BCPSC, l'opinion doit retenir qu'Exim Bank of China ne fait pas partie de la Convention de Collaboration, puisqu'elle ne figure pas parmi les signataires de cet accord bilatéral. En effet, la Convention est conclue entre deux parties, la partie congolaise représentée par le ministre des ITPR et la partie chinoise formée par un groupement d'entreprises, dont les plus importantes sont Sinohydro et CREC.

Dans la Convention, continue Moïse Ekanga, chaque partie a ses obligations. Les Congolais s'engagent à fournir aux Chinois les ressources minières non ferreuses localisées au Katanga. Les Chinois, eux, promettent de construire les infrastructures de base en RDC, des infrastructures qui seront financées par une ou des institutions qu'ils trouveront eux-mêmes. Les Chinois ont naturellement trouvé une banque de chez eux, Exim Bank. Celle-ci n'est donc pas directement liée avec la RDC, mais fait équipe avec les entreprises chinoises engagées dans la construction d'infrastructures en RDC.

Pour garantir le remboursement des infrastructures, Chinois et Congolais ont mis sur pied une joint-venture, une société mixte de droit congolais qui porte le nom de la « Sino-congolaise des Mines », Sicomines en abrégé. Dans cette institution, la RDC, par le biais de la Gécamines, une entreprise publique, détient 32 % des parts, tandis que les Chinois contribuent pour le reste du capital. Au départ, et pendant deux ou trois ans, Exim Bank va se prêter au jeu, en finançant, pour le compte des entreprises chinoises, les infrastructures, celles-ci étant parfois financées par l'Etat congolais dans le cas où l'institution financière chinoise ne juge pas nécessaire d'intervenir. Au fil du temps, Exim Bank, croyant avoir le monopole du financement chinois, va devenir exigeante, en tentant d'imposer des nouvelles règles du jeu dans la Convention de Collaboration qu'elle n'avait pas signée. L'une de ses exigences sera celle de déposséder la RDC de ses parts dans la Sicomines, et de faire de celle-ci une société à 100 % chinoise ! Inacceptable pour l'Etat congolais, qui ne voudrait pas brader le patrimoine national, lui que ses opposants nationaux et internationaux avaient accusé d'avoir signé un contrat profitable aux Chinois !

Pour exprimer son mécontentement, Exim Bank, dans une lettre écrite en 2011 à la SNEL, renonça au financement des barrages de Zongo II au Bas-Congo et de Busanga au Katanga, et ne se manifesta plus dans d'autres projets. L'on ne peut pas dire qu'elle se retira de la Convention de Collaboration dont elle ne fait pas partie, et que son refus de participer au financement des projets ne condamnait pas l'ensemble du Programme sino-congolais !

Le « retrait » d'Exim Bank, s'il faut parler ainsi, devrait être compris comme une mise à mal d'une des principales obligations du groupement d'entreprises chinoises, consistant à trouver de l'argent auprès d'une institution pour financer les infrastructures. La RDC vint, en quelque sorte, au secours de ses partenaires (entreprises chinoises), en leur cherchant d'autres éventuels financeurs. Elle en retint alors deux, la Bank of China et la China Bank of Development (CBD), qui acceptèrent d'intégrer « l'aventure » sino-congolaise. Mais dès qu'Exim Bank apprit qu'elle allait être remplacée, elle revint dans la danse (un peu comme un mari qui, en répudiant sa femme, aurait voulu que celle-ci soit condamnée à la solitude ; mais quand il apprend que l'épouse abandonnée veut s'envoler avec un autre homme, il revient auprès d'elle pour empêcher la nouvelle liaison) ! Dès lors, les parties chinoises prenantes au contrat historique du 22 avril 2008 se retrouvent avec trois banques prêtes à financer les infrastructures ! Bien plus, Exim Bank voudrait qu'elle redevienne l'unique financeur, mais c'est à l'Etat congolais d'en décider !

L'analyse de Paul Muland, tendancieuse dans son fondement, s'appuierait donc sur la position ancienne d'Exim Bank, une position qui a évolué et qui n'a pas été remarquée ! En concluant que le retrait d'Exim Bank du Projet de coopération sino-congolais signifiait la mort de celui-ci, il avait tout simplement tort. L'article n'informait pas le public, mais le désinformait !

"Exim Bank voulait que la Sicomines devienne 100 % chinoise. L'Etat congolais a dit non !"

Mais la publication de ce texte était, en quelque sorte, un « mal nécessaire », puisqu'il va permettre au Secrétaire exécutif du BCPSC d'expliquer avec force détail ce qu'est la Convention de Collaboration signée en 2008 entre la République et un groupe d'entreprises de Chine. Ainsi, le mardi 12 mai, Moïse Ekanga revient sur « l'affaire Exim Bank », dans une interview accordée à *Radio Okapi*. Au cours de l'entretien, le responsable du BCPSC dément naturellement les informations selon lesquelles Exim Bank refuserait désormais de financer les travaux de construction entrepris par les sociétés chinoises engagées dans le partenariat sino-congolais.

D'après lui, il ne s'agit là que de rumeurs. Moïse Ekanga précise en outre qu'il n'y a pas d'accord direct entre Exim Bank et la RDC dans le cadre du programme sino-congolais actuel. En effet, Exim Bank n'était pas signataire de la Convention de Collaboration ; pourtant, cette institution financière publique chinoise est devenue, il est vrai, la principale pourvoyeuse des fonds dans le projet Sicomines. Les financements liés tant au développement de la mine qu'à celui des infrastructures sont soumis à l'approbation préalable de la Commission Nationale du Développement et de la Réforme de la Chine qui se trouve être une institution étatique chinoise. Partant, on aura noté que les deux gouvernements sont impliqués dans le projet à partir des contacts diplomatiques jusque dans la mise en œuvre du projet proprement dit par différents services attitrés.

Et le Secrétaire exécutif du BCPSC de poursuivre :

''Dans le cadre du programme sino-congolais, il y a deux parties prenantes à la convention. Il y a un groupement d'entreprises chinoises qui, elles, sont chargées d'apporter le financement, et il y a la République démocratique du Congo qui, elle, a mis une concession minière à la disposition des entreprises chinoises, via une JV (Joint-venture) d'exploitation minière, la Sicomines. Il n'y a pas d'accord, dans le cadre du projet de coopération sino-congolais, entre Exim Bank et la République démocratique du Congo, mais c'est entre la République et les entreprises chinoises.''

Moïse Ekanga livre l'information la plus importante qui explique le malentendu : dans les correspondances qui ont suivi la Convention, dit-il, ''la Banque chinoise avait, en 2011, demandé à la Gécamines de céder ses 32 % des parts dans la Sicomines afin que cette dernière devienne 100 % chinoise.''

Selon le responsable du BCPSC : ''la banque chinoise n'avait pas fait cette demande directement à la République, mais plutôt aux entreprises chinoises engagées dans le partenariat sino-congolais.''

Mais, mis au courant, l'Etat congolais, indique Moïse Ekanga, ne pouvait accéder à cette demande osée :

''Etant donné que les entreprises chinoises, en tant qu'actionnaires de Sicomines, au même titre que la Gécamines, déposent des garanties auprès d'Exim Bank, cette dernière voulait que la Gécamines apporte aussi des garanties. Nous avons dit que ce n'était pas prévu dans les accords, notamment dans la Convention de

Collaboration. Et c'était en 2011. Depuis lors, cette question a été réglée, les entreprises chinoises ont compris…''

C'est à ce niveau que le Secrétaire Exécutif révèle : ''Avant la mise en production de la Sicomines, il est prévu qu'on puisse décaisser à peu près 1 milliard de dollars américains. Et dans le 1 milliard, aujourd'hui, les paiements qui sont effectués sont de l'ordre de 750 millions de dollars''.

Par ailleurs, Moïse Ekanga affirme que des projets comme la réhabilitation de la piste de l'aéroport international de Ndjili et la construction du barrage hydroélectrique de Zongo II ''sont en train d'être financés conformément au chronogramme établi par les deux parties'', entendez la RDC et Exim Bank.

Il termine son intervention en ces termes :

''J'insiste pour dire qu'on n'a pas de problèmes avec Exim Bank… Il n'y a pas d'accord, dans le cadre du Projet de coopération sino-congolais, entre Exim Bank et la République, mais c'est entre la République et les entreprises chinoises.''

''Exim Bank continue de financer les entreprises dans la construction d'infrastructures en RDC''

Le jeudi 16 mai, les propos du patron du BCPSC sont corroborés par le Gouvernement, par la voie de son porte-parole, le ministre des Médias Lambert Mende Omalanga. Notamment, celui-ci annonce que la banque chinoise Exim Bank a ''déjà décaissé 750 millions USD sur le milliard prévu dans le cadre du contrat sino-congolais.'' Il dément ainsi la rumeur persistante faisant état d'un « retrait de la banque chinoise Exim Bank du partenariat sino-congolais » :

''Exim Bank continue de financer non seulement les entreprises chinoises engagées dans la construction d'infrastructures en RDC, mais finance directement d'autres projets de construction tels que la réhabilitation de la piste de l'aéroport international de Ndjili et le projet de construction du barrage hydroélectrique de Zongo II. Exim Bank ne s'est donc pas retirée du partenariat sino-congolais.''

Dans une conférence de presse, le porte-parole du Gouvernement précise et assure :

''Le partenariat sino-congolais n'a pas été directement établi entre Exim Bank et l'Etat congolais, mais plutôt entre ce dernier et un groupe d'entreprises chinoises qui, elles, sont financées par Exim Bank.

Il y a certes eu certains débats entre partenaires, notamment Exim Bank avait souhaité en 2011 que la Gécamines puisse céder ses 32 % des parts dans la Sicomines pour que celle-ci fût 100 % chinoise. Ce débat a été clos et la question a été réglée depuis lors. Tout le reste, c'est de la rumeur mensongère''.

Auparavant, le mardi 7 mai, le Premier ministre Matata Ponyo avait quelque peu semé le trouble, en ne confirmant ni infirmant la rumeur du retrait d'Exim Bank. En effet, sur les antennes de *Radio Okapi*, il avait déclaré que le partenariat qui lie la République démocratique du Congo à la République populaire de Chine à travers un certain nombre de contrats est devenu une ''question qui nécessite un examen en profondeur''.

Avant d'expliquer :

''Comme vous le savez, il y a beaucoup d'entreprises qui sont sur place et qui travaillent avec nous. Il y en a qui travaillent avec des financements de ce partenariat avec la Chine et celles qui travaillent avec le financement du gouvernement. Disons que c'est une question d'actualité, nous continuons à y travailler. Peut-être dans les jours à venir, nous vous donnerons une réponse beaucoup plus appropriée''.

C'est donc au cours d'une réunion du 16 mai, dont le compte était rendu par le ministre des Médias, que le malentendu était levé.

Du « chantage » du consortium des entreprises chinoises à travers Exim Bank ?

Exim Bank a-t-elle réellement voulu chercher à divorcer d'avec la RDC ? Si oui, pourquoi cette volte-face, après cinq ans d'un engagement loyal avec la RDC ? Serait-ce une sorte de caprices d'une entreprise qui s'estime non satisfaite de son partenaire ? Serait-ce tout simplement du « chantage » fait au partenaire qui n'accomplit pas correctement ou complètement sa part du contrat ?

Cette dernière hypothèse est sérieusement avancée par certaines personnes. Comme l'expert-juriste Didier Bazola de Lubumbashi et haut cadre du secteur minier à la Fédération des entreprises du Congo section Katanga. Pour ce spécialiste en matière de transactions dans le secteur minier[1] :

''Le consortium des entreprises chinoises, à travers Exim Bank, a essayé de faire du chantage sur le gouvernement congolais, mais malheureusement ce chantage a échoué.

Au départ le « contrat chinois » (appelé comme tel) est un contrat passé entre un groupe d'entreprises chinoises dont Exim Bank et la RDC et prévoyait la construction des Infrastructures en échange des gisements miniers mais que les gisements à mettre à la disposition du groupe chinois devait avoir des réserves prouvées de plus de 10 millions de tonnes de cuivre et que si jamais ces gisements n'avaient pas ce minimum en termes de réserves, le Gouvernement de la RDC donnait sa garantie de compenser ce déficit en donnant au groupe chinois d'autres gisements devant compléter le manque de réserves.

Après que sous la conduite de Dominique Strauss Khan (DSK) avec le FMI, ce contrat a été reformulé et la garantie de l'Etat congolais de pourvoir à d'autres gisements élaguée (signalons au passage la délicatesse de DSK qui a pesé de tout son poids pour la revisitation dudit contrat, laquelle revisitation devait permettre l'élection de la RDC à l'IPPTE – Initiative de Pays Pauvres Très Endettés – en vue de l'effacement de sa dette de plus de 10 milliards USD. Et que malgré cette revisitation le gouvernement canadien a failli faire échec à l'élection de la RDC à cette initiative à la suite du contentieux avec le groupe minier canadien First Quantum Mining. DSK s'est imposé à ce que l'élection de la RDC se fasse au motif qu'il avait sa promesse au Gouvernement Muzito).

Par la suite, le Groupe chinois a essayé de faire pression pour que la Gécamines cède ses 32 % d'actions détenues à la Sicomines (la Joint-venture née de ce contrat chinois) pour compenser la garantie de l'Etat congolais, exigence à laquelle la RDC n'a pas cédé ; à raison du reste parce que la question des réserves, comme l'avait, en son temps, relevé les experts du FMI, devra être réglée par l'étude de faisabilité qui est faite et financée par les Chinois. C'est donc l'étude de faisabilité d'une mine qui est sensée déterminer et donner des informations sur les réserves géologiques et non pas une quelconque

[1] Divorce entre Exim Bank et la RDC ? L'expert-juriste Didier Bazola contextualise les faits, *www.desc-wondo.org*, le 16 mai 2013.

garantie de l'Etat. Ainsi Exim Bank a annoncé son intention de sortir du groupe d'entreprises chinoises à ce contrat avant de se rétracter.

Soit dit en passant (...) sur les 6 milliards USD du contrat revisité, seuls 468 millions USD ont été débloqués à ce jour, à raison de 100 millions USD pour la construction de l'Hôpital du Cinquantenaire (en Face du Camp Kokolo), 54 millions USD pour la modernisation du Boulevard du 30 Juin à Kinshasa qui ne représente qu'un peu moins de 5 km, 44 millions USD pour la construction de l'avenue du Tourisme (Mont Ngaliema-Kinsuka), 135 millions USD pour le tronçon Lubumbashi-Kasomeno (plus ou moins 90 km, c'est la première étape du tronçon qui est sensé relier Kasumbalesa à Kisangani) ainsi que 64 millions USD pour la construction du tronçon Beni-Luna. On est encore très loin de la matérialisation dudit contrat.''

A la suite du juriste Didier Bazola, le géologue Domy Sambwa, tous deux anciens de la Congolaise des Mines et de Développement (COMIDE), apporte ses éclaircissements sur le cas Exim Bank[1] :

''Une étude de faisabilité permet entre autres de déterminer la réserve minière, le niveau de production escompté sur base du procédé métallurgique qui serait retenu pour le traitement des minerais extrais, les usines et infrastructures à implanter, les études sociales et environnementales à prendre en compte et le niveau d'investissement à consentir pour la construction de la mine, des usines de traitement et des infrastructures ainsi que le fond de roulement initial.

En théorie, une banque ne s'engage dans un financement minier que lorsque les ressources ou les réserves sont définies et l'étude de faisabilité publiée. Parce que l'étude définit notamment la période de remboursement des fonds obtenus.

Au point des ressources géologiques il ne peut s'agir que des ressources classifiées suivant les codifications internationales. *Ce qui n'est pas le cas avec la majorité des ressources Gécamines qui ont été définies suivant un protocole « maison » non homologué par les systèmes internationaux.* Pour le cas d'espèce, il me souvient que la Gécamines avait eu à obtenir 4 millions de tonnes de cuivre en réserves prouvées pour les transférer à la joint-venture Sicomines. Aussi dans ses pratiques courantes, la Gécamines procède toujours par un contrat préliminaire créant le cadre pour déterminer les réserves

---

[1] Divorce entre Exim Bank et la RDC ? Le géologue Domy Sambwa complète M. Didier Bazola, *www.desc-wondo.org*, le 16 mai 2013.

minières au terme des études de faisabilité. Et en général ces études sont financées par les partenaires.

La joint-venture est créée lorsque les réserves minières sont connues ainsi que le niveau d'investissement requis pour mettre la mine en service. Les entreprises chinoises auraient-elles entraîné Exim Bank comme institution financière devant garantir le financement des opérations et du projet dans son entièreté ? Si tel est le cas, Exim Bank devrait en effet exiger des garanties pour ne pas faire un investissement à fond perdu dans un programme d'exploration des gisements dont les ressources ne sont pas classifiées. Et si les 4 millions répondaient à cette préoccupation, l'exigence des 32 % des parts de la Gécamines dans Sicomines n'a pas de sens ! Mais les gisements affectés à ce projet ont un potentiel connu.

Même si leurs ressources peuvent être controversées, *l'expérience a montré que les ressources évaluées au terme des procédures des codes internationaux actuels ne font pas un grand écart avec les ressources estimées par la Gécamines* au travers de son protocole « maison ». Et souvent, cet écart est positif. *La fameuse garantie de l'État n'a pas de sens dans un processus comme celui-ci.*

Les ressources géologiques sont un don de la nature et nul ne peut prévoir au départ qu'un tel tonnage serait garanti. Cela est d'autant plus critique que presque l'ensemble des concessions minières du pays a été attribué soit pour l'exploration (nul n'en connait la ressource) soit pour l'exploitation (et *je ne vois pas quelqu'un céder son potentiel a posteriori pour tirer l'Etat d'affaire à moins qu'il ne s'agisse d'un fait de prince*... arracher le potentiel « quia nominor leo »... et le climat des affaires...) et les ressources minières de la RDC ne sont pas connues par manque de structures adéquates d'exploration à l'échelle nationale.

Ce fameux « contrat chinois » semble être une opportunité pas commune ! 10 millions de tonnes de cuivre peuvent être exploitées en 40 ans si le processus mis en place est semblable à celui de TFM (Tenke-Fungurume Mining), c'est-à-dire 250 mille tonnes par an, cela équivaudrait à encaisser le chiffre d'affaires correspondant dans les 40 ans ! Et la construction du Barrage de Busanga aurait permis la fourniture en énergie électrique requise pour ce faire. Et *10 millions de tonnes de cuivre au cours actuel des métaux représenteraient 80 milliards de dollars américains de chiffre d'affaires* mais le cours des métaux ne peut pas rester stable sur toute la durée de vie du projet ; il faut envisager une baisse du prix du cuivre après que l'émergence de la Chine et l'Inde ait atteint un point d'équilibre. Donc il faut compter avec quelques 60 milliards USD au plus optimiste !! *Le bénéfice lié à un tel chiffre d'affaires serait de l'ordre de 20 % soit environ 12 milliards de dollars américains sur 40 ans soit encore 300 millions USD par an.*

Obtenir une avance de 6 milliards USD soit 50 % des bénéfices escompté en 40 ans au bout de quelques années pour construire des infrastructures en plus des unités de traitement qui seraient construites au Congo donc générant de l'emploi et des taxes sur la rémunération et autres effets d'entrainement (on ne sait pas si ce contrat prévoyait que Sicomines soit assujettie au régime fiscal normal), ça paraît être équitable... et un bon « deal » ! Maintenant si seule Exim Bank en tant qu'institution financière devant garantir le financement de ce projet se retire, les autres sociétés chinoises devraient trouver un autre partenaire financier sinon le projet est en porte-à-faux ! D'autre part, l'utilisation des 480 millions USD initial laisse un arrière-goût d'abus ! 54 millions USD pour faire 5 km d'une simple route multipiste ?!!''

A qui aurait profité – ou profiterait – un éventuel désengagement financier chinois ?

Introduisant l'interview, le 12 mai 2013, à *Radio Okapi*, du responsable du BCPSC, Omer Nsongo die Lema se demande ce qui pousse l'opposition à s'en prendre au Programme sino-congolais[1] :

''La fausse nouvelle de capotage du partenariat sino-congolais qui réalise les « Cinq chantiers » de la reconstruction de la RDC a paru réjouir des éternels grincheux jaloux du succès visible là-dessus du président Joseph Kabila et sa famille politique, alors que le pays tire d'indéniables bénéfices du contrat concerné via la banque chinoise Exim Bank.

Après tout, les routes, les écoles, les hôpitaux, les centrales hydroélectriques financés dans le cadre du « contrat chinois » appartiennent aux Congolais et non à Joseph Kabila, même s'ils sont à mettre au crédit du chef de l'Etat et de sa famille politique !

En fait, les Zaïrois qui s'étaient réjouis entre 1990 et 1997 de la suspension de la coopération structurelle semblent n'avoir tiré aucune

---

[1] « Peut-on vraiment se réjouir du retrait d'Exim Bank, si retrait il y a ? Parlons-en, et alors parlons-en courageusement... », *Digitalcongo.net*, 18 mai 2013.

leçon des effets négatifs qui continuent de se manifester une vingtaine d'années après sur le vécu quotidien...

Depuis une dizaine de jours, Internet bruisse de rumeurs sur le désengagement de la banque chinoise « Exim Bank ». Ceux qui semblent connaître tout de la convention conclue entre la RDC et le regroupement d'entreprises chinoises impliquées dans le cadre des « 5 Chantiers » ont excellé dans les « révélations » visant à discréditer le Président Joseph Kabila et la Majorité présidentielle.

Il a fallu la mise au point de Moïse Ekanga, rendue publique le 13 mai 2013, par le site www.radiookapi.net...''

Puis, après avoir repris les extraits de l'interview accordée à la radio onusienne en RDC, Omer Nsongo die Lema clôt le débat :

''Maintenant que ce qui devrait être dit est dit et que toute insistance de soutenir le contraire relève simplement de la mauvaise foi, on ne peut que se demander si les Congolais devraient se réjouir du retrait d'Exim Bank, si retrait il y a ! Car, il est de notoriété publique qu'en 50 ans d'indépendance, il n'y a jamais eu en RDC autant d'investissements en infrastructures que sous le régime Joseph Kabila, et encore depuis 2007 !

On peut tout dire jusqu'à se livrer à des spéculations, le rythme de construction des routes, des écoles, des hôpitaux, des centrales hydroélectriques, etc., observé au cours de ces six dernières années n'a pas de commune mesure avec ce qui a été fait entre 1960 et 2007.

Et encore, dans un contexte bousculé par le « débat démocratique» et l'insécurité réputés en RDC comme facteurs de démobilisation, d'inhibition...

On se souviendra que six mois seulement après l'aventure imposée à la RDC par le M23, le Premier ministre Augustin Matata Ponyo situait déjà l'effort de guerre à près de 120 millions USD. On imagine seulement ce que le pays aurait gagné en termes d'investissements dans la construction d'autres routes, d'autres écoles, d'autres hôpitaux, d'autres centrales hydroélectriques etc. !

La question de fond reste toutefois posée : à qui appartiennent tous ces investissements financés dans le cadre du contrat chinois ? A ce que l'on sache, pas à Joseph Kabila, encore moins à sa famille politique, quand bien même ils sont à mettre à leur actif politique.

Le boulevard du 30 juin n'a jamais été fermé à la circulation pour n'y laisser que le chef de l'Etat le parcourir de bout en bout. L'hôpital du Cinquantenaire de Kisangani n'a pas pour pensionnaire Mme Olive

Lembe Kabila. L'Ecole de l'Excellence de Bandalungwa n'accueille pas Laurent-Désiré Kabila Jr.

A son stade final, la centrale hydroélectrique de Zongo II ne fournira pas du courant à Sifa Mahanya. Bien plus, toutes ces infrastructures ne sont pas accessibles seulement aux « gens » de la Majorité présidentielle, à leurs familles et à leur électorat. Tous les Congolais en profitent !

Il n'est alors pas du tout élégant que des Congolais se réjouissent du retrait d'un financier ou d'un investisseur qui apporte quelque chose de positif au pays. Pour la petite histoire, au cours de la transition dite mobutienne (1990-1997), il s'était trouvé des Zaïrois à se réjouir de la suspension de la coopération structurelle.

La suite est connue : près de deux décennies après, les Congolais peinent à venir à bout du Moloch appelé « délestage » en ce qui concerne la fourniture de l'eau et de l'électricité, pour ne citer que ces deux produits vitaux. Apparemment, l'histoire se répète par la volonté de ceux qui ont du mal à assimiler la leçon. Et curieusement, ce sont les mêmes…''

6

L'entrée en vigueur tardive de la Convention de Collaboration

Aussitôt signée le 22 avril 2008, la Convention de Collaboration entre l'Etat congolais et le groupement d'entreprises chinoises devait être mise en application. La tâche en incombait au Bureau de Coordination et de Suivi du Programme sino-congolais (BCPSC), né le 26 août 2008, soit quatre mois après la signature de la Convention.

Pour matérialiser la Convention, le BCPSC eut une tâche ardue, à plusieurs niveaux. Nommé en novembre 2008 Secrétaire exécutif de ce service étatique, Moïse Ekanga, à qui était adjoint Maître Justin-Marie Mbalaka, eut à examiner à la loupe les articles de la Convention, leur pertinence et leur applicabilité au regard de la Loi congolaise ou à la confrontation de la réalité en présence.

Plusieurs difficultés se présentèrent aux deux autorités du nouveau service publique.

PREMIERES DIFFICULTES RENCONTREES

Dès sa prise de fonction, le Secrétariat exécutif eut notamment à examiner les points de la Convention suivants concernant :

- la législation en vigueur,
- la sous-traitance congolaise prônée dans la Convention,
- le tonnage du cuivre prévu,
- les types d'infrastructures à exécuter et leur coût,
- le problème de la joint-venture créée pour le remboursement du prêt chinois…

1°. *La législation.* L'on a noté que le régime fiscal prévu à l'article 14.2.1 de la Convention dérogeait à la législation congolaise en la matière. Il fallait obtenir une loi congolaise devant prendre en compte ce régime ; cette loi ne sera obtenue que plus tard, le 11 février 2014.

2°. *La sous-traitance.* Il n'apparait pas clairement que la sous-traitance congolaise dont il est question dans la Convention renvoie à la sous-traitance congolaise des sociétés constituées par des personnes physiques congolaises.

3°. *La quantité de cuivre à produire.* La production de 200.000 tCu prévue à la fin de la première année ne pourra être effective qu'avec la mise en marche de la centrale hydroélectrique de Busanga, un fait qui ne pourra être possible qu'à la fin de l'année 2020.

4°. *Les infrastructures* à construire ou à moderniser. Les dispositions de l'article 8 de la Convention étaient dépassées ; par conséquent, la liste des travaux d'infrastructures jointes en annexe C de la Convention devait être modifiée. Par ailleurs, les dispositions de l'article 17.5 n'étaient pas respectées ; malgré l'expertise de la partie chinoise, les coûts des travaux demeuraient très élevés. Pour ce faire, les dispositions de l'article 10.6 devaient être élargies aux autres entreprises chinoises éligibles au financement Exim Bank.

5°. *La joint-venture.* L'article 10 de la Convention qui autorise la la joint-venture, née sous le nom de Sicomines en septembre 2008, à contresigner les contrats spécifiques n'était pas respecté au départ ; ce fait sera corrigé plus tard.

Ce dernier point, celui sur la Sicomines, sans doute le plus important d'entre tous, va être au centre de toutes les rencontres et toutes les discussions autour de l'approbation, et donc de la mise en œuvre, de la Convention de Convention.

Par exemple, la question va dominer notamment l'organisation à Pékin en juillet 2009 puis à Kinshasa, du 22 au 25 mars 2010, de forums sur l'*évaluation du Projet de Coopération Sino-Congolais*.

EVALUATIONS DU NIVEAU DE REALISATION DES ENGAGEMENTS DES PARTIES PRENANTES

Signé le 17 septembre 2007 et formalisé dans la Convention de Collaboration le 22 avril 2008, le contrat sino-congolais subit rapidement, on le sait, des critiques diverses, venues de l'opposition parlementaire congolaise et des bailleurs des fonds traditionnels de la RDC. Le Gouvernement congolais et ses partenaires chinois se devaient donc de « reconsidérer » ou d'évaluer les termes de leur contrat.

La Convention de Collaboration, en son article 18, avait prévu la possibilité d'une telle évaluation. C'est donc, conformément à la loi, que, en juillet 2009, les deux parties prenantes se retrouvent à Pékin (Beijing en chinois), pour une première évaluation.

La deuxième évaluation a lieu à Kinshasa, du lundi 22 au jeudi 25 mars 2010. Ouverts le samedi 20 mars, dans la salle des réunions du BCPSC, par Fridolin Kasweshi Musoka, ministre des ITPR, les travaux préparatoires sur l'*évaluation du Projet de Coopération Sino-Congolais*, placée sous la conduite du Secrétaire exécutif du BCPSC, se tiennent conformément à l'article 18 de la Convention de Collaboration. Ils se déroulent en ateliers dans trois sous-commissions :

- La « Sous-Commission des *Conventions* », chargée de l'évaluation des Conventions de Collaboration et la joint-venture du 22 avril 2008 et dirigée par le Secrétaire exécutif du BCPSC ;
- La « Sous-Commission du *Projet Minier* », chargée de l'évaluation du Projet Minier et dirigée par l'ADG a.i. de la Gécamines ;
- La « Sous-Commission du *Projet d'Infrastructures* », chargée de l'évaluation du Projet d'Infrastructures.

Plusieurs institutions étatiques et privées impliquées dans le programme de la reconstruction nationale dénommé « Les Cinq Chantiers » sont présentes. Ce sont : la Présidence de la République, la Primature, le MITPR, le Ministère des Mines, le BCPSC, la Sicomines, la Gécamines, l'Ambassade de Chine, le Cabinet Mukendi, le Cabinet Cheng, Sinohydro et CREC.

Le but de ces assises est triple :

1°/ dégager le niveau de réalisation des engagements des parties, deux ans après la signature des Conventions de Collaboration et de JV ;

2°/ relever difficultés et obstacles à surmonter, afin d'accélérer ou de faciliter la réalisation des engagements des parties insuffisamment ou non réalisés à date ;

3°/ formuler, pour ce faire, les recommandations pertinentes.

Chaque sous-commission a rédigé un rapport intéressant, qui donne des détails sur l'état réel d'exécution des termes de la Convention de Collaboration, des travaux d'infrastructures et du projet minier. Les obstacles sont nombreux, et les participants ont produit plusieurs recommandations pour faire avancer la mise en œuvre du Programme sino-congolais.

Pour la « Sous-Commission des *Conventions* », la question consistait à évaluer le niveau de réalisation des engagements des parties après la signature de la Convention de Collaboration et de la joint-venture minière (JV Minière ou JVM).

La Convention de Collaboration avait prévu la réalisation du Projet de Coopération par la constitution d'une JVM. L'entrée en vigueur de cette Convention de JVM était initialement conditionnée par :

- La signature de la Convention de Collaboration ;
- L'approbation du Projet de Coopération par les autorités gouvernementales de tutelle, à savoir, pour le Groupe Gécamines, les Ministères ayant les mines et le portefeuille dans leurs attributions, et, pour le Consortium, la Commission Nationale du Développement et de la Réforme de la Chine, le Ministère du Commerce de la Chine et l'Administration Nationale des Devises Etrangères de la Chine. Les Ministères congolais des Mines et du Portefeuille ont approuvé le Projet de Coopération en décembre 2007, avant la signature des Conventions.

L'Avenant n° 3 à la Convention de Collaboration a :

- modifié la composition des autorités gouvernementales chinoises devant approuver le Projet minier. Celui-ci devra également être approuvé par le Conseil des Affaires d'Etat ;
- consacré l'approbation, par la Commission Nationale du Développement et de la Réforme de la Chine, de la « dépense préliminaire » d'environ 518 millions USD pour le Projet Minier ;
- chargé le Groupement d'Entreprises Chinoises de mettre en place le financement nécessaire à la réalisation des travaux d'infrastructures les plus urgents en attendant l'approbation du projet minier.

En conclusion, le Projet de Coopération ne pouvait être formellement approuvé par les autorités compétentes de deux Etats, congolais et chinois que, par l'entrée en vigueur de la Convention de la JV minière. C'est d'elle qu'il faut maintenant parler.

CONSTITUTION DE LA SICOMINES

La Convention de Collaboration, en son 1er article, point 1.2.1, stipule que le financement pour la construction des infrastructures (Projet d'infrastructures) sera remboursé par les revenus de l'exploitation minière des gisements cupro-cobaltifères situés dans la province du Lualaba, dont l'Entreprise publique « Gécamines » est titulaire des droits et titres miniers qui s'y rapportent.

Pour la réalisation de cette disposition, la Convention de Collaboration a prévu la constitution d'une Joint venture minière qui devrait être exécutée selon les phases suivantes :

a. Etude de Préfaisabilité ;
b. Constitution de Sicomines ;
c. Etude de Faisabilité ;
d. Recherche et Montage du financement nécessaire pour le Projet de Coopération ;
e. Développement des mines ;
f. Développement des unités de traitement des minerais.

Le Projet minier commence avec la création de « La Sino-Congolaise des Mines », en abrégé SICOMINES. Celle-ci intervient officiellement le 26 septembre 2008, par le décret portant autorisation de fondation de cette société et survenu après la tenue, le 28 juin 2008, de l'Assemblée Générale constitutive.

C'est une « société par actions à responsabilité limitée (SARL) de droit congolais », logée au Nouveau registre de commerce sous le numéro 0369M, conformément à ses Acte Constitutif et Statuts ainsi qu'à la Convention de Joint-venture.

Mais, après que la Loi n°007/2002 du 11 juillet 2002 portant Code Minier ait été modifiée et complétée par la Loi n°18/001 du 9 mars 2018, la Sicomines est devenue une « société anonyme » (SA), qui se présente désormais comme suit[1] :

[1] SICOMINES SA EIE&PGEP, *Office Of Envronnemental And Mining Studies « OEMS » sprl* (Nom du Bureau d'Etudes Environnementales), 2018.

‘‘Cette société a été créée, conformément au droit congolais, suivant les Acte constitutif et Statuts du 02 septembre 2008, notariés le 19 septembre 2008 conclu entre la Générale des Carrières et des Mines, en abrégé « GECAMINES », la Société Immobilière du Congo et China Railway Group (Hong Kong) Limited, suivant les stipulations de l'article 4, alinéa 1er de la Convention de Joint-venture du 22 avril 2008 entre GECAMINES et le Consortium d'Entreprises Chinoises.

Elle est immatriculée au RCCM sous le numéro CD/KZI/RCCM/17-B611, son numéro d'identification nationale est 6-128-N53217B et son siège social est actuellement établi au Quartier Kapata, Commune Dilala, Ville de Kolwezi, Province du Lualaba, République Démocratique du Congo.’’

Contrairement à ce que certains ont cru ou continuent à croire, la Sicomines n'est donc point une entreprise chinoise, mais bien une entreprise congolaise, ou plutôt une entreprise de droit congolais, ayant cependant pour actionnaires majoritaires des Chinois, avec 68 % des parts, l'Etat congolais ne détenant que 32 % des parts.

Les 68 % des parts (du consortium des entreprises) chinoises, constituant les actionnaires de la catégorie B, se répartissent comme suit : 27 % (27.000.000 USD) pour China Railway Group (Hong Kong) Limited ; 26 % (26.000.000 USD) pour Sinohydro Corporation Limited ; 6 % (6.000.000 USD) pour China Railway Resources Development Limited ; 5 % (5.000.000 USD) pour Zhejiang Huayou Coalt Co., Ltd et 4 % (4.000.000 USD) pour Sinohydro Harbour Co. Ltd. Les parts congolaises, qui constituent les actionnaires de la catégorie A, sont détenues par la Gécamines pour 20 % (20.000.000 USD) et sa filiale SIMCO SPRL pour 12 % (12.000.000 USD).

Au total, à la date de la signature des Statuts, le capital social de la Sicomines est fixé à 50.000.000.000 FC (francs congolais), une somme équivalant à 100.000 USD. Il est représenté par 100.000 Actions d'une valeur nominale de 500.000 FC chacune, correspondant à 1.000 USD.

L'on peut noter ici la notion de *l'incessibilité temporaire des actions*, prévue d'ailleurs par les Statuts : la Convention de JV a retenu le principe de l'incessibilité des parts des actionnaires, selon lequel seul le Consortium peut céder ses actions uniquement à Exim Bank ou à une des filiales de celle-ci. C'est ce qu'énonce l'article 14.7 :

''Sans préjudice de l'Article 15 relatif aux dispositions concernant la cession libre d'Actions, les Actions seront incessibles pendant la période la plus courte correspondant soit à vingt (20) ans à compter de la constitution de Sicomines Sarl, soit à la période correspondant aux deux premières étapes prévues par la Convention de JV concernant le remboursement de l'Investissement Minier et la première tranche de l'Investissement d'infrastructures.

Par dérogation aux dispositions sur l'incessibilité temporaire, les Actionnaires de la catégorie B ont le droit de céder leurs Actions, à une hauteur maximum de 17 % du capital social, à condition que le cessionnaire soit une société minière ou l'Export-Import Bank of China (« Exim Bank ») ou une société affiliée de l'Exim Bank. Les Actionnaires de catégorie B s'engagent ainsi à détenir, tout au long de la période d'incessibilité temporaire, 51 % au moins du capital social.''

A quoi servira la Joint-venture ainsi constituée ? L'article 4 des Statuts en énonce *l'objet* :

''Sicomines Sarl a pour objet toutes opérations d'études, de prospection, de recherche et d'exploitation de toutes substances minérales valorisables, ainsi que toutes opérations de concentration et de traitement métallurgique et chimique, de transformation et de commercialisation de ces substances et de leurs dérivés, pour son compte ou pour le compte des tiers, ainsi que toutes autres opérations connexes de nature à favoriser le développement de son objet social.

Sicomines Sarl peut, en conséquence, faire toute opération à caractère industriel, commercial, financier ou de nature immobilière, ayant un rapport direct ou indirect avec son objet ou pouvant en faciliter la réalisation ou en assurer le développement.

L'Assemblée Générale pourra modifier l'objet social à la majorité des quatre cinquièmes des voix.''

A la tête de la co-entreprise, ''constituée pour une durée de trente (30) années prenant cours à la date de l'autorisation administrative de sa création telle que prévue à l'Article 6 du Décret du 27 février 1887'', se trouve un Conseil d'Administration, présidé logiquement par un Chinois, lequel est assisté d'un Congolais. La gestion quotienne est assurée par un Directeur Général, un Chinois, et un Directeur Général adjoint, un Congolais. La Gécamines fournit un Directeur des Ressources humaines, un Congolais donc. Dès 2010, l'effectif est de 60 unités, dont 58 Chinois affectés essentiellement à la finalisation de l'Etude de faisabilité. Plus tard, jusqu'à la fin de mars 2014, la société comptera 382 employés, dont 156 chinois et 226 congolais. Ce nombre de travailleurs augmentera rapidement, jusqu'à atteindre, en 2018, 3000, dont 75 % des Congolais.

A sa naissance, la Sicomines, qui se déploie en 14 départements, établit son siège social au n° 2432, avenue Mama Yemo, Commune Lubumbashi, à Lubumbashi, dans l'actuelle province congolaise du Haut-Katanga. En décembre 2008, elle installe un bureau de représentation en Chine (Bâtiment 6, Cour 16, Boulevard Xisihuan ouest, Pékin ; code postal : 100039). Depuis avril 2009, la Sicomines ouvre un bureau de liaison à Kolwezi, dans l'actuelle province du Lualaba, où sont localisées ses unités de production. Un peu plus tard, elle sera représentée à Kinshasa. En 2015, quand la province du Katanga se démembre en trois provinces distinctes, Kolwezi, devenue chef-lieu de la province du Lualaba, raflera à Lubumbashi, chef-lieu de la province du Haut-Katanga, le siège social de la Sicomines. Celle-ci l'a voulue ainsi, pour qu'il soit plus près de ses installations métallurgiques ; ce siège est donc désormais situé au Quartier Kapata, dans la Commune Dilala de la Ville de Kolwezi.

Intégration de la Sicomines dans l'exécution du Projet de Coopération

Les esprits enflammés par le débat sur la Sicomines se sont quelque peu calmés avec les questions liées à la mise en pratique des termes de la Convention de Collaboration du 22 avril 2008. Notamment, l'évaluation de juillet 2009 faite à Pékin note avec satisfaction que les premiers stades des investissements dans l'infrastructure sont déjà en application. Une délégation du bureau parisien de Exim Bank of China était déjà venue à Kinshasa pendant la dernière semaine de mars 2009, et le gouvernement congolais avait lancé des mesures visibles pour la mise en œuvre du Projet Sicomines.

Ainsi constituée, la Sicomines va devenir un acteur majeur dans la mise en œuvre du Projet de Coopération sino-congolaise.

Plusieurs recommandations pour cela :

1. De l'entrée en vigueur de la Convention de JV.

- A la partie chinoise : de faire diligence pour obtenir l'approbation du Projet de Coopération par les autorités gouvernementales compétentes dans les trois mois suivants la fin des présents travaux d'évaluation du Programme Sino-Congolais ;

- Au BCPSC : d'obtenir des Ministères congolais ayant les Mines et le Portefeuille dans leurs attributions de reconfirmer formellement leur approbation du Projet de Coopération, étant donné que celle antérieurement donnée avait été fournie avant la signature de la Convention intervenue le 22 avril 2008.

2. De la Constitution de la Sicomines Sarl

Il est demandé à la Sicomines et à ses actionnaires de fournir au BCPSC ainsi qu'au Cabinet Mukendi la preuve de libération des 50 % du capital social de Sicomines Sarl ou, en cas d'absence de preuve, de régulariser la situation avant le 15 avril 2010.

3. *Du prêt de 32 millions USD*

Que la Gécamines et le Consortium procèdent diligemment à la signature de ladite convention de prêt.

4. *De l'enregistrement des actions et délivrance des certificats*

La Sicomines Sarl doit ouvrir diligemment le registre des actionnaires, au cas où elle ne l'aurait pas encore fait, ainsi qu'établir et délivrer aux actionnaires les certificats attestant leur propriété des actions de Sicomines Sarl.

5. De la cession des droits et titres miniers

Que la partie chinoise notifie formellement à la Gécamines que droits et titres miniers ont été effectivement cédés à la Sicomines Sarl.

6. Des Espaces vides

Que la Gécamines réalise dans les meilleurs délais la stérilisation des sites miniers à céder à la Sicomines Sarl.

7. De l'Etude de Faisabilité

Que la Sicomines et le Consortium approuvent l'Etude de faisabilité et obtiennent son approbation auprès des autorités étatiques compétentes, étant donné que la viabilité du Projet en dépend. Les tonnages contractuels de production devraient être intégrés dans l'Etude de faisabilité afin de garantir un investissement important dans les infrastructures (objectif de 3 milliards USD) et le remboursement rapide des investissements, grâce à des bénéfices plus élevés. Le consortium doit tenir compte de cet engagement contractuel.

8. De la durée de la phase du développement

Que le délai de 4 ans proposé dans l'Etude de faisabilité soit revu à la baisse et que le développement d'une ou de plusieurs unités de traitement de minerais propres à Sicomines soit envisagé en visant la production des métaux nobles conformément à la Convention de JV.

9. *Du remboursement du financement*

Que la Convention de JV soit amendée aussi pour être conforme à la Convention de Collaboration déjà amendée (Avenant n° 3).

10. De la gestion des fonds des infrastructures

Que désormais la Sicomines Sarl soit cosignataire des contrats spécifiques des travaux d'infrastructures et des contrats d'emprunt et qu'elle réalise l'organisation de la vérification des factures et décomptes des travaux d'infrastructures.

11. De la participation de la Gécamines dans la gestion de la Sicomines

Que la présidence collégiale soit renforcée dans la gestion quotidienne de la Sicomines Sarl, et que le BCPSC règle avec les services publics compétents en la matière le problème relatif à l'application de la législation sociale congolaise en ce qui concerne le recrutement de la main-d'œuvre dans la Sicomines.

12. Du siège social

Que l'Administrateur-Délégué Général (en Chine) et l'Administrateur-Délégué Général Adjoint (à Lubumbashi) de la Sicomines travaillent notamment en téléconférence.

13. *De la liste des travaux d'infrastructures*

Que les études du Projet d'Infrastructures soient réalisées sous la responsabilité de la partie congolaise suivant la procédure d'appel d'offres. Une quotité à déterminer par les parties du financement des infrastructures sera allouée à ces études.

14. *Des contrats des travaux d'infrastructures*

Que soit respecté l'article 10 de la Convention de Collaboration qui autorise la Sicomines à contresigner les contrats spécifiques.

15. *Du coût des travaux.* Il est recommandé :

- l'introduction de la sous-traitance dans les études et le contrôle de celles-ci avant la réalisation des travaux ;

- la création d'une commission mixte comprenant la Sicomines Sarl, le Ministère des ITPR, le BCPSC, la Primature, la Présidence de la République pour certains travaux ;
- le respect du rapport qualité/prix.

16. *De l'exécution des travaux d'infrastructures*

Contrairement à l'article 10.6 de la Convention de Collaboration qui exige que les travaux d'infrastructures ne soit exécuté que par le Groupement d'entreprises chinoises, que le marché soit ouvert aux autres entreprises chinoises éligibles au financement Exim Bank.

Problèmes autour de la Sicomines

1. Prêt de 32 millions de dollars américains

La convention de prêt pour la somme de 32 millions de dollars américains qui représente la participation de la Gécamines dans le capital social de la Sicomines Sarl n'a jamais été signée entre les parties avant la constitution de la Sicomines.

2. Enregistrement des actions et délivrance des certificats

La Sicomines Sarl n'a jamais ouvert le registre des actionnaires ni établir et délivrer aux actionnaires les certificats attestant leur propriété des actions de Sicomines Sarl.

3. Cession des droits et titres miniers

La due diligence a été effectuée et clôturée pour le compte du Groupement d'Entreprises Chinoises et les droits et titres miniers de Gécamines ont été cédés à la Sicomines Sarl le 10 octobre 2008 sans que le GEC ait formellement notifié Gécamines de l'absence de vices.

4. Espaces vides

La Gécamines devait céder et stériliser des espaces vides à la Sicomines pour la construction des usines et parcs de stockage des remblais, des stériles et des rejets. Cela ne se fera que bien plus tard.

5. Pas-de-porte

L'obligation du paiement de pas de porte a été partiellement exécutée, à hauteur de 50 %, mais que le retard de paiement constaté est justifié par les procès en cours à Hong Kong.

6. Prêt de 50 millions de dollars américains

Le prêt de 50 millions de dollars américains de la partie chinoise en faveur de Gécamines devra intervenir après l'approbation du projet minier par le Conseil des Affaires de l'Etat de la Chine et cela, après la demande de la Gécamines.

7. Etude de Faisabilité

L'étude de faisabilité initialement prévue pour six mois à partir du 10 octobre 2008, date de cession des droits et titres miniers n'est toujours pas approuvée ni par le conseil d'administration de la Sicomines ni par les autorités gouvernementales de deux pays.

Cette étude de faisabilité n'a pas intégré les tonnages contractuels de production à atteindre, à la fin de la deuxième année de production, soit, 200.000 tCu, et à la fin de la troisième année, soit 400.000 tCu.

Elle n'a pas non plus intégré des véritables nouvelles technologies pour le traitement métallurgique des minerais.

8. Libération du solde du capital social

Dans les deux mois de l'approbation de l'étude de faisabilité par le Gouvernement de la RPC, la partie chinoise doit libérer le solde du capital social de Sicomines Sarl, soit 50 millions USD.

En ce moment-là, cette obligation n'était pas encore exécutée, l'étude de faisabilité n'étant pas encore achevée.

9. Recherche et mise en place du financement du Projet de Coopération

Contractuellement, le Consortium a l'obligation de rechercher et de mettre en place le financement au profit du Projet de Coopération. Mais aucun délai n'a été fixé dans les Conventions pour la recherche et la mise en place dudit financement au profit du Projet de Coopération. Et le Groupement d'Entreprises Chinoises n'a pas encore communiqué à la Gécamines les engagements financiers du Consortium.

Toutefois, le Consortium a déjà mobilisé 518 millions USD pour la mise en œuvre du Projet Minier et 338 millions USD pour la réalisation des travaux d'infrastructures les plus urgents.

En outre, les droits et titres miniers ont été mis en sûreté auprès d'Exim Bank depuis le 17 mars 2009.

L'Avenant n° 3 à la Convention de Collaboration donne des nouvelles modalités de remboursement.

10. Gestion des fonds des infrastructures

Conformément, à la Convention de Collaboration, la Sicomines Sarl doit être impliquée dans la signature des contrats spécifiques des travaux d'infrastructures et des contrats d'emprunt.

11. De l'incessibilité temporaire des actions

Le principe de l'incessibilité des parts des actionnaires a été retenu dans la Convention de JV. Seulement, il a été reconnu au Consortium le pouvoir de céder ses actions uniquement à Exim Bank ou à une des filiales de celle-ci jusqu'à la hauteur de 17 % et à conserver au moins 51 % du capital social.

ETUDE DE FAISABILITE, SON APPROBATION TARDIVE ET CELLE DU PROJET DE COOPERATION

Après la constitution de la Sicomines, l'élaboration et l'approbation de l'Etude de faisabilité, un autre « obstacle » à franchir.

Après sa constitution officielle en septembre 2008, la Sicomines va bénéficier de l'*approbation de fait*, par le Gouvernement chinois, de *l'étude de préfaisabilité* envisagée pour elle. Mais cette Etude de préfaisabilité devait être confirmée par une *Etude de faisabilité* plus éloquante. Aussi, la Sicomines va s'employer à l'adoption de cette Etude de faisabilité devant lui permettre de construire les usines de production du cuivre et de cobalt, comme elle l'explique dans les lignes suivantes de son ouvrage publié en mars 2013[1].

Tout commence le 10 octobre 2008, lorsque la Gécamines, conformément à la Convention de Collaboration, cède à la Sicomines, pour le compte du Groupement d'entreprises chinoises, les *droits et titres miniers*, lesquels seront mis en sûreté auprès d'Exim Bank le 17 mars 2009. Mais la Gécamines ne fournira que bien tard, en 2010, des espaces vides stérilisés à la Sicomines pour la construction des usines et parcs de stockage des remblais, des stériles et des rejets.

Ce retard serait conséquent au retard de paiement complet du pas-de-porte ; en effet, jusqu'en 2010, ce montant n'était payé qu'à moitié. Ce fait serait justifié par les procès en cours à Hong Kong en ce moment.

---

[1] *La Sino-congolaise des Mines « Sicomines Sarl ». Documents du Conseil d'Administration*, Lubumbashi, 17 mars 2013.

Pour la mise en œuvre effective du Parojet minier, la première étape concernait l'approbation de l'Etude de faisabilité par le Conseil d'Administration de Sicomines Sarl, sa validation par la Commission des Réformes et Développement de la Chine et son approbation par les Gouvernements de deux pays.

Produite par une maison spécialisée dans les études, en l'occurrence ENFI Engineering Corporation, ENFI en sigle, l'Etude de faisabilité pour Sicomines[1] recommande l'exploitation de tous les gisements affectés au Projet par la méthode à ciel ouvert. Les réserves minières du Projet sont estimées à 220 millions de tonnes de minerais à 3,30 % en cuivre et 0,20 % en cobalt. Ce qui donne 7,280 millions de tonnes de cuivre métal contenu et 450 mille tonnes de cobalt métal contenu. Le tonnage total annuel des minerais à extraire est estimé à 8,250 millions de tonnes avec les mêmes teneurs.

Déposée le 18 septembre 2009, cette Etude de faisabilité n'a cependant pas intégré les tonnages contractuels de production à atteindre, à la fin de la deuxième année de production, soit 200.000 tCu, et à la fin de la troisième année, soit 400.000 tCu. Elle n'a pas non plus intégré des véritables nouvelles technologies pour le traitement métallurgique des minerais.

C'est pourquoi, initialement prévue pour six mois à partir du 10 octobre 2008, date de *cession des droits et titres miniers*, l'Etude de faisabilité ne sera approuvée que le 19 janvier 2010. Car, entretemps, la version initiale de l'Etude de faisabilité n'a pas plu à tous les Actionnaires de la Sicomines, pour les deux raisons que l'on vient d'évoquer, mais aussi pour une autre, celle qui concerne le point « Recherche et Montage du financement nécessaire pour le Projet de Coopération ». En ce point, l'analyse technico-économique était élaborée sur la base des paramètres suivants :

1) Le prix de référence du cuivre = 2,268 USD/lb (5.000 USD/tCu) ;

2) Le prix de référence du cobalt = 15 USD/lb ;

3) Les frais de raffinage du cuivre blister = 0,10 USD/lb ;

4) Le prix de référence du cuivre dans l'alliage cupro-cobaltifère = 70 % du prix de référence du cuivre ;

---

[1] Sicomines, *Rapport de l'Etude de faisabilité du Projet minier SICOMINES*, avril 2010.

5) Le prix de référence du cobalt dans l'alliage cupro-cobaltifère = 60 % du prix de référence du cobalt ;

6) Le prix du carbonate de cobalt = 80 % du prix de référence du cobalt ;

7) Le coût de production = 2100 USD/tCu (0,95 USD/lb) ;

8) Le Cash flow = 10.863 millions USD ;

9) La valeur Actuelle Nette = 1642 millions USD ;

10) Le Taux de Rentabilité Interne (TRI) du projet = 17,20 % ;

11) Le TRI pour la partie chinoise = 14,72 %;

12) Le Payback – Period = 9,2 ans ;

13) La Durée de vie du Projet = 23 ans.

Réuni le 19 octobre 2009, le Conseil d'Administration de Sicomines n'a pas approuvé cette version de l'Etude de faisabilité, particulièrement du fait que le TRI du Projet de 17,20 % était inférieur au taux conventionnel de 19 %. Un tel TRI ne devra guère permettre de diminuer le coût de production et d'améliorer les paramètres de rentabilité. Le TRI recherché devrait être supérieur au taux conventionnel. C'est en tout cas l'objectif que s'est fixé Sicomines, celui d'opter pour un process et une technologie performants, capables de minimiser les coûts d'exploitation afin d'être avantageusement comparables à ceux des sociétés opérant dans le même secteur.

C'est pourquoi le Conseil d'Administration de Sicomines, au nom de tous les actionnaires, a voulu la production d'une Etude de faisabilité qui tienne compte de cet objectif. ENFI Engineering Corporation fut conviée à revoir sa copie ; il lui était demandé notamment d'intégrer les observations ci-dessous que les Actionnaires Sicomines formulèrent :

1°. La poursuite de la prospection et des travaux de sondages en vue d'améliorer le niveau des réserves, la réduction de 10 % du cout d'investissements miniers, l'adoption d'une technologie appropriée pour le traitement des minerais oxydés et sulfurés, l'adoption d'un plan d'exhaure optimisé conformément aux recommandations issues des échanges entre les experts de la Gécamines et ceux d'ENFI.

Dans cette perspective, il convient de signaler que les travaux complémentaires de prospection sur le périmètre Sicomines sont pratiquement terminés et que les sondages effectués confirment que les informations des anciens travaux de prospection fournies par Gécamines sont fiables.

2°. Dans l'hypothèse où les actions définies au point ci-dessus s'avèrent insuffisantes pour améliorer les Taux de Rentabilité Interne (TRI), la Gécamines est disposée à envisager, en accord avec le BCPSC, de réduire sa quotité des dividendes de manière à augmenter le niveau de remboursement du financement des infrastructures jusqu'à un maximum de 85 % au lieu de 66 % initialement prévus. Cette démarche ne doit pas remettre en question les économies majeures du projet, dont la répartition du capital.

Tenant compte des observations des actionnaires de la Sicomines, ENFI Engeering Corporation produisit une nouvelle version de l'Etude de faisabilité, qu'accepta enfin à Pékin le Conseil d'Administration de la Sicomines. Cette Etude de faisabilité finale résume bien le Projet de coopération en ses deux *niveaux d'investissement :* pour le *Projet minier* et pour le *Projet d'infrastructures.*

1°. *L'investissement total du Projet Minier* répartit les 3,24 milliards USD prévus de la manière suivante :

*2,49 milliards USD pour les travaux de construction ;

*350 millions USD de pas-de-porte (il faut noter que le pas-de-porte a été intégré dans l'investissement total pour calculer la rentabilité du Projet Minier) ;

*260 millions USD d'intérêt sur la durée du Projet (1° intérêt sur l'emprunt, 2° frais de gestion et 3° frais d'assurance) ;

*140 millions USD de Fonds de Roulement.

2°. *L'investissement total du Projet d'Infrastructures* répartit les 3 milliards USD, retenus après amendement, sur une période de 10 ans (de 1 à 10), suivant le planning de décaissement (en millions USD) ci-dessous :

1	2	3	4	5	6	7	8	9	10
560	200	200	250	250	250	250	350	350	350

La 1ère année des investissements devrait commencer avec l'approbation de l'Etude de Faisabilité.

L'Etude de faisabilité approuvée par le Conseil d'Administration de la Sicomines résume également d'autres aspects du Projet minier :

- *Extraction minière et métallurgique* : concernant le Développement des mines et le Développement des unités de traitement des minerais.

- *Problématique d'alimentation en énergie électrique*. Pour les travaux de dénoyage des mines et de construction des usines, Sicomines a besoin de 40 MW que fournira la SNEL. Cependant, les besoins énergétiques totaux de ce Projet sont de 170 MW ; comme l'offre de la SNEL est insuffisante pour satisfaire ces besoins, l'option a été levée de construire un nouveau barrage hydroélectrique sur le site de Busanga d'une capacité estimée à 240 MW.

- *Problématique d'exhaure*. Le dénoyage du site minier est crucial et doit débuter très tôt pour commencer le démarrage de la production commerciale dans le délai de développement du Projet minier. Pour ce faire, avant même l'approbation du Projet de coopération, des sondages hydrogéologiques étaient déjà en cours de réalisation afin de mieux comprendre le comportement de la nappe aquifère.

Approuvée par le Conseil d'Administration de Sicomines Sarl, moyennant l'intégration par ENFI de certains amendements, cette Etude de faisabilité nouvelle version n'avait pourtant pas été présentée à date, c'est-à-dire deux mois après son approbation par la Sicomines, à la Commission des Réformes et Développement de la Chine, afin d'être validée avant son approbation par les Gouvernements de deux Pays. Il sied de noter que la durée maximale d'examen par cette Commission était de quatre mois social entre partenaires.

C'est seulement donc le 19 janvier 2010 que l'Etude de faisabilité, nouvelle version ENFI, déjà avalisée par la Sicomines, fut approuvée par la Commission des Réformes et Développement de la Chine.

La voie fut dès lors ouverte aux deux Gouvernements d'approuver, à leur tour, la fameuse Etude de faisabilité, et donc le Projet de Coopération. L'Etat Congolais n'avait pas attendu longtemps pour le faire : il le fit en juillet 2010. Les Chinois, eux, avaient quelque peu traîné les pieds, puisque, à travers leur Commission de la Réforme et du Développement et leur Conseil des Affaires d'Etat, ils ne le firent qu'un an plus tard, c'est-à-dire en juillet 2011 ! C'est dès ce moment que, suivant les accords, l'on pouvait attendre le premier financement tant pour le Projet d'Infrastructures que pour le Projet minier.

Les autorités gouvernementales de tutelle qui signent l'approbation sont :

*pour le Groupe Gécamines : les Ministères des Mines et du Portefeuille (ces ministères avaient déjà approuvé le Projet de Coopération en décembre 2007, avant même la signature des Conventions), et,

*pour le Consortium des Entreprises chinoises : la Commission Nationale du Développement et de la Réforme de la Chine, le Ministère du Commerce de la Chine et l'Administration Nationale des Devises Etrangères de la Chine.

Il parait important de souligner que l'approbation tardive du Projet de Coopération était due, entre autres, par le fait de l'Avenant n° 3 à la Convention de Collaboration du 22 avril 2008. Produit le 21 octobre 2009 et relatif au développement d'un projet minier et d'un projet d'infrastructures en RDC, cet Avenant a :

- modifié la composition des autorités gouvernementales chinoises devant approuver le Projet minier, lequel devra également être approuvé par le Conseil des Affaires d'Etat ;

- consacré l'approbation, par la Commission Nationale du Développement et de la Réforme de la Chine, de la « dépense préliminaire » d'environ 518 millions USD pour le Projet minier ;

- chargé le Groupement d'entreprises chinoises de mettre en place le financement nécessaire à la réalisation des travaux d'infrastructures les plus urgents en attendant l'approbation du Projet minier.

En conclusion, c'est essentiellement à cause de l'élaboration et l'approbation laborieuses de l'Etude de faisabilité que le Projet de Coopération a pris du temps pour son approbation formelle par la RDC et la Chine, et que, par conséquent, la Convention de JV est entrée en vigueur avec quelque retard par rapport au timing initial.

M. Ekanga : "En dépit de la bonne foi des parties, des difficultés ont ralenti l'exécution de la Convention de Collaboration"

Ainsi que nous venons de le voir, quelques difficultés ont pu être relevées dans l'application de la Convention de Collaboration signée le 22 avril 2008, et plus particulièrement de son aspect « Projet minier », des difficultés perçues et gérées évidemment, avec un courage certain il va sans dire, par Moïse Ekanga, au nom de l'institution étatique commise à la Coordination et au Suivi du Programme sino-congolais (BCPSC) qu'il dirige.

Ces difficultés concernent notamment l'approbation de ce Projet avant sa mise en œuvre. En effet, comme la Convention de Collaboration le prévoyait, le Projet de Coopération n'était pas formellement approuvé en 2009 ni par les Ministères congolais des Mines et du Portefeuille ni par les autorités compétentes de la République Populaire de Chine, et que, par conséquent, la Convention de JV n'était toujours pas entrée en vigueur. L'Etat Congolais n'avait approuvé la Convention et l'Etude de faisabilité qu'au deuxième semestre de l'année 2010, tandis que la Commission de la Réforme et du Développement ainsi que le Conseil des Affaires d'Etat de la Chine ne l'avaient fait qu'un an plus tard, c'est-à-dire au deuxième semestre de l'année 2011, période à partir de laquelle, suivant les accords, l'on pouvait attendre le premier financement tant pour le Projet d'Infrastructures que pour le Projet minier.

Fort heureusement, Chinois et Congolais n'avaient pas attendu l'approbation du Projet de Coopération pour démarrer les travaux d'infrastructures ; ces travaux avaient en effet commencé en 2009 et non au deuxième semestre de l'année 2011.

Evoquant les *préalables à l'exécution de la Convention de Collaboration*, Moïse Ekanga, coordonnateur du Programme sino-congolais, résume, mieux que quiconque, les difficultés qui ont retardé le démarrage de l'exécution de la Convention de Collaboration du 22 avril 2008, et particulièrement son aspect « Projet minier » [1] :

''Dès le départ, l'exécution de la Convention de Collaboration avait été subordonnée à la réalisation de l'étude de faisabilité du Projet Minier et son approbation par le Gouvernement de la RDC et celui de la République Populaire de Chine. Dès le deuxième semestre de l'année 2010, l'Etat congolais a approuvé la Convention et l'étude de faisabilité.

Mais, il a fallu attendre le deuxième semestre de l'année 2011 pour voir la Convention approuvée par la Commission de la Réforme et de Développement ainsi que par le Conseil des Affaires d'Etat de la Chine. Or, c'est à partir de cette période que la RDC pouvait s'attendre au premier financement tant pour les infrastructures que pour le Projet minier.

[1] M. Ekanga, *Conférence de presse*, Fleuve Congo Hôtel, Kinshasa, 24 mai 2013.

En dépit de ce contretemps, compte tenu de la bonne collaboration qui existe entre les Parties, les travaux ont pu démarrer bien avant 2011 ! C'est que le Groupement d'entreprises chinoises avait, de bonne foi, procédé aux décaissements de 468 millions USD avant l'approbation proprement dit du Projet Minier par le Conseil des Affaires d'Etat du Gouvernement chinois.''

Le Secrétaire exécutif du BCPSC explique que le retard de l'approbation du Projet de Coopération n'en était pas la seule cause :

''En dépit de la bonne foi des parties dans l'exécution de la Convention de Collaboration, quelques autres difficultés ont ralenti le rythme de réalisation des objectifs poursuivis par les contractants.

Parmi ces difficultés, l'on peut citer :

*le crash financier intervenu en 2008 et ses effets pervers sur les cours des minerais ;

*le long délai pris par les institutions chinoises compétentes à approuver l'étude de faisabilité ;

*le long délai qui s'écoule entre le premier décaissement (janvier 2009) et la mise en production (fin 2015) ;

*le retard enregistré dans l'adoption de la loi portant régime fiscal, douanier et de change devant sécuriser le Projet de Coopération;

*le déficit énergétique observé dans la zone du projet (Kolwezi)."

Appesantissous-nous sur la première difficulté, les autres étant largement évoquées dans cet ouvrage. Lorsque le BCPSC naît en août 2008 et débute ses activités trois mois après, la RDC se trouve dans une conjoncture économique difficile, vivant dans un contexte particulièrement hostile : déjà affaiblie par les pressions internes résultant de la crise sécuritaire à l'Est, elle a davantage été frappée de plein fouet par la crise financière internationale, qui surgit le dimanche 15 septembre 2008 à New-York, à la suite de la faillite de Lehman Brothers, la banque d'investissement américaine, icône de Wall Street depuis plus d'un siècle. Cet effondrement entraîne dans son sillage d'autres grandes institutions financières, qui, renflouées in extremis par l'Etat, sont victimes de leur création : les « subprimes », ces crédits immobiliers, à haut risque, accordés à des Américains aux faibles revenus, des prêts qui se sont avérés toxiques et qui ont mis des millions d'Américains sur la paille. Cette crise, qui a bouleversé l'économie mondiale, a surtout inhibé le développement des pays du Tiers-monde ; elle a continué à sévir contre le pays en 2009.

L'activité minière a été la première touchée, tandis qu'il était aussi enregistré des contre-performances des secteurs productifs qui ont affecté les services, dont les télécommunications et le commerce.

Au second semestre 2008, le gouvernement prévoyait de la manière suivante les principaux indicateurs du cadre macroéconomique devant sous-tendre l'exercice 2009 :

- taux de croissance fixé à 9 %,
- taux moyen d'inflation arrêté à 15 %,
- taux de change moyen situé à 580 FC/1 USD.

A la fin de l'année 2009, l'on avait noté que le taux de croissance réel était de 6,5 % ; il s'était donc ralenti, passant de 9 % prévus à 2,5 %, et l'inflation avait atteint un taux effarant de 44,2 %, contre 18 % l'année précédente. Le repli du PIB a entraîné une baisse considérable des recettes de l'Etat au dernier trimestre 2008 et au premier trimestre 2009. La crise a donc, à la fois, diminué la capacité du pays à importer et la capacité de la Banque Centrale du Congo à fournir les devises étrangères à l'économie nationale.

7

La mise en œuvre du Projet minier

PROJET MINIER – OU PROJET SICOMINES

La Convention de Collaboration, en son premier article, point 1.2.1, stipule que le financement pour la construction des infrastructures (projet d'infrastructures) sera remboursé par les revenus de l'exploitation minière des gisements cupro-cobaltifères situés dans la province du Katanga, district de Kolwezi, en ce moment-là inexploités, dont l'Entreprise publique « Gécamines » était titulaire des droits et titres miniers qui s'y rapportent.

Pour la réalisation de cette disposition, la Convention de Collaboration avait prévu la constitution d'une Joint-venture minière, la Sicomines. Celle-ci étant montée, il se devait de l'intégrer dans le processus général.

Difficultés au niveau d'exécution de la Convention de la Joint-venture minière au 25 mars 2010

Lors de l'évaluation de la Convention de Collaboration qui a lieu à Kinshasa du 22 au 25 mars 2010 sous la cordination de Moïse Ekanga, l'on note que, de la Convention de la Joint-venture minière, seules les deux premières phases étaient exécutées :

a) Phase 1 : *Etude de Préfaisabilité.*

b) Phase 2 : **Constitution de la Sicomines Sarl.*
**Cession des Droits et Titres Miniers.*

La Phase 3, relative à l'*Etude de Faisabilité*, c'est-à-dire aux Travaux de Prospection et Recherche, étaient partiellement exécutés ou étaient en voie de l'être :

*Travaux de Prospection : réalisés à près de 90 % (taux atteint après les recommandations faites à ENFI et suivant tableau présenté par Sicomines Sarl le 22 mars 2010) ;

*Approbation de l'Etude de Faisabilité : dossier approuvé par le Conseil d'Administration de Sicomines Sarl. Il doit être déposé auprès de la Commission des Réformes et Développement de la Chine avant son approbation par les deux Gouvernements.

Les trois premières phases ayant été accomplies, il restait aux trois dernières – phases 4, 5 et 6 – d'être exécutées. Il fallait s'y investir. Sous la coordination et la facilitation du BCPSC, les protagonistes se mirent au travail.

L'exécution de la Phase 4, sur *Recherche et Montage du financement nécessaire pour le Projet de Coopération*, consistait :

* à la recherche du financement : elle se fit auprès d'Exim Bank.
* au montage financier : il devait être mené par le Consortium des entreprises chinoises, lequel, en ce moment, s'activait déjà à finaliser les termes d'emprunt.

La Phase 5, qui traite du *Développement du Projet minier*, n'était point exécutée : elle était en attente de l'approbation de l'Etude de Faisabilité.

La Phase 6, qui concerne le *Développement des unités de traitement des minerais*, était évidemment lié aux points précédents ; elle attendait, en conséquence, d'être amorcée.

Pour une bonne exécution de ces trois dernières phases, les *dispositions générales* suivantes avaient été prises :

*Implication de Sicomines Sarl en tant qu'emprunteur dans la gestion des fonds destinés aux infrastructures : pas encore effective ;
*Participation du groupe Gécamines dans la gestion de Sicomines Sarl : présence de la Gécamines effective dans les Assemblées générales, Conseil d'Administration et Comité de Direction ;
*Nomination des Commissaires aux Comptes par les Actionnaires de Sicomines Sarl : en cours ;
*Attribution des marchés entre Actionnaires : à rendre effective ;
*Etablissement des états financiers annuels : veiller au respect des principes comptables généralement admis ;
*Langue de travail : le français.

Dès sa naissance, et c'est cela même d'ailleurs le but de sa venue au monde, comme on le sait, le BCPSC avait mission de veiller à la mise en œuvre de la Convention de Coopération du 22 avril 2008, et donc de son aspect « Projet minier », puisque le remboursement des infrastructures à construire devait provenir de la vente des produits de la mine à exploiter. Dans le Projet de Coopération, la matérialisation du « Projet minier » en constituait ainsi le clou. Sa réussite était celle de toute la Convention de Collaboraton.

Par son Secrétaire exécutif, Moïse Ekanga, le BCPSC déploya toute son énergie pour accomplir cette tâche capitale qui lui était dévolue. L'on a vu comment il s'était engagé pour que la Sicomines, constituée peu avant sa prise de pouvoir au BCPSC, s'affirme comme une entreprise digne et capable d'accomplir la mission que lui confiait la Convention de Collaboration, à savoir le financement des infrastructures à construire, à moderniser ou à renover.

En dépit de la constitution de la Sicomines, le BCPSC se rendit compte que le Projet minier n'était pas si simple à réaliser. En effet, née en 2008, Sicomines allait prendre beaucoup plus de temps que prévu dans la production des dérivés cuprifères et cobaltifères dont on attendait la vente pour procéder au remboursement du prêt chinois. Initialement annoncées pour octobre 2010, les activités de la Sicomines ne commenceront véritablement que plus tard. Pour plusieurs raisons, qui peuvent être réparties en trois catégories :

1°/ Du point de vue de la Convention de Collaboration ;
2°/ Du point de vue des Mines ;
3°/ Du point de vue des Infrastructures.

Nous venions de parcourir les « obstacles » du point de vue de la Convention de Collaboration. Des difficultés tardant la mise en marche du Projet minier étaient également nombreuses, dont :

1. Non approbation du Projet de Coopération

Le Projet de Coopération n'était pas encore formellement approuvé ni par les Ministères congolais des Mines et du Portefeuille, ni par les autorités de la République Populaire de Chine (RPC), et que, par conséquent, la Convention de JV n'était toujours pas entrée en vigueur.

2. Non approbation de l'Etude de faisabilité

L'Etude de faisabilité initialement prévue pour six mois à partir du 10 octobre 2008, date de cession des droits et titres miniers, n'était toujours pas approuvée ni par le Conseil d'administration de la Sicomines ni par les autorités gouvernementales de deux pays.

3. Problématique autour de la constitution de la Sicomines

Le décret portant autorisation de fondation de la Sicomines Sarl a été donné illégalement sans que l'une des conditions impératives pour la fondation d'une Sarl, à savoir la libération préalable d'au moins un cinquième du capital social, ait été remplie. Si la preuve de cette libération n'existe pas, Sicomines Sarl s'exposerait aux mêmes désagréments que l'entreprise minière KMT Sarl. Plus tard, ce problème sera résolu, en précisant que Sicomines a cessé d'être une Société à responsabilité limitée (Sarl) pour devenir une Société anonyme (SA).

4. Prêt de 32 millions de dollars américains

La convention de prêt pour la somme de 32 millions USD qui représente la participation de la Gécamines dans le capital social de la Sicomines Sarl n'avait jamais été signée entre les parties avant la constitution de la Sicomines Sarl. Elle le sera bien après.

5. Libération du solde du capital social

Dans les deux mois de l'approbation de l'Etude de faisabilité par le Gouvernement de la RPC, la partie chinoise devait libérer le solde du capital social de Sicomines Sarl, soit 50 millions USD. Elle ne s'exécutera qu'après l'achevement de l'Etude de faisabilité.

Par ailleurs, la Sicomines Sarl n'avait jamais ouvert le registre des actionnaires ni établi et délivré aux actionnaires les certificats attestant leur propriété des actions de Sicomines Sarl. Elle s'acquittera de cette obligation plus tard.

6. La Gécamines et le Groupement d'Entreprises chinoises

Le Groupement d'Entreprises Chinoises n'avait jamais formellement notifié la Gécamines de l'absence de vices bien que la diligence ait été effectuée et clôturée pour le compte du Groupement d'Entreprises Chinoises et les droits et titres miniers de la Gécamines aient été cédés à la Sicomines Sarl le 10 octobre 2008.

En outre, la Gécamines n'avait toujours pas encore cédé (et stérilisé) des espaces vides à la Sicomines pour la construction des usines et parcs de stockage des remblais, des stériles et des rejets. Elle avait fini par le faire plus tard.

7. Recherche et mise en place du financement du Projet de Coopération

Contractuellement, le Consortium avait l'obligation de rechercher et de mettre en place le financement au profit du projet de Coopération. Mais aucun délai n'avait été fixé dans les Conventions pour la recherche et la mise en place dudit financement au profit du projet de Coopération. Et le Groupement d'Entreprises Chinoises n'avait pas encore communiqué à la Gécamines l'acte par lequel il se portait fort des engagements financiers du Consortium.

Toutefois, le Consortium, par le biais de Commission nationale du Développement et de la Réforme de la Chine, avait déjà mobilisé la « dépense préliminaire » d'environ 518 millions USD pour la mise en œuvre du Projet Minier et de 338 millions USD pour la réalisation des travaux d'infrastructures les plus urgents.

Conformément à la Convention, la Sicomines devait être impliquée dans la signature des contrats spécifiques des travaux d'infrastructures et des contrats d'emprunt. Elle ne le sera que bien plus tard.

Recommandations sur le Projet minier

Pour pallier les difficultés ci-dessous énoncées sur l'état du Projet minier au 25 mars 2010, quelques recommandations étaient faites à l'intention des institutions impliquées dans la Convention de Collaborations. Mentionnons-les :

1. Alimentation en énergie électrique

Concomitamment à la collecte des données sur le site par Sinohydro, Sicomines Sarl était conviée à poursuivre les négociations avec Mag Energy en vue de racheter son Projet (Etude de Faisabilité) sur la construction d'un barrage hydroélectrique sur le site de Busanga.

2. Problématique d'exhaure

La bonne exécution des opérations d'exhaure constituant la condition sine qua non pour le démarrage effectif de l'exploitation minière, il est demandé que les sondages hydrogéologiques soient terminés en août 2010 au plus tard afin de commencer le dénoyage du site minier le plus rapidement possible.

3. Paramètres technico-économiques

(1) Les observations formulées par les Actionnaires de la Sicomines soient être rapidement intégrées par ENFI de sorte que l'Etude de faisabilité soit approuvée par les deux Gouvernements.

(2) La capacité installée doit être améliorée en tenant compte des résultats des sondages complémentaires.

(3) La Sicomines doit adopter un process et une technologie performants pour une exploitation efficiente des réserves engagées dans le Projet pour minimiser leurs coûts de production.

4. Déploiement de la Sicomines sur le terrain

La Sicomines doit s'en tenir au chronogramme des activités suivant :

- Dépôt de l'Etude de Faisabilité auprès de la Commission des Réformes et Développement de la Chine : avril 2010.
- Approbation de cette étude par les deux Gouvernements : fin septembre 2010.
- Libération par les Parties des soldes de leurs souscriptions au « Capital Social » dans les 60 jours à compter de la date d'approbation de l'Etude de Faisabilité par les Gouvernements congolais et chinois : octobre 2010.
- Finalisation des travaux complémentaires de prospection : mai 2010.
- Démarrage des travaux de construction des bâtiments administratifs devant abriter le Siège social : juillet 2010.
- Démarrage des travaux de construction des infrastructures sociales : juillet 2010.
- Fourniture des 40 MW par la SNEL : avril 2010.
- Construction du Barrage hydroélectrique de Busanga :
  - *Finalisation de l'Etude de Faisabilité : mai 2010 ;
  - *Création de la JV d'exploitation : mai 2010 ;
  - *Début des travaux de construction : novembre 2010.

5. Déploiement de la Sicomines au plan administration et gestion du personnel

Il était exigé que l'organigramme de Sicomines soit finalisé (dans un cadre organique conforme à la législation congolaise) et présenté au Conseil d'Administration pour validation et application.

6. Levée des obstacles constatés dans la mise en route du Projet minier

(1) De la « gestion journalière » et de la « Présidence collégiale » du Comité de Direction : qu'il y ait une concertation préalable entre les deux ADG pour harmoniser leurs points de vue avant toute décision importante (Principe de Gestion Collégiale) ; s'agissant particulièrement de la gestion financière, que l'ADG adjoint ait « la signature autorisée sur tous les comptes de Sicomines Sarl ».

(2) De l'établissement du siège social : que toutes les décisions de gestion soient prises à Lubumbashi, où la Sicomines étant une Société de droit Congolais.

(3) De la lenteur dans le processus d'approbation de l'Etude de Faisabilité : que soit instauré rapidement une commission mixte (Minière des Mines, BCPSC, Gécamines et Sicomines Sarl) chargée d'élaborer des stratégies pour une meilleure gestion de ce dossier.

(4) De l'utilisation de la main-d'œuvre locale : que la Direction des Ressources Humaines veille au recrutement du personnel conformément à la législation congolaise en matière de travail.

(5) Des documents techniques : que tous les documents techniques soient élaborés en anglais (prévalent) et en français, et que les autres documents soient rédigés de préférence en français.

Nous avons vu, dans le chapitre précédent, comment, de manière laborieuse, fut approuvée, l'Etude de faisabilité : le 19 janvier 2010 par la Commission des Réformes et Développement de la Chine, en juillet 2010 par le gouvernement congolais et, un an plus tard, en juillet 2011, par la partie chinoise (Commission de la Réforme et du Développement et Conseil des Affaires d'Etat).

Cette approbation de l'Etude de faisabilité signifiait aussi celle du Projet de Coopération. Elle ouvrait la voie au premier financement tant pour le Projet d'Infrastructures que pour le Projet minier, et donc au démarrage effectif de ce dernier aspect du Projet de Coopération.

L'EXECUTION DU PROJET MINIER RETARDEE

En dépit de l'approbation du Projet de Coopération qui autorisait en fait le démarrage du Projet minier, celui-ci n'eut pas lieu tout de suite. Il s'exécuta bien en retard sans doute parce que le décaissement des fonds prit du temps et fut insuffisant.

En effet, l'on sait que sur les 3,2 milliards USD affectés au Projet minier par la Convention de Collaboration, seulement 540 millions USD ont été décaissés jusque-là (fin 2012). C'est ce qu'annonce, par exemple, le 24 mai 2013, devant la presse, le Secrétaire exécutif du BCPSC, qui détaille de la manière suivante le décaissement en ce qui concerne le Projet minier :

*518 millions USD ont été décaissés en janvier 2009 par le Groupement d'entreprises chinoises actionnaires de la Sicomines ;

*32 millions USD ont été libérés par le Groupement d'entreprises chinoises comme prêts d'associés pour la souscription de la Gécamines au capital social.

En résumé, seulement 540 millions USD chinois (518 + 32 millions USD) ont été décaissés pour le Projet minier, sur les 3,2 milliards prévus pour ce Projet dans la Convention de Collaboration. Il faut signaler aussi que 370 millions USD de financement ont été accordés à Sicomines en 2012, et qu'un prêt de 50 millions USD a été sollicité en faveur de la Gécamines pour réhabiliter ses ateliers de Panda.

Ce retard et cette insuffisance des ressources financières dans l'exécution du Projet minier ont contraint, en 2012, la Sicomines à revoir le contenu initial de ce Projet, à le rajuster et à établir ainsi un *nouveau projet*, dit « Projet de Mise en Production par Etapes du Gisement cupro-cobaltifère de Sicomines en RDC », lequel consiste à raccourcir la période de construction, à baisser l'investissement et à écourter la phase préparatoire afin d'atteindre la productivité anticipée de 7 ans en 4 ans. L'investissement à la construction du gisement est ainsi désormais de 2,250 milliards USD.

En outre, toujours dans le souci de faire progresser le Projet du gisement cupro-cobaltifère que la Convention de Collaboration lui avait confié, la Sicomines, en cette année 2012, s'est mise à la *Recherche des canaux de financement*, c'est-à-dire des voies et moyens pour financer le Projet minier ; ont été contactées à cet effet plusieurs banques : Banque de développement de Chine (CDB), Exim Bank of China, China Construction Bank (CCB), ICBC, Standard Bank of South Africa, Standard Chartered Bank, etc. Par ailleurs, toujours en 2012, la Sicomines a reçu 331,637 millions USD des entreprises actionnaires et a réalisé par ses propres efforts le financement de 352,500 millions USD venant de la Bank of China de Macao.

En avril 2012, la Sicomines a informé ses actionnaires du remboursement de 304 millions USD à l'Exim Bank of China. Le 10 août suivant, elle a payé, avec l'emprunt à court terme du pas-de-porte de 175 millions USD, 7,5 millions USD au BCPSC pour son fonctionnement et 8 millions USD à la sous-traitance dans le cadre du Projet d'Infrastructures.

Après le *rajustement du Projet minier* et la *recherche des canaux de financement*, la Sicomines s'est attelée aux *travaux préparatoires sur le terrain*. C'est dans cette optique que, le 3 décembre 2012, elle a signé un Protocole d'accord avec la SNEL, au terme duquel celle-ci allait l'alimenter en énergie électrique.

En ce qui concerne l'utilisation de l'espace industriel, la Sicomines a tenu plusieurs entretiens avec la Gécamines et le BCPSC.

Concernant la construction du Projet minier, le rapport d'Etude de faisabilité a été élaboré sur l'ajustement du projet. L'offre d'appel de la conception préliminaire du projet (sur l'optimisation de la conception du génie et du schéma de procédé) a été achevée. Comme la conception préliminaire et la conception d'une partie du plan de la 1ère phase du projet d'alimentation ont été accomplies, il était prévu que l'alimentation en énergie électrique se réalise fin mars 2013.

En 2012, la Sicomines s'est également attelé à l'exécution des travaux de la 1ère phase du dénoyage de la mine à ciel ouvert et a pratiquement achevé les drains au nord-ouest de la fosse DK. Les travaux de base (sous-station, circulation de la ligne électrique 10 KV), ceux du nivellement du terrain et du posage de la route étaient en cours.

En 2012 également, la Sicomines a chargé China ENFI Engineering Corporation de perfectionner l'ancien plan d'exploitation conçu par l'Etude de faisabilité. Le rapport d'ENFI est rendu en mai 2012. Un mois plus tard a paru le plan modifié dénommé « Rapport de comparaison des plans de construction et de mise en production par étapes du gisement cupro-cobaltifère de Sicomines ». La Sicomines a ensuite demandé à Northern Engineering & Technology Corporation, MCC (Dalian) d'améliorer ledit plan. La version modifiée s'intitula « Rapport d'amélioration du plan d'exploitation du gisement cupro-cobaltifère de Sicomines ». C'est sur la base de ces deux Rapports que s'est élaboré le « Plan de mise en production par étapes ».

8

La concession minière de la Sicomines

L'ENVIRONNEMENT PHYSIQUE DU PROJET : L'ARC CUPRIFERE (*COPPERBELT*) CONGOLAIS

Le projet Sicomines s'exécute au Katanga. Il est important de dire un mot sur cette province minière du pays.

L'histoire de la prospection et de l'exploitation des mines du Katanga peut commencer en 1891. En cette année-là, le roi des Belges Léopold II, soucieux de financer le développement de son Etat indépendant du Congo (EIC) acquis en 1885 à l'issue de la Conférence de Berlin sur le partage de l'Afrique, organise une expédition au Katanga, une contrée que l'on soupçonne être riche en ressources minières. Lors de cette expédition, le géologue belge Jules Cornet fait une première appréciation scientifique de l'existence d'*importants gisements de cuivre*.

Mais à l'époque, le Katanga était trop isolé pour qu'on puisse envisager une exploitation industrielle des gisements repérés, aussi importants qu'ils fussent.

C'est seulement huit ans plus tard, en 1899, que l'on considère sérieusement, non pas à Bruxelles mais à Londres, l'idée de tirer profit de la riche région. En effet, à l'initiative du Britannique Robert Williams (1860-1938), et grâce à l'apport financier de son ami l'homme d'affaires Cecil Rhodes (qui donnera son nom aux Rodhésies du Nord et du Sud, respectivement futurs pays appelés Zambie et Zimbabwe), une équipe de géologues anglais, dirigée par Georges Grey et Studt, est autorisée à prospecter au Katanga.

La prospection élémentaire menée par l'équipe anglaise attestera de la présence des mines de cuivre et certainement de quelques autres éléments métalliques d'importance.

Bien des années plus tard, les études plus précises montreront que, du point de vue géologique, la grande Province du Katanga se caractérise par un ensemble d'affleurements de cuivre plus connu sous l'appellation anglaise de *Copperbelt*, expression que l'on pourrait traduire en français par *Arc (ou ceinture) cuprifère*. La zone comprend plus d'une centaine d'affleurements cupro-cobaltifères ponctuels situés dans le Sud-Est du Katanga et qui débouche en Zambie. Ces affleurements délimitent une ceinture convexe tournée vers le nord d'environ 300 km de long sur 60 km de large entre Kolwezi et Lubumbashi.

L'Arc cuprifère (Copperbelt) congolais est constitué de deux grands ensembles, à savoir :

- les *formations du soubassement* daté du Protérozoïque inférieur et moyen, qui sont généralement plissées, métamorphisées, granitisées et comprenant également des intrusions ignées ;
- les *formations de couverture* datées du Protérozoïque supérieur et du Phanérozoïque.

Cette ceinture cuprifère abrite des dépôts de cuivre et de cobalt stratiformes de classe mondiale et des dépôts de métaux de type veinteux dans le Supergroupe Néoprotérozoïque du Katanga en RDC et en Zambie.

C'est dans la partie katangaise de la Copperbelt, que, au cours de la diagenèse précoce à intermédiaire de la partie inférieure, s'est produite la première et probablement la principale période de minéralisation après la sédimentation du groupe Roan. La diagenèse précoce a commencé avec la précipitation de la pyrite framboïdale et euhédrique. La phase principale de la minéralisation stratiforme suit la précipitation de la pyrite et consiste en cuivre dissous et souvent en sulfures et sulfures de cobalt (carrolite, chalcopyrite, bornite, digénite et chalcosite), en nodules et en lentilles, souvent des pseudomorphes après évaporites.

L'on peut se demander comment naquirent les principaux minerais de la concession Sicomines. L'on pense que, comme les autres minerais de la copperbelt, ils seraient formés lors de la séparation des cratons du Kalahari et du Congo il y a environ 1100 millions d'années. Lors de cette opération émergea un bassin dans lequel s'engouffra une mer. Dans celle-ci commencèrent à s'accumuler des sédiments provenant du continent, lesquels formèrent les roches du Kalahari, du Katanguien et du Kibarien, respectivement pendant le Cénozoïque, le Précambrien A et le Précambrien B.

Le *Katanguien*, période pendant laquelle seraient apparues les roches contenant les minerais du cuivre et du cobalt de la copperbelt katangaise, est divisé en 3 groupes : le Roan, Nguba et le Kundelungu. Les anomalies métallifères ont été constatées dans le Roan, un groupe que l'on peut subdiviser en 4 sous-groupes :

- le sous-groupe des RAT (roches argilo-talqueuses, grès et argilites dolomitiques) ;
- le sous-groupe des Mines (roches carbonatées) ;
- le sous-groupe Dipeta (roches gréseuses siliceuses) ;
- le sous-groupe Mwashya (roches carbonatées).

A la suite du dépôt des mines, une première minéralisation, sans doute hydrothermale, s'est produite, provoquant la formation des sulfures contenant principalement le cuivre, mais aussi d'autres métaux tels que le cobalt, le nickel, ... Après, différents événements tectoniques de l'orogenèse lufilienne (503-656 millions d'années) donnèrent à l'arc (la ceinture) sa forme particulière et firent rejaillir des blocs minéralisés du sous-groupe des mines vers la surface.

Les anomalies cupro-cobaltifères katangaises, dans leur majorité, se présentent sous la forme caractéristique de collines cuprifères, qui émergent du plateau katangais et sont particulièrement remarquables par leur absence de végétation ligneuse.

Cependant, il faut relever que le sol à l'état naturel occupe une infirme partie de la zone du projet, principalement aux extrémités Nord et Sud de la concession. En effet, environ 80 % de la surface de la zone d'étude sont couverts des rejets, des remblaies et de déblaies d'exploitation antérieure ayant d'une manière générale une densité d'environ 1,33.

Le projet Sicomines utilise actuellement une partie de ces rejets pour la production ou la fabrication des matériaux de construction des infrastructures de base.

LA GECAMINES, PROPRIETAIRE DES MINES CUPRO-COLBATIFERES DU KATANGA

Pour gérer les mines découvertes et à découvrir au Katanga, Belges et Britanniques, qui n'attendent pas la fin de la prospection lancée en 1899, montent rapidement deux sociétés pour exploiter les minerais dont on soupçonne déjà l'existence : le 19 juin 1900, les premiers constituent le *Comité Spécial du Katanga* (CSK), tandis que, peu après, les seconds créent la *Tanganyika Concessions Limited* (TCL). Le belge CSK est une société mixte constituée en association par l'État indépendant du Congo et une société privée, la Compagnie du Katanga (fondée en 1890). La britannique TCL, elle, est une société créée par Robert Williams, l'homme qui initia en 1899 une équipe de géologues anglais. Ce dernier confirme aussitôt les potentialités minières du Katanga, en faisant apport de la carte des gisements miniers repérés entre 1901 et 1906 par l'expédition. Jusqu'en 1906, son équipe identifie les principaux *gisements de cuivre et d'étain* au Katanga.

Afin d'exploiter ces deux métaux, précieux pour le développement industriel de l'Europe, l'*Union minière du Haut-*Katanga (UMHK) est, le dimanche 28 octobre 1906, fondée de toutes pièces par le CSK belge, la TCL britannique et la *Société générale de Belgique* (SGB), la principale banque belge, qui intervenait ainsi pour la première fois dans l'économie du Congo.

La nouvelle société, que l'on appellera parfois ou souvent simplement l'*Union Minière*, deviendra rapidement la première et la plus importante entreprise publique du Katanga et même de tout le Congo, celle qui contribuera le plus au budget national, celle sans laquelle le développement du pays ne peut se concevoir. Encore aujourd'hui, sous le nom de la Générale des Carrières et des Mines (Gécamines), elle demeure cette entreprise capitale.

Le décret de fondation de l'UMHK, signé par le roi Léopold II lui-même, indique l'objet principal de l'activité que les promoteurs de la SGB entendent lui assigner[1] : "La Société a spécialement pour objet l'exercice des droits miniers et des autres droits accessoires qui lui sont accordés par le Comité Spécial du Katanga en exécution de la convention intervenue le 19 juin 1900, entre l'État Indépendant du Congo et la Compagnie du Katanga, pour assurer la mise en valeur des richesses du sol et du sous-sol au Katanga."

L'on peut noter que, à sa naissance, l'UMHK est une société de droit belge, et non de droit congolais. Elle le demeurera pendant

[1] *Union Minière du Haut Katanga, 1906 - 1956*, 2e édition, Bruxelles, Cuypers, 1956, p. 67. Pour une histoire détaillée de l'Union Minière ; cf. Brion René et Moreau Jean-Louis, *De la Mine à Mars, la genèse d'Umicore*, Tielt, Lanoo, 2006. *https://archive.org/stream/in.ernet.dli.2015.../2015.358136.Union-Miniere_djvu.txt*

plusieurs années, et même bien après l'indépendance du Congo le 30 juin 1960. Elle ne deviendra congolaise qu'au... 31 décembre 1966, après que les autorités nationales aient mené un combat acharné contre le gouvernement belge. Elle aura alors changé de nom : de l'Union minière du Haut-Katanga, elle se muera en Générale congolaise des Mines (*Gécomin*, un nom qui sera débaptisé en Générale des Carrières et des Mines, *Gécamines* en sigle).

Société de droit belge, née sur la demande expresse du roi Léopold II de Belgique, qui espérait contrebalancer l'influence britannique sur le Katanga minier, l'UMHK installe évidemment son *siège administratif* à Bruxelles, capitale du royaume de Belgique. Bien entendu, il lui faut un *siège d'exploitation*, lequel ne peut s'établir qu'au Katanga : Elisabethville (future ville de Lubumbashi), le chef-lieu de la province, est naturellement choisie, pour l'abriter.

Mais à ses débuts, l'UMHK, bien qu'ayant son siège administratif à Bruxelles et son siège d'exploitation à Elisabethville, fonctionne depuis Londres ! Pourquoi ? Tout simplement parce que ce sont les Britanniques qui disposaient de la moitié du capital et de l'expertise en matière minière et métallurgique et qui contrôlaient la principale voie d'accès (le premier chemin de fer à atteindre le Katanga venait du Sud, *via* la Rhodésie) et fournissaient la main-d'œuvre (recrutée essentiellement en Rhodésie)...

La situation va changer lorsque Léopold II, dans le souci de « déangliciser » complètement et de « belgiser » l'UMHK, fait appel à Jean Jadot. Jean Jadot (1862-1932) est un ingénieur belge sorti en 1882 de la prestigieuse Université de Louvain. Activement aidé par ses oncles, Jean et Louis Cousin, ingénieurs spécialisés dans la construction de chemins de fer, il commence sa carrière à vingt ans aux Chantiers Cousin (1882-1885) avant de travailler au Bureau d'études de la Société nationale des chemins de fer vicinaux à Liège (1885) puis de devenir ingénieur en chef des Chemins de fer vicinaux de la province de Luxembourg. Après y avoir œuvré pendant plusieurs années, Jadot s'expatrie en 1894 en Égypte, où il travaille d'abord aux Tramways du Caire (concession du groupe belge des Chemins de Fer Economiques, obtenue en association avec le groupe Empain) puis dans le delta du Nil à la construction des Chemins de fer de la Basse-Égypte, un réseau de transport vicinal. En 1898, à l'initiative de Jean Cousin, Jean Jadot s'embarque pour la Chine, où, pendant huit ans, il est employé par la Société d'Étude de Chemins de Fer en Chine qui avait obtenu du gouvernement chinois la concession d'un chemin de fer entre Pékin et Hankow, une ligne ferroviaire longue de 1200 kilomètres et à grande portée stratégique. Les actionnaires de cette société étaient la Société générale de Belgique, la banque Paribas et différentes entreprises industrielles belges et françaises : Société de construction des Batignolles, Cockerill, la Métallurgique... Jadot met tout son art d'ingénieur et ses talents de meneur d'hommes au service de cette entreprise titanesque. Il y déploie aussi des talents de négociateur avisé. Le succès de l'entreprise (en dépit de la révolte des Boxers en 1900-1901) attire sur Jadot l'attention du Roi Léopold II de Belgique.

Celui-ci, le fait nommer, à son retour dans son pays en 1906, directeur de la Société générale de Belgique. Avant de le faire appeler pour élaborer la formule qui permettrait de financer le chemin de fer reliant le Katanga au Bas-Congo. Il est possible que Jadot ait aussi travaillé aux statuts de l'UMHK et de la Société internationale forestière et minière du Congo qui, avec le Chemin de Fer du Bas-Congo au Katanga, constituent alors les trois « sociétés sœurs » créées en novembre 1906 à l'initiative du Roi pour assurer le décollage industriel de son Etat indépendant du Congo. Dès cet instant, Jadot joue un grand rôle dans l'engagement de la Société Générale de Belgique dans l'industrialisation de la Colonie.

C'est sous lui, à la tête du département de l'industrie de la Société Générale, que, en 1911, les usines d'Elisabethville (Lubumbashi) se mirent à produire du cuivre. En 1913, quand Jadot devient gouverneur de la Société générale de Belgique, il engage celle-ci davantage dans le développement du Congo-Belge.

Sous son égide, la Société Générale va s'efforcer de réduire progressivement l'influence britannique de l'UMHK sur les principales ressources minières du Congo. Pour cela, elle va fédérer autour d'elle les différents actionnaires belges (y compris l'Etat, qui délègue tout pouvoir à la Générale), va développer d'autres voies d'évacuation du cuivre (chemin de fer du Bas-Congo au Katanga, BCK). Il va tenter de résoudre les difficultés rencontrées depuis le commencement de l'UMHK :

- difficultés techniques (l'implantation de méthodes industrielles de pointe en pleine Afrique nécessite de longs tâtonnements) ;

- difficultés d'approvisionnement en matières premières, comme le coke nécessaire à la fusion du minerai oxydé (coke qu'on fera finalement venir de Rhodésie) ;

- difficultés d'organisation, dues à la dualité de la Direction, la société relevant sur le plan administratif de son siège bruxellois et sur le plan technique de la Tanganyika Concessions Ltd ;

- difficultés de communication avec les places commerciales, résolues en partie en 1918 par la jonction d'une voie de chemin de fer local avec le réseau ferroviaire rhodésien ; difficultés de main-d'œuvre car le Katanga est peu peuplé et le recrutement d'ouvriers se fait à plusieurs centaines de km des sièges d'exploitation, essentiellement au Kasaï, au Lomami et au Maniema.

Bien plus, il semble que les Congolais ne suffisent pas en nombre et/ou en efficacité, le travail aux mines leur paraissant pénible. C'est pourquoi certains préconisent... l'intégration des Chinois, comme jadis dans la construction du chemin de fer Matadi-Léopoldville[1] :

''En 1921, le monopole du recrutement au Katanga n'appartenait toujours pas à la bourse, malgré les efforts en ce sens du ministre Renkin et de son successeur Louis Franck qui était un grand défenseur des gratifications allouées aux fonctionnaires et, tout comme Félicien Cattier 10 ans auparavant, partisan de l'importation de coolies chinois.''

Par ailleurs[2] :

''La question de la main-d'œuvre indigène était angoissante. En 1909, on avait créé la Bourse du Travail du Katanga, dans laquelle l'Union Minière avait pris une participation de 150.000 francs. Les indigènes appelaient le nouvel organisme *Kowè*, du nom de son premier directeur, René Grauwet, cet ancien officier du Corps de Police du C.S.K. qui avait expulsé du territoire les derniers révoltés Batetela. La B.T.K. avait pour mission de recruter des travailleurs dans le nord du Katanga et de les répartir entre les employeurs, en exigeant d'eux le respect des salaires et des conditions de travail dont les parties étaient convenues. Mais cet organisme n'avait pu encore donner tout son rendement ; les étrangers non affiliés pratiquaient – c'est le cas de le dire – un véritable

---

1 « Travail forcé pour le cuivre du Katanga », *https://www.cobelco.info/Histoire/Congo2text.htm*

2 *Union Minière du Haut Katanga, 1906 - 1956*, 2e édition, Bruxelles, Cuypers, 1956, p. 67. Pour une histoire détaillée de l'Union Minière cf. Brion René et Moreau Jean-Louis, *De la Mine à Mars, la genèse d'Umicore*, Tielt, Lanoo, 2006. *https://archive.org/stream/in.ernet.dli.2015.../2015.358136.Union-Miniere_djvu.txt*

marché noir de la main-d'œuvre indigène, et la pénurie de travailleurs paralysait toutes les affaires.

A tel point que - reprenant une idée longtemps chère au roi Léopold II - certains préconisaient l'introduction massive au Katanga de travailleurs chinois... de cinq mille coolies chinois pour commencer !"

Avec Jadot, des centres de recrutement seront organisés au Congo même, de préférence avec des travailleurs congolais. Dans ce pays qu'il aima, Jadot se rendit une seule fois, en 1928, lors de l'inauguration du chemin de fer du Bas-Congo au Katanga par le roi Albert Ier de Belgique. Réalisée en cinq ans, cette ligne reliait Bukama (port sur le Lualaba) avec Port Francqui (alias Ilebo), sur le fleuve Kasaï. En 1931, en guise de reconnaissance pour son soutien indéfectible à l'essor de la colonie en général et du Katanga minier en particulier, l'agglomération de Likasi-Panda, un des deux principaux centres miniers et industriels du Congo, fut rebaptisée Jadotville (depuis 1966 ville de Likasi)[1].

A sa naissance, l'UMHK reçoit le pouvoir d'exploiter tous les gisements de cuivre situés dans une concession de 20.000 km^2, ainsi que tous les gisements d'étain compris dans une concession distincte de 14.000 km^2. Elle est également autorisée à exploiter, dans une zone définie, les substances utiles qui accompagnent ou jouxtent les deux principaux métaux (fer, charbon, calcaire, et autres nécessaires au traitement des minerais) et les chutes d'eau (en vue de la production de force motrice).

L'exploitation commence, non pas tant avec le cuivre, mais avec... un métal précieux inattendu, l'or ! C'est en effet en 1903 qu'a lieu l'extraction de l'or à la mine de Ruwe, dans la région de Jadotville (Kolwezi) ; l'extraction du cuivre suivra, dans la même mine.

C'est en 1911 que l'UMHK obtient un résultat probant, avec la *production du premier lingot de cuivre*. Pendant la Première Guerre mondiale, grâce notamment à une demande de cuivre en forte hausse, l'Union minière devient l'un des principaux fournisseurs mondiaux du métal rouge.

---

[1] Sur Jean Jadot, lire notamment G. Kurgan-van Hentenryk, *Gouverner la Générale de Belgique. Essai de biographie collective*, De Boeck Université, Bruxelles, 1996.

Mais c'est seulement dans les premières années de la décennie 1920 que l'exploitation industrielle atteindra sa vitesse de croisière. Ce qui permet à l'UMHK de figurer dès 1922 parmi les cinq principaux producteurs de cuivre du monde. Elle le restera désormais jusqu'à la perte de ses mines africaines, en 1967. La production de cuivre atteint 50.000 tonnes en 1923 et 139.000 en 1930.

Alors que le cuivre prospère, les concessions d'étain s'avèrent, au contraire, dans la plupart des cas peu rentables. La mise en valeur des gisements de cuivre, dont nombre d'entre eux sont exploités à ciel ouvert, entraîne la production de plusieurs métaux associés : cobalt, zinc, radium.

Depuis les années 1920, l'Union minière est le premier producteur mondial de cobalt et de radium.

Le radium, élément naturellement radioactif, est étudié dès 1900 pour la curiethérapie, ou traitement des cancers : les cellules cancéreuses s'avèrent plus radiosensibles que les cellules saines. Mais pendant vingt ans, l'essor de la curiethérapie est handicapé par la rareté du radium. On ne le trouve – en quantité infinitésimale – que dans les minerais uranifères dont les gisements connus se situent en Bohême, en Grande-Bretagne, aux États-Unis ou à Madagascar. La situation change dans les années 1920 avec la mise en exploitation d'un gîte d'uranium dont l'Union Minière a la concession : la mine de Shinkolobwe. Le minerai katangais s'avère d'une richesse exceptionnelle : certains blocs ont une teneur de 60 % et plus en uranium. Dès 1923, l'Union minière est le premier producteur de radium au monde grâce à une raffinerie installée à Olen, en Belgique, par une filiale, la Société générale métallurgique d'Hoboken.

C'est cet uranium katangais raffiné en Belgique que les Américains vont utiliser dans la fabrication de la bombe atomique, celle qu'ils lanceront en 1945 sur les villes japonaises d'Hiroshima et de Nagasaki et qui s'avérera dévastatrice.

L'UMHK développe sur place, au Katanga, des installations industrielles qui comprennent : des concentrateurs situés à proximité des mines les plus importantes ; une usine de métallurgie thermique à Élisabethville (Lubumbashi) ; une usine d'électrolyse de cuivre et de cobalt et une fonderie électrique de cobalt à Jadotville (Panda-Shituru) à 100 km au Nord-Ouest d'Élisabethville.

Le 11 juillet 1960, soit seulement quelques jours après l'accession du Congo belge à l'indépendance, Moïse Tshombe et ses lieutenants, dont Godefroid Munongo, Jean-Baptiste Kiwe et Evariste Kimba, appuyés par les Belges, détachent la province du Katanga de l'ensemble congolais et le proclament Etat indépendant. L'UMHK, naturellement, échappe au Congo et appuie financièrement la sécession katangaise. Un coup dur pour le reste du Congo, qui se retrouve sans grandes ressources minières. Heureusement, les Congolais unis mettent fin au séparatisme katangais en janvier 1963, et l'UMHK redevient congolaise.

Quand le président Mobutu s'empare du pouvoir suprême en novembre 1965, il veut que cette entreprise étatique, la première du pays, acquière réellement sa nationalité congolaise. Elle n'était pas tout à fait congolaise puisqu'elle était toujours aux mains des Belges et fonctionnait, comme par le passé, depuis Bruxelles.

Des pourparlers sont ainsi engagés entre les autorités congolaises et belges, pour que le siège administratif de l'UMHK vienne au Congo. Mais le 9 décembre 1966, ces pourparlers sont rompus entre le gouvernement et l'UMHK, car celle-ci refuse de transférer son siège social à Kinshasa. En conséquence, le chef de l'Etat annonce la création d'un Conseil d'administration provisoire qui comprendra 4 Congolais, 5 Belges de l'UMHK et 1 Anglais de la Tanganyika Concessions Ltd. L'UMHK est invitée à verser immédiatement à la Banque nationale congolaise les arriérés provenant de ses ventes de cuivre à l'étranger, évalués environ à 4 milliards.

Le 18 décembre 1966, le président Mobutu réitère l'ultimatum adressé à l'UMHK au sujet du transfert de son siège social à Kinshasa au plus tard le 1er janvier 1967.

A l'expiration de l'ultimatum, l'UMHK ne s'exécute pas. C'est alors que, le 31 décembre 1966, réagissant à la décision de l'UMHK prise deux jours auparavant de suspendre ses versements au Congo, le Conseil des ministres se résout à créer la ***Générale Congolaise des Minerais*** (**Gécomin**) – la future Générale des Carrières et des Mines (Gécamines) –, qui reprendra les activités et avoirs de l'UMHK au Congo. L'Etat congolais détiendra 60 % des actions de la nouvelle Société ; les 40 % restants seront offerts à des souscripteurs étrangers.

Le 1er janvier 1967, le gouvernement congolais procède à la dissolution de l'UMHK et à l'officialisation de la *Gécomin*. Le 3 janvier suivant, l'UMHK publie, depuis Bruxelles, un communiqué de presse protestant contre ''la spoliation dont elle est l'objet'' et annonce sa décision de ''faire opposition par toutes les voies de droit aux ventes de produits de la nouvelle société (Gécomin)''.

Le lendemain, par la voix de Jean-Jacques Kande, Haut-Commissaire à l'Information, le gouvernement congolais répond à la note de protestation du gouvernement belge. Il expose les bases juridiques de la Gécomin du point de vue congolais. Il termine : ''L'UMHK doit faire parvenir au gouvernement congolais, avant le 15 janvier 1967, les 7 milliards et demi de francs belges qu'elle détient indûment''. Selon les estimations congolaises, cette somme représente les 18 % de participation du Congo au capital de l'ex-UMHK.

Le 10 janvier, le Conseil d'administration de la Gécomin se réunit pour la première fois, à Kinshasa, sous la présidence de Jean-Baptiste Kibwe, ancien vice-président et ministre des Finances de l'Etat indépendant du katanga (la sécession katangaise).

Le 15 janvier, l'ultimatum adressé à l'UMHK expire le soir, sans que celle-ci ait versé les 7 milliards et demi réclamés par le gouvernement congolais.

Le 16 janvier, deux ordonnances présidentielles, signées le 1er janvier, sont rendues publiques. La première retire à l'UMHK l'autorisation de constitution qui lui avait été accordée par le décret du 28 octobre 1906. La seconde transfère à l'Etat congolais la propriété de tous les biens congolais de l'UMHK et stipule que l'Etat congolais est, par voie de conséquence, subrogé à l'UMHK dans tous les droits que cette dernière détient ou exerçait dans diverses sociétés au Congo, dont treize sont mentionnées dans l'ordonnance.

Le 17 janvier, Bruxelles qualifie les mesures congolaises de « graves », mais se soulage que le gouvernement congolais ait renoncé à exécuter sa menace de se dédommager sur les biens de la Société Générale belge au Congo. Le 24 janvier, Mobutu annonce que le Congo se conformerait aux décisions d'une instance internationale sur l'affaire de l'UMHK.

Le lendemain, le Congo charge la Banque Lambert à Bruxelles de prendre des contacts avec d'autres groupes financiers étrangers en vue de constituer un consortium international pour souscrire aux 40 % du capital de la Gécomin. Cinq jours plus tard, la première réunion initiée par le gouvernement congolais et organisée à Bruxelles par la Banque Lambert n'aboutit pas à constituer le « consortium international » de souscripteurs. Deux conditions préalables avaient été posées : 1°/ la reconnaissance par la RDC du principe de l'indemnisation équitable de l'UMHK en matière de nationalisation ; 2°/ l'acceptation par la RDC de la participation de l'UMHK.

15 février 1967. Signature d'une convention de coopération technique entre la SGM (Société générale des minerais) et la Gécomin (Générale congolaise des minerais) ; cette convention, signée pour une durée indéterminée, pourrait être dénoncée par l'une des parties qui le veut, mais en prévenant l'autre deux ans auparavant.

Le 6 mars s'ouvre à Kinshasa le procès des « traîtres katangais » (gendarmes katangais mutinés en juillet 1966). Le 13 mars suivant, dénouement du procès : le tribunal militaire de Kinshasa condamne à mort le lieutenant-colonel Tshipola, chef des mutins, lequel est rapidement fusillé. Accusé d'être le commanditaire de la mutinerie, Moïse Tshombe est condamné, par contumace, à la peine capitale ; l'Union minière du Haut-Katanga (UMHK) est condamnée, pour avoir remis 300 millions des Fb à Thomas Tshombe, le frère de Moïse Tshombe, pour l'entretien des ex-gendarmes katangais réfugiés en Angola.

Courant février 1968, l'opinion publique est marquée par des graves affaires de détournement d'argent, dont une au siège administratif de la Gécomin : par des transactions frauduleuses, certains dirigeants ont pu subtiliser des sommes faramineuses ; ils ont été arrêtés et démis de leurs fonctions les principaux membres du Conseil d'administration : Kibwe, Kini et Yav... Leur procès débute en juillet. Sans en attendre l'issue, le 4 septembre, Damien Kandolo est nommé président du Conseil d'administration de la Gecomin.

Le 17 septembre 1968, bonne nouvelle. A Tokyo, la Compagnie japonaise pour le Développement du Congo annonce qu'elle a découvert d'importants gisements dans la région de Musoshi près de la frontière zambienne. Les gisements sont estimés à au moins 30 millions de minerai d'une teneur de 3,3 % de cuivre ; ils pourraient être exploités en 1970.

Le 15 novembre1968. Le président Mobutu, en présence de son homologue Kenneth Kaunda de la Zambie, procède à l'inauguration du *concentrateur de Kamoto*, près de Kolwezi. Les travaux de ce bijou avaient commencé en 1963 ; arrêtés suite aux troubles, ils avaient repris en 1966. 17 millions de dollars ont été investis pour construire ce concentrateur géant, dont la capacité initiale est de 1,8 million de tonnes de minerai par an, mais qui pourrait être portée à 4 millions de tonnes. A son stade initial de sa production, ce concentrateur permet d'augmenter de 600.000 tonnes par an la production nationale de cuivre qui pourra donc s'élever en cette année 1968 à environ 350.000 tonnes.

25 septembre 1969. Prorogation pour 25 ans de la convention de coopération technique entre la SGM (Société générale des minerais) et la Gécomin (Générale congolaise des minerais) signée le 15 février 1967. Le communiqué de la présidence de la République qui l'annonce, ajoute : ''Les autorités de la deuxième République sont convaincues que la bonne exécution de cette convention, qui cadre avec la politique d'indépendance économique du Nouveau régime, s'effectuera dans l'intérêt bien compris des parties en présence et donnera un nouvel essor à l'économie nationale congolaise''.

Le 27 octobre 1971, le Congo devient le Zaïre. La « Générale congolaise des minerais » (Gécomin) ne se mue pas en « Générale zaïroise des minerais » mais en « ***Générale des carrières et des mines*** », ***Gécamines*** en sigle. Société authentiquement zaïroise, la Gécamines travaille désormais avec assurance, sous le parapluie de l'Etat zaïrois et non plus belge.

C'est le temps pour la Gécamines de travailler au rythme zaïrois. En 1975, elle ouvre la *carrière de Dikuluwe*, la plus à l'ouest du groupe Diwa Pit, laquelle devait être reliée à la fosse *Mashamba-ouest* voisine.

Dès cet instant, propriétaire initial de toutes les mines du Katanga, la Gécamines, à la suite de l'UMHK et de la Gécomin, réalise leur exploitation dans les deux types de mines, chacun se subdivisant en deux groupes.

*Mines à ciel ouvert :

Groupe centre : mines de Kamfundwa et de Kamoya ;
Groupe ouest : mines de Dikuluwe, Mashamba et Kov.

*Mines souterraines :

Groupe sud : mine de Kipushi ;
Groupe ouest : mine de Kamoto.

La carrière à ciel ouvert, dont le site est compris dans l'exploitation minière du projet Sicomines, aux côtés des installations industrielles et des bâtiments pour bureaux, se trouve dans la branche Est de la rivière Luilu, à 800 m au sud de l'usine de concentration de la Gécamines dénommée KTC. Elle est marquée principalement par les fosses de Dikuluwe et Mashamba-ouest.

Les mines de Dikuluwe, Mashamba-est et Mashamba-ouest (en abrégé DIMA : Dikuluwe-Mashamba) sont situées dans la partie sud-ouest de Kolwezi. Perché sur un haut plateau sablonneux appelé Manika mis en place sur les formations géologiques exploitées par la Gécamines, avec une altitude comprise entre 1400 et 1450 mètres au-dessus du niveau de la mer, le district minier de Kolwezi connaît une saison annuelle sèche et pluvieuse et une végétation de type savane. La moyenne annuelle des précipitations est de 1200 mm, avec la durée de la saison des pluies de 210 à 240 jours, entre septembre et avril.

Les bassins de drainage de deux rivières, Luilu et Kabulungu, ainsi que de certains ruisseaux, affectent visiblement la topographie de cette zone du projet. Les périmètres du projet font partie de la zone de plaine avec un léger relief. La configuration du terrain est relativement plate, avec un Sud-Ouest haut placé et un Nord-Est bas. Des dénivellations sont observées au niveau de l'ancienne carrière Mashamba-Ouest située à 10° 44' 17,7'' de latitude Sud, 25° 22' 36,4'' de longitude Est et à une altitude de 1418 mètres.

L'environnement écologique a été détruit sensiblement à cause d'une longue période d'exploitation minière par la Gécamines. Cette exploitation a notamment entrainé la création de deux cuvettes qui étaient remplies d'eau dont les volumes sont estimés à 76,55 millions m^3 pour Dikuluwe et à 42,69 millions m^3 pour Mashamba-ouest. Elle a aussi occasionné la présence dans le site du projet des remblais stériles à l'intérieur de la zone du projet.

Les activités minières dans cette région de Kolwezi remontent à 1903, avec l'extraction de l'or puis du cuivre à la mine de Ruwe. Depuis ce temps, une douzaine de mines à ciel ouvert et une mine souterraine ont été développées dans une zone d'environ 20 par 10 km.

A l'origine, les gisements miniers DIMA, comme les autres mines du Katanga, appartenaient à la société d'État Gécamines.

Au début des années 2000, celle-ci vend ses droits majoritaires à Katanga Mining Ltd et à Nikanor Plc. Katanga Mining Ltd est une société minière propriété majoritaire du négociant suisse de produits de base Glencore opérant au Katanga et ayant son siège social au Canada. Elle détenait le permis d'exploiter du minerai de cuivre dans la mine, mais ne prévoyait pas de l'ouvrir avant 2023. Conjointement avec Gécamines, Katanga Mining détient la Kamoto Copper Company SARL (KCC), qui produit du cuivre et du cobalt au concentrateur de Kamoto, à l'usine métallurgique de Luilu, à la mine souterraine de Kamoto et à deux mines à ciel ouvert d'oxyde dans le territoire de Mutshatsha, près de Kolwezi.

En janvier 2008, Katanga Mining Ltd acquiert Nikanor Plc pour 452 millions USD. Mais un mois plus tard, la compagnie minière fait une bonne affaire, en revendant Dikuluwe et Mashamba ouest à la Gécamines pour la somme bagatelle de 825 millions USD. En ce moment-là, l'Etat congolais venait, depuis le 17 septembre 2007, de signer un contrat avec les entreprises chinoises. En vertu de ce contrat sino-congolais formalisé le 22 avril 2008 dans la Convention de Collaboration, la RDC cherchait à céder aux partenaires privés chinois des mines pour les exploiter afin de rembourser les infrastructures qu'ils allaient construire pour la République. Voilà pourquoi Katanga Mining mit le prix fort pour revendre une bonne partie de son patrimoine à la Gécamines, société d'Etat[1].

LA SICOMINES, DETENTRICE DE DIKULUWE ET MASHAMBA-OUEST, DEUX MINES A CIEL OUVERT

Quand la Sicomines fut constituée, la Gécamines lui céda les deux mines Dikuluwe et Mashamba-ouest, en vertu de l'article 3.2 de la Convention de Joint Venture du 22 avril 2008 entre les deux sociétés et de l'enregistrement de ladite cession au Cadastre Minier, conformément aux dispositions de l'article 190 du Code Minier. Ces deux mines sont situées dans le Territoire de Mutshatsha, à proximité

[1] Barry Sergeant (29 janv. 2008). ''L'énigme de Katanga Mining en RDC / Chine cuivre / cobalt''. *MineWeb* . Récupéré le 2011-11-10.

de la cité Gécamines Kapata dans la commune de Dilala, à Kolwezi, chef-lieu de la province du Lualaba.

Le gisement minier de Sicomines SA présente deux entrées. Située à 1.395 m d'altitude, la première entrée est utilisée pour la sortie des engins de constitution des remblais stériles, dont le site se trouve au sud de la zone des mines à environ 3,5 km de distance. La deuxième entrée constitue l'accès à la mine, situé au niveau de 1.425 m d'altitude.

Les mines cédées, situées à l'ouest de la Copperbelt RDC-Zambie dans une zone caractérisée par une bonne minéralisation, une bonne continuité et une bonne stabilité, furent couvertes respectivement par les Permis d'Exploitation (PE) 9681 et 9682. Les périmètres de ces mines sont géographiquement délimités à l'Est par la société minière Kamoto Copper Company (KCC), à l'Ouest par la société minière Metalkol SA, au Nord par la carrière de la Gécamines (EMS) et au Sud par l'ancienne carrière de Platemine.

Au total, ces périmètres comprennent 13 carrés miniers, dont 7 pour le PE 9681 et 6 pour le PE 9682. C'est sur cette étendue de terre que la Sicomines reçut mission d'effectuer des travaux de recherche, de développement et d'exploitation des substances minérales contenant le cuivre et le cobalt, ainsi que, le cas échéant, des substances associées ou non associées, pour une durée allant du 28 décembre 2007 au 3 avril 2024.

Ces travaux d'exploitation sont constatés par les Certificats d'Exploitation numéros 4231 pour le PE 9681 et 4232 pour le PE 9682. Ils se concentrent présentement sur le gisement composé de 6 fragments exploités en deux carrières à ciel ouvert. L'évolution de l'exploitation prévoit l'extension de deux fosses et leur jonction pour ne former qu'une excavation.

La concession acquise par Sicomines SA, dans laquelle sont circonscrits le gisement minier et les remblais minéralisés s'y trouvant, comprend donc deux carrières, toutes deux à ciel ouvert. La carrière Dikuluwe, située au centre-ouest de la concession, couvre une aire de 1,23 km^2 environ et présente une profondeur de 169 m. La carrière Mashamba-ouest, au centre-est de la concession, couvre, elle, une aire de 0,89 km^2 et présente une profondeur de 134 m.

Actuellement, les deux carrières à ciel ouvert, qui constituent la zone d'exploitation minière, présentent approximativement les dimensions de 2.750 m de longueur et de 2.090 m de largeur pour une profondeur moyenne de 100 m. La cote d'altitude minimum est de 990 m et la plateforme maximale de l'exploitation, elle, est de 1.425 m. La concession occupera une aire de 526,33.104 m^2.

Le campement minier, sur lequel repose le projet Sicomines, couvre une aire de 7,19.104 m^2. Il est situé au nord-est des installations industrielles de concentration et de métallurgie, lesquelles se retrouvent dans un espace plan à 1 km de distance au nord de la carrière à ciel ouvert. La surface de cette zone est de 92,23.104 m^2. La poudrière se situe sur la pente d'une montagne au nord-ouest de la carrière, à 1,6 km de la voie d'entrée et de sortie de minerai de la carrière et à 1,5 km des installations des usines. Une autre zone, qui abrite des stériles de mines, se situe au sud de l'entrée et sortie de la carrière. L'aire totale pour ce site est égale 1.074 x 104 m^2. Notons que, outre le campement minier, le projet comprend le campement qui, localisé au nord-ouest des usines, sert au logement des travailleurs des sociétés en sous-traitance.

La mine de la Sicomines, l'une des plus riches du monde

La partie minière de la concession Sicomines, qui est essentiellement une mine cupro-cobaltifère, se divise en 6 parties et s'étale sur une superficie totale de 11,5 km^2.

Cette mine est l'une des plus riches du monde. C'est la quatrième plus riche mine du Congo, après celles de Kamoa (plus de 60 millions de réserves de cuivre), de Tenke Fungurume Mining (plus de 20 millions de réserves de cuivre) et de Kamoto (plus de 15 millions de réserves de cuivre).

L'on estime et compte 250 millions de tonnes pour ses réserves de minerais, d'une teneur de 3,22 % pour le minerai de cuivre et de celle de 0,192 % pour le minerai de cobalt. Le rendement de ces minerais peut atteindre 8,55 millions et 0,51 million de tonnes, respectivement pour le cuivre et le cobalt.

Les gîtes cuprifères et cobaltifères de la concession Sicomines

Du point de vue morphologique, le gisement Sicomines a la forme d'un bassin dont les quatre côtés sont retroussés et le centre bombé. Au sein de cette concession, la minéralisation, dont la limite dépasse une aire de 3 km^2, se présente principalement sous forme d'imprégnation. Les principaux minéraux y sont la *chalcocite métamorphosée* et la *malachite superposée.*

Ont été mis en évidence *quatre gîtes de cuivre* dont deux sont moins étendus, et *deux gîtes de cobalt.* Le cobalt est souvent, sinon toujours, en association avec le cuivre.

1°. ***Les quatre gîtes cuprifères***

a) Le *principal gîte de cuivre*, avant sa cession à la Sicomines, avait la forme d'un navire irrégulier renversé avec l'ouverture donnée vers le nord-ouest et la partie principale cachée sous la couche inférieure de minerai. S'orientant selon la direction nord-sud avec une inclinaison vers le nord, ce gîte a une cote d'altitude de 1435 - 1000 m. Cette altitude et la morphologie sont uniformes avec la couche.

Dans ce site, la Gécamines avait effectué 682 forages. La Sicomines, elle, en a exécuté 266, suivant les mailles de 100 x 100 m et 100 x 50 m pour des profondeurs de 372 m (Dikuluwe) et de 446 m (Mashamba ouest). Ces forages ont révélé pour ce gîte qu'il s'étend sur une longueur de 2700 m orientée ouest-est et une largeur de 2000 m orientée nord-sud.

Hormis quelques poches sans minéralisation, le gisement est à peu près régulier, sauf en des sites d'anciennes exploitations dans les parties sud et ouest. Les prospections effectuées ont revelé une minéralisation jusqu'au niveau 1100 m et des réserves estimées comme suit :

- confirmées : 6.813.400 t de cuivre et 426.600 t de cobalt ;
- probables : 3.450.000 t de cuivre ;
- possibles : 10.250.000 t de cobalt.

Ces prospections ont donné une durée de vie totale évaluée à 26 ans selon un rythme de production de 27.576 t de minerais par jour. L'épaisseur de la minéralisation varie entre 1,95 et 72,54 m ; en moyenne, elle a été évaluée à 18,72 m. Ici, la teneur en cuivre varie entre 1,04 et 8,54 %, tandis que celle en cobalt est comprise entre 0 et 1,54 %.

L'extrémité nord de la minéralisation est supposée se trouver en dehors des limites de la concession, avec une épaisseur de la minéralisation variant entre 4 et 66,40 m (moyenne : 15 m). Dans cette zone, la teneur du cuivre varie entre 1,1 et 8,6 %. Le gisement y est tronqué à l'ouest, et raide à l'est, il est raide ; en plus, il est fortement brisé par suite de l'influence de la tectonique. En général, le gîte s'oriente du nord au sud, avec une inclinaison vers le nord.

b) Le *deuxième gîte principal de cuivre* se place sous le premier gîte principal, les deux gîtes étant séparés par des roches intercalaires ou de minerais à faible teneur d'épaisseur variant entre 4 et 40 m.

Le gîte a une altitude comprise entre 1435 et 1080 m. Il est presque similaire au premier du point de vue morphologique, comme l'ont révélé les 265 forages exécutés. Il a une minéralisation uniforme et aucune poche sans minéralisation n'y est présente. Cette minéralisation a une longueur de 2700 m orientée ouest-est et une largeur de 2000 m orientée nord-sud. Sa continuité est partout régulière sauf en des sites d'anciennes découvertures dans les parties ouest et sud du gisement.

Le premier et le deuxième gîtes sont les gîtes principaux de cuivre ; ils représentent 91,4 % des réserves totales.

c) Le *troisième gîte de cuivre* se trouve dans les parties ayant fortement subi l'influence de la tectonique. Il trône au-dessus du premier gîte principal, dans les grès dolomitiques.

d) Le *quatrième gîte de cuivre* se trouve dans les dolomies siliceuses ou cellulaires, essentiellement entre les deux gîtes principaux.

*2°. **Les deux gîtes cobaltifères***

a) Le *premier gîte de cobalt* est également l'un des quatre gîtes cuprifères, puisque, dans le gisement au sein de la concession, le cobalt est généralement associé au cuivre.

b) Le *deuxième gîte cobaltifère*, essentiel, lui, est indépendant de ceux du cuivre ; il est situé dans les parties droites des couches de l'est et de l'ouest de Mashamba-ouest.

Nature minéralogique du gisement Sicomines

Dans le gisement de Sicomines, les minerais présents sont *en majorité les minerais oxydes*, mais existent également les *minerais mixtes* et, plus en profondeur, les *minerais sulfurés*.

La minéralisation de cuivre a comme minéraux prépondérants *les chalcocites suivis des digénites, des covellines, des bornites et des chalcopyrites*. Les autres minéraux des éléments métalliques présents dans le gisement sont *les limonites, les hématites et les pyrites*. Dans les stériles, l'on retrouve principalement le *quartz* et la *dolomie*, suivis du *mica*, du *chlorite* et relativement peu de *calcite*, de *barytine* et d'autres minéraux.

La zone d'oxydation des gisements s'étend jusqu'à plus ou moins 100 m de profondeur où la minéralisation est représentée essentiellement, pour l'oxyde de cuivre, par les *malachites*, la *chrysocolle*, les *minerais noirs de cuivre*, la *cuprite* et les *phosphures de cuivre*. Le *cuivre natif* est quelque peu présent. Par ailleurs, les minéraux de cobalt sont composés principalement de l'*hétérogénite*. Le *cobalt* est surtout présent dans les sulfures de cuivre, les dolomies et les oxydes de manganèse et cuivre.

En dessous de cette profondeur s'étale la zone de transition, qui présente une minéralisation mixte ou une association des oxydes et des sulfures.

En descendant plus en profondeur, on rencontre la zone primaire sulfurée dont les principaux minéraux de sulfure de cuivre sont des minerais filoniens vraisemblablement modifiés par altération météorique : la *chalcosine* Cu_2S, la *digénite* $Cu_{1,80}S$ (ou l'anilite Cu_7S_4), les deux formes de *covelline* CuS, la *bornite* Cu_5FeS_4, la *chalcopyrite* $Cu_2.FeS_3$, la *galène* PbS, la *sphalérite* (Zn,Fe)S, la *tétraédrite* $Cu_{12}Sb_4S_{13}$, la *reniérite* $(Cu,Zn)_{11}Fe_4(Ge,As)_2S_{16}$. Le principal minéral de sulfure de cobalt rencontré est la *carrolite*.

Afin, d'une part, d'accroître la durée de vie de son projet, Sicomines compte intensifier ultérieurement ses études géologiques, en espérant découvrir de nouvelles ressources minérales dans sa concession. D'autre part, toujours dans la même intention de pérenniser son projet, Sicomines vise la transformation des ressources probables (inférées) en ressources certaines (indiquées).

Par ailleurs, les études géologiques servent à orienter l'exploitation lors des travaux miniers.

Estimation des quantités du minerai dans la concession

Avant que la Sicomines ne prenne possession de sa concession minière, la Gécamines avait effectué 682 sondages pour circonscrire le gisement. Mais elle n'avait exploité que les deux fragments du gisement à l'intérieur de la concession du projet, à savoir Dikuluwe et Mashamba ouest, pendant la période allant de 1970 à 1995.

De cette exploitation ont été extraits 483,4 millions de tonnes de minerais à 4,9 % cuivre et 0,114 % cobalt, pour une production métallique de 2,37 millions de tonnes de cuivre et 55.000 tonnes de cobalt. Ont été également produits des remblais dont un est situé à l'ouest de la mine de Dikuluwe. Ces remblais ont représenté la source du projet en minerai dans les premières années de découverture et vont alimenter la lixiviation en tas.

Quand la Sicomines avait repris la concession, elle a, à nouveau, effectué une prospection géologique dans les fragments de Dikuluwe et Mashamba ouest, sur des mailles respectives de 100 m x 100 et 100 m x 50 et avec un sondage de 372 m pour le premier fragment et 446 m pour le second.

Ces activités de sondage ont montré que les réserves confirmées étaient estimées à 6.813.400 tonnes de cuivre et 426.600 tonnes de cobalt et les réserves probables et possibles en cuivre étaient respectivement estimées à 3.450.000 t et 10.260.000 t.

Par ailleurs, les réserves totales ont été estimées à 254 millions de tonnes de minerais à 3,36 % cuivre et 0,22 % cobalt, et les réserves confirmées à 200 millions de tonnes à 3,48 % cuivre et 0,19 % cobalt. Le minerai présente une densité de 2,65 t/m^3.

En ce qui concerne les remblais minéralisés à exploiter, leur composition chimique est donnée dans le tableau qui suit :

Elément	Cu	Co	S	MgO	Al	SiO_2	CaO	Mn	Fe
Teneur[%]	1,20	0,022	0,20	8,45	5,96	54,93	3,68	0,105	1,936

Avant que la Sicomines ne prenne possession de Dikuluwe et de Mashamba-ouest, les paramètres connus pour la Gécamines étaient les suivants :

- épaisseur du gîte exploitable : 4 m ;
- épaisseur des roches intercalaires : 8 m ;

- teneurs limites : ≥ 1 % pour le cuivre et ≥ 0,3 % pour le cobalt.

Après prospection, Sicomines, elle, a fourni les résultats suivants :

- épaisseur minimum exploitable : 2 m ;
- épaisseur des roches intercalaires : 4 m ;
- teneurs limites : 1 % pour le cuivre et 0,1 % pour le cobalt.

A l'époque anté-Sicomines, la Gécamines évaluait les réserves confirmées à 6.813.370 tonnes de cuivre et 426.619 tonnes de cobalt. Pour le cuivre seul, les réserves totales étaient de 10.263.370 de tonnes (réserves confirmée 6.813.370, supposée 1.000.000, prévue 450.000.000).

Quand la Sicomines a pris possession de la concession DIMA, elle a tempéré les résultats de la Gécamines, en estimant les réserves en minerais de la concession comme suit :

- Minerai : 277.131.900 de tonnes ;
- Métal contenu : 876,48 tonnes pour Cu et 57,25 tonnes pour Co ;
- Teneurs : 3,16 % en Cu et 0,207 % en Co.

En tenant compte des ressources estimées et prouvées, Sicomines a peaufiné ces résultats, en estimant les ressources géologiques de la concession de la manière suivante, concernant les minerais sulfurés :

	Prouvé	Présumé	Total
Minerai (t)	200.799.000	53.363.000	254.163.000
Teneur (%) en Cu	3,48	2,94	3,36
Teneur (%) en Co	0,19	0,37	0,22
Métal Cu contenu (t)	6.977.824	1.567.098	8.544.923
Métal Co contenu (t)	373.103	197.861	570.963
% S	0,43	0,34	0,41

Sicomines a calculé que c'est pendant une durée totale de plus de 26 ans qu'elle devra parvenir à extraire ces quantités de minerais, à raison de 27.576 tonnes de minerais par jour, pour la production annuelle d'environ 250.000 t de cuivre métal et 25.000 t de carbonate de cobalt (à 40 % cobalt). En d'autres termes, les capacités annuelles d'exploitation à ciel ouvert et de concentration des minerais seront de 9,7 millions de tonnes de minerais. Le concentrateur, lui, produira 49.600 t de concentrés sulfures et 822.000 t de concentrés oxydés...

LE GISEMENT MINIER DE LA SICOMINES : LE CUIVRE, LE COBALT ET LEURS MINERAIS

Le cuivre

Mot inventé par les Romains, qui l'appelaient « aes cyprium » (*minerai de Chypre*, car, jadis, l'élément provenait principalement de Chypre, surnommée l'île aux mille mines), et ensuite transposé au XIIe siècle du latin « cuprum », un mot dérivé lui-même du grec *chalkos* ou *Kupros* (« Chypre » en langue hellénique), le *cuivre*, en anglais *copper*, est rare dans l'écorce terrestre ; sa concentration moyenne n'y est que de 55 parties par million (ppm).

Le cuivre est un des rares métaux qui existent encore à l'état natif, mais son occurrence à cet état est cependant assez faible actuellement, contrairement aux temps anciens où il fut relativement abondant. C'est dans l'Antiquité en effet que le cuivre était, avec l'or et l'argent, le premier métal à avoir été découvert et utilisé par l'Homme, parce qu'il se trouvait parfois sous une forme métallique pure et qui soit donc immédiatement disponible, ou parce qu'il était facile à travailler à cause de sa ductilité et sa malléabilité. Des objets en cuivre datant de 8700 avant J.-C. ont été retrouvés au Moyen-Orient. En Europe, les premières fusions métallurgiques furent réalisées vers 5 000 ans avant notre ère.

Les scientifiques ont retenu sous le nom de *l'Age du cuivre* ou *Chalcolithique* (le préfixe « chalco » signifiant « cuivre ») cette période de l'Antiquité pendant laquelle le cuivre prenait une place importante. Pourtant, malgré que les premiers travaux liés à ce métal soient bien plus anciens, remontant à environ 7 à 8 000 ans avant J.C., les anthropologues situent cette période historique entre 3 200 et 2 000 environ av. J.C., suivant les régions. L'âge du cuivre suit directement l'âge de la pierre et précède l'âge du bronze (lequel s'étale de 2 500 à 600 avant J.-C.) ; il est donc le second âge – et le premier âge métallique – de la civilisation humaine.

Le cuivre a ainsi littéralement ouvert les portes de l'histoire et, pendant des millénaires, il fut le matériau de base pour construire des armes, des ustensiles d'artisanat, des outils d'agriculture ou des objets domestiques, artistiques et ornementaux, ainsi que des pièces de monnaies. Ainsi, pendant la période romaine, le cuivre devint rapidement une monnaie frappée par les empereurs, soit de type laiton (alliage de cuivre et de zinc), soit de type bronze (alliage de cuivre et d'étain, additionné de plomb) ; les objets à base de cuivre et les monnaies atteignirent une production proche de 15 000 t/an qui ne fut à nouveau atteinte qu'au début de la révolution industrielle. Cette polyvalence d'emploi est due à trois de ses qualités fondamentales : sa disponibilité, sa malléabilité et sa résistance mécanique.

Le cuivre a produit un riche lexique, comprenant les mots *cuivreux*, *cuivrique*, *cuprifère* et parfois *cuivrerie*. Les adjectifs « cuivreux », « cuivrique » et « cuprifère » qualifient de manière générique les matériaux à base de cuivre ou la matière contenant du cuivre. Pour les chimistes, *cuivreux* désigne le cuivre au degré d'oxydation I, alors que *cuivrique* qualifie l'état d'oxydation II du cuivre, l'état le plus commun de cet élément, surtout en solution aqueuse. Les adjectifs « cupreux » et « cuprique » sont les équivalents savants de cuivreux et cuivrique. Le vocable *cuprifère*, lui, est employé de manière courante, en particulier en géosciences ; par exemple, un gîte ou un minerais cuprifère.

On rencontre parfois en français le terme « cuivrerie », pour désigner une fabrique de cuivre et d'alliages communs de cuivre, tels le maillechort. L'on trouve aussi le radical latin *cupro-* ou *cupr-* dans de nombreuses appellations techniques ou chimiques. Le nom de certains minerais de cuivre commence par le préfixe *chalco*, dérivant du grec *kalkos*, comme chalcopyrite ou chalcosine.

Le cuivre natif, abondant au Katanga surtout dans la mine de Kamoto, peut également être décélé dans la concession de Sicomines. Sur le plan macroscopique, il se présente sous un aspect rouge et revêtu par endroit d'une couche d'oxydation noir brun. Il se présente dans les roches sous forme de veine, de tranchée ou polymorphe. L'observation microscopique du cuivre natif révèle des grains polymorphes.

Le cuivre natif se trouve dans un cetain nombre d'endroits :

- dans des zones poreuses des basaltes : les réactions entre solution hydrothermale et minerais ferrifères génèrent le cuivre des principaux gisements de ce minéral ;

- dans des grès et des schistes, où le cuivre était probablement d'origine hydrothermale ;

- dans la zone d'oxyréduction d'un grand nombre de gîtes de cuivre, où le cuivre natif précipite en petites masses, accompagné de cuprite, d'azurite ou de malachite ;

- dans les météorites.

Du point de vue physique et mécanique, le cuivre, un métal de couleur brun-rouge et de densité 8.92, est intéressant pour plusieurs raisons :

- sa faible température de fusion (T_f = 1 084 °C) ;
- sa faible résistivité électrique (cuivre pur : $\rho_e = 16{,}8 \cdot 10^{-9}\ \Omega \cdot m$) ;
- sa grande conductivité thermique (λ = 401 W/(m·K)) : il est, après l'argent, le meilleur conducteur de la chaleur et de l'électricité ;
- sa faible limite élastique (cuivre pur recuit : 7 MPa), sa grande malléabilité et sa grande ductilité (A% jusqu'à 50 %), donc sa grande formabilité : c'est un métal cubique à faces centrées ;
- sa résistance naturelle à la corrosion : il réagit avec le dioxygène de l'air pour former une couche d'oxyde Cu_2O compacte et protectrice, de couleur noire ; il réagit également avec le dioxyde de carbone pour former le vert-de-gris.

On peut donc facilement en faire des câbles électriques (tréfilage), des tuyaux de plomberie (fonderie ou laminage et soudure) et des échangeurs de chaleur.

Dans la nature, le cuivre natif est souvent associé à de nombreux autres métaux (fer Fe, cobalt Co, nickel Ni, manganèse Mn, molybdène Mo, plomb Pb, zinc Zn), aux métaux précieux (argent Ag, or Au, platine Pt et platinoïdes) et aux non métaux (germanium Ge, sélénium Se, tellium Te)...

Après leur élaboration industrielle, le cuivre et ces autres métaux peuvent s'amalgamer et donner ce que l'on appelle « alliages ». Les alliages les plus courants sont :

- le laiton (cuivre-zinc) ;
- le bronze (cuivre-étain) ;
- le bronze d'aluminium (cuivre-alumium) ;
- l'alliage cupronickel (cuivre-nickel) ;
- le maillechort (cuivre-nickel-zinc).

Le cuivre et ses alliages réalisent une bonne soudure, qu'il s'agisse de soudage autogène, de soudure électrique, de brasage ou de soudage à l'étain. Ils interviennent dans la fabrication d'un grand nombre d'appareils de chaufferie industriels, de tuyauteries, de gouttières, de chêneaux, de descentes d'eau et de toitures de luxe.

Minerais de cuivre

Dans la nature, le cuivre à l'état natif n'existe pratiquement plus aujourd'hui. En général, actuellement, il se présente sous forme de sels, à hauteur de 30 à 90 %. Ces sels eux-mêmes sont mélangés aux stériles et quelquefois à d'autres métaux, dont certains peuvent être plus rares que le cuivre, comme l'or et l'argent. Un minerai de cuivre est considéré comme riche à partir de 1,8 % de cuivre pur.

Selon la forme des gisements et leur profondeur, il existe 2 types d'exploitation d'un gisement minier :
*Les mines à ciel ouvert,
*Les mines souterraines.

L'exploitation à ciel ouvert, comme celui que pratique la Sicomines, est un type d'exploitation préféré lorsque le cuivre issu du sol a été décelé à proximité de la surface de la Terre. C'est un modèle qui permet d'accéder plus facilement aux gisements grâce aux terrassements et aux autres techniques d'extraction. Le but est de limiter les déchets par rapport aux gains qui peuvent être faits dans ce domaine. Ici, le meilleur rapport déchets-minerais devrait être de 2 à 1 ou mieux de 3 à 1. La rentabilité est donc recherchée avec un minimum de déchets à traiter. Autrement dit, le ciel ouvert a lieu lorsque les gisements sont relativement proches de la surface du sol, de façon à ce que les travaux d'excavation et de terrassement puissent se faire dans des conditions économiquement rentables.

Dans le cas d'un pourcentage trop élevé de déchets ou d'une typologie du terrain où les conditions climatiques sont défavorables, il devient opportun de creuser des mines souterraines. De moins en moins développées, puisque nécessitant un coût important d'exploitation et se basant sur la localisation de gisements de grande importance, par rapport aux mines à ciel ouvert, les mines souterraines, contrairement à celles-ci, ont cependant un certain avantage, celui de permettre de rechercher du cuivre natif, c'est-à-dire pur, un cuivre qui peut être utilisé immédiatement.

A la surface du globe, les minerais de cuivre se présentent généralement sous deux formes :

*Les minerais sulfurés,
*Les minerais oxydés.

1°. Les ***minerais sulfurés***

La plus grande source de cuivre consiste dans les dépôts de minerai de porphyre, où l'on rencontre un ou plusieurs des minéraux susmentionnés. Un minerai de sulfure de cuivre ordinaire contient différents niveaux de sulfures de fer de types variés, qui comprennent généralement la pyrite (FeS_2) et la pyrrhotite ($Fe_{1-x}S$). De l'or et de l'argent sont souvent présents ; ils sont alors soit libres ou associés aux sulfures. Les particules de gangue peuvent représenter toutes sortes de minéraux de silicate, du quartz au talc et aux argiles. La gangue peut également être formée d'un minéral de carbonate.

Les minerais sulfurés ont une origine géologique profonde et proviennent de la cristallisation à l'abri de l'air de composés sulfurés de cuivre et d'autres métaux. Souvent appelés minerais primaires, ils sont les plus répandus et représentent plus de 80 % de la production mondiale. Très nombreux, ils contiennent assez peu de cuivre (moins de 5 %) mais se trouvent assez souvent mélangés à d'autres métaux, en particulier au fer et à des métaux précieux (argent, or, platine), parfois au nickel et au cobalt, qui en sont également extraits.

Les principaux *minéraux de sulfure de cuivre*, c'est-à-dire les espèces minéralogiques les plus courantes, dont les teneurs moyennes en cuivre varient généralement de 0,7 à 2 %, sont :

*la covelline CuS, bleu ;
*la chalcosine (ou chalcocite) Cu_2S, noir ;
*la digénite Cu_9S_5 (ou $Cu_{1,80}S$), noir ;
*la chalcopyrite $CuFeS_2$ (ou Cu_2S, Fe_2S_3), jaune ;
*l'énargite Cu_3AsS_4 (ou $3Cu_2S$, As_2S_5) ;
*la bornite Cu_5FeS_4 (ou $5Cu_2S$, Fe_2S_3), rouge ;
*la tétraédrite $(Cu,Fe)_{12}Sb_4S_{13}$.

2°. Les ***minerais oxydés***

Moins importants que les minerais sulfurés, ils sont des oxydes, des silicates, des sulfates, des chlorures ou des carbonates complexes ayant subi une oxydation par l'eau et l'air au cours des âges. Souvent présents dans les parties supérieures des gisements, zones d'altérations importantes, le cœur de ces derniers étant sulfuré, ils sont généralement pauvres en cuivre (moins de 3 %) et ne contiennent pas de métaux précieux. On rencontre les principales formes suivantes, dont les teneurs sont d'environ 1 à 2 % :

*malachite $Cu_2CO_3(OH)_2$, (ou $CuCO_3$, $Cu(OH)_2$), un carbonate vert ;

*azurite $Cu_3(CO_3)_2(OH)_2$ (ou $2CuCO_3$, $Cu(OH)_2$), un carbonate bleu foncé ;

* mélaconite ou ténorite CuO, un oxyde gris d'acier ou noir ;

*cuprite Cu_2O, un oxyde rouge ;

*dioptase CuO_3H_2O, un oxyde hydraté ;

chrysocolle : $(Cu, Al)_2H_2(Si_2O_5)(OH)_4$ $n(H_2O)$, $CuSiO_3(H_2O)_2$ un silicate.

*brochantite : $Cu_4(SO_4)(OH)_6$, un sulfate ;

*atacamite : $Cu_2Cl(OH)_3$, un chlorure.

*hétérogénite : $CoO.3Co_2O_3.CuO.7H_2O$, un hydroxyde.

Les minerais de cuivre sont une ressource plus ou moins importante d'autres éléments valorisables : de molybdène (54 % de sa production provient de mines de cuivre), de rhénium, etc. En 2010, pour une production minière de 16 millions de tonnes de cuivre, les éléments suivants ont été coproduits : molybdène (250 000 t), cobalt (98 000 t), bismuth (8 500 t), sélénium (2 600 t), tellure (450 t), rhénium (54 t), terres rares (130 000 t), ainsi que de l'uranium, de l'argent et de l'or.

La différence entre minerais définit le processus à suivre pour l'obtention du cuivre pur : ***pyrométallurgie*** *pour les minerais sulfurés,* ***hydrométallurgie*** *pour les minerais oxydés.*

Le cobalt

Cobalt est la francisation de l'allemand *kobold*, mot qui, issu du folklore germanique ancien, signifiait « esprit mauvais » : les elfes volaient le minerai d'argent pour le transformer en minerai bleu, celui du cobalt découvert au XVe siècle en Saxe et en Bohême. Ce sont les mineurs de Saxe qui appelaient ainsi le minerai contenant cet élément, du fait que, ne parvenant point à le traiter, pensaient qu'il était ensorcellé ! C'est le chimiste suédois Georg Brandt qui épaissit le mystère, lorsqu'il découvrit et isola en 1735 l'élément enfoui dans ce minerai bleu.

Ce mot de genre masculin, le *cobalt*, qui apparaît en français en 1549 sous la plume de Pierre Belon pour décrire le minerai cobaltifère et ses avatars métallurgiques, a généré un lexique riche, composé des mots *cobalt*, *cobaltifère*, *cobaltiser*, *cobaltage*, cobalteux, *colbaltique* et c*obaltothérapie*. L'adjectif *cobaltifère* qualifie les corps ou les matières qui contiennent l'élément cobalt. Les verbes *cobaltiser* ou *cobalter* signifient couvrir d'une couche de métal cobalt. Les substantifs *cobaltage* ou encore *cobaltisage* sont utilisés pour parler du dépôt protecteur de cobalt, en général une mince couche, sur la surface d'un autre métal plus fragile ou corrodable. Les adjectifs *cobalteux* et *cobaltique* qualifient respectivement les sels et composés de Co(II) et Co(III). La *cobaltothérapie* (ou *cobalthérapie*) désigne l'emploi des rayonnements du cobalt 60 en thérapie du cancer.

Dans le tableau périodique de Mendeleiev, l'élément chimique cobalt, de symbole Co, de numéro atomique 27 et de masse atomique 59, est placé sur la première ligne de la colonne VIIIa, entre le fer et le nickel. C'est donc le second élément du 8ème groupe secondaire, ce qui signifie qu'il est un *métal de transition* faisant partie du *groupe du fer*, c'est-à-dire ayant des propriétés physiques assez voisines de celles du fer (et du nickel). Mais d'un point de vue chimique, il est moins réactif que le fer. Dans ce cas, l'on peut considérer que le cobalt est aussi un élément du groupe 9, et constitue son propre groupe, dit précisément *groupe du cobalt* (un groupe dont les trois premiers sont Co, Rh et Ir).

A l'état naturel, le cobalt est un élément assez peu abondant, le 30ème élément le plus abondant dans la croûte terrestre, avec une teneur d'environ 0,001 à 0,002 %, ou comprise entre 25 et 29 ppm de cobalt.

Il serait provenu de l'explosion des étoiles dont les débris ont donné naissance au Soleil et à la Terre, il y a plus de cinq milliards d'années.

Le ***cobalt natif*** a été reconnu sur terre, mais il y est très rare ; il est aussi présent dans les météorites. Dans la croûte terrestre, il s'incruste dans de nombreux silicates (comme l'augite, la biotite, l'hornblende, l'olivine...), ou dans les roches magmatiques basiques et ultra-basiques (que sont les gabbros et les péridotites), ou encore dans les nodules manganésifères, dans le plancher marin de l'océan Pacifique, dans boues métallifères tout au fond des océans et surtout à faible profondeur marine dans les encroûtements cobaltifères caractéristiques de certains atolls polynésiens.

Il est naturellement présent et répandu dans l'environnement : dans l'air, l'eau, la terre, les roches, les plantes et les animaux. L'homme rejette de faible quantité de cobalt dans l'atmosphère lors de la combustion du charbon et de l'exploitation minière de minerais contenant du cobalt et, lors de la production et l'utilisation de produits chimiques à base de cobalt.

Du point de vue de ses ***propriétés physiques et chimiques***, le cobalt est un corps simple, un métal blanc brillant, gris acier ou blanc argent à reflet rouge, assez cassant, assez peu malléable, de densité entre 8,8 et 8,9 à 25 °C et de dureté Mohs avoisinant 5,5. Il est plus dur et plus cassant que le fer. Mais le métal pur est suffisamment ductile et malléable pour pouvoir être forgé, laminé à chaud et à froid, étiré en fil.

Il existe *deux variétés allotropiques de cobalt* : le $\mathbf{Co_\alpha}$ et le $\mathbf{Co_\beta}$. Le Co_α est un cristal métallique de maille hexagonale, le plus stable à température ambiante, tandis que le Co_β est de maille cubique, moins compacte et nettement moins stable en dessous de 400 °C.

Ce corps est *ferromagnétique* (capable de conserver une forte aimantation) à température ordinaire. Sa perméabilité est de l'ordre de 68, soit deux tiers de celle du fer. Sa conductivité électrique est d'un peu du quart de celle du cuivre pur. Il est aussi peu fusible que le fer. Il fond au-dessus de 1490 °C, il est pur à 1 495 °C. Il bout vers 2 927 °C, en pratique entre 2600 °C et 3100 °C.

Le *cobalt massif* ne réagit ni avec l'eau, ni avec l'air à température ambiante. Il est inaltérable à l'air froid, stable à l'air et l'eau à température ambiante. Ce n'est pas le cas du cobalt finement divisé en poudre qui s'enflamme à l'air ou qui n'est pas insoluble dans l'eau, avec une solubilité atteignant 1,1 mg/L. Ce type de cobalt pyrophorique et pulvérulent est obtenu par chauffage au rouge de l'oxyde de cobalt (II) CoO dans un courant de gaz hydrogène. Il peut constituer des mousses de cobalt qui peuvent dissoudre 100 volumes de gaz hydrogène.

Toutefois, le cobalt massif peut réagir avec l'air en formant un oxyde, mais cette oxydation radicale ne se réalise que lorsque le cobalt est chauffé au rouge ; l'oxyde formé, de couleur noire, peut être un oxyde divalent CoO ou un oxyde trivalent Co_3O_4.

Le cobalt massif peut également réagir avec les acides oxydants dilués, comme l'acide nitrique HNO_3, dans lesquels il est rapidement soluble ; le résulat est un abondant précipité rouge de nitrate de cobalt $Co(NO_3)_2$. L'attaque est plus lente dans les acides non oxydants, comme l'acide chlorhydrique, mais similaire, avec dégagement de gaz hydrogène. Elle est d'autant plus rapide que l'acide est concentré, comme c'est le cas avec l'acide sulfurique. Mais, si le cobalt est traité par des acides oxydants forts, comme l'acide nitrique fortement concentré de densité 1,5, l'on constate une passivation de surface.

L'ammoniaque aussi dissout le métal cobalt en présence de l'air. Les bases fortes, comme les hydroxydes alcalins, sont pratiquement sans action.

Minerais de cobalt

Le cobalt est évidemment très abondant sous forme de ***minerais***, qui sont des composés l'associant plus ou moins intimement à d'autres éléments. Ses principaux minerais se trouvent sous forme de nombreux sels (dont les arséniures, les arsénio-sulfures et les sulfures) et d'oxydes ou d'arséniates. Les teneurs en cobalt sont généralement faibles dans ces gisements spécifiques, pouvant varier de 0,5 à 2,5 % de Co ; mais ils sont parfois enrichis par des processus géochimiques ou concentrés par l'érosion naturelle.

Les ***sels*** les plus courants ***de cobalt***, qui forment souvent des complexes et des oxydants, sont :

*les *sulfures* (la linnéite Co_3S_4, la carrolite $CuS.Co_2S_3$, un sulfure mixte de cuivre et de cobalt) ;

*les *arséniures* (la modderite orthorhombique CoAs ; la smaltite cubique $CoAs_2$, autrefois smaltine ; la safflorite orthorhombique $CoAs_2$; la clinosafflorite monoclinique $CoAs_2$; la skutterudite cubique $CoAs_{3-x}$,) ;

*les *thioarséniures* ou arséniures de soufre (la cobaltite orthorhombique CoAsS, autrefois cobaltine ou « cobalt gris » ; l'alloclasite monoclinique CoAsS) ;

*les *arséniates* de cobalt hydraté (érythrite : $Co(AsO_4)_2.8H_2O$, autrefois « fleur de cobalt »).

Certains minerais de cobalt naissent de l'altération et de l'oxydation, plus près de la surface, des gisements. Ce sont les minerais oxydés, qui se présentent en imprégnations, concrétions et enduits dans des terrains sédimentaires. Les oxydes peuvent être cobalteux (CoO ou oxydes de Co II) ou cobaltiques (Co_2O_3 ou oxydes de Co III). Les espèces minéralogiques les plus répandues sont la malachite (carbonate hydratée de cuivre, couleur verte) et la chrysocolle (silicate de cuivre de couleur bleu-vert). On rencontre également la cuprite ainsi que de nombreuses autres variétés oxydées.

Les minerais les plus exploités ou les plus prometteurs se trouvent en Afrique, notamment en République démocratique du Congo, en Zambie et au Maroc ; ils sont également localisés en Amérique du Nord (au Canada et aux États-Unis), mais aussi en Russie, en Australie et en Nouvelle-Calédonie.

En RDC, la Sicomines est l'une des sociétés qui s'occupent du traitement des minerais de cobalt ; l'extraction de ce cobalt est le plus souvent réalisée à partir des minerais sulfurés cobaltifères, mais la majeure partie du cobalt est un *sous-produit des traitements de l'industrie extractive du cuivre.*

Egalement en RDC, il existe un minerai de cobalt, la *smaltite* ($CoAs_2$), qui est produit de façon artisanale (c'est à Bou Azzer au Maroc que la smaltite constitue la seule mine mondiale exploitée industriellement).

Le cobalt peut également être généralement *associé à d'autres métaux* comme le nickel, l'argent, le plomb, le fer ou le cuivre ; dans ce cas, il est co-produit lors des transformations métallurgiques de ces éléments métalliques.

C'est *généralement associé au cuivre* que le cobalt se retrouve dans les minerais de la *copperbelt* congolo-zambienne. Ailleurs, il est extrait de minerais sulfurés de nickel (en Russie, au Canada et en Australie) ou de minerais latéritiques de nickel (en Nouvelle Calédonie, à Cuba, en Indonésie, en Australie, aux Philippines, à Madagascar). En Afrique du Sud, il est, en partie, co-produit de l'exploitation de métaux précieux.

Dans le monde en 2016, 67 % du cobalt extrait provenait de mines de cuivre, 32 % de mines de nickel et 1 % de la mine de cobalt de Bou Azzer au Maroc.

En RDC (et en Zambie), les minerais comprenant à la fois le cobalt et le cuivre représentent 55 % de la production mondiale. Ce sont des oxydes comme l'*hétérogénite* $CoO.3Co_2O_3.CuO.7H_2O$, ou des sulfures, comme la *carrollite*. Cette dernière combine le cuivre, le cobalt et le nickel : $CuS.(Co.Ni)_2S_3$ ou $Cu(Co.Ni)_2S_4$. Souvent associés aux minerais de cuivre et aux sulfures de fer de la pyrite et de la pyrrhotite, la carrollite, la cobaltine (CoAsS) et la linnéite (Co_3S_4) sont des minérais cobaltifères qui revêtent une importance économique certaine.

Le cobalt constitue donc un sous-produit de l'extraction du cuivre en RDC et en Zambie, pays dans lesquels il représente respectivement 24 % et 15 % (39 % au total) de la production mondiale.

COMPOSITION MINERALE DU MINERAI SICOMINES

Minéraux comportant le Cu et le Co, utiles pour le projet : malachite, chalcocite, digénite, covelline, bornite, chalcopyrite…

Sur le plan structurel, le minerai Sicomines se présente principalement sous forme de *grains polymorphes*, mais également sous forme de grains hypidiomorphes, d'incursions, de colonnes fibreuses, de gelée, … Les structures fibreuses, cryptocristallines, colloïdales, colonnaires sont les structures particulières des minerais de la zone oxydée.

Sur le plan chimique, le gisement DIMA du projet Sicomines comprend *en majorité les minerais oxydés*, mais également les *minerais mixte*s et, plus en profondeur, les *minerais sulfurés*.

Pour le dosage du cuivre dans ces minerais, le projet avait réalisé des essais sur 312 échantillons obtenus dans 16 forages. Ces essais ont montré que les oxydes sont la forme la plus abondante. Leur taux d'oxydation trouvé varie entre 7,8 % et 109,8 %. La valeur supérieure à 100 est la conséquence des erreurs d'analyses sur les échantillons de cuivre pur (natif) et des oxydes. Si on l'admet, l'on aurait un taux moyen d'oxydation de 63,9 %.
Les ***principaux minéraux oxydés*** *dans le minerai Sicomines* sont :

- *La malachite* : c'est le principal minéral d'oxyde de cuivre qui a une relation étroite avec les autres types de minéraux de cuivre ; elle se retrouve dans les fissures de gangue.

- L'*hétérogénite* : principal minéral de cobalt du Katanga ; on la trouve essentiellement dans la mine de Mindingi ; c'est ainsi qu'on l'appelle parfois *mindingite*. Mais celle-ci est aussi présente dans le minerai Sicomines. C'est un hydroxyde instable (CoO (OH)), qui comprend également le cuivre, le silicium, l'aluminium et le phosphore. Dans les échantillons mixtes, l'hétérogénite est sous forme d'un agrégat colloïdal, de microcristalline ou d'un agrégat granulaire de couleur noir.

Dans le minerai, le cuivre sulfure se trouve principalement sous forme de *chalcocite*. En tenant compte du taux d'oxydation, il existe *très peu de cuivre sous forme native, de chalcopyrite, de covelline, de carrolite, ...*

Les ***principaux minéraux sulfurés*** *dans le minerai Sicomines* :

- *La chalcocite* Cu_2S : c'est le plus important minéral de cuivre présent dans le minerai ; elle est normalement associée dans les gangues, mais aussi dans les digénites, les cuprites et les minerais noirs de cuivre, les limonites et les hématites.

- *Les digénites* Cu_9S_5 *et les covellines* CuS : elles comptent également parmi les minéraux importants du gisement ; elles sont récupérées en tenant compte de leur association dans les gangues et les chalcocites.

- *Les sulfures de cuivre et de cobalt* : ce sont les principaux minéraux des échantillons mixtes. Contenant environ 38,48 % de cobalt et 21,53 % de cuivre, ils se retrouvent dans la chalcocite en forme de couverture et dans les gangues.

Tous ces minerais – principalement des oxydes et des sulfures de cuivre et de cobalt – contiennent des minéraux classiques rencontrés dans les autres gîtes cuprifères du Katanga méridional et dont la composition minérale est généralement simple.

En effet, les minéraux prépondérants de de la minéralisation de cuivre et de cobalt retrouvés au sein du gisement Sicomines sont la *malachite*, la *chalcocite*, les *digénites*, les *covellines*, une petite quantité de *chrysocolle*, du *cuivre natif*, de la *bornite*, de la *cuprite*, un peu de *carrolite*, de la *ténorite* et de la *chalcopyrite*. Ces minéraux sont principalement accompagnés de l'*hématite*, de la *spécularite* et de la *pyrite*.

1°. La ***malachite***

Hydroxycarbonate de cuivre, de formule $Cu_2CO_3(OH)_2$, ou $CuCO_3.Cu(OH)_2$, où le cuivre a une teneur de 55,34 %, la malachite est le principal minerai oxydé du cuivre. Elle a une couleur de réflexion grise et brune avec une couleur de réflexion intérieure clair vert émeraude à vert foncé. Dans le gîte, elle prend la forme d'une masse, d'une veine ou encore d'un strate. Mais sur le plan microscopique, elle se présente sous forme multi-radiale, de coque, de cloche lactée, de veine, de fibre, de poudre, de grain irrégulier d'imprégnation ou d'aiguille. Elle présente une structure du cristal fibreuse, radiale, sous formes d'aiguille, de poudre ou encore de coque. Elle est étroitement liée avec les minéraux filoniens et limoniteux et se répartit souvent à la surface des grains ou à la fente ou aux fissures de grains de minéraux filoniens. Le filon de malachite peut intercepter une stratification et se répartir irrégulièrement : l'agrégat, dont la stratification parallèle se répartit dans les différentes directions et forme la tectonique stratiforme, peut atteindre au maximum une dimension de 10 cm sur 10 cm, mais en moyenne, il est de 2,5 mm sur 2,5 mm.

La malachite est étroitement liée à d'autres minéraux oxydés. A ce titre, elle se développe étroitement avec la formation de ténorite, de cuprite, de chrysocolle, de libéthénite, ... La malachite se retrouve également à la surface des ferrogels ou dans les fentes ou fissures des grains des ferrogels ou encore incrustée dans les grains des ferrogels. On retrouve aussi souvent dans la malachite des inclusions des stériles.

Les grains de malachite sont souvent grossiers, leur diamètre variant généralement de 0,05 à 0,5 mm. La granulométrie oscille entre 0,02 à 0,58 mm. Mais les grains de minerais de malachite atteignent des dizaines de cm.

2°. La ***chalcocite***

Sulfure cuivreux (Cu_2S) riche en cuivre (79,8 % en Cu), découvert en 1832 et décrite par James Dwight Dana en 1868, la chalcocite est nommée d'après la racine grecque « chalkos » désignant le cuivre. C'est un minéral fragile, cassant, à faible dureté (2,70), à faible ductilité, malléable, strié et sectile, d'un éclat métallique, gris à noir par altération à l'air, gris acier, de transparence opaque, un minéral typique des filons hydrothermaux et des gisements de cuivre oxydé, rare comme minéral primaire mais très fréquent comme minéral secondaire.

Sur le plan microscopique, la chalcocite apparaît sous forme de cristaux polymorphes stratifiés de couleur de réflexion blanc bleu, d'une dureté faible à cause de l'influence de l'homogénéité dans sa présentation. Suivant la dimension de leur diamètre, qui varie entre 0,01 et 2,6 mm, l'on distingue des microcristaux et des agrégats. Dans la roche, ce minéral prend ainsi la forme des strates parallèles de 0,1 à 0,3 mm ou la forme des veines de 1 à 10 mm. C'est sous cette denière forme que la chalcocite s'insère généralement dans les roches. Dans son filon, elle peut être seule ou associée à la dolomie. Dans les autres filons, elle a des cristaux dont la granulométrie varie de 0,2 à 0,5 mm.

*3°. La **digénite***

De formule compacte Cu_9S_5, la digénite tire son nom du grec pour « deux types » ou « sexes », en référence à la présence présumée de deux ions, cuivreux et cuivrique. Découvert en 1844, ce minerai sulfuré d'origine soit primaire soit secondaire de la zone de cémentation des gîtes de cuivre, de couleur bleu-noir et d'éclat métallique vif, est fragile, cassant (dureté 2,70), de forme surtout massive (densité mesurée : 5.6), de système cristallin rhomboédrique, cubo-octaédrique, pseudo-cubique. Dans le gisement Sicomies, la dimension des grains oscille entre 0,040 et 0,100 mm.

Contenant des traces de Fe, la digénite est souvent associée des minéraux suivants : *bornite*, *chalcocite*, *chalcopyrite*, *covelline* et *réniérite* (anciennement appelée « bornite orange », une série de solutions solides couplées de formule $(Cu,Zn)_{11}Fe_4(Ge,As)_2S_{16}$, qu'on rencontre surtout à Kipushi).

*4°. La **covelline***

Encore appelée *covellite*, ou *covellinite*, ou encore *covellonite*, la covelline est nommée ainsi d'après Niccola Covelli, minéralogiste italien (1790-1832) qui découvrit l'espèce en 1832 au Mont Vésuve.

C'est le sulfure de cuivre, de formule CuS, où le Cu métal intervient pour 66,5 %.

Très tendre (dureté entre 1,50 et 2 sur l'échelle de Mohs) et d'une cassure irrégulière, la covellite se présente sous forme de cristaux rares en forme de petites tablettes hexagonales aplaties ou en agrégats lamellaires, souvent en masses compactes, ou en enduits minces sur les autres sulfures du cuivre. Au sein du gisement Sicomines, la dimension des grains ne dépasse pas 0,020 mm.

La covelline est opaque, parfois transparente pour les cristaux peu épais, et d'éclat mat, résineux, submétallique, nacré, terne ; sa couleur est un mélange de bleu indigo, violet, irisé (irisations jaune laiton ou rouge-violet), pourpré, noir et grisâtre. Son trait est gris, noir, bleu foncé ou gris de plomb.

La covellite peut être utilisée pour son minerai de cuivre ; elle est donc un minéral de formation secondaire (rarement primaire) de la zone de cémentation des gîtes de cuivre... Lui sont généralement associés les minéraux de cuivre : pyrite, énargite, chalcocite, chalcopyrite, digénite, luzonite, bornite...

5°. La ***bornite***

De formule Cu_5FeS_4 (ou Cu_5FeS_4 ou $2Cu_2S{\cdot}CuS{\cdot}Fe$), avec 63,3 % en Cu, la bornite dérive du nom du minéralogiste autrichien Ignaz von Born, à qui n'avait été dédié le minerai qu'en 1845 par le minéralogiste allemand Wilhelm Karl Ritter von Haidinger qui le décrivait. Parfois aussi appelée « phillipsite », en référence au chimiste et géologue anglais William Phillips qui est l'auteur de la première analyse chimique de cette espèce, la bornite est un minerai brun rosé, homogène et de dureté moyenne.

Sur le plan microscopique, elle présente des grains sous une forme arrondie ou ayant un aspect des gouttes d'eau, de diamètre variant généralement entre 0,05 et 0,1 mm. La bornite se développe avec la formation de la chalcocite et se trouve dispersée au milieu des fentes des minéraux non métalliques.

6°. La ***chalcopyrite***

De formule $CuFeS_2$, la chalcopyrite est un sulfure double (35 % massique) de cuivre (34,5 %) et de fer (30,5 %), qui s'accompagne des traces de quelques éléments plus ou moins précieux (argent Ag, or Au, indium In, tellure Tl, sélénium Se, tellium Te...), mais elle n'est que très rarement associée au cuivre natif, ainsi qu'à l'étain natif (on le retrouve par exemple en grandes quantités en Allemagne et au Canada).

Espèce décrite en 1725 par Johann Friedrich Henckel (1679-1744), la chalcopyrite dérive des termes grecs « khalkos » désignant le cuivre et « pyros » signifiant « feu ». Du fait qu'elle contient précisément le mot « pyrite » dans son identité, la chalcopyrite est parfois appelée *cuivre pyriteux*, ou *cupropyrite*, ou encore *pyrite cuivreuse*. Elle se confond aussi parfois à la pyrite, parce qu'elle est aussi jaune qu'elle (normalement jaune laiton chaud, plus jaune que la pyrite, la chalcopyrite s'irise souvent en teintes rouges, bleues, mauves ou vertes ; ces nuances donnent souvent des confusions possibles avec la bornite). Comme la pyrite également, la chalcopyrite était aussi jadis nommée « l'or des fous » ou *cuivre jaune* à cause de sa couleur jaune laiton quelquefois irisé qui est proche de l'or.

La chalcopyrite est une espèce minérale très fréquente, présente dans de très nombreux gisements métallifères car elle constitue la principale source de cuivre, mais elle se forme aussi dans les filons hydrothermaux de haute température et dans certaines roches magmatiques hypo-volcaniques. Minéral d'origine hydrothermale donc, extrêmement commun, la chalcopyrite fait partie des quatre sulfures les plus abondants (pyrite, chalcopyrite, sphalérite, galène) et dont les occurrences sont exploitées comme sources de minerai de cuivre (bornite et cubanite sont d'autres sources importantes).

Dans la nature, elle est évidemment associée aux divers minéraux du cuivre : les sulfates (bornite, chalcocite, covellite, digénite), les carbonates (malachite et azurite), les oxydes comme la cuprite. On la trouve aussi dans les météorites. Elle peut être aussi souvent oxydée.

Elle se pésente souvent en amas compact et plus rarement en cristaux tétraédriques (système quadratique ou tétragonal), des cristaux le plus souvent compacts, d'une dureté de 3,5-4 et d'une densité de 4,1 à 4,3. Elle se dépose en veines ou en strates, régulièrement en association avec d'autres sulfures (galène PbS, sphalérite (Zn,Fe)S, pyrrhotine, pentlandite) et carbonates (dolomite).

Lorsqu'elle entre en contact avec des affleurements, la chalcopyrite s'altère facilement, donnant souvent de la *covellite*, puis des minéraux oxydés verts ou bleus : *malachite*, plus rarement *azurite*, des arséniates, des phosphates, des vanadates, des chlorures, des sulfates solubles (comme la *chalcantite*).

Principal minerai de cuivre, la chalcopyrite peut contenir les métaux (Ag, Fe, Mn, Co, Ni et, dans les formes de haute température, Se et Te) et être associée à la plupart des minéraux de cuivre et des sulfures courants (bornite, covelline, cuprite CuO, galène PbS, sphalérite (Zn,Fe)S, pyrite Cu_2S). Elle prend la forme de cristaux prismatiques courts ou tabulaires pseudo-hexagonaux (système cristallin monoclinique), parfois en forme de croix, également généralement en masses finement grenues à compactes, en inclusions ou en enduits, en pseudomorphoses de bois fossiles, ou en incrustations sur des racines.

*7°. L'**hétérogénite***

Découverte par Frenzel en 1872, l'hétégénite est beaucoup plus connue au monde comme le principal minerai de cobalt du Katanga, rencontrée essentiellement dans la mine de Mindigi ; d'où le nom de *mindigite* qu'on lui attribue parfois.

D'une façon simplifiée, elle est un hydroxyde de l'oxyde de cobalt, un phyllosilicate de formule CoO(OH). Mais en réalité, c'est un complexe répondant à la formule $CoO.3Co_2O_3.CuO.7H_2O$, contenant en moyenne, selon l'analyse spectrométrique, 68,22 % de cobalt, 4,93 % de cuivre, 0,45 % de phosphore, 0,71 % de silicium, 0,57 % d'aluminium et 25,12 % d'oxygène.

C'est le minéral le plus répandu dans les minerais et l'un des principaux minéraux d'oxydation de cuivre. Elle se présente sous forme d'agrégat colloïdal, microcristallin ou granulaire. Sur le plan microscopique, ce minéral, de couleur noire ou brun foncé, est un ensemble de grains de granulométrie variant entre 0,01 et 0,085 mm.

L'hétérogénite est étroitement liée à la chrysocolle (comme celle de Mindigi), mais aussi au ferrogel, aux hydrates de manganèse, à la malachite, au quartz, à la dolomie, à la calcite et à d'autres minéraux. Elle s'accompagne également de la chrysocolle et de la malachite, lorsqu'elle se retrouve, comme le plus souvent, le long des fissures et des occlusions des minéraux stériles.

Certains des principaux minéraux de cuivre du gisement Sicomines que l'on vient de décrire peuvent se différencier par la dimension de leurs grains, donnée de la manière suivante, lorsqu'elle est vue au microscope.

Tableau : *Description cristallographique des grains des minéraux du minerai*[1].

Minéral	*Dimension Grain [mm]*
Chalcocite	
Digénite	0,040 – 0,100
Covelline	< 0,020
Malachite	0,010 – 0,580
Pseudo-malachite	0,020 – 0,500
Sulfure	0,020 – 0,100
Hétérogénite	0,010 – 0,070

Cas cas où le cobalt est un sous-produit du gisement cuprifère

Dans le cas où le cobalt est un sous-produit du gisement cuprifère, la composition minérale du minerai est généralement simple. En effet, les principaux minéraux de cuivre et de cobalt retrouvés au sein de la concession Sicomines dans les différents fragments du gisement sont :

*la malachite $Cu_2CO_3(OH)_2$, (ou $CuCO_3$, $Cu(OH)_2$),

*la chalcocite ou chalcosine Cu_2S,

une petite quantité de chrysocolle $(Cu,Al)_2H_2(Si_2O_5)(OH)_4$ $n(H_2O)$,

*du cuivre natif Cu,

*de la bornite Cu_5FeS_4 (ou $5Cu_2S$, Fe_2S_3),

*de la cuprite Cu_2O,

*un peu de carrolite $CuS.Co_2S_3$,

*de la ténorite CuO et

*de la chalcopyrite $CuFeS_2$ (ou Cu_2S, Fe_2S_3).

Ces minéraux sont principalement accompagnés de l'*hématite*, de la *spécularite* (ou mine de fer spéculaire ou fer spéculaire, une variété d'hématite) et de la *pyrite*.

---

[1] « SICOMINES EIE&PGEP », *Office of Environmental and Mining Studies, OEMS sarl*, pp. 42-43, 2018.

*1°. La **chrysocolle***

De formule $(Cu,Al)_2H_2(Si_2O_5)(OH)_4*n(H_2O)$, la chrysocolle est un phyllosilicate de cuivre et d'aluminium, commun dans les zones d'altération des gisements cuprifères en climat aride. Minéral secondaire, résultant de la décomposition de la chalcopyrite et d'autres combinaisons sulfurées du cuivre, la chrysocolle peut contenir pas mal d'impuretés sous forme d'inclusions : malachite et limonite pour les principales.

D'un éclat vitreux, terreux ou gras et de couleur bleu vert clair, elle n'est presque jamais absente dans les minerais et se présente sous forme de gelée, de coque, de cloche lactée et de veine. Sous la diffraction aux rayons-X, elle présente des cristaux fins à faible rayon de diffraction, qui peuvent être orthorhombiques, souvent en masses bulbeuses. Sa dureté varie de 2 à 4, selon la teneur en silice, et sa densité est comprise entre 2 et 2,4.

Découverte dans le monde d'abord à Midingi au Katanga, d'où parfois son nom de *midingite*, elle est étroitement liée avec les minéraux filoniens tels que la malachite, la ténorite, le ferrogel, le quartz et la dolomie, etc. Elle se répartit souvent à la surface des ferrogels, des minéraux filoniens ou s'incruste dans les grains.

Les grains de chrysocolle peuvent donc renfermer des ténorites, des ferrogel ou des stériles,... La granulométrie des grains est relativement grossière et varie généralement entre 0,02 et 0,5 mm. Au spectromètre, la chrysocolle révèle une teneur de 46,55 % en cuivre, 0,11 % en cobalt, 1,60 % en aluminium, 23,34 % en silicium, 28,13 % en oxygène. Elle comporte également des éléments tels que le calcium, le potassium, ...

2°. *Le **cuivre natif***

Le cuivre natif, sur le plan macroscopique, se présente sous un aspect rouge et revêtu par endroit d'une couche d'oxydation noir brun. Il se présente dans les roches sous forme de veine, de tranchée ou des grains polymorphes.

*3°. La **cuprite***

La cuprite, dont le nom vient parfois du latin *cuprum*, le cuivre, est une espèce minérale composée d'oxyde cuivreux de formule Cu_2O. Elle est d'un brillant métallique, rouge à sa surface pure, rouge foncé avec un brillant terne au contact prolongé à l'air et rouge brun quand elle est striée. C'est sans doute à cause de cette couleur rouge caractéristique que la cuprite est parfois appelée « minerai rouge de cuivre » ou « mine de cuivre vitreuse rouge » (mais aussi « cuivre oxidulé », « rubérite » ou « ziguéline »). Pour la première fois décrite par le minéralogiste, géologue et physicien autrichien Wilhelm Karl Ritter von Haidinger en 1845, la cuprite se présente souvent sous la forme d'agrégat. Minéral secondaire, supergène, en zone d'oxydation des gisements de cuivre, il se rencontre aussi en néoformation sur les scories de minerais de cuivre.

Il présente peu de cristaux à forme cubique, ou à huit dimensions ou encore à 12 dimensions losangée. L'observation microscopique révèle des grains polymorphes de diamètre variant entre 0,02 et 0,05 mm. La cuprite du gisement Sicomines s'associe souvent avec le cuivre natif (Cu) et plusieurs autres minerais, notamment la malachite ($Cu_2CO_3(OH)_2$), l'azurite ($Cu_3(CO_3)_2(OH)_2$), la chrysocolle ($(Cu, Al)_2H_2(Si_2O_5)(OH)_4n(H_2O)$), la chalcosine ($Cu_2S$) et la limonite (un ensemble d'oxydes et d'hydroxydes de fer divers et d'argiles, les principaux composants étant la goethite $Fe^{+3}O(OH)$ et la lépidocrocite FeO(OH)).

4°. La ***carrolite***

Principal minéral de sulfure de cobalt rencontré dans le gisement Sicomines, la carrolite, dont la couleur va du gris cuivré au gris métallique, est un sulfure du groupe de la linnéite. Ce sulfure de cuivre et de cobalt – de formule $Cu(Co,Ni)_2S_4$ – doit son nom au comté de Carroll, dans l'Etat américain de Maryland, où il a été rencontré. C'est un minéral des veines hydrothermales de cuivre et cobalt, qui apparaît en début de la métasomatose des gisements cupro-cobaltifères constitués principalement de sulfures.

La carrolite se présente sous forme d'inclusion dans la chalcocite et, en petite quantité, se trouve incrustée dans les minéraux des stériles.

Ses cristaux, qui peuvent être octaédriques, rhombododécaèdres, cuboctaèdres, ou cubiques, s'altèrent en noircissant et peuvent atteindre 5 cm pour les plus grands. De dureté 4,5 à 5,5 et de densité 4,65, ce métal, qui présente un éclat métallique et un clivage imparfait à cassure conchoïdale, a été d'abord découvert au Katanga à Kamoto.

Minéraux « sans trop d'importance pour le projet » (dépourvus du cuivre et/ou du cobalt)

Dans le gisement Sicomines, le minerai présente également d'autres minéraux qualifiés de « sans trop d'importance pour le projet » (qui n'intéressent pas directement le projet), puisqu'ils ne contiennent pas – ou contiennent en quantité négligeable – les éléments utiles recherchés que sont le cuivre et le cobalt ! Ils se retrouveront ainsi dans les stériles, qui constituent des rejets. Pourtant, extraits et traités, ces minéraux peuvent avoir quelques utilisations importantes.

Dans les stériles du gisement Sicomines, l'on retrouve principalement la *dolomie* et le *quartz*, suivis du *mica*, du *chlorite* et relativement peu de *calcite*, de *barytine* et d'autres minéraux.

L'on peut citer :

*les ***oxydes*** de fer : *limonite (*$2Fe_2O_3 \cdot 3H_2O$), *hématite (*αFe_2O_3), *magnétite* (Fe_3O_4, ou $FeO \cdot Fe_2O_3$), *maghémite* (γ-Fe_2O_3), *ilménite* ($FeTiO_3$), *goethite* ($\alpha FeO(OH)$), *lépidocrocite* ($\gamma FeO(OH)$, *sidérite* ($FeCO_3$), et l'oxyde de titane : *rutile* (TiO_2),.

*le ***sulfure*** de fer *: pyrite FeS*, et le ***sulfate*** de bayum : *baryte* $BaSO_4$.

*les ***carbonates*** : *calcite* $CaCO_3$, *sidérite* ($FeCO_3$), *dolomite* $CaMg(CO_3)_2$.

*les ***silicates*** : les *micas* (blancs $X^+Y^{3+}{}_2[AlSi_3O_{10}(OH,F)_2]^{7-}$ et noirs $X^+Y^{2+}{}_3[Al_{1+x}Si_{3-x}O_{10}(OH)_2]^{7-}$), la *séricite* ($K_{1.5}Al_4(Si_{8-1.5},Al_{1.5})O_{20}(OH)_4$), la *biotite* $K(Mg,Fe)_3(OH,F)_2(Si_3AlO_{10})$, l'*épidote* $Ca_2(Fe,Al)Al_2(SiO_4)(Si_2O_7)O(OH)$, les *chlorites* $(Mg,Fe,Mn,Al)_6(Si,Al)_4O_{10}(OH)_8$.

*les ***feldspaths*** : le *feldspath potassique* ($KAlSi_3O_8$) et le *plagioclase* ou la *série* albite ($NaAlSi_3O_8$) - anorthite ($CaAl_2Si_2O_8$).

1°. La ***limonite***

Egalement appelée *aétite* ou *pierre à grelots*, la limonite est une roche, c'est-à-dire un ensemble de minéraux, essentiellement des oxydes et des hydroxydes de fer divers et d'argiles. Sa formule donne $2Fe_2O_3 \cdot 3H_2O$.

D'aspect noirâtre, mais pouvant devenir jaunâtre lorsqu'elle est moulée, la limonite se présente en masses compactes poreuses, terreuses ou pulvérulentes, mais aussi en concrétions sphériques (oolithes et pisolites), en encroûtements ou en rognons mamelonnés à la surface noire et luisante.

La limonite peut naître de deux manières : des sédiments ou de l'altération des gisements.

1) L'origine sédimentaire biochimique : roche sédimentaire, la limonite apparaît par précipitation du fer III (Fe^{3+}) à partir d'eaux acides riches en matière organique et en clastes. Ainsi, les oolithes (de 0,5 à 1 mm de diamètre) ou les pisolites (de diamètre supérieur à 2 mm) de limonite se forment dans des marais ou des zones lacustres (de profondeur comprise entre 0 et 12 m), où le fer en suspension précipite en minces couches concentriques autour d'un noyau (claste) sous l'action de bactéries spécifiques ; c'est pourquoi la limonite est aussi appelée « fer des marais ». Roche sédimentaire, la limonite contient de la *goethite* $\alpha FeO(OH)$, de la *lépidocrocite*, des quantités mineures d'*hématite*, d'hydroxydes d'aluminium, de la silice colloïdale, des minéraux argileux, des phosphates, des arséniates ainsi que des composés organiques. A cause de ce contenu en phosphates et arséniates, la limonite a peu de valeur en sidérurgie. Elle est surtout utilisée dans l'industrie des colorants et, actuellement, pour les variétés terreuses, comme argile à modeler puisqu'elle n'est pas caustique.

2) Formation de la limonite par altération chimique superficielle d'autres minéraux de fer préexistants (notamment sidérite, magnétite, pyrite) : par la dissolution des sulfates et des carbonates dans la zone comprise entre la surface et le niveau hydrostatique, la limonite résulte de l'altération superficielle de gisements métallifères sulfurés, en particulier de plusieurs minéraux de fer (notamment sidérite, magnétite, pyrite) dits « chapeaux oxydés » ou « chapeau de fer ».

À une température supérieure à celle de la surface, elle peut perdre de l'eau et se transformer en hématite : $2Fe_2O_3 \cdot 3H_2O$ devient $Fe_2O_3 \cdot + 3H_2O$.

2°. *L'hématite*

Encore appelée *oligiste*, l'*hématite* est un minéral très courant, très répandu à la surface de la Terre, de couleur noire à gris argenté, brun à rouge, ou rouge. D'identification aisée, elle présente un éclat métallique noir avec des reflets rouges caractéristiques et, surtout, elle donne, lorsqu'elle est rayée à la lime, une poudre rouge qui permet de la distinguer sans ambiguïté des autres minéraux lui ressemblant.

Opaque, elle est toutefois transparente rouge si elle est taillée en lame mince. C'est d'ailleurs la couleur rouge sang à la rayure, la principale caractéristique de l'hématite, qui lui donne son nom, lequel se retrouve dans l'étymologie qui signifie sanguine, alors que son synonyme, l'*oligiste* (du grec *oligos*, peu), a été donné par le minéralogiste français René Just Haüy pour souligner une plus faible teneur en fer (69,9 %) que celle de la magnétite (72,4 %). Toutefois, en raison de l'importance en quantité de ses gisements, l'hématite est le principal minerai de fer.

C'est une espèce minérale composée d'oxyde de fer (III) de formule Fe_2O_3 avec des traces de titane Ti, d'aluminium Al, de manganèse Mn et d'eau H_2O. C'est le polymorphe α de Fe_2O_3, le polymorphe γ étant la *maghémite* (maghémite, contraction de **mag**nétite et de **hém**at**ite**, de formule γ-Fe_2O_3).

L'hématite, dont la cassure est conchoïdale, irrégulière, fibreuse, et dont la dureté varie de 4,9 à 5,3, se présente sous de nombreuses formes cristallines. Ses cristaux, qui peuvent atteindre 13 cm, sont trapus et le plus souvent aplatis ou lamellaires (à basse température), ou parfois lenticulaires ou tabulaires, à bipyramidées (haute température) ; ils peuvent être enchevêtrés, se disposant parfois comme les pétales d'une rose, d'où l'appellation de « rose de fer » (ou « hématite micacée »), par analogie avec l'aspect de la « rose des sables » du gypse. L'hématite apparaît aussi en masses concrétionnées : soit pisolitiques, oolithiques, fibreuses ou réniformes dans des gangues terreuses ou argileuses rouges et meubles (elle donne l'ocre rouge) ; soit en rognons mamelonnés plus informes que ceux de la marcassite qui, eux, sont souvent sphériques.

L'hématite est un minéral très commun dans des contextes géologiques très variés. D'origine primaire, il se forme à haute température. Produit de fumerolles, il peut donner des concentrations dans des gîtes de contact. Il peut être un élément des roches éruptives. Parfois en dépôt important avec limonite et sidérite dans les roches sédimentaires.

Les ***minéraux*** qui sont souvent ***associés à l'hématite*** sont :

*dans les roches métamorphiques et ignées : magnétite, ilménite et rutile.

- La *magnétite* est une espèce minérale ferrimagnétique, composée d'oxyde de fer(II,III), de formule Fe_3O_4, parfois écrit $FeO \cdot Fe_2O_3$, avec des traces de magnésium Mg, de zinc Zn, de manganèse Mn, de nickel Ni, de chrome Cr, de titane Ti, de vanadium V et d'aluminium Al ;
- l'*ilménite* est une espèce minérale formée d'oxyde minéral de fer et de titane, de formule chimique $FeTiO_3$, avec des traces de magnésium, manganèse et vanadium ;
- la *rutile* est une espèce minérale composée de dioxyde de titane, de formule TiO_2, avec des traces de fer (près de 10 % parfois), tantale, niobium, chrome, vanadium et étain ;

*dans les zones sédimentaires : goethite $\alpha FeO(OH)$, lépidocrocite $\gamma FeO(OH)$, sidérite $FeCO_3$.

- la *goethite* est une variété d'oxyhydroxyde de fer(III), polymorphe α du composé FeO(OH) avec des traces de Mn et H_2O.
- la *lépidocrocite*, aussi appelée *esmeraldite* ou *hydrohematite*, est une espèce minérale qui correspond au polymorphe γ de FeO(OH), avec des traces de manganèse ;
- La *sidérite* est du carbonate de fer de formule brute $FeCO_3$, avec des traces de Mg, Mn, Ca, Co, Zn. Altérée par oxydation à l'air humide, elle se transforme en limonite en prenant une coloration brun-noir ; beaucoup d'échantillons de sidérite sont en fait des pseudomorphoses en limonite.

3°. La **pyrite**

Sulfure de fer, de formule FeS_2, c'est un minéral opaque d'un éclat métallique et de couleur jaune laiton à jaune doré. Cette teinte lui a valu jadis le surnom d'« or des fous » (terme commun avec la chalcopyrite), car bon nombre de personnes l'ont confondue avec de l'or natif.

Espèce décrite par le médecin et botaniste grec Pedanius Dioscorides (40-90), la pyrite tire son nom du grec « pyros » signifiant « feu », en raison des étincelles qu'elle projette sous le choc d'un objet métallique. Elle se rencontre dans de nombreux types de gisements : roches magmatiques, dépôts argileux charbonneux.

Souvent massive, elle se présente sous forme de cristaux cubiques ou dodécaédriques, de dureté 6,0-6,5 et de densité 5,013 ; certaines pyrites ont des stries sur leur faces (pyrites triglyphes). La pyrite peut présenter des macles dites « croix de fer ». On peut découvrir un certains nombres de fossiles pseudomorphosés en pyrite.

Dans les stériles : quartz, dolomie, mica, chlorite, calcite, barytine…

Dans les stériles du gisement Sicomines, l'on retrouve principalement la *dolomie* et le *quartz*, suivis du *mica*, du *chlorite* et relativement peu de *calcite*, de *barytine* et d'autres minéraux.

1°. La ***dolomie***

La *dolomie* est le nom donné en français à une roche formée uniquement du minéral appelé *dolomite* ; aussi l'appelle-t-on aussi roche dolomitique. La langue anglaise ne différencie que très rarement les deux concepts et seul le terme « dolomite » est généralement utilisé, même si le vocable *dolostone* existe toutefois.

La dolomie a une histoire passionnante, qui donne son analyse et sa composition chimique. C'est une roche sédimentaire dont le nom provient du géologue et naturaliste français Déodat Gratet de Dolomieu qui, en 1791, identifia un type de calcaire dans les Alpes tyroliennes. Pourtant, ce n'est pas lui qui découvrit cette roche de couleur rouge clair et qui se retrouve généralement le long des fissures de quartz et dans des veines. L'historiographie attribue sa découverte plutôt à Horace-Bénédict de Saussure. C'est aussi ce minéralogiste suisse qui, en 1792, avec son fils Nicolas-Théodore de Saussure, en fit la première analyse chimique. L'on ne sait pourquoi Nicolas-Théodore de Saussure, en 1796, ne donne pas à l'objet de leur recherche le nom de sa famille, puisque ce serait son père qui l'a découvert, mais préfère l'appeler dolomie, en mémoire de Déodat

Gratet de Dolomieu qui ne fit qu'analyser un type de calcaire ; pourquoi ne pensa-t-il pas aussi au minéralogiste-métallurgiste toscan, Giovanni Arduino (1713-1795), qui en fut le vrai découvreur, puisque ce fut lui, qui, douze ans plus tôt (en 1779), révéla le dépôt de dolomite de Dolomieu.

L'on peut retenir que la dolomie est une roche sédimentaire carbonatée composée d'au moins 50 % de dolomite, c'est-à-dire d'un carbonate double de calcium et de magnésium, de composition chimique $CaMg(CO_3)_2$. Ceci montre qu'elle contient un mélange de dolomite et de calcite en parts à peu près égales (C'est une pierre tout juste calcaire qui devient un marbre dolomitique lorsqu'il subit des phénomènes métamorphiques). Finalement, l'analyse au spectromètre révèle que, dans sa composition chimique, la dolomite comprend les éléments suivants : 29,78 % Ca, 8,50 % Mg, 12,50 % C et 40,36 % O.

La dolomite peut également contenir du cobalt. Dans ce cas, celui-ci a une teneur importante (8,60 %), égale ou légèrement supérieure à la teneur du magnésium (8,50 %) ; d'ailleurs, dans la roche, les deux éléments peuvent se substituer. Outre le cobalt Co, la dolomite peut également s'accompagner des traces de quelques autres métaux : notamment fer Fe, manganèse Mn, plomb Pb et zinc Zn.

De couleur rouge claire, la dolomite se retrouve généralement le long des fissures de quartz et dans des veines. Elle est pure en général, mais contient quelquefois le ferrogel et les minéraux de veine.

A la dolomite, minéral commun présent dans de nombreux filons, les terrains sédimentaires ou même dans certaines météorites, peuvent être associés les minéraux suivants :

- Filons hydrothermaux : baryte, calcite, fluorite, sidérite, quartz, les sulfures ;
- Sédimentaire : calcite, célestine, gypse, quartz ;
- Métamorphisme : calcite, diopside, forstérite, magnésite, magnétite, serpentine, talc, trémolite, wollastonite ;
- Carbonatites : ankérite, apatite, calcite, sidérite.

Selon la genèse des dolomies, l'on distingue :

- les *dolomies primaires*, issues de la précipitation de dolomite dans des lagunes côtières des pays chauds ;
- les *dolomies secondaires*, résultat du remplacement d'une partie de la calcite par de la dolomite lors du processus de diagenèse

(dolomitisation), procesus au cours duquel le carbonate de calcium ($CaCO_3$) est transformé en carbonate double de calcium et de magnésium ($CaMg(CO_3)_2$) par remplacement de la moitié des ions Ca^{2+} par des ions Mg^{2+} ;

- le *calcaire dolomitique*, un calcaire dont une partie de la calcite a été remplacée par de la dolomite lors de la diagenèse (dolomitisation).

Principal constituant des dolomies, la *dolomite* se présente souvent en cristaux peu denses (densité 2,9), fragiles (dureté 3,5 à 4) et rhomboédriques (plus rarement prismatiques) parfois groupés « en selle » ; elle peut aussi être massive, se présentant en masses compactes ou granulaires rugueuses, ressemblant généralement à du marbre.

Par sa forme cristalline, ainsi que par sa composition chimique et sa couleur, la dolomite est proche de la calcite et de la magnésite ; c'est d'ailleurs pourquoi la roche dont elle est issue (dolomie, ou roche dolomitique, constituant des massifs montagneux entiers), est formée à partir de calcaires par l'action de solutions contenant du magnésium.

Par ses nombreuses propriétés, dont celles de luminescence, fluorescence, et triboluminescence, la dolomite peut être utilisée :

- dans l'industrie du bâtiment (fabrication de certains ciments et réfractaires) ;
- pour les revêtements des fours de fusion et de calcination ;
- comme charge minérale dans de nombreuses applications : peintures et enduits, plastiques, papiers et revêtements de sol ;
- sous forme broyée dans des produits d'amendement, dans l'industrie du verre, de l'acier, de la céramique ;
- comme minerai potentiel de magnésium (le magnésium extrait est utilisé comme anti-dépresseur efficace ou pour la production de sels de magnésium) ;
- produit du sulfate de calcium (gypse) et du sulfate de magnésium (epsomite) lorsqu'elle est traitée à l'acide sulfurique ;
- par les collectionneurs pour la beauté de ses cristaux.

2°. Le ***quartz***

Le *quartz*, une espèce du groupe des silicates, sous-groupe des tectosilicates, est le minéral le plus commun, composé de dioxyde de silicium de formule SiO_2 (46,74 % Si et 53,26 % O), avec des traces de différents éléments tels que Al, Li, B, Fe, Mg, Ca, Ti, Rb, Na, OH.

Très stable, sauf dans l'acide fluorhydrique ou la soude très concentrée, cette substance de masse 60, d'une densité de 2,65 et qui cristallise dans le système trigonal, fond à 1650 (±75) °C.

Le quartz connaît de nombreux domaines d'application : la réalisation de sols industriels (anti-usure), l'épuration des eaux, le sablage industriel, l'horlogerie, la joaillerie, etc.

3°. Le ***mica***

« Mica » vient du mot « miette », parce que ce minéral est friable. Surtout, il dérive du latin *micare*, qui signifie briller, scintiller. En effet, le mica est un minéral d'un éclat métallique brillant. Ses cristaux le sont tout autant : ils apparaissent comme de grandes paillettes brillantes translucides aux contours hexagonaux, ou comme des empilements de feuillets.

Nom d'une famille de minéraux appartenant au groupe des silicates, sous-groupe des phyllosilicates, le mica est un minéral en feuillets faciles à séparer les uns des autres, formé principalement de silicate d'aluminium et de potassium. Avec le quartz et le feldspath, il est l'un des constituants du granite.

Les micas sont classés en deux séries :

*les *micas blancs*, dioctaédriques, de formule générale $X^+Y^{3+}{}_2[AlSi_3O_{10}(OH,F)_2]^{7-}$, sont des silicates riches en aluminium et en potassium ; le mica blanc le plus fréquent est la muscovite $K^+Al^{3+}{}_2[AlSi_3O_{10}(OH,F)_2]^{7-}$ (minéral incolore, brun à reflets doré lorsqu'il est altéré) ;

*les *micas noirs*, trioctaédriques, de formule générale $X^+Y^{2+}{}_3[Al_{1+x}Si_{3-x}O_{10}(OH)_2]^{7-}$, sont des silicates contenant surtout du magnésium avec du potassium et du fer. Le mica noir le plus fréquent est la biotite $K^+(Mg,Fe,Ti)^{2+}{}_3[Al_{1+x}Si_{3-x}O_{10}(OH)_2]^{7-}$ (minéral noir, brun à reflets bronzé). Les micas noirs font partie des principaux composants des granites, des gneiss et des micaschistes ; leur altération les transforme en chlorites.

Les deux types de mica se trouvent dans les roches éruptives et métamorphiques, mais aussi dans les roches sédimentaires où ils sont détritiques.

Par leur transparence, leur hétérogénéité, leurs propriétés thermiques et leur bonne isolation électrique, les micas sont principalement employés comme des :

- rubans pour isolation des barres de cuivre dans les moteurs et alternateurs à haute tension ;
- diélectriques (isolants) dans les condensateurs haute tension et haute fréquence ;
- feuilles isolantes électriquement (souvent enduite de pâte thermique) entre un composant électronique (comme un transistor de puissance) et un radiateur ;
- rubans pour protection anti-feu des câbles électriques dans les installations où les exigences de sécurité sont importantes (tunnels, bateaux, aéroports, hôpitaux, métro, etc.) : la protection mica permet en effet aux installations de fonctionner plus longtemps en cas d'incendie ;
- plaques de chauffage pour applications industrielles ou appareillage électroménager (grille-pain, sèche-cheveux, four à micro-ondes, etc.) ;
- applications industrielles diverses (fours à induction, joints, pièces isolantes), joints automobiles…

Le mica est également utilisé :

- pour ses propriétés d'isolant électrique et de résistance à la chaleur, son inertie chimique, son pouvoir couvrant, sa capacité d'isolation acoustique ;
- comme charge dans des peintures, des enduits, des matières plastiques (pour sa résistance à la traction et à la flexion) ;
- comme isolant acoustique (voitures automobiles) ou anti-feu (portes coupe-feu) lorsqu'il est incorporé à d'autres matériaux ;
- pour son aspect esthétique et décoratif (cosmétiques).

4°. Les ***chlorites***

Le mot « chlorite » a deux significations distinctes : en chimie, *un chlorite* (genre masculin) est un sel de l'acide chloreux $HClO_2$, et l'ion chlorite ClO^-_2 en est la base conjuguée ; tandis qu'en minéralogie, *une chlorite* (nom féminin) est un phyllosilicate. C'est cette dernière acception du terme qui nous intéresse ici.

Une *chlorite* est un minéral alumino-silicaté de fer ou de magnésium, de dureté faible (entre 2 et 2,5 sur l'échelle de Mohs), d'une densité variant entre 2,6 et 3,3 en fonction de la composition chimique, pouvant être rayé par l'ongle et possédant un éclat vitreux, perlé ou mat. Ce minéral, qui produit un trait vert pâle à gris et une poudre verte, est généralement de couleur verdâtre. Même s'il existe des specimens de couleurs variables (jaune, rouge ou blanc), le vert reste la couleur principale des chlorites. C'est de cette couleur caractéristique d'ailleurs que toutes les chlorites tirent leur nom : en latin *chloritis* signifie *« pierre de couleur verte »* ; ce mot est lui-même transcrit du grec *khlôritis*, qui dérive de *chloros*, « vert », en référence à la couleur de ce minéral. La première mention connue d'une chlorite, en français, date de 1578 ; on l'y décrit comme une « pierre précieuse de couleur verte ».

Mais cette origine ne devrait pas expliquer la composition chimique de la chlorite : cette roche ne contient pas de chlore, mais partage seulement une étymologie commune avec cet élément. Voisine du mica par sa structure et ses propriétés physico-chimiques, la chlorite est produite par diverses réactions minérales, dont la décomposition du mica noir ; dans ce cas, les chlorites proviennent de l'altération de minéraux tels que les pyroxènes, les amphiboles et les biotites.

Aujourd'hui, le terme *chlorite* ne désigne plus un minéral précis mais une quinzaine de minéraux formant le *groupe des chlorites*, lequel répond à la formule générale $(Mg,Fe,Mn,Al)_6(Si,Al)_4O_{10}(OH)_8$, qui peut encore s'écrire $(Mg,Fe^{2+},Fe^{3+},Mn,Al)_{12}[(Si,Al)_8O_{20}](OH)_{16})$.

Comme le montre cette formule, les chlorites sont des phyllosilicates micacés, des phyllosilicates hydratés qui sont composés de réseaux tétraédriques et octaédriques : leurs couches de silicate sont formées par des anneaux à six membres avec une alternance de deux couches de tétraèdres T autour d'une couche d'octaèdres O et d'une couche isolée d'octaèdres. A cet effet, la structure des chlorites, qui est voisine de celle des micas, consiste en un empilement de couches parallèles au plan (001), contenant les éléments métalliques et de couches d'aluminosilicates.

Les éléments métalliques, présents sous forme de cations (ions positifs), qui peuvent y être rencontrés, sont le fer Fe, le magnésium Mg, l'aluminium Al et le manganèse Mn, ainsi, que parfois, en proportions moindres, le lithium Li, le vanadium V, le chrome Cr, le nickel Ni, le titane Ti, le cuivre Cu et le zinc Zn ; mais les chlorites sont pratiquement dépourvus d'alcalins. Le silicium Si peut être partiellement substitué par le béryllium Be, le bore B, le fer Fe et le zinc Zn. Le polyèdre de coordination des éléments métalliques est un octaèdre dont les sommets sont les anions O^{2-} ou des groupes hydroxyles $(OH)^{-}$. Les couches d'aluminosilicates contiennent une couche d'aluminium en coordination octaédrique et deux couches d'aluminosilicates formées par des anneaux à six-membres $(Si,Al)_6O_{18}$ de tétraèdres $(Si,Al)O_4$. Les couches sont reliées entre elles par des liaisons hydrogène.

Les chlorites cristallisent le plus souvent dans le système cristallin triclinique, mais elles peuvent aussi présenter une symétrie monoclinique ou pseudohexagonale. Elles ont très rarement des cristaux bien formés, avec des faces prismatiques et pyramidales ; ces cristaux, d'aspect hexagonal, se présentent parfois sous forme de tonnelets, de masses lamellaires, d'agrégats foliacés, laminaires, vermiculaires ou grenus. La coloration est d'un vert plus ou moins foncé, avec un éclat nacré à gras, une poussière incolore, un aspect parfois transparent ou translucide.

Le plus souvent, les chlorites forment des feuillets ou plaques fines pseudo-hexagonales parallèles au plan {001} et flexibles, ainsi que des sphérules. Elles présentent toutes un clivage parfait sur le plan {001}.

Les chlorites, qui sont des pierres semi-précieuses, se trouvent dans les roches magmatiques, métamorphiques et sédimentaires. Les chlorites sont, avec la kaolinite, des minéraux secondaires des dépôts de bauxite. Dans les roches métamorphiques, les chlorites apparaissent dans les micaschistes à base de quartz, albite, séricite et grenat. Dans les roches ultramicacées, le métamorphisme peut produire de la clinochlore associée au talc. Les chlorites sont aussi trouvées dans les minerais hydrothermaux et sont y souvent associées à l'épidote, la séricite, l'adulaire et aux sulfures.

*5°. La **calcite***

Du grec « khalx » qui signifie « chaux », la calcite est un minéral chimique ou biochimique composé de carbonate naturel de calcium de formule $CaCO_3$ (et de composition chimique : CaO 56 %, CO_2 44 %), avec des traces de Mn, Fe, Zn, Co, Ba, Sr, Pb, Mg, Cu, Al, Ni, V, Cr, Mo. De nature de couleur incolore et blanchâtre, elle peut prendre de très nombreuses teintes claires, selon la présence de cations autres que le calcium, et notamment de métaux de transition, qui lui donne une coloration allochromatique jaune, orange, rouge, vert, bleu, brun, gris. Suivant ces impuretés qui la composent, la calcite peut présenter les phénomènes de fluorescence, phosphorescence, thermoluminescence, triboluminescence.

La calcite est souvent présente dans les roches carbonatées, dans une moindre mesure dans les roches métamorphiques et les météorites. Constituant principal de nombreuses roches sédimentaires (calcaires, marnes), elle est un des carbonates les plus abondants, occupant de vastes superficies dans tous les continents : après le quartz, elle est le minéral le plus répandu à la surface de la terre. Communément associée aux minerais, elle est présente dans de nombreuses régions minières.

La calcite cristallise dans le système trigonal à réseau rhomboédrique[4] (dont la maille primitive est un rhomboèdre aigu parfaitement clivable, normalement groupés en druses importantes., contenant deux unités formulaires de $CaCO_3$) et dans une palette infinie de cristaux, des cristaux d'une dureté faible égale à 3.

Sous ses formes issues de l'industrie extractive (calcaire, carbonate de calcium), la calcite a de très grandes applications industrielles : dans la construction (ciment, chaux, pierres d'ornement...), pour la fabrication d'engrais, comme fondant dans la verrerie et dans la métallurgie, etc.

6°. La ***barytine***

La *barytine* (ou *baryte*) est une espèce minérale composée de sulfate de baryum de formule $BaSO_4$ (Ba 59 %, O 27 %, S 14 %), avec des traces de Sr, Ca et Pb.

Ce minéral, de couleur incolore, parfois blanc, jaune et d'origine hydrothermale, se présente sous forme de cristaux de dureté 4,48, du système cristalline orthorhombique et de la classe cristalline dipyramidale. Elle présente de nombreuses variétés.

B. Les feldspaths

*1°. Le **feldspath potassique***

De l'allemand *feld* pour champ ou terre cultivable ou du vieil allemand *fel (fels)* pour caillou ou roche, et *spat* pour facilement clivable, le feldspath est un minéral de la famille des tectosilicates, dont la composition est celle d'un aluminosilicate de sodium, de potassium ou de calcium. Le feldspath peut donc être sodique, potassique ou calcique, comme respectivement l'albite, l'orthose (ou microline) et l'anorthite. Les feldspaths sodiques et potassiques constituent des feldspaths alcalins, souvent translucides, blanchâtres ou roses et riches en alcalins (Na^+, K^+), tandis que les feldspaths calciques sont des plagioclases, lesquels diffèrent des précédents par la présence de calcium (Ca^{2+}) et l'absence de potassium (K^+).

Les feldspaths forment le groupe de minéraux le plus abondant de la croûte terrestre à plus de 50 % et rentrent dans la composition de nombreuses roches d'origine volcanique, ignée ou métamorphique. Ils forment le plus souvent des cristaux bien développés, automorphes, tabulaires, prismatiques, courts à allongés, souvent maclés, sinon en agrégat granulaire à cristaux fins, en masse compacte clivée et présentant souvent des macles. En combinaison avec d'autres minéraux, les feldspaths potassiques (ou alcalins ou orthoses) participent de la composition minéralogique modale des roches plutôt acides, telles les syénites et les granites (grenues) ou les trachytes et les rhyolites (microlithiques).

Le feldspath potassique $KAlSi_3O_8$ existe en trois polymorphes qui diffèrent par l'ordonnancement Al-Si dans les tétraèdres et le degré de leur température :

*la *sanidine*, qui correspond au degré maximal de désordre (chaque tétraèdre contient en moyenne l'ordre monoclinique 25 % d'Al et 75 % de Si), est le polymorphe qui intervient à la plus haute température ;

*l'*orthose*, ou *orthoclase*, qui correspond à l'ordre partiel Al-Si compatible avec la symétrie monoclinique, est le polymorphe de température intermédiaire ;

*le *microcline*, où l'ordre Al-Si est triclinique, est le polymorphe de basse température.

Quelques usages. Les feldspaths les plus communs sont couramment utilisés comme fondant ou liant vitreux dans les industries des céramiques et du verre. En gemmologie et en bijouterie, ils sont surtout appréciés pour leurs superbes effets optiques (labradorescence, adularescence, aventurescence, opalescence, chatoyance et astérisme). Les roches feldspathiques sont communément découpées en plaques et utilisées en matériaux de construction du bâtiment pour habiller les murs et les sols intérieurs et extérieurs. Réduits en poudre, ils rentrent dans la composition de certains engrais.

2°. Le ***plagioclase***

Dérivant du grec *plagios* = oblique et *klasis* = cassure, autrement dit « *fracture oblique* », en référence à ses deux clivages, le plagioclase est un feldspath, un silicate du sous-groupe des tectosilicates de la famille des feldspaths. D'abord représenté en 1826 par le minéralogiste allemand Johann Friedrich Christian Hessel (1796-1872), il est le minéral constituant majoritaire des deux types de croûte terrestre, en domaine océanique (roches de la famille des basaltes) comme en domaine continental (roches de la famille des granitoïdes). Il est d'ailleurs un outil de diagnostic important en pétrologie pour identifier le nom (selon les diverses nomenclatures), l'origine et le degré d'évolution des roches magmatiques. Le plagioclase est aussi un constituant majeur des roches lunaires et de plusieurs classes de météorites silicatées différenciées.

En fait, il n'existe pas un, mais plusieurs plagioclases. En effet, leur composition chimique varie d'un cristal à l'autre, pouvant prendre toute valeur comprise entre deux compositions extrêmes, celles des pôles purs albite ($NaAlSi_3O_8$) et anorthite ($CaAl_2Si_2O_8$) : les plagioclases constituent ainsi une solution solide, la *série albite-anorthite*.

3°. La ***biotite***

La biotite est un minéral, du groupe des silicates, sous-groupe des phyllosilicates, de la famille des micas. C'est le mica noir le plus fréquent, un minéral vert sombre à noir, brun à reflets bronzé, qui forme une série avec le phlogopite.

De formule simplifiée $K(Mg,Fe)_3(OH,F)_2(Si_3AlO_{10})$, qui peut encore s'écrire $K_2(Mg,Fe^{2+})_4Al_2[Si_4Al_4O_{20}](OH)_4)$ ou $K^+(Mg,Fe)^{2+}{}_3[Al_{1+x}Si_{3-x}O_{10}(OH)_2]^{7-}$, la biotite s'accompagne des traces d'éléments tels que Mn, Ti, Li, Ba, Na, Sr, Cs, Fe, Cl. Il ne s'agit plus d'un minéral, mais du nom d'une série de micas noirs sans lithium. Cette série commune de minéraux, qui va de l'annite au phlogopite et de la sidérophyllite à l'eastonite, est localisée dans de nombreuses roches métamorphiques (gneiss, micaschistes, ...) et roches ignées (gabbros, granites, ...).

Grâce à son éclat submétallique, vitreux, nacré et à sa couleur vert sombre, brun sombre à noir, elle se reconnaît facilement en affleurement et en lame mince. Il peut devenir jaune laiton par altération (c'est pourquoi elle fut jadis appelée « or des chats »).

Les cristaux de biotite, tabulaires, prismatiques, pseudohexagonaux, souvent associés à l'épidote, sont présents sous forme de plaquettes localisées surtout au niveau des phénocristaux de feldspath dans les andésites et les rhyolites. Le développement de la biotite dans la roche est communément associé à celui de la séricite, mais cette dernière à un champ de stabilité plus restreint.

4°. *La **séricite***

Du latin *sericum* (« soie »), du fait de son aspect, la séricite est une variété de mica à grain très fin et à reflets verts qui peut appartenir à deux espèces minérales différentes : la muscovite ou (plus rarement) la paragonite $(Na_2O\text{-}K_2O).3Al_2O_3.6SiO_2.2H_2O$.

La séricite (formule simplifiée : $K_{1.5}Al_4(Si_{8-1.5},Al_{1.5})O_{20}(OH)_4)$ se présente en petites paillettes disséminées dans la matrice cryptocristalline des rhyolites massives et bréchiques, et parfois associée au leucoxène. La séricite peut aussi être visible en cristaux idiomorphes associés à l'altération de chlorite et à la minéralisation disséminée toujours dans les rhyolites. La séricite est presque toujours séparée physiquement de la biotite.

La séricitisation représente la première étape d'altération hydrothermale précoce des roches felsiques. Cette étape d'altération initiale peut facilement être oblitéré par les phases d'altération subséquentes. La réaction de l'eau de mer avec les unités de roches volcaniques felsiques qui sont encore chaudes, peu profondes et plus ou moins perméables produit la séricite. Cette réaction est l'étape initiale du lessivage des éléments alcalins comme le potassium contenu dans les roches. Elle a aussi pour effet de diminuer le pH de l'eau de mer et de faire précipiter une partie de son sodium (Hajash et Chandler 1981). La séricitisation est aussi la première étape d'augmentation de la porosité de la roche initiale. La solution riche en potassium qui en résulte en chauffant migre vers le haut et commence à transformer les plagioclases en séricite et quartz.

5°. *L'**épidote***

C'est une espèce minérale du groupe des silicates, sous-groupe des sorosilicates, de formule $Ca_2(Fe,Al)Al_2(SiO_4)(Si_2O_7)O(OH)$, avec des traces de magnésium Mg et de manganèse Mn. Décrit par René Just Haüy en 1801, ce silicate hydroxyde de calcium, de fer et d'aluminium tire son nom du grec *epidosis*, signifiant « complément », « croissance » ou « qui a reçu un accroissement », en référence au fait que la base du prisme possède un côté plus long que l'autre. En effet, l'épidote se présente souvent en cristaux prismatiques plus ou moins allongés (pouvant atteindre 35 cm), parfois aciculaires, ou en masses fibreuses ou granulaires, de dureté 6 et de densité 3,4.

C'est un minéral transparent, presque opaque, généralement translucide, de couleur gris vert à noire, rarement incolore et d'un éclat brillant à résineux. Il peut être localisé dans les roches métamorphiques calciques, hydrothermales, métasomatiques de contact, ou peut se former par altération des plagioclases (saussuritisation). Il est souvent associé à d'autres minéraux tels que le quartz et la chlorite.

L'épidote est utilisée comme pierre fine en cristaux facettés, en cabochons ou encore en tant que minéral de collection à l'état brut. Elle peut être utilisée en joaillerie lorsqu'elle est de qualité gemme.

Des métaux du minerai Sicomines autres que Cu et Co : Pb, Zn, Mo, W, Sn, Cd, Ge, Tl, Ni, Bi, Se, Ga et In, ainsi que Ag, Au et S

La composition chimique du minerai du gisement Sicomines présente généralement, en dehors du cuivre Cu et du cobalt Co, les autres éléments suivants, souvent en association : le plomb Pb, le zinc Zn, le molybdène Mo, le tungstène W dans la wolframite, l'étain Sn, le cadmium Cd, le germanium Ge, le tellure Tl, le nickel Ni, le bismuth Bi, le sélénium Se, le gallium Ga et l'indium In, ainsi que l'argent Ag, l'or Au et le soufre S.

Compte tenu de leur importance pour la valorisation des produits, ces éléments sont normalement récupérables. Cependant, pour le moment, les essais de concentration ont révélé un très faible rendement de récupération de beaucoup d'entre eux, dont l'argent et l'or. Plus tard, ils pourront, malgré tout, certainement s'avérer utiles, et les moyens pourront être déployés pour les exploiter, soient-ils de petite concentration.

Aussitôt connue la composition du gisement minier, Sicomines pouvait dès 2013, commencer à appliquer son *Plan de mise en production par étapes* ; concrètement, elle assura qu'elle allait exécuter ses trois principaux projets : les travaux miniers et métallurgiques, la gestion du Projet d'Infrastructures et la construction de la Centrale hydraulique de Busanga.

L'EXECUTION DU PROJET : LES TRAVAUX MINIERS

Constituent le premier point du *Plan de mise en production par étapes*, les travaux miniers et métallurgiques comprennent, en détail, les opérations suivantes :

1°. *Extraction des minerais*, à partir de deux fosses à ciel ouvert :
- 1ère période, extraction de 4.550.000 tonnes de minerais par an ;
- 2ème période, extraction de 9.100.000 tonnes de minerais par an.

2°. *Construction du concentrateur*, pour traiter les minerais extraits , en 2 étapes :
- 1ère période, traitement de 4.550.000 tonnes de minerais par an ;
- 2ème période, traitement de 9.100.000 tonnes de minerais par an.

Les concentrés sulfurés, traités en premier lieu, serviront pour la vente, tandis que les concentrés oxydés, traités après, seront envoyés à l'usine métallurgique ;

3°. *Construction de l'usine métallurgique*, pour traiter les minerais concentrés provenant du concentrateur (274.000 t/an de concentrés sulfurés et 182.000 t/an de concentrés cobaltiques) ; opération en 2 temps :
- l'usine hydrométallurgique, pendant la 1ère période, pour traiter les concentrés cobaltiques ;

- l'usine pyrométallurgique, pendant la 2ème période, pour traiter les concentrés sulfurés) ;

4°. *Mise en œuvre de l'alimentation électrique*, pour satisfaire le besoin en énergie du projet.

Ici, nous commençons par traiter des travaux miniers. Ils comprennent, grosso modo, le *dénoyage du site minier*, l'*alimentation en énergie électrique* de la 1ère tranche de drainage des cuvettes minières, la *découverture* de l'infrastructure et le *dépôt des déchets*.

Dénoyage du site minier – les Eaux d'exhaure

C'est seulement après l'approbation de l'Etude de faisabilité et donc du Projet de Coopération, acquise avec quelque retard par rapport à la prévision initiale, qu'a commencé la deuxième étape, la *Problématique d'exhaure*, consistant au *dénoyage du site minier*, c'est-à-dire en l'évacuation des eaux infiltrées des galeries de mine pour les rendre inaccessibles et impropres à l'exploitation. C'est une étape cruciale pour commencer le *développement des mines*. L'on sait en effet que les mines étaient au départ noyées ; l'exhaure consiste à éliminer ces eaux d'infiltration par l'installation des dispositifs d'évacuation.

La mine acquise par la Sicomines, celle des carrières de Dikuluwe et de Mashamba-ouest (DIMA), avait commencé à être progressivement envahie par les eaux, à la suite de l'interruption de l'exhaure en 1996. En cette année-là, la Gécamines, alors propriétaire des sites DIMA, avait abandonné leur exploitation minière. Il se devait pour la Sicomines d'effectuer des travaux de dénoyage des cuvettes inondées de ces sites. Pour assécher les galeries de mine envahies par les eaux, l'opération a commencé par des sondages hydrogéologiques afin de mieux comprendre le comportement de la nappe aquifère.

L'on a su alors que l'inondation était le fait des *eaux d'exhaure*, des masses d'eau qui s'accumulent sous la terre. Selon la lithologie, la profondeur, le niveau de déformation de la tectonique, ces masses d'eaux se présentent sous forme des couches diverses dans la nappe de Kolwezi constituée en un grand bassin tectonique.

Dans la zone du projet, ces différentes couches sont alimentées en eau par des précipitations fréquentes, favorisées par la végétation qui s'y développe, sa topographie douce et son sol superficiel perméable.

Naturellement, les eaux d'exhaure sont suceptibles de perturber l'exploitation du gisement du projet. C'est pourquoi, pendant l'exploitation de la mine, Sicomines a pris des mesures pour l'assèchement des deux fragments du gisement dans les carrières de Dikuluwe et de Mashamba-ouest, en cas de leur envahissement par les eaux souterraines et par des eaux des pluies.

A la prise de la carrière par la Sicomines, le projet s'est mis à évoluer avec une exhaure secondaire à partir des puisards au sein des mines. L'eau évacuée est drainée jusqu'à un bassin de stockage pour alimenter l'usine de traitement. Dans des buses[1] est dirigée l'eau excédentaire, décantée au préalable, au travers d'un chenal, vers la rivière Luilu à 7 km des installations de la Sicomines.

Les puits filtrants, quoique installés, servent à l'exhaure primaire seulement en cas d'augmentation signalée du niveau de la nappe. Sinon ces puits servent au suivi de la qualité des eaux souterraines au sein de la concession, à l'approvisionnement du projet en eau d'humidification des routes et d'alimentation de l'unité de traitement d'eau.

Dans le cadre de l'évolution du projet, la Sicomines a prévu l'exploitation progressive de six fragments du gisement circonscrit, en commençant par Dikuluwe et Mashamba-ouest. Les deux carrières forment une seule fosse et couvrent une aire de plus de 5 km^2 pour une profondeur de 400 m. A cet effet, le projet a envisagé deux types d'exhaures : une exhaure primaire par puits filtrants et une exhaure secondaire à partir d'un puisard.

1°. *L'exhaure primaire* par puits filtrants

Elle est exécutée préférentiellement pour éviter de perturber les travaux lors de l'exploitation. Ici, le dénoyage se fait par un système de deux puits filtrants à câbles (d'un diamètre de 6 m et en béton) verticaux et distants de 2 km, l'un à l'est et l'autre à l'ouest, chaque puits avec une station de pompage, le premier au niveau 1.200 m d'altitude et le second au niveau 1.000 m d'altitude.

Les eaux provenant de l'exhaure trouvent de nombreuses applications. En effet, à partir des puits filtrants, l'eau recueillie sert à

---

[1] *Buse* : Ouvrage de drainage placé transversalement en tranchée sous la chaussée pour permettre à l'eau venant d'ouvrages longitudinaux, d'écoulements naturels et artificiels de passer sous la route ; elles sont souvent circulaires, ovales ou ovoïdales.

l'humidification des voies de circulation, dans le réseau d'eau sanitaire sur tout le site, aux systèmes d'eau industrielle, comme le système anti-incendie. Une partie de ces eaux est utilisée pour la production de l'eau potable à partir d'une usine de traitement, et le trop plein du bassin de stockage est canalisé vers le lieu de rejet des eaux d'exhaure.

2°. *L'exhaure secondaire à partir d'un puisard*

Pour limiter le pompage des eaux d'exhaure, le projet réalise principalement l'exhaure secondaire, au moyen des puisards, l'exhaure primaire par puits filtrants n'étant utilisée qu'en cas exprès d'augmentation de niveau d'eau de la nappe.

L'exhaure secondaire à partir d'un puisard est exécutée pour assécher le champ minier envahi par les eaux de pluies et les eaux souterraines. Le projet a donc commencé par procéder à cette exhaure pour le dénoyage des carrières de Dikuluwe et Mashamba-ouest. Pour un drainage efficace, la technique utilisée consiste à évacuer l'eau de la carrière de Mashamba-ouest à travers un drain jusqu'au bassin de stockage de l'eau provenant de la carrière de Dikuluwe.

A cet effet, le projet Sicomines réalise un drainage normal avec 2 radeaux dans chacune de deux carrières. En vue de faciliter les travaux, le projet, en cas de nécessité, peut également réaliser un drainage en surface, par le forage des puits au nord-est de la concession.

Les eaux issues de l'exhaure secondaire servent à fournir sur le site l'eau nécessaire pour les usines de traitement et sont stockées dans un bassin situé à l'ouest des usines.

Lancés depuis avril 2013, les travaux de dénoyage étaient terminés deux ans plus tard. A ce jour, près de 40 millions de tonnes de roches (minerais et roches stériles compris) ont déjà été extraits. Fraîchement sorti du sol, le nouveau concentrateur éait déjà en phase d'essai de production depuis février 2015.

Les travaux de construction de deux nouvelles usines hydro-métallurgiques et de diverses autres infrastructures ainsi que des équipes auxiliaires à l'industrie minière ont été réalisés.

Démarrage des travaux miniers

2013 est l'année du démarrage des travaux miniers. En cette année qui commémore le cinquième anniversaire de la Convention de Collaboration (et du BCPSC), la Sicomines entre dans une phase cruciale, celle de la construction à grande échelle, avec le démarrage de la construction des travaux miniers. Ces travaux, qui s'exécutent selon un « Plan optimisé d'exécution par étapes du Projet », sont nombreux :

- conception préliminaire des travaux miniers et métallurgiques ;
- travaux de l'alimentation en énergie électrique de la 1ère tranche de drainage des cuvettes minières ;
- travaux de drainage des pluies ;
- construction du site des travaux et de la base-vie permanente ;
- travaux de découverture de l'infrastructure ;
- travaux de l'usine principale de concentration ;
- travaux du dépôt des déchets ;
- démarrage des travaux de la centrale hydraulique…

Parmi ces quelques points, retenons trois qui semblent importants pour l'installation de l'exploitation minière : *l'alimentation en énergie électrique* de la 1ère tranche de drainage des cuvettes minières, *la découverture* de l'infrastructure et le *dépôt des déchets*.

L'alimentation en eau et en énergie électrique

Pour effectuer tous les travaux ultérieurs, la Sicomines a eu besoin d'une alimentation en eau et en électricité.

La source d'alimentation en eau provient du système d'exhaure des mines. Le débit d'exhaure est estimé à 60.000 – 80.000 m^3 par jour. Les besoins en eau du projet sont de 335.873 m^3 par jour, dont 68.612 m^3 pour les besoins directs de production.

Pour ses besoins en électricité, la Sicomines, au départ et jusqu'à la production de la première phase, utilise le courant fourni par la SNEL ; notamment, elle est connectée au réseau électrique de 220 kV à la sous-station SCK de 220/35/10 kV à Kolwezi distante de 20 km du site des installations, à partir de la sous-station RO de 120/35/10 kV.

En cas de panne du courant de la SNEL, la Sicomines recourt au courant produit par ses générateurs. Quelquefois, elle importe, de la Zambie voisine, une partie de l'énergie électrique.

Dès le début, l'on a senti le besoin que l'idéal serait que la Sicomines utilise une énergie issue d'une source unique et puissante. Ce sera le courant en provenance du barrage hydroélectrique de Busanga situé à 80 km à l'ouest de la ville de Kolwezi et dont la puissance d'installation sera de 240 mégawatts (MW).

La découverture de l'infrastructure

Les travaux de la découverture de l'infrastructure ont compté parmi les plus importants effectués pour le projet Sicomines. On peut les présenter comme suit[1] :

''La découverture a consisté à déboiser et à enlever la couche du sol qui recouvre en certains endroits les fragments du gisement pour faciliter l'exploitation, l'installation des différentes composantes de l'usine de traitement et la construction de quelques infrastructures de base de la société (routes, usines, camps de vie, bureaux, bassins de stockage, ...).

Au niveau des mines, la découverture a été réalisée pour le recarrage de manière à prévenir la jonction des deux fosses.

Pour la découverture, compte tenu des propriétés mécaniques des roches, la société procède au forage et au dynamitage des stériles. Elle œuvre au niveau des six fragments du gisement pour les travaux miniers. A ces sites, on y ajoute les sites pour l'usine de concentration, l'usine de traitement des concentrés et leurs parcs à rejets respectifs, les installations des bureaux, le campement, les voies de communication, etc.

Le déboisement total a pu atteindre une superficie de plus de 200 h pour l'ensemble de la concession, compte tenu du fait que celle-ci est remplie des sites des mines, des usines, des sites des rejets et des voies de circulation.

La quantité des matériaux de la découverture est évaluée à 237.450.000 t dont 3.759.000 t de minerai et 233.691.000 t de stériles. L'altitude au début de l'exploitation avait été de 1.305 m. La découverture a permis de disposer de 1.612.000 t de minerai à exploiter et de 8.381.000 t de minerai à développer.''

---

[1] « Sicomines SA, EIE&PGEP », *Office of Environmental and Mining Studies, OEMS sarl*, pp. 32-34, 2018.

Le stockage des minerais

Après la découverture d'infrastructure minière, le stockage des minerais et les matières stériles des mines à découvrir. Pour ce faire, la Sicomines a aménagé 10 aires dans les fosses destinées à emmagasiner les minerais et les stériles avant leur acheminement à l'usine de traitement. L'on peut lire dans le rapport du Bureau d'étude *Office of Environmental and Mining Studies, OEMS sarl*[1] :

"Lors des sept premières années d'exploitation minière, les matériaux tout-venant étaient acheminés vers les installations de concassage à l'usine de concentration. Par la suite, Sicomines SA va installer au sein de la mine des concasseurs pour les minerais et les stériles. En ces sites, il sera aménagé des aires de stockage des matériaux.

Au sud de la mine à environ 3,5 km, le projet Sicomines SA a érigé une halde à stériles. A côté de l'usine de traitement, il a érigé des aires pour la réception des minerais. Ces aires sont pour l'alimentation des usines en minerais.

Tous ces tas de remblais sont constitués de manière à ne pas gêner les travaux au sein des carrières et à faciliter le transport des matériaux vers le concasseur de l'usine de traitement. Sicomines SA constitue ainsi des stocks des minerais pouvant garantir un fonctionnement normal pour environ 1 an."

Les différents autres travaux d'aménagement

Plusieurs autres travaux nécessaires pour la mise en place de l'exploitation minière ont été réalisés. Il s'agit notamment des opérations de :

- Déboisement et défrichement,
- Expropriation,
- Dynamitage,
- Remblayage.

Les travaux de déboisement et de défrichement consistaient à s'approprier une étendue de savane herbeuse afin d'installer, sur une étendue de 4,5 hectares environ, ses bureaux, ses dépendances (garages, site de stockage ...), l'usine de traitement des minerais et un parc à stériles. Ils comprennent "le décapage des fragments du

---

[1] « SICOMINES EIE&PGEP », *Office of Environmental and Mining Studies, OEMS sarl*, p. 34, 2018.

gisement à exploiter, des zones à remblais à stériles, des remblais à minerais et des remblais à produits intermédiaires (rejets de concentration à retraiter), le dégagement d'une large superficie destinée aux infrastructures de garages, des ateliers, des bureaux, des usines de traitement des minerais et d'extraction métallurgiques et des installations connexes et la construction des routes d'accès, des digues et des ponceaux pour détourner l'eau provenant des stockages de stériles et des fosses de mines à ciel ouvert, d'un réseau de canalisations d'eaux, un réseau électrique, etc.''[1]

Au total, pour l'extraction minière, le défrichement a couvert ainsi environ 18 hectares, de telle sorte que les mines se retrouvent sur la concession en un site qui soit accompagné d'un parc à stériles.

A vrai dire, en tenant compte des voies d'accès, de l'emplacement des usines et des bassins à rejets, le défrichement a concerné au total une aire d'environ 90 hectares. La déforestation et la coupe des arbres ne seront réalisées que lorsque cela constituera une nécessité absolue.

Pour ne pas être accusée d'avoir « saccagé » inutilement le territoire « d'autrui », Sicomines SA a pris certaines précautions. Par exemple, ''la terre végétale a été retirée et stockée aux fins de la réhabilitation future du site de la mine ; les arbres et gros buissons qui ont été retirés du site seront mis à la disposition des locaux et des habitants des villages avoisinant le projet pour être utilisés comme matériaux de construction ou comme source d'énergie ; le programme de remise en végétation se déroulera au cours de l'exploitation jusqu'à la fermeture du site pour ramener le couvert végétal à son état d'origine avant exploitation ou à une utilisation du sol alternative viable et acceptable.''[2]

Un autre problème délicat était ***l'expropriation*** qu'il fallait entreprendre afin de libérer le terrain minier. Heureusement pour la Sicomines, celle-ci n'avait pratiquement rencontré, au sein de ses périmètres, aucune communauté humaine ni aucune localité établie de quelque manière ou y exerçant des activités de recherches de revenus.

''Cependant, la zone du projet est à vocation minière, en ce que des sociétés se sont livrées et d'autres se livrent encore aux activités d'exploitations qui produisent, en plus des minerais, des remblais et des

---

[1] « SICOMINES EIE&PGEP », *op. cit.l*, p. 34, 2018.

[2] *Idem.*

stériles. Dans la concession de Sicomines SA, il y a des remblais et des stériles résultants de l'exploitation minière réalisée antérieurement par la Gécamines. Ces exploitations minières ont permis aussi de doter la zone du projet de certaines infrastructures de base telles que les voies de circulations, la construction d'un camp de travailleurs, des digues, etc.

Il s'ensuit que plusieurs personnes, en quête de revenus, se sont installées dans la zone de Sicomines SA, pour y exercer des activités lucratives, notamment l'exploitation artisanale des minerais cuprocobaltifères au niveau des remblais et des carrières. Cet afflux des personnes a entraîné l'extension de l'ex Camp Gécamines de Kapata et l'implantation du Village Mutaka, situés en dehors et au sud-est de la concession du projet.

Sicomines SA pourra envisager la délocalisation au cas où il apparaissait que ses activités ou certaines modifications topographiques au sein de sa concession était susceptibles de porter atteinte aux populations environnantes ou certaines d'entre elles.

A cet effet, les normes d'IFC seront appliquées afin de minimiser les perturbations sur la société et de s'assurer que la délocalisation si elle est envisagée, puisse se réaliser d'une manière aussi humaine et intelligente que possible.

Les études détaillées sur les conditions de cette délocalisation seront réalisées en temps opportun.''[1]

Cette délocalisation a commencé à être réalisée peu avant que la Sicomines ne démarre, en octobre 2010, l'exploitation minière. En effet, lors d'une tournée dans cette zone d'exploitation minière effectuée le mardi 10 octobre 2010, le Secrétaire exécutif du BCPSC a sensibilisé les creuseurs artisanaux et les autorités en place afin de s'approprier ce projet et à le sécuriser. Les creuseurs artisanaux, que l'on priait de cesser leurs activités dans le domaine cédé à la Sicomines, n'ont pas opposé de grande résistance à la requête de Moïse Ekanga ; leurs coopératives ont demandé et obtenu que leurs membres soient pris en compte lors du recrutement du personnel pour réduire le chômage.

Le dynamitage a constitué une autre tâche à laquelle s'était attelée la Sicomines[2] :

---

[1] « SICOMINES EIE&PGEP », *op. cit.*, pp. 36-37, 2018.
[2] *Idem.*

‘‘Dans sa grande majorité, le matériau à exploiter affleure sous forme de collines surplombant les terrains avoisinants. Ce qui permet de prévoir une exploitation en butte, horizontale et en fouille.

Pour le matériau plus en-dessous du niveau normal, le projet prévoit de travailler en profondeur afin de remonter la matière extraite, avec creusement des rampes et constitution des accès aux gîtes à l'aide de niveleuse, de pelle excavatrice et fouilleuse, de bulldozer, de chargeuse et de benne.

La roche est au préalable abattue à l'explosif en faisant sauter une partie de sa paroi, sur une hauteur dûment déterminée, puis les pans abattus sont en partie fragmentés au même explosif pour faciliter leur chargement dans des camions-bennes.

Sicomines SA procède au dynamitage dans l'exploitation de la carrière au moyen de l'ANFO ou le magnum à environ 0,5 kg/m^3 de roches. La mise à feu est effectuée avec des détonateurs à mèches lentes (capped fuse ou durafuse) de 4,5 minutes de retard.

Le minage est utilisé pour faciliter les travaux de reprise et de manutention des roches. Il est exécuté de manière à éviter de provoquer d'importants jets de roches dans la zone. Il est foré dans les massifs rocheux et à l'aide du compresseur diesel, des trous de 5 à 6 pouces de diamètre et 10 à 20 m de profondeur qui sont chargés d'explosifs, puis bourrés de sable et mis à feu au cordeau détonnant pour désagréger la roche. Les trous sont disposés selon un maillage carré de 6 m sur 6.

Sicomines SA utilise une foreuse sur plate-forme roulante commandée par un seul opérateur, munie d'un compresseur, d'un outil de forage et d'un système de captage de poussières. La consommation spécifique d'explosifs est de 200 à 400 g par m^3 de roche (soit 75 à 150 g/t), dépendant non seulement de la nature de la roche, mais aussi de l'habileté des mineurs et de la méthode employée.

Les matériaux abattus mais ne pouvant pas se prêter facilement aux opérations de manutention (chargement au godet, chargement dans des bennes ou alimentation du concasseur) subissent un minage secondaire. Pour ce minage, la charge explosive est de 60 à 90 g/m^3.

En substance, le projet utilise pour le minage, au maximum 0,488 kg de charge explosive par m^3 de roches.’’

Le remblayage constituait enfin la dernière phase des travaux d'aménagement du site devant accueillir l'exploitation minière de la Sicomines. Ainsi, celle-ci a procédé à la constitution des remblais au sein de la carrière, pour faciliter le transport des matériaux. L'*Office of*

Environmental and Mining Studies, qui donne cette information, écrit[1] :

‘‘Durant les premières années d’exploitation, la société a constitué un site de remblais de minerai près de la section de concassage primaire. Ce site comprend 10 parties utilisées pour le remblayage en fonction de la teneur et de la nature du minerai. Les stériles sont disposés au niveau de 3 zones des remblais constitués jadis par la Gécamines, dénommées A, B et C. La zone A reçoit les stériles de mine de Mashamba et les zones B et C, les stériles de mine de Dikuluwe.’’

Méthodes d’exploitation

Avant et pendant que se déroulaient les travaux d’aménagement du site de l’exploitation minière, se menaient des études géologiques et minéralogiques.

L’Etude de faisabilité approuvée par toutes les parties avait recommandé l’exploitation de tous les gisements affectés au Projet par la méthode à ciel ouvert. En se basant sur la morphologie de son gisement, le projet Sicomines a opté pour la méthode conventionnelle d’exploitation minière à ciel ouvert par fosses emboîtées. Appelée aussi *méthode d’exploitation en cratère*, elle comprend les opérations successives suivantes :

- la fragmentation (forages et minages),
- l’excavation,
- le chargement et le transport des minerais et stériles, ainsi que
- la constitution des remblais de minerais et la mise en terrils.

Cette méthode est résumée comme suit par l’*Office of Environmental and Mining Studies* :

‘‘Les résultats des premiers travaux de recherches géologiques et les analyses des données disponibles indiquent que le gisement présente une couche importante d’aquifères et a la forme d’une couche dont les bords sont relevés et le centre progressivement concave formant une cuvette. Son angle d’inclinaison est faible et ce gisement présente une couche des roches intercalaires.

La méthode d’exploitation à ciel ouvert par fosses emboîtées a été utilisée compte tenu de son faible coût et de la facilité d’exécution des travaux pour atteindre le gisement.

[1] « SICOMINES EIE&PGEP », *op. cit.*, p. 38, 2018.

Sicomines SA réalise l'exploitation de deux mines par la méthode à ciel ouvert. Elle réalise l'exploitation des six fragments de son gisement par le développement d'une seule fosse qui consomme les fragments susmentionnés. La méthode d'exploitation est l'exécution d'une mine à ciel ouvert par fosses emboîtées.

A cet effet, Sicomines SA distingue deux périodes d'exploitation. La première va du niveau de 1.455 m d'altitude à 1.035 m d'altitude. La vitesse de descente moyenne d'exploitation de mine est de 13,5 m par an, en cette période. Durant la deuxième période, la vitesse de descente est de 17,8 m par an.''

Durée de vie de la mine : 23 ans

Avant de procéder à l'extraction proprement dite du minerai, il était nécessaire, pour le projet Sicomines, d'estimer la capacité moyenne et nominale de cette extraction. Pour ce faire, un calcul de l'optimisation financière des fosses d'exploitation en mine à ciel ouvert a été effectué. Ce calcul a tenu compte de la récupération minière de 95 % et du taux de dilution minière de 2 %. Il en est résulté les évaluations des ressources minières exploitables à ciel ouvert.

Ce résultat a quelque peu modifié la prévision initiale, qui donnait à Sicomines SA une durée totale de 26 ans et à l'exploitation du gisement minier celle 23 ans.

La mine acquise par Sicomines n'est donc pas éternelle. Elle est appelée certainement à s'épuiser un jour. Les études menées, qui ont conduit à soutenir que la durée de vie de la mine est évaluée à 23 ans, répartissent cette durée comme suit : 3 ans de découverture, 18 ans de stabilité de la production et 2 ans pour l'épuisement.

Sachant que l'installation et la construction des infrastructures de la Sicomines ont pris 3 ans, c'est-à-dire de 2013 à 2016, l'on peut estimer que la mine s'éteindra entre 2035 et 2040 ! Autrement dit, Sicomines SA a une durée totale d'au moins 23 ans pour parvenir à extraire les réserves exploitables à un rythme de production de 27.576 tonnes de minerais par jour.

Développement des mines

L'Etude de faisabilité approuvée par toutes les parties recommande l'exploitation de tous les gisements affectés au Projet par la méthode à ciel ouvert. Les réserves minières du Projet sont estimées à 220 millions de tonnes de minerais à 3,30 % en cuivre et 0,20 % en cobalt. Ce qui donne 7,280 millions de tonnes de cuivre métal contenu et 450 mille tonnes de cobalt métal contenu. Le tonnage total annuel des minerais à extraire est estimé à 8,250 millions de tonnes avec les mêmes teneurs.

En se basant sur la morphologie de son gisement, le projet Sicomines a opté pour la méthode conventionnelle d'*exploitation minière à ciel ouvert par fosses emboîtées.* Appelée aussi *méthode d'exploitation en cratère*, elle comprend les opérations successives suivantes :

- la fragmentation (forages et minages),
- l'excavation,
- le chargement et le transport des minerais et stériles, ainsi que
- la constitution des remblais de minerais et la mise en terrils.

Développement des unités de traitement des minerais

L'Etude de faisabilité recommande de traiter les minerais extraits dans un concentrateur d'une capacité de 25 mille tonnes par jour. Après concassage, le minerai passe par un broyage semi-autogène (SAG-Mill), puis par un broyage à boulets avant une flottation des sulfures suivie d'une flottation des oxydes.

Les concentrés sulfurés oxydés ainsi obtenus sont respectivement alimentés dans les circuits d'extraction pyrométallurgique et hydrométallurgique. Selon le projet Sicomines, la capacité de production annuelle des usines pyrométallurgiques est de 78.000 tonnes de cuivre blister et de 13.000 tonnes d'alliage cupro-cobaltifère à 75 % en cuivre et de 9,4 % en cobalt. Tandis que celle des usines hydrométallurgiques est de 130.000 tonnes de cuivre cathodique et de 17.000 tonnes de carbonate de cobalt ($CoCO_3$) à 40 % en cobalt.

C'est après l'approbation de l'Etude de faisabilité qu'a débuté le développement des unités de traitement des minerais.

Construction des usines

Les minerais extraits du sol ou du sous-sol doivent être traités industriellement. D'où la nécessité d'un *développement des unités de traitement de ces minerais.*

Le projet Sicomines procéda à l'installation des unités ci-après :

- une unité de concassage de minerai ;
- une usine de concentration ;
- une usine hydrométallurgique ;
- une usine de production d'acide ;
- une unité de traitement d'eau pour la consommation ;
- trois unités de traitement de grès pour les matériaux de construction utilisés sur le site.

1°. ***L'usine de concentration*** (**concentrateur**) ou *usine minéralurgique*

C'est la première de toutes les usines. Son rôle étant de produire des concentrés sulfures ou oxydes contenant le métal (le cuivre ou le cobalt), elle est ainsi appelée « *usine de concentration* » ou « ***concentrateur*** » (ou parfois *laverie*, lavoir dans le cas des charbons). C'est une installation mécanique qui reçoit des minerais, au préalable concassés, contenant des métaux afin de les y extraire. L'Etude de faisabilité faite pour la Sicomines recommande de traiter les minerais dans un concentrateur d'une capacité de 25.000 tonnes par jour, lequel reçoit les minerais qui sont d'abord concassés à une granulométrie de –300 mm au concasseur rotatif de type 54-75, avant d'être envoyés au concentrateur à l'aide d'un convoyeur à courroie.

La Sicomines a prévu que les traitements des métaux recherchés, ici le cuivre et le cobalt, se déroule en deux étapes ou périodes : la première concerne le traitement annuel de 4.550.000 tonnes de minerais, et la deuxième, celui de 9.100.000 tonnes de minerais par an.

Après cette opération, les minerais se transforment en *concentrés métalliques* : concentrés sulfurés contenant le cuivre et concentrés oxydés contenant le cobalt. L'Etude de faisabilité prévoit que la Sicomines puisse produire par an 274.000 tonnes de concentrés sulfurés et 182.000 tonnes de concentrés cobaltiques.

Le traitement des concentrés se fait par les méthodes mécaniques successives suivantes : le *tamisage*, le *concassage*, le *broyage* et le *triage* des minéraux. Les concentrés sulfurés, traités en premier lieu, serviront pour la vente, tandis que les concentrés oxydés, traités après, seront envoyés à l'usine métallurgique.

Le *concentrateur,* ou *l'usine minéralurgique,* pour la production des concentrés, est conçu de manière à satisfaire les besoins de production et de minimiser les coûts de l'investissement et d'exploitation. C'est pourquoi certaines de ses unités sont placées en altitude en vue d'utiliser l'énergie de la pesanteur pour la circulation de la matière. Ces unités comprennent :

- le *stockage des minerais* et des rejets de broyage, dont le site est situé en amont par rapport aux autres entités du concentrateur ;
- le *broyage des minerais*, dont l'atelier est couvert ;
- les *cellules de flottation* (avec la cellule de préparation des réactifs d'ajout), qui sont alignées ;
- Un *pont roulant* de 100 t, installé dans le hall de broyage et flottation pour faciliter la maintenance et le levage ;
- la *cellule de préparation des réactifs de flottation* qui, placée entre celle de broyage et celle de flottation, est équipée d'un ventilateur pour faciliter la circulation de l'air ;
- le *stockage des concentrés* ;
- le *broyeur SAB*, dont la zone est située juste sous la rampe d'alimentation du site de stockage des minerais ;
- la *filtration des concentrés* ;
- le *stockage des intrants* (boulets, réactifs, ...) près des postes de broyage et flottation ;
- le *laboratoire* de suivi et contrôle de la qualité, ouvert tout au long du processus et du fonctionnement normal du concentrateur et au niveau duquel se déroulent plusieurs activités (identification, concassage, broyage et tamisage des minerais ; préparation des échantillons ; analyse des matériaux bruts, des produits, de l'eau et des réactifs ; pesage, analyse et fusion des échantillons) ;
- la *cellule de dispatch* ;
- la *salle des machines* qui, placée sous le concentrateur, comprend 4 compresseurs dont un en réserve et des réservoirs d'air, pour un débit de 41,7 m^3/min.

2°. ***L'usine hydrométallurgique*** du projet

Elle comprend les sections suivantes pour son fonctionnement :

- la lixiviation,
- la décantation/lavage,
- la neutralisation,
- la préparation de floculant,

- la filtration,
- l'électroextraction,
- le déferrage,
- la précipitation de cobalt,
- la préparation de carbonate de sodium,
- l'extraction par solvant et
- un laboratoire central.

3°. ***L'usine de production d'acide sulfurique***

Prévue dans un seul bâtiment, elle comprend :

- la section de fusion du soufre,
- la section de purification,
- la section d'absorption à sec,
- la section de transformation,
- la salle de ventilateur du SO_2,
- la salle du stockage de l'acide et
- la salle du système de l'eau de retour.

4°. ***L'usine pyrométallurgique***

Le projet Sicomines avait prévu d'installer une unité pyrométallurgique pour le grillage des concentrés sulfures ainsi qu'une section de lixiviation en tas de minerai pauvre. Cette usine comprend :

- le site de dépôt des concentrés sulfures,
- le site de préparation de la charge à enfourner,
- la courroie d'alimentation de la charge au four,
- la section des fours, le système de récupération de chaleur par chaudière,
- le système de récupération des poussières et des gaz au niveau des fours,
- la station d'oxygène,
- le dépôt des bombonnes d'oxygène,
- la station de traitement chimique d'eau,
- le système de pompage d'eau (pour refroidissement des fours, traitement d'eau, ...),
- le système de ventilation (aération) avec le dispacth,
- la salle des compresseurs.

Dans le cadre de son projet, la co-entreprise sino-congolaise a réalisé et continuera à réaliser les opérations ci-après :

- la définition et la délimitation par sondage des zones minéralisées pour améliorer le design minier ;
- l'exploitation des minerais cuprocobaltifères du gisement à partir de deux excavations qui évolueront bientôt en une seule mine à ciel ouvert ;
- le traitement d'enrichissement des minerais sulfures et oxydes ;
- l'installation et l'exploitation d'une usine pyrométallurgique et des infrastructures associées pour le grillage des minerais et concentrés sulfures ;
- l'exploitation d'une usine hydrométallurgique et des infrastructures associées pour la lixiviation en cuve et en tas des minerais oxydes en vue de la production du cuivre cathodique et du carbonate de cobalt ;
- le stockage de débris des roches d'exploitation minière sur des parcs à stériles des mines ;
- le stockage des rejets d'usines de traitement dans un bassin conçu à cet effet, permettant la récupération des liquides ;
- la récupération des gaz du circuit de grillage pour la fabrication de l'acide sulfurique et l'alimentation du circuit cobalt en dioxyde de soufre ;
- la construction et le fonctionnement des ateliers ;
- le stockage de carburant ;
- le lavage des véhicules dans un parking aménagé à cet effet ;
- le curage des drains ;
- l'humidification des voies de circulation ;
- l'approvisionnement en eau brute et en eau potable ;
- la fourniture d'électricité ;
- l'approvisionnement en intrants et le stockage des processeurs ;
- le conditionnement et l'expédition des produits ;
- l'exploitation de 3 gravières pour le traitement de la roche utilisée dans les travaux de construction et de gestion du site.

9

Elaboration métallurgique du cuivre et du cobalt

PRODUITS VISES PAR LE PROJET SICOMINES ET LEUR ELABORATION METALLURGIQUE

Pour savoir de quels produits miniers intéressants allait viser le projet Sicomines, celui-ci a considéré la nature chimique et géologique du gisement de sa concession d'une part et des conditions des marchés d'autre part, les minerais étant des oxydes en majorité, des sulfures et des mixtes. C'est ainsi qu'au départ la Sicomines s'est résolue à produire le « blister » ou *cuivre noir*, le *cuivre cathodique*, l'*alliage cuivre-cobalt* et le *carbonate de cobalt*. Cependant, dans la pratique, le projet a opté pour l'élaboration de seulement trois de ces cinq types de produits, à savoir le *concentré de cuivre* (sous forme de sulfure et d'oxyde), le cuivre sous forme de *cathode* et le *concentré de cobalt* sous forme de carbonate de cobalt.

Après l'extraction minière, Sicomines SA retient qu'elle allait traiter le minerai pour obtenir, actuellement, trois types de produits : le *concentré de cuivre*, la *cathode de cuivre* et le *carbonate de cobalt.*

De manière générale, *l'élaboration industrielle* de ces produits marchands suit un chemin assez long. Dès le départ, il faut savoir que les gisements de matières premières minérales contiennent rarement un seul minéral. Du fait de la combinaison de plusieurs facteurs (géologie, géochimie, climat), chaque gisement est formé d'un ensemble plus ou moins complexe de minéraux. Cet assemblage de plusieurs minéraux, qui se retrouvent dans un minerai, se compose le plus souvent de la (ou des) substance(s) utile(s), d'une gangue stérile et parfois de substances nuisibles (par exemple, du phosphore dans du fer ; de l'arsenic ou du bismuth dans de l'étain). Ces minéraux ne sont cependant pas tous valorisables ; c'est pourquoi il est nécessaire de les séparer. Aussi convient-il, avant toute commercialisation, de ne conserver que la partie intéressante, et donc de procéder à l'élimination d'au moins une partie de la gangue et, si possible, de certaines substances nuisibles.

Donc, en ce qui concerne la Sicomines qui rechercle le cuivre, celui-ci à l'état brut n'existe pratiquement plus sur la surface de la Terre. Il est contenu dans les minerais, dans lesques il se trouve généralement dans une quantité infime. Pour être vendu, il doit avoir une teneur élevée, intéressante pour l'acheteur. Pour ce faire, après l'extraction de minerais faiblement chargés en cuivre, le rôle d'une entreprise minière, ici la Sicomines, est de chercher à créer un métal à très forte concentration. Elle y arrive en effectuant sur les minerais un traitement spécifique appelé production des concentrés, des produits où la teneur en cuivre est très intéressante.

En général, trois types d'opérations métallurgiques permettent le traitement du minerai : la *minéralurgie*, l'*hydrométallurgie* et la *pyrométallurgie*. Au départ, la Sicomines a procédé par la minéralurgie et l'hydrométallurgie, mais après, elle a envisagé aussi de recourir à la pyrométallurgie.

Pour obtenir l'un de ses produits au programme, à savoir les *concentrés des minerais* à la fois oxydes et sulfures, le projet Sicomines procède à une réduction dimensionnelle de ces minerais par concassage et broyage suivis d'une flottation. Il y a élimination d'une grande partie des autres minerais présents pour ne conserver que le cuivre, lequel a une teneur en ce métal de l'ordre de 25 à 40 % dans le concentré. Pour parvenir à la production des concentrés, le minerai doit être enrichi. Cet enrichissement exige une réduction dimensionnelle pour la libération des particules minéralisées, suivie d'une flottation des minerais sulfurés en priorité. Cette opération se fait dans l'*usine minéralurgique*.

Après l'étape de la minéralurgie qui consiste à produire les concentrés, première étape du processus industriel de valorisation du cuivre, le concentré obtenu par minéralurgie, qui est une sorte de *matte*, fait souvent l'objet d'un conditionnement final : séchage (voire calcination), bouletage, mélange, etc. Après, il sera envoyé vers la métallurgie, en *hydrométallurgie* d'abord, pour le projet Sicomines, pour subir d'autres transformations afin de parvenir à un cuivre beaucoup plus concentré. C'est par la production d'un calciné lors d'un grillage sulfatant au moyen d'un four que l'on parvient à l'extraction du cuivre présent dans le concentré sulfure. Cette opération se réalise dans l'*usine pyrométallurgique*.

Les fumées qui en résultent sont captées, dépoussiérées puis expédiées à l'*usine acide* pour la fabrication d'acide sulfurique H_2SO_4 et du dioxyde de soufre SO_2, deux produits utiles dans le processus hydrométallurgique. Ce processus s'applique sur les concentrés oxydes et s'appliquera sur le calciné. Ces deux produits (concentré oxyde et calciné) subissent une lixiviation à l'acide sulfurique pour la mise en solution du cuivre et du cobalt. Après la purification de la solution, cette dernière est envoyée à l'électrolyse pour la production des ***cathodes***, après une extraction par solvant organique. La solution enrichie en cobalt subit après purification une précipitation au carbonate de sodium pour la production du *carbonate de cobalt*.

I. MINERALURGIE, OU ELABORATION DES CONCENTRES DU CUIVRE

Pour obtenir l'un de ses produits à son programme, à savoir les *concentrés des minerais* à la fois oxydes et sulfures, le projet Sicomines procède à une réduction dimensionnelle de ces minerais par concassage et broyage suivis d'une flottation. Cette concentration se réalise par la *minéralurgie*. Le concentré obtenu par minéralurgie fait souvent l'objet d'un conditionnement final : séchage (voire calcination), bouletage, mélange, etc. Après, il sera envoyé vers la métallurgie, en hydrométallurgie d'abord, pour le projet Sicomines.

Terme créé par Hassenfratz à la fin du XVIIIe siècle sur le modèle du vocable *métallurgie*, la *minéralurgie* signifiait à l'époque l'ensemble des opérations de *préparation mécanique* des minerais. Mais au XIXe siècle, elle prend également le sens d'*enrichissement* des minerais pour désigner cette succession d'opérations qui permet de passer du *minerai brut* au *minerai marchand*.

Aujourd'hui, la minéralurgie s'emploie comme l'étape amont de la métallurgie, c'est-à-dire qu'elle consiste à séparer les différents minéraux contenus dans un minerai pour collecter sa partie valorisable.

De cette façon, le terme de « préparation mécanique des minerais » est devenu caduc, puisque trop restrictif pour définir l'enrichissement des matières minérales. Il y a, en effet, des matières naturelles autres que les minerais qui sont actuellement concentrées ou séparées ; c'est le cas de substances employées uniquement par l'industrie chimique comme, par exemple, le kaolin. Les techniques ont, d'autre part, évolué et utilisent, outre les propriétés mécaniques, des propriétés électromagnétiques, physico-chimiques ou chimiques des minéraux. La *flottation*, méthode quantitativement la plus importante, est ainsi une opération à la fois physico-chimique et mécanique.

L'évolution de l'appellation anglaise de la minéralurgie (d'abord, *ore-dressing*, puis *mineral beneficiation*, et enfin *mineral engineering*) exprime bien le caractère de plus en plus général des techniques mises en œuvre.

L'usine de *minéralurgie* (ou usine de concentration, ou *concentrateur*), pour la production des *concentrés*

Les minerais extraits du sol ou du sous-sol doivent être traités industriellement. D'où la nécessité d'un *développement des unités de traitement de ces minerais.*

La première de ces usines est l'*usine minéralurgique.* Son rôle étant de produire des concentrés sulfures ou oxydes contenant le métal (le cuivre ou le cobalt), elle est ainsi et le plus souvent appelée « *usine de concentration* » ou « ***concentrateur*** » (ou parfois *laverie*, lavoir dans le cas des charbons). C'est une installation mécanique qui reçoit des minerais, au préalable concassés, contenant des métaux afin de les y extraire. L'Etude de faisabilité faite pour la Sicomines recommande de traiter les minerais dans un concentrateur d'une capacité de 25.000 tonnes par jour, lequel reçoit les minerais qui sont d'abord concassés à une granulométrie de –300 mm au concasseur rotatif de type 54-75, avant d'y être envoyés à l'aide d'un convoyeur à courroie.

La Sicomines a prévu que les traitements des métaux recherchés, ici le cuivre et le cobalt, se déroule en deux étapes ou périodes : la première concerne le traitement annuel de 4.550.000 tonnes de minerais, et la deuxième, celui de 9.100.000 tonnes de minerais par an.

Après cette opération, les minerais se transforment en *concentrés métalliques* : concentrés sulfurés contenant le cuivre et concentrés oxydés contenant le cobalt. L'Etude de faisabilité prévoit que la Sicomines puisse produire par an 274.000 tonnes de concentrés sulfurés et 182.000 tonnes de concentrés cobaltiques.

Le traitement des concentrés se fait par les méthodes mécaniques successives suivantes : le *tamisage*, le *concassage*, le *broyage* et le *triage* des minéraux. Il peut être schématisé comme suit :

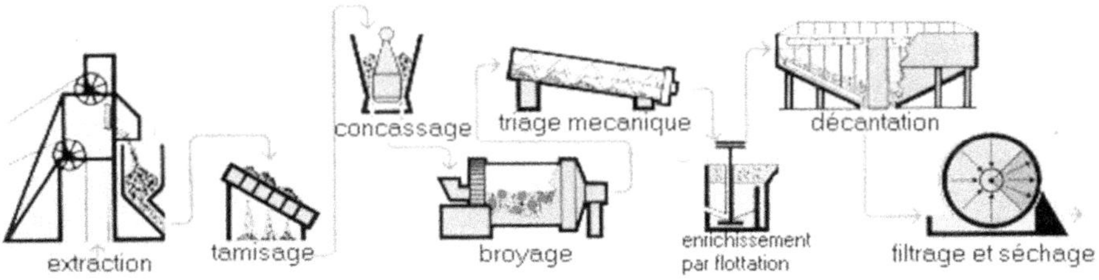

Les concentrés sulfurés, traités en premier lieu, serviront pour la vente, tandis que les concentrés oxydés, traités après, seront envoyés à l'usine métallurgique.

Le ***concentrateur*** est conçu de manière à satisfaire les besoins de production et de minimiser les coûts de l'investissement et d'exploitation. C'est pourquoi certaines de ses unités sont placées en altitude en vue d'utiliser l'énergie de la pesanteur pour la circulation de la matière. Ces unités comprennent :

- le *stockage des minerais* et des rejets de broyage, dont le site est situé en amont par rapport aux autres entités du concentrateur ;
- le *broyage des minerais*, dont l'atelier est couvert ;
- les *cellules de flottation*, qui sont alignées ;
- Un *pont roulant* de 100 t, installé dans le hall de broyage et flottation pour faciliter la maintenance et le levage ;
- la *cellule de préparation des réactifs de flottation* qui, placée entre celle de broyage et celle de flottation, est équipée d'un ventilateur pour faciliter la circulation de l'air (l'air comprimé est utile aux postes du broyeur SAB, des filtres presse, de pompage de pulpe et de ventilation) ;
- le *stockage des concentrés* ;
- le *broyeur SAB*, dont la zone est située juste sous la rampe d'alimentation du site de stockage des minerais ;
- la *filtration des concentrés* ;
- le *stockage des intrants* (boulets, réactifs, ...) près des postes de broyage et flottation, prévu pour assurer un fonctionnement durant 3 mois ;
- le *laboratoire* de suivi et contrôle de la qualité, ouvert tout au long du processus et du fonctionnement normal du concentrateur et au

niveau duquel se déroulent plusieurs activités (identification, concassage, broyage et tamisage des minerais ; préparation des échantillons ; analyse des matériaux bruts, des produits, de l'eau et des réactifs ; pesage, analyse et fusion des échantillons) ;

- la *cellule de dispatch* ;

- la *salle des machines* qui, placée sous le concentrateur, comprend 4 compresseurs dont un en réserve et des réservoirs d'air, pour un débit de 41,7 m^3/min.

Le *concentrateur* admet un procédé comportant grossièrement deux étapes successives (il est en réalité la plupart du temps beaucoup plus complexe) : la préparation mécanique (fragmentation) et la séparation des métaux.

1°. La ***préparation mécanique*** du minerai, aussi appelée *fragmentation*, se compose d'un concassage éventuellement suivi d'un broyage : le minerai extrait de la mine est d'abord concassé afin de réduire la taille des particules, puis broyé pour réduire encore davantage leur taille. Ces opérations peuvent s'effectuer en plusieurs étapes, avec des criblages intermédiaires visant selon le cas à éliminer une partie (stérile) du minerai ou à recycler vers l'amont les plus grosses particules. Cette préparation permet de s'assurer que les minéraux recherchés se présentent sous la forme de particules dont chacune n'est constituée que d'une seule espèce minérale ; on parle de « libération » des minéraux. Cela permet la séparation à l'étape suivante.

2°. La ***séparation des minéraux***. C'est la séparation proprement dite entre les minéraux à valoriser et la gangue (ou stérile). Elle peut s'obtenir par des méthodes purement physiques (granulométrique, gravimétrique, magnétique, optique, électrostatique, etc.), physico-chimiques (flottation, lixiviation, etc.), biochimiques (action de bactéries), ou chimiques (grillage, solubilité, etc.). S'il s'agit de techniques mécaniques, thermiques, chimiques, biologiques, l'on parle alors respectivement de mécanominéralurgie, hydrominéralurgie, pyrominéralurgie et biominéralurgie. Décrivons quelques-unes de ces méthodes :

- La *séparation granulométrique* consiste à faire passer les minéraux à travers une maille afin d'éliminer les résidus ou bien de rediriger les plus grosses particules vers l'étape précédente.

- La *séparation gravimétrique* (ou *densimétrique*) vise à séparer les minéraux selon leur différence de densité, en utilisant, par exemple, un système de spirales dans lesquelles circule une « pulpe » composée du minerai et d'eau ; dans ce cas, le minerai est traité en « pulpe », c'est-à-dire que de l'eau lui est ajoutée à la séparation, une eau qui est retirée par centrifugation, décantation, filtration ou séchage naturel, afin de récupérer uniquement le minerai concentré.

- La *séparation magnétique*, comme son nom l'indique, permet d'isoler les minéraux suivant leurs propriétés magnétiques.

- Le *tri optique*, méthode fondée sur le calcul informatique, consiste, à partir d'une ou de plusieurs caméras optique(s), à sélectionner les minéraux en privilégiant des critères comme la couleur, la radioactivité ou la densité.

- La *flottation*, par l'utilisation de réactifs, consiste à séparer les minéraux rendus hydrophiles ou hydrophobes, en récoltant ces derniers lorsque, sous forme de mousse, ils se trouvent à la surface.

L'usine minéralurgique, ou concentrateur, dans le projet Sicomines, comprend les sections suivantes :

- réception des minerais et constitution des stocks ;
- concassage et broyage des minerais ;
- stockage en fonction des teneurs et préparation de la charge ;
- flottation des minerais sulfurés ;
- filtration des concentrés ;
- séchage (déshydratation) des concentrés.

1. Extraction et réception du minerai

Le minerai qui se trouve dans le sol doit évidemment sortir de là pour être traité. Le projet Sicomines s'est doté, à l'idéal, d'une capacité moyenne d'extraction et de traitement de 9,1 millions de tonnes sèches de minerai tout venant par an.

Mais à la suite d'un déficit énergétique, et avant la mise en œuvre du barrage de Busanga, le projet a réduit son ambition de moitié, c'est-à-dire qu'il fonctionne, *durant la phase I*, selon un rythme d'extraction et de traitement de 4,55 millions de tonnes de minerai par an. Il en vient que *le cuivre et le cobalt sont obtenus, par flottation, sous forme de minerai concentré*, dont celui du sulfure est vendu et celui de l'oxyde traité à l'usine hydrométallurgique. Ce traitement produit le cuivre pur par électrolyse (cathodes) et le concentré de cobalt.

Le concentrateur travaille 330 jrs par an avec 3 équipes tournantes à l'œuvre durant 8 heures par jour et par équipe. Il produit ainsi 49.600 tonnes des minerais sulfures et 822.000 tonnes des minerais oxydes.

La capacité annuelle de production de l'usine métallurgique est de 125.000 tonnes de cuivre cathodique et 13.000 tonnes de concentré de cobalt (à 40 % cobalt). La capacité annuelle de production de l'usine d'acide sulfurique à 98,5 % s'élève à 240.000 tonnes par an. L'évolution du projet prévoit d'augmenter à 250.000 tonnes la production du cuivre et 25.000 tonnes celle de concentré de cobalt.

Après leur extraction de la mine, les minerais sont concassés pour présenter une granulométrie inférieure à 300 mm, avant d'être reçus et stockés dans un site. La capacité de stockage de ce site est de 25.000 tonnes de minerais, une quantité qui peut soutenir les alimentations au rythme de travail au concentrateur pendant 21 heures.

Le site accueille également les rejets, qui sont principalement des pierres dures non broyées de granulométrie supérieure à 0,074 mm et de faible teneur en cuivre et cobalt du broyeur semi-autogène.

Dans le site sont également entassées les roches calcaires et la chaux, qui interviennent dans le processus de purification de la solution en hydrométallurgie, de réglage de pH et de neutralisation. Le calcaire a une teneur de 89 – 90 % en $CaCO_3$ et une granulométrie inférieure ou égale ($\leq$) à 12 mm, tandis que la chaux vive est poudreuse avec une teneur de 52 – 54 % en CaO. Ces deux matières sont au préalable broyées à l'aide d'un broyeur à boulets (de diamètre $\Phi = 2100 \times 3000$; pour 95 % des fins à – 0,074 mm) et mélangées ; elles produisent ainsi du lait de chaux, un liquide qui aura une densité de 20 % des solides et qui est pompé vers les installations hydrométallurgiques.

2. Concassage et broyage du minerai et des stériles

Le concassage concerne aussi bien le minerai que les stériles.

Cas de minerai

Le minerai à concasser est grossier, dont les quelques caractéristiques sont :

- densité : 1,77 t/m^3,
- dureté : 9 à 12 Rockwell et
- la granulométrie maximale : 1.200 mm.

Extrait, chargé par des pelles et transporté dans une benne, le minerai est versé dans un ***concasseur***. Etre concassé pour le minerai signifie qu'il doit ère broyé, c'est-à-dire réduit en petits grains ; le projet utilise un broyeur du type 54-75. A partir de cette station, un transporteur à courroie convoie le minerai jusqu'au concentrateur. Cette station est constituée des éléments suivants :

- la passerelle de décharge,
- un dépôt de décharge de matériel,
- le concasseur,
- le marteau hydraulique concasseur pour la désintégration des matériaux de granulométrie supérieure au gueulard,
- le dépôt d'évacuation des matériaux,
- la courroie d'évacuation de matériaux,
- le système de contrôle électrique et
- autres accessoires.

Les paramètres techniques essentiels de la courroie d'évacuation du minerai sont :

- granulométrie des matériaux : ≤ 350 mm ;
- densité non tassée des matériaux : 1,77 t/m^3 ;
- largeur de la courroie : 2.400 m ;
- longueur : 47 m ;
- hauteur d'élévation : 5 m ;
- vitesse de la courroie : 2 m/s ;
- capacité d'alimentation : ≤ 8.250 t/h ;
- puissance du moteur : 450 kW.

Le minerai extrait, chargé par des pelles et transporté dans une benne, est versé dans un ***concasseur***, afin que celui-ci le réduise en petits grains. C'est un concasseur rotatif de type 54-75, que Sicomines a installé dans la partie située au nord de la zone de la mine, près des usines. Ce concasseur est actuellement installé dans une zone entre la mine et l'usine de traitement, alors que le projet avait prévu que durant les 7 premières années d'exploitation de la mine, le concassage des matériaux devait se faire au sein même de la mine.

Les paramètres techniques du concasseur sont :

- l'ouverture d'alimentation : 1370 mm ;
- l'ouverture d'évacuation : 200 mm ;
- capacité : 3.385 t/h ;
- puissance du moteur : 450 kW ;
- poids du concasseur : 242,2 t.

Chargés par des pelles, les minerais sont transportés vers le poste de concassage primaire par des bennes, tandis que, vers le concentrateur, ils sont menés par des courroies. Le transport des stériles, lui, se fait par des bennes.

Les paramètres techniques initiaux de la courroie transporteuse d'évacuation sont repris ci-dessous :

- granulométrie des matériaux : ≤ 300 mm ;
- densité non tassée des matériaux : 1,77 t/m^3 ;
- largeur de la courroie : 2.000 mm ;
- longueur de la courroie : 47 m ;
- hauteur d'élévation : 5m ;
- vitesse de transport : 1,25 m/s ;
- capacité d'alimentation : ≤ 2.500 t/h ;
- puissance du moteur : 200 kW.

Par la suite, le projet appliquera, pour la courroie de transport du minerai, les paramètres techniques suivants :

- longueur : 1.350 m ;
- altitude du bout de la courroie : 1.358 m ;
- altitude en amont de la courroie : 1.446 m ;
- granulométrie des matériaux à transporter : ≤ 300 mm ;
- capacité de transport : 2.200 t/h ;
- largeur de la courroie : 1.200 mm ;
- type de courroie : st3.150 ;
- puissance du moteur : 3 x 500 kW ;
- tambour propulse : amont de la courroie ;

- nombre tambour propulse : 2 ;
- distribution de puissance tambour propulse : 2 : 1 ;
- situation de la tension de la courroie : bout de la courroie ;
- modèle du dispositif de tension : chariot a treuil.

Afin d'éliminer matériaux et pièces métalliques, un électroaimant de type RCY-C200 est placé entre la courroie de transport du minerai et la courroie d'évacuation du concasseur.

En considérant la nature et la quantité de la gangue, ainsi que la présence des sulfures, le projet Sicomines a opté pour une concentration préalable par flottation. De cette manière, la réduction dimensionnelle par broyage s'est imposée pour libérer les particules minérales.

Ainsi, après l'opération de concassage qui a consisté à la réduction dimensionnelle du minerai, celui-ci est ensuite envoyé vers le concentrateur au moyen des convoyeurs à courroie (tandis que le stérile est acheminé de la même manière vers le site à stériles). Le minerai passe alors par un broyage semi-autogène (SAG-Mill) ayant une capacité de traitement de 1.042 t/h, une puissance utile de 6.700 HP et une dimension de 8,8 x 4,8 m. C'est un broyage à boulets, à l'issue duquel le minerai passe par un tamis vibrant et un tamis à tambour. Les grains qui résistent au tamis vibrant ont une teneur élevée en cuivre et cobalt ; ils sont recyclés au broyeur. Les grains pauvres en ces deux éléments métalliques passent par un tamis à tambour ; ceux qui n'y passent point sont lavés avant de rejoindre par transporteur à bande l'aire de stockage où une zone leur est réservée.

Les grains ayant passé le tamis à tambour rejoignent ceux qui ont passé le tamis vibrant et se retrouvent dans un bassin (*sump*) à partir duquel ils sont pompés vers deux cyclones de type 660-10, à une densité de 30 %. Chaque cyclone se décharge sur un broyeur à boulets de dimension 6,4 x 10,97 m. Les installations des cyclones sont suivies dans le but de contrôler automatiquement la densité de la pulpe en réglant automatiquement l'alimentation en pulpe dense ou en eau.

Après le broyage, le minerai est recyclé au bassin (*sump*) pour être pompé vers le cyclone. L'*overflow* (*surverse*) du cyclone passe à la flottation, tandis que l'*underflow* (*sousverse*) passe par le broyeur à boulets, lequel réduit la granulométrie jusqu'à – 0,074 mm pour 78 % de matériau. L'on obtient une *pulpe* d'une densité de 30 %.

Cas de stériles

Le concassage concerne aussi bien le minerai que les stériles.

Après avoir été concassés au sein de la mine, les stériles sont convoyés vers la halde à stériles par un transporteur à courroie. Cette opération se réalise seulement lors de la phase II du projet Sicomines, puisque, pendant la phase I, les stériles, venant de la mine, sont stockés à la halde à stériles. Celle-ci est un vaste emplacement (qui s'étend sur 13.370.000 m^2), qui peut accueillir 120.000 m^3 de stériles. Elle est située dans la partie sud de la concession, à 0,8 km de distance de la carrière la plus proche et à 4 km de distance de la carrière la plus éloignée.

Chacune des carrières admet une altitude de déchargement des stériles : 1.290 m pour Mashamba-ouest et 1395 m pour Dikuluwe. Equipé d'une machine de déchargement des stériles du type VASP2000/50+50C, chaque système d'évacuation des stériles a une capacité d'évacuation des stériles de 12.500 tonnes par heure.

Au niveau de chacune de ces carrières, il est placé 2 postes pour l'installation du concasseur des stériles en fonction de la profondeur de la carrière.

Chaque station de concassage des stériles est semblable à la station de concassage du minerai. Ici, le projet utilise un concasseur de type 60-110^E (pour le minerai, on le sait, l'on a un concasseur rotatif de type 54-75). Les paramètres techniques essentiels de la station de concassage sont :

- ouverture d'alimentation : 1.525 mm ;
- ouverture d'évacuation : 230 mm ;
- productivité : > 7.000 t/h ;
- puissance du moteur : 1.000 kW ;
- poids du concasseur : 588,1 t.

Le projet a adopté une granulométrie des matériaux stériles concassés à 350 mm. La capacité annuelle du concasseur est au minimum de 35 millions de tonnes pour 5.000 h efficaces de travail. Ce qui donne, pour les 4 concasseurs à installer, une capacité de 140 millions de tonnes par an. Chaque concasseur est équipé de 2 courroies dont l'une d'évacuation des matériaux au sortir du concasseur et l'autre de transport vers le concentrateur. La courroie de transport aura les mêmes caractéristiques que la courroie pour le transport du minerai.

Pour les stériles, la quantité annuelle à produire est estimée à 123,8 millions de tonnes. Le taux d'exploitation minière et de la découverture étant de 9,34, la quantité totale des stériles pour toute la durée d'exploitation est de 2.200 millions de tonnes et la granulométrie maximale des stériles après la découverture est de 1.300 mm. Par jour, le projet réalise 4.500 m^3 des stériles de mine.

4. Flottation des minerais sulfurés

Nous l'avons vu, après le tamisage et le concassage, le minerai passe par un broyage semi-autogène (SAG-Mill), puis par un broyage à boulets. L'on obtient une « pulpe ». Les particules minérales contenues dans le minerai qui ont une valeur marchande sont séparées de la gangue par la méthode de *flottatio*n. Pour les minerais contenant de la chalcopyrite, par exemple, le concentré obtenu contient environ 28 % de cuivre, le reste étant composé de fer et de soufre. Les minerais soufrés sont séparés par flottation à l'aide d'agents sélectifs hydrophobes tels que l'amylxanthate de potassium.

Le projet Sicomines réalise la flottation sur un minerai de granulométrie < 0,074 mm et d'une densité de 30 %. ***Les sulfures***, qui se prêtent mieux à la flottation que les oxydes, sont traités dans les broyeurs à boulets, dont chacun se trouve en série avec un groupe de machines à flottation. Ces sulfures subissent une *flottation d'ébauchage* et une *flottation de finissage*. L'on obtient ainsi deux produits : un concentré sulfure riche à 45 % en cuivre et un concentré sulfure pauvre à 20 % en cuivre.

Après la flottation des sulfures, l'underflow de la flottation passe à la ***flottation des oxydes***. Les oxydes flottant exigent difficilement un type donné et une quantité importante des réactifs de flottation. Le projet Sicomines réalise *quatre ébauchages* et *deux finissages* pour la production d'un concentré de minerai oxydé à 15 % en cuivre.

Les ***minerais mixtes***, eux aussi, sont suceptibles de passer à la flottation. Pour leur ébauchage et la concentration des minerais sulfures, le projet Sicomines utilise 20 machines de flottation de 20 m^3 chacune, dont 9 pour chaque série. Les mêmes cellules de flottation sont employées pour la flottation des minerais oxydés et le finissage des minerais mixtes, mais dans des campagnes différentes.

Ces cellules de flottation sont équipées d'un système automatique permettant de contrôler le niveau de pulpe, la quantité des réactifs d'ajout, le volume et la pression de l'air, la densité de la pulpe au moment de surverse et le réajustement de la quantité de floculant.

Les ***rejets*** issus de la concentration des minerais comptent aussi pour le projet. Ceux qui l'intéressent présentent une densité de pulpe de 27 % des solides, des grains de granulométrie inférieure à 0,074 mm pour 78 % des particules et une masse volumique de 2,52 t/m^3. Ils sont pompés dans un bassin construit pour les recevoir, mais également pour recevoir les rejets de l'usine hydrométallurgique.

Ces derniers rejets ont une densité de pulpe de 50 % des solides, une granulométrie des grains de moins de 0,074 mm pour 90 % des particules et un pH neutre (= 7). Parmi eux, l'on distingue des rejets de purification et ceux de lixiviation ; les uns sont constitués des résidus de fer et manganèse, lesquels sont produits à 53.000 t/an, tandis que les autres sont produits à une quantité de 657.600 t/an.

En général, deux stratégies différentes de séparation par flottation des sulfures suivie d'une flottation des oxydes sont utilisées : la flottation différentielle et la flottation collective.

1°. *La séquence de flottation différentielle* : la séparation par flottation différentielle du cuivre-cobalt commence par la flottation sélective du cuivre, effectuée en élevant le pH de la pulpe à 10 avec de la chaux et en utilisant un collecteur de cuivre de type dithiophosphate. Les résidus produits passent ensuite par une étape de flottation de la pyrite et de la pyrrhotite à l'aide du xanthate et du MBT ; l'opération laisse les minéraux de cobalt dans les résidus de la cellule de flottation.

Les minéraux de cobalt sont ensuite flottés en employant de l'acide sulfurique H_2SO_4 pour faire descendre le pH de la pulpe à 4. Du sulfure de sodium Na_2S est conditionné dans la pulpe. Le cobalt est flotté grâce à une combinaison du xanthate et du dithiophosphate, du MBT ou des deux. Selon la minéralisation du cobalt, l'utilisation d'un activateur comme le sulfate de cuivre peut fournir une métallurgie améliorée lors d'une flottation faisant appel à une combinaison de xanthate et de dithiophosphate à un pH de 8-9.

2°. *La séquence de flottation collective* : au cours de ce procédé, un concentré collectif de flottation du Cu-Co est produit à un pH naturel avec du xanthate, du dithiophosphate ou du MBT, en particulier si le cuivre est minéralisé sous forme de chalcocite. Le cuivre est séparé du cobalt dans le concentré collectif en élevant le pH jusqu'à au moins 11, ce qui déprime les minéraux de cobalt. La dépression du cobalt peut être améliorée par de petites doses de cyanure.

Si le cobalt est extrait de la chalcopyrite, la flottation collective peut être réalisée avec du xanthate à un pH = 10, et la séparation effectuée à un pH = 4 avec une amine et des combinaisons d'acides gras pour récupérer les minéraux de cobalt.

A l'issue de la flottation, l'on obtient trois types de concentrés :

- les *concentrés sulfures* (ou sulfurés) riches en cuivre, avec des teneurs en cuivre comprises entre 20 et 40 % ;
- les *concentrés sulfures* (ou sulfurés) pauvres en cuivre, ayant moins de 20 % en cuivre ;
- les *concentrés oxydes* (ou oxydés), avec une proportion d'une tonne de cobalt pour 500 tonnes de minerais.

Les *concentrés sulfures* et les *concentrés oxydes* sont respectivement alimentés dans les circuits d'extraction pyrométallurgique et hydrométallurgique.

5. Remarques

1°. Lorsque *les* ***minéraux de sulfure de cuivre*** habituels sont libérés, ils sont relativement faciles à flotter. En l'absence de problèmes métallurgiques prépondérants, la production d'un concentré de cuivre à teneur suffisamment élevée est fréquemment l'objectif visé. L'enjeu fondamental de contrôle de la teneur est souvent lié aux minéraux de sulfure de fer, car ils flottent avec le cuivre, ce qui dilue la teneur des concentrés de cuivre. En effet :

1) les niveaux de minéraux de sulfure de fer sont habituellement bien plus élevés que la concentration de cuivre ;

2) les collecteurs de flottation des sulfures peuvent aussi faire flotter les sulfures de fer efficacement ;

3) la libération peut être problématique, ce qui rend la séparation du cuivre et du fer ardue ; et

4) les particules fines sont souvent plus difficiles à séparer. Un grand défi fréquent réside dans la présence de métaux précieux (l'or et l'argent) dans les sulfures de fer, car le rejet de ces minéraux a des répercussions économiques.

Les filets de gangue (habituellement des argiles et du talc) peuvent être nuisibles en raison de leur adhérence préférentielle à la surface des bulles, qui a l'effet d'« écarter » les minerais de cuivre à collecter par l'écume. Le déplacement inapproprié des filets de gangue dans les concentrés pose en outre des problèmes de dilution considérables et requiert des temps de flottation bien plus longs pour assurer une récupération importante des minéraux de cuivre. Dans une usine où la capacité de flottation est fixe, les récupérations de cuivre sont touchées. Les dispersants comme le silicate de sodium, les polyacrylates et l'hexamétaphosphate de sodium sont souvent utilisés pour minimiser l'adhésion aux bulles des filets fins de gangue et son impact sur la récupération du cuivre. Parmi les autres dépresseurs de gangue efficaces, il y a CMC (carboxyméthylcellulose), dextrine ou amidons.

La dépression des minéraux de sulfure de fer est normalement contrôlée par l'ajout de chaux à des niveaux de pH aussi élevés que 11 et plus. Bien que certaines exploitations flottent à un pH naturel, au moins lors du dégrossissage, cette méthode permet de contrôler la combinaison de la sélection des réactifs et de la flottabilité relative de la pyrite. Même lorsque le dégrossissage s'opère à un pH neutre, les étapes de flottation de nettoyage se déroulent généralement à un pH plus élevé pour assurer la dépression des sulfures de fer. En présence de quantités d'or d'une valeur considérable, la chaux risque malheureusement de réduire aussi les récupérations d'or, en particulier s'il est libre ou associé à des minéraux de sulfure de fer.

Le cyanure peut également être un dépresseur efficace des sulfures de fer, lorsque son emploi est autorisé, mais le cyanure peut solubiliser les ions métalliques, qui peuvent activer un large éventail de minéraux de sulfure et, par conséquent, nuire à la sélectivité de la flottation. Dans certains cas, le carbonate de sodium ou la soude caustique peut être utilisé pour contrôler la sélectivité de la flottation.

Une autre option qui s'est avérée bénéfique consiste dans l'aération préalable de la pulpe, qui peut causer l'oxydation d'une plus grande surface des sulfures réactifs, ce qui réduit leur flottabilité ; bien sûr, l'efficacité de cette technique dépend de la minéralisation et des caractéristiques du circuit.

Pour la flottation des sulfures de cuivre, les réactifs collecteurs standards sont des composants chimiques dont la caractéristique commune est de posséder des atomes de soufre doublement liés dans leur structure, grâce à laquelle une liaison chimique est établie avec la surface des minéraux de cuivre. C'est le cas des thiols à base de soufre, pouvant être groupés dans les quelques familles principales suivantes : xanthates, dithiophosphates, thionocarbamates et thiocarbamates. La sélection efficace des réactifs collecteurs de flottation dépend des minéraux de sulfure présents, de leurs associations minérales dans le minerai et des caractéristiques du circuit. Puisqu'un minerai a ordinairement plus d'un type de minéral de sulfure de cuivre, une combinaison de collecteurs de flottation des sulfures est souvent utilisée pour optimiser le rendement métallurgique. Pour améliorer la flottation, ceux-ci sont ajoutés séparément ou, ce qui devient une pratique courante, livrés sous forme de produits mélangés.

Parmi les réactifs de flottation, l'on peut également considérer les moussants. Ce sont généralement des alcools de structures et de masses moléculaires diverses, des aldéhydes/esters et des glycols. Utilisés seuls ou sous forme de mélanges, ils modifient la tension superficielle des bulles, qui influence la formation de la taille des bulles, l'hydrodynamique de la surface des bulles et la capacité de transport des minerais sur la surface de la cellule, ces facteurs ayant tous un impact sur la flottation des sulfures de cuivre et l'optimisation. Souvent, la combinaison de collecteur et de moussant doit être considérée et évaluée pour optimiser le rendement du collecteur de flottation.

2°. Les ***minerais oxydés*** (« ternis ») posent des problèmes de récupération par flottation, qui sont souvent considérables. Là où les minéraux oxydés présentent visiblement un défi, les options de traitement comptent les changements de collecteur de flottation et la sulfuration avec soit du métabisulfure ou du SO_2.

Dans le cas des minéraux de cuivre oxydé (tels que la malachite et l'azurite), la flottation des sulfures n'est pas possible avec des collecteurs de flottation des minerais de type sulfhydryle, et il faut soit envisager des collecteurs de type oxyde ou d'autres moyens d'enrichissement du minerai.

6. Déshydratation (ou *épaississement*) et grillage sulfatant des concentrés dans l'Usine de traitement des sulfures

Il ne s'agit pas ici des concentrés oxydes ; ceux-ci, après concentration, sont expédiés par pompe à l'usine hydrométallurgique à une densité de 50 % des solides, pour la production des cathodes de cuivre et de cobalt. Nous y reviendrons.

La *déshydration* ici concerne les *concentrés sulfures*, qui doivent subir un épaississement afin de diminuer leur degré d'humidité, avant d'être stockés pour expédition. Autrement dit, après la flottation, le concentré sulfuré, mis en sac pour expédition, doit être débarrassé de l'eau avant d'être envoyé à l'usine de traitement métallurgique. A cet effet, il doit être traité au four de grillage sulfatant pour la production d'un oxyde qui sera envoyé à la lixiviation acide : concrètement, il est versé dans une machine de filtration munie des filtres de type Larox. Le concentré sulfure riche issu de la flottation est filtré sur un filtre Larox de 108 m^2 de toile filtrante, tandis que le concentré sulfure pauvre est filtré sur un filtre de 168 m^2 de toile filtrante.

La filtration terminée, le concentré présente une humidité inférieure à 10 % (le contrôle du taux d'humidité ainsi que le réglage du temps de déshydratation à l'air sont déterminés par des dispositifs des filtres presse). Il contient 30 % de cuivre, 2 – 3 % de cobalt, 5 – 6 % de fer et environ 20 % de soufre. Le présent soufre est sale dans le circuit de fabrication d'acide sulfurique H_2SO_4 ; il aidera au réglage de la teneur en soufre dans la charge.

Le *concentré sulfure filtré* est alors transporté par transporteur à bande vers l'usine de grillage sulfatant.

Le ***grillage sulfatant*** aux fours est le mode qu'a adopté le projet Sicomines pour le traitement des concentrés sulfures, au préalable filtrés. C'est un traitement thermique, dont l'objectif est de réaliser l'oxydation partielle des sulfures de cuivre et de cobalt en leurs sulfates correspondants, tout en assurant l'oxydation complète du sulfure de fer en l'oxyde correspondant.

$$CuFeS_2 + 4\ O_2 \longrightarrow Cu^{2+} + Fe^{2+} + 2\ SO_4^{2-} \quad (1)$$

$$4\ Fe^{2+} + O_2 + 4\ H^+ \longrightarrow 4\ Fe^{3+} + 2\ H_2O \quad (2)$$

$$CuFeS_2 + 4\ Fe^{3+} \longrightarrow Cu^{2+} + 5\ Fe^{2+} + 2\ S \quad (3)$$

$$2\ S + 3\ O_2 + 2\ H_2O \longrightarrow 4\ H^+ + 2\ SO_4^{2-} \quad (4)$$

- La 2ème phase est le *soufflage pour cuivre*. L'opération consiste à débarrasser la matte de ses scories qui surnagent puis et à la convertir par soufflage air dans la matte liquide. Le *convertissage* s'effectue en oxydant fortement la matte liquide, dans un convertisseur, en présence de silice, ce qui permet d'éliminer la quasi totalité du fer dans le laitier.

$$2\ FeS_{liq} + 2\ SiO_{2\ sol} + 3\ O_{2\ gaz} \longrightarrow 2\ FeO,\ SiO_{2\ liq} + 2\ SO_{2\ gaz}$$

Le sulfure de cuivre est oxydé après l'évacuation du laitier, suivant la réaction :

$$3\ Cu_2S_{liq} + 3\ O_{2\ gaz} \longrightarrow 6\ Cu_{liq} + 3\ SO_{2\ gaz}$$

Cette réaction résulte de deux réactions simultanées souvent schématisées de la façon suivante :

$$2\ Cu_2S + 3\ O_2 \longrightarrow 2\ Cu_2O + 2\ SO_2\nearrow$$

$$2\ Cu_2O + Cu_2S \longrightarrow 6\ Cu_{(noir)} + SO_2\nearrow$$

En effet, l'affinité du cuivre avec l'oxygène est moindre que pour les impuretés, et en particulier que pour le fer et le soufre ; on peut donc éliminer les impuretés sans oxyder le cuivre. Le dioxyde de soufre se dégage sous forme de gaz, et les impuretés oxydées (en particulier le fer sous forme de FeO) sont absorbées par le laitier.

Les composés sulfates sont facilement solubles dans l'eau et dans l'acide faible, pendant que l'oxyde de fer FeO reste insoluble dans les conditions de lixiviation. De ce fait, l'oxyde de fer est éliminé par la séparation solides/liquides, tandis que le cuivre et le cobalt en solution seront récupérés à l'étape d'extraction par solvant et d'électrolyse.

Autrement dit, le grillage sulfatant est un procédé de conversion des sulfures de cuivre et de cobalt en sulfates solubles (dans l'eau ou dans un acide faible), et le sulfure de fer en un oxyde de fer insoluble.

$CuS + H_2SO_4 = CuSO_4$; $CuSO_4 + H_2O = CuOH +$

$$CuFeS_2 + 4\ O_2 \longrightarrow Cu^{2+} + Fe^{2+} + 2\ SO_4^{2-}$$

$$2\ FeS_{liq} + 3\ O_{2\ gaz} \longrightarrow 2\ FeO_{liq} + 2\ SO_{2\ gaz}$$

Le principe du procédé est basé sur l'utilisation d'un *four à lit fluidisé* (appelé aussi *fluo solid*). Il consiste au grillage du concentré, au refroidissement du concentré grillé et à un nettoyage des gaz qui s'échappent.

Ayant une très faible teneur en dioxyde de soufre SO_2, ces gaz entrainent des poussières, lesquelles seront complètement récupérées. Il reste plus de 99 % de cuivre et cobalt, qui seront récupérés lors du grillage et lors du nettoyage des gaz.

Pour capter le SO_2 contenu dans les gaz qui s'échappent, l'on utilise la roche calcaire (le calcaire, de granulométrie 45 µ) comme un système de nettoyage des gaz humides. L'on obtient une teneur en SO_2 en dessous de 0,5 g/Nm^3, mais aussi les particules de SO_3 et les vapeurs d'acide présentes faiblement dans les gaz.

Le SO_2 contenu dans les gaz est récupéré grâce à un brûleur de soufre, lequel permet également l'amélioration de la qualité du concentré sulfure grillé. C'est ce système de conduite des opérations de grillage qu'a adopté le projet Sicomines.

Dans ce système de conduite des opérations de grillage adopté par le projet Sicomines, lequel intègre un brûleur de soufre, le concentré sulfure (où la charge est faite de manière que le cuivre ait une teneur de 30 %) constitue la base de l'alimentation, tandis que le soufre présent dans la charge servira à :

- compenser la balance thermique par la combustion partielle ;
- fournir le soufre nécessaire pour la formation des sulfates.

Pour ce type de grillage par combustion devant aboutir à la formation des sulfates de cuivre et de cobalt, il est nécessaire que le soufre dans la charge ait une teneur de l'ordre de 20 %. C'est une teneur double du soufre initial. Pour l'obtenir, le projet Sicomines réalise le grillage envisagé par l'application du grillage en lit fluidisé endothermique de la même manière que par le principe de calcination ou de décomposition des sulfates.

Pour faciliter le transfert de tout le cuivre et de tout le cobalt contenus dans leurs sulfates respectifs ($CuSO_4$ et $CoSO_4$), l'on a besoin d'une charge à alimenter contenant le soufre d'une faible teneur (soit 10 %). Les carbonates de calcium ($CaCO_3$) et de magnésium ($MgCO_3$) contenus dans la charge se transforment facilement en sulfates ($CaSO_4$ et $MgSO_4$) et jouent dès lors le rôle de capteurs de soufre. Une grande partie du cuivre est donc maintenue sous forme d'oxyde (CuO). Ce fait est donc pris en compte lors de la lixiviation.

A l'issue du grillage, les produits suivants sont constitués : le *concentré grillé*, les *gaz*, un *résidu* constitué de gypse et un effluent de l'acide sulfurique titré de 1 à 5 % H_2SO_4. Les caractéristiques de ces composés sont présentées dans le tableau suivant.

Tableau : Compositions moyennes du grillé *au fluo solid,* des gaz *du four fluo solid et* du gypse pour les gaz *du fluo solid*

Composition du grillé [%]		Composition des gaz [mg/Nm³]		Composition du gypse résiduel [%]	
$CuSO_4$	0,3	Particules solides	< 20	$CuSO_4.H_2O$	65
$CuO.CuSO_4$	11,9	$SO_2 + SO_3$	< 500	$CaCO_3$	15
CuO	26,5	CO	< 50	$MgSO_4$	3
$CoSO_4$	7,7	NO_x	< 300	$MgCO_3$	1
CoO	0,2	Température	65°C	SiO_2	11
$Fe_2(SO4)_3$	0,1	Pression	Ambiant	Al_2O_3	5
Fe_2O_3	6,7			Solides	50
$SiO_2+Al_2O_3$	26,1			Température	65°C
$CaSO_4+MgSO_4$	17,7				
CaO+MgO	2,9				
Solides	60				
Température	85°C				

Pompé vers l'usine hydrométallurgique, le concentré oxyde subit une lixiviation acide qui met en solution le cuivre et le cobalt. Pour avoir ces deux métaux sous leur forme solide, la solution ionique obtenue est purifiée par différentes méthodes de séparation solide/liquide puis d'extraction par solvant. L'extraction de deux métaux est acquise lorsque la solution purifiée est soumise à l'électrolyse. Pour le cuivre, il est libéré sous forme de plaques appelées *cathodes*. Pour le cobalt, il est précipité sous forme de *carbonate* (solution qui a subi une purification suivie d'une précipitation par ajout du carbonate de sodium) ; séché, le cobalt carbonaté obtenu est mis en sacs pour expédition, où il sera débarrasé de ses impuretés.

Pour la réalisation de ses objectifs, le projet pratique donc la concentration par flottation, la voie pyrométallurgique pour grillage sulfatant aux fours et la voie hydrométallurgique par lixiviation.

Nous venons de décrire l'usine de concentration, ou *usine minéralurgique*. Evoquons maintenant l'*usine hydrométallurgique*, avant l'*usine pyrométallurgique*.

II. HYDROMETALLURGIE DES CONCENTRES DU CUIVRE

Dans le but d'obtenir des métaux, ici le cuivre et le cobalt, le projet Sicomines procède par l'hydrométallurgie pour le traitement des minerais oxydes. Le traitement des minerais concentrés provenant du concentrateur (274.000 t/an de concentrés sulfurés et 182.000 t/an de concentrés cobaltiques) se fait en 2 temps :

- l'on procède d'abord au traitement des concentrés cobaltiques, lequel se déroule dans l'usine hydrométallurgique ;
- l'on termine par le traitement des concentrés sulfurés, qui se fait dans l'usine pyrométallurgique.

1°. *L'hydrométallurgie*

Comme son nom l'indique, l'hydrométallurgie est un procédé de traitement des métaux par voie liquide. Elle consiste à mettre en solution les différents métaux contenus dans un minerai ou un concentré afin de les séparer pour les valoriser.

L'hydrométallurgique est destinée au traitement des minerais oxydés (cuprite Cu_2O, malachite $CuCO_3 \cdot Cu(OH)_2$, azurite $2CuCO_3 \cdot Cu(OH)_2$) ou des minerais sulfurés pauvres en cuivre (moins de 3 %) et ne contenant pas de métaux précieux. La filière hydrométallurgique concerne, en 2015, 21 % de la production et ne nécessite pas de raffinage ultérieur. Elle est réalisée dans des installations obligatoirement proches de l'extraction minière.

Un procédé hydrométallurgique typique comprend les opérations suivantes :

**lixiviation* ou dissolution : mise en solution des différents métaux, dont le cuivre ;

**purification* : séparation des différents métaux/constituants entre eux ;

**électrolyse* : récupération du métal voulu sous forme métallique.

La *lixiviation* du minerais est réalisée à l'aide soit d'un acide, tel que l'acide sulfurique H_2SO_4, soit d'un oxydant, tel que le chlore Cl_2. Les métaux en solution sont sous forme ionique. La dissolution dans l'acide sulfurique donne une solution de sulfate de cuivre sous la forme ($Cu^{++}SO_4^{--}$).

La phase de *purification* (mise en contact de la solution concentrée avec un autre liquide capturant les impuretés puis séparation des liquides), est réalisée par différentes techniques : extraction liquide-liquide par un solvant, cémentation, précipitation. Le choix d'une de ces techniques est conditionné par l'élément à séparer, sa quantité et par la « chimie » utilisée : voie sulfate, voie chlorure, voie ammoniacale...

L'*électrolyse* de la solution est utilisée, une fois obtenue une solution pure (ne contenant plus qu'un seul élément), pour récupérer cet élément sous forme « métal », lequel se dépose sur la cathode de l'électrolyseur.

Les procédés hydrométallurgiques permettent d'obtenir des degrés de pureté des métaux que les autres procédés métallurgiques, tels que la pyrométallurgie, ne permettent pas d'obtenir. Ils ont aussi l'avantage d'être moins énergivores.

Le cuivre et le cobalt comptent parmi les différents métaux traités par hydrométallurgie (les autres pouvant être le zinc, le nickel, l'uranium, le chrome, le manganèse, le lithium...).

Installation de l'usine hydrométallurgique

L'usine hydrométallurgique du projet Sicomines comprend *plusieurs sections* pour son fonctionnement : lixiviation, décantation/lavage, neutralisation, préparation de floculant, filtration de la solution, électroextraction de cuivre, déferrage, précipitation de cobalt, préparation de carbonate de sodium, extraction par solvant.

1°. La *section de lixiviation*, qui est à ciel ouvert et se déploie sur 70 m de long sur 20 m de large, comprend 9 cuves (placées sous la forme alternée pour faciliter la circulation de la solution et la maintenance), 2 tanks de stockage de solution et 2 tanks de stockage d'acide sulfurique.

2°. La *section de décantation/lavage*, qui est également à ciel ouvert et s'étend sur 145 m de long et 72 m de large, est équipée de 7 décanteurs primaires, 5 décanteurs laveurs à contre-courant et 4 tanks clarification de la solution envoyée à l'extraction par solvant.

3°. La *section de neutralisation*, qui est aussi à ciel ouvert et a 18 m de long et 9 m de large, prévoit 3 tanks de neutralisation en ligne à côté des tanks de neutralisation et un tank de stockage de lait de chaux.

4°. La *section de préparation de floculant*, longue de 30 m et large de 21 m, comprend 2 tanks de stockage de floculant (préparé en dehors de la section), une grue, un magasin de stockage de floculant, un tank de préparation de floculant et des pompes. Le projet prévoit un bassin pour prévenir les débordements et contrôler ainsi la gestion de la volumétrie, ainsi que d'autres bassins, tous recouverts des géomembranes HDPE. A côté de la section d'extraction par solvant est prévu un système de traitement des résidus, qui est installé dans une section à deux étages avec 30 m de long et 15 m de large. Sont égalemnt prévus un filtre-presse de traitement des ordures installé en altitude, un tank de clarification et des pompes installés au rez-de chaussée.

5°. La *section de filtration de la solution*, à ciel ouvert avec une surface de 32 m sur 34, comprend 16 filtres doubles placés en deux séries de 8 chacune. Le tank de circulation et le tank de clarification de la solution de stripage sont installés ensemble. La pompe de la solution de stripage et celle de l'électrolyte se situent à côté des tanks.

6°. La *section d'électroextraction de cuivre* est une structure en acier à deux étages. Elle comprend les cellules d'électrolyse installées en altitude en 4 groupes, la machine de stripage placée au centre de la section (longue de 220 m et large de 30 m), et, dans la partie secondaire de la section (d'une surface de 186 m sur 12 m), le système de chauffage de la solution, le rectificateur de silicium et la chambre de régulation. Un espace pour l'aération sépare les deux parties, centrale et secondaire.

7°. La *section de déferrage* est à ciel ouvert dans sa partie qui comprend les tanks de précipitation et de stockage ; cette partie couvre 900m^2 de surface. Dans la partie du filtre-presse, la section est couverte sur une surface de 15 x 15 m. La section a 6 tanks de précipitation placées en série. Au sortir du dernier tank, la solution est pompée au filtre-presse. La partie de la section de soutirage du précipité est en deux étages avec les tanks et les pompes au premier et les filtres au second.

8°. La *section de précipitation de cobalt* a une disposition similaire que la précédente. La partie à ciel ouvert, vaste de 700 m^2, comprend 3 tanks placés en série : le tank de solution, le tank de précipitation et le tank de solution de filtration. La partie couverte de la section abrite les filtres-presse de carbonate de cobalt, la machine de séchage et celle d'emballage, installés respectivement au troisième, au deuxième et au premier étages. Le filtre-presse reçoit la solution, qui est pompée vers lui après sa précipitation.

9°. La *section de préparation de carbonate de sodium*, d'une longueur de 24 m et une largeur de 12 m, est située dans une partie couverte. Elle a deux étages, le premier abritant le tank de stockage de solution et les matières premières, pour faciliter les accès, et le deuxième contenant le tank de préparation et les filtres de carbonate de sodium.

10°. La *section d'extraction par solvant*, à ciel ouvert, comprend 2 séries d'extraction de cuivre en haut et 1 série en bas.

Outre les sections que l'on vient d'évoquer, l'usine comprend également un *laboratoire central*, qui procède à plusieurs types d'analyses :

- l'analyse de qualité des matières premières et des intrants des usines ;
- l'analyse des matières entre les différentes sections des usines ;
- l'analyse des produits, des semi-produits et des produits secondaires ;
- l'analyse des échantillons et
- les études des directives d'analyse et de réalisation des essais.

Dans ce laboratoire, l'on trouve les quelques différents principaux matériels d'analyse suivants :

- le spectromètre optique à lecture directe pour l'analyse des impuretés dans les produits métallurgiques ;

- le spectromètre à fluorescence à rayons X pour l'analyse rapide qualitative et quantitative des échantillons d'alliage, des minerais tout venant, des concentrés, des résidus, des boues, des poussières, ... ;

- le spectromètre plasma d'émission à couplage inductif pour la vérification de la présence des impuretés dans l'alliage et le cuivre, dans les concentrés, dans les minerais, dans les matières premières, dans les résidus, et pour analyser les solutions des différentes sections, de l'eau usée, ... ;

- le spectrophotomètre d'absorption atomique pour tester les éléments métalliques ou non-métalliques en faible teneur dans les échantillons ($< 5\%$) ;

- le four électrique pour les tests métalliques et les essais des procédés ;

- le séchoir-armoire électrique pour le chauffage des matières et des récipients, ...

Installé dans un bâtiment de deux étages avec une surface de 72 m de long sur 15 m de large, le *laboratoire central* comprend la salle de préparation des échantillons, la salle d'analyse, la salle des appareils et la salle des accessoires. Son fonctionnement tient compte de la planification dans les autres laboratoires du projet, notamment le laboratoire de géologie et des mines, et le laboratoire de minéralurgie.

Le processus hydrométallurgique

Le processus hydrométallurgique adopté par le projet Sicomines comprend les étapes suivantes :

- lixiviation avec agitation ;
- décantation à contre-courant ;
- extraction liquide – liquide ;
- électrolyse d'extraction ;
- production du cuivre ;
- déferrage et élimination du manganèse sur une partie du raffinat;
- précipitation de cobalt sous forme de carbonate ;
- production de carbonate de cobalt.

L'usine hydrométallurgique comprend 16 sections ou postes :

- section de lixiviation ;
- section de décantation ou épaississement ;
- section de neutralisation du rejet ;
- section de préparation de floculant ;
- section des bassins de solution d'extraction ;
- section des bassins de raffiné ;
- section des bassins de lavage ;
- section d'extraction liquide – liquide ;
- section de traitement des rejets d'extraction ;
- section de filtration de la solution d'électrolyse ;
- section d'électrolyse d'extraction du cuivre ;
- section d'élimination de fer et de manganèse ;
- section des produits de cobalt ;
- section de production du carbonate de sodium ;
- laboratoire central ;
- section de stockage des produits.

Le traitement des concentrés oxydés du cuivre

Le traitement des minerais par hydrométallurgie a l'avantage d'entraîner une pollution atmosphérique nettement plus faible que lors des opérations pyrométallurgiques, mais les métaux précieux restent dans la gangue et ne sont donc pas récupérés.

Ce procédé concerne, principalement les minerais « oxydés » facilement solubles, en particulier ceux contenant 15 % de teneur en cuivre. Mais aussi, de plus en plus, il s'applique aussi aux minerais sulfurés de faible teneur à l'aide de l'assistance de bactéries lors des opérations de lixiviation, appelées alors biolixiviation.

Les concentrés oxydes, comme on le sait, proviennent de l'usine minéralurgique (ou usine de concentration, ou concentrateur) et se présentent sous forme de pulpes. Le but ici est de les mettre en solution (par lixiviation) et de les purifier (par extraction) afin de les transformer en cathodes (par électroextraction).

L'hydrométallurgie des minerais de cuivre comporte trois opérations successives, souvent symbolisées par le procédé dénommé SX/EW (extraction par solvant/électro-extraction) :

- Une *dissolution* des minerais par *lixiviation* généralement réalisée à l'aide d'acide sulfurique (1 à 15 g d'acide/L). Lorsque la gangue est basique (calcaire ou dolomitique), le coût de la lixiviation acide devient prohibitif, elle est remplacée par une lixiviation à l'aide d'une solution aqueuse d'ammoniac. La solution obtenue titre de 1 à 6 g de Cu par litre, concentration trop faible pour pouvoir subir une électrolyse, car sa faible conductivité entraînerait une résistance élevée au passage du courant électrique et une consommation d'énergie importante par effet Joule.

- Une *extraction par solvant spécifique*, qui permet après déextraction à l'aide de l'acide sulfurique (160 à 260 g d'acide/L) d'obtenir une solution contenant de 40 à 70 g de Cu^{2+}/L. Le solvant choisi est dilué dans du kérosène. Dans l'équation, l'équilibre mis en jeu lors de l'extraction - déextraction est déplacé vers la droite lors de l'extraction puis vers la gauche lors de la déextraction avec récupération et recyclage du solvant.

- Une *électrolyse* de la solution aqueuse contenant Cu^{2+} entre une anode insoluble en plomb (avec ajout de 6 % de Sb) de 100 kg qui a une durée de vie d'environ 4 ans et une cathode en cuivre sous forme d'une feuille de départ de 5 kg. La composition du bain d'électrolyse varie de 15 g H_2SO_4/L et 70 Cu^{2+}/L avant électrolyse jusqu'à 80 g H_2SO_4/L, et 25 Cu^{2+}/L après électrolyse puis, la solution appauvrie en Cu^{2+} et enrichie en acide, est recyclée. La tension est comprise entre 2 et 2,5 V (dont tension thermodynamique : 0,89 V, surtension O_2 : 0,6 V, chute ohmique : 0,6 V) avec une densité de courant de 150 à 300 A/m^2. La consommation électrique est importante (de 2000 à 2500 kWh/t de Cu) et l'acide sulfurique représente 16 % des coûts de production du procédé hydrométallurgique.

Les cathodes sur lesquelles se dépose le cuivre sont déchargées tous les 5 à 6 jours lorsqu'elles atteignent 60 kg. Elles titrent 99,8 % Cu et sont utilisées sans raffinage ultérieur pour des usages non électriques du cuivre (le plomb est dans ce cas une impureté gênante).

1. Circuit de lixiviation

La pulpe du concentré oxydé réceptionnée à l'usine hydrométallurgique est stockée dans des tanks qui alimentent, au besoin, les cellules de lixiviation. Le projet réalise deux types de lixiviation : la *lixiviation à la température ambiante* et la *lixiviation à haute température* en présence d'oxygène.

Pour chaque type de lixiviation, il est prévu :

- des tanks de dimension 7000 x 9500 mm, tous placés en série et en escalier et reliés par des tuyaux pour assurer un fonctionnement en continu ;
- une proportion des solides par rapport aux liquides de 4,5/1 ;
- un ajout de l'acide sulfurique frais jusqu'à pH égale à 2 ;
- un nettoyage régulier des boues des décanteurs-laveurs pour éviter la pollution de la solution, et les solutions qui débordent des décanteurs-laveurs sont récupérées vers un bassin pour être recyclées dans les décanteurs-laveurs.

Les différences se situent au niveau de quelques paramètres suivants :

	Lixiviation ambiante	Lixiviation à chaud
Nombre de tanks	3	6
Temps d'incubation	1,5 h	4 h
T° de travail	20 °C	40 °C

Pour la lixiviation à haute température :

- La pulpe est alimentée dans les tanks de lixiviation, l'acide sulfurique frais y est ajouté jusqu'à pH à 2.
- La solution est envoyée vers la décantation pour la séparation solide-liquide, au niveau du décanteur-laveur où s'effectue le lavage du gâteau.
- Le floculant y est ajouté pour accélérer la sédimentation et améliorer le rendement.
- L'over flow du décanteur est pompé vers un bassin de stockage de solution à haute teneur en cuivre de la section d'extraction par solvant.
- Une partie de la solution raffinée est préchauffée et chauffée par la vapeur à 90 °C avant d'être recyclée au niveau des tanks de lixiviation à chaud.
- L'oxygène y est ajouté pour améliorer le rendement de la mise en solution du cuivre et du cobalt.
- A l'issue de la lixiviation, la teneur en acide, qui était de 10 gl/l au départ, est de 20 g/l.

- Une partie de la solution et les liquides issus de l'usine acide sont mélangés pour former la solution lixiviante du cuivre et du cobalt.

2. Décantation et lavage

La solution issue de lixiviation ambiante doit être décantée afin de la séparer en deux phases, solide et liquide. Pour ce faire, on y ajoute un floculant. Pour cette décantation primaire, le projet Sicomines utilise 7 tanks de 30 m de diamètre chacun.

Pour que le solide se sépare du liquide, deux opérations sont nécessaires : l'over-flow et l'under-flow.

1°. *L'over-flow de la décantation* est pompé vers la clarification au filtre PBC (Pinned Bed Clarifie), afin que la solution clarifiée subisse l'extraction du cuivre par solvant. Il est ensuite pompé vers les décanteurs-laveurs de la lixiviation ambiante.

2°. *L'under-flow de la décantation* est pompé vers un système de 5 décanteurs-laveurs de lixiviation à chaud, placés en série. Pour le premier décanteur, son over-flow est expédié vers la clarification au filtre PBC puis vers l'extraction par solvant, tandis que son under-flow est pompé vers le deuxième décanteur-laveur.

Le lavage se fait à contre-courant de l'évolution de la solution. En effet, la solution coule progressivement du premier décanteur-laveur vers le cinquième, tandis que l'eau de lavage coule progressivement du cinquième décanteur-laveur vers le premier. Au niveau de chaque décanteur, un floculant est ajouté. L'underflow du dernier décanteur est pompé vers la section de neutralisation des rejets.

La suite des opérations est consignée dans le tableau suvant :

Teneur d'oxyde de magnésium dans les minerais	30 %
Teneur d'oxyde de magnésium lorsque le système de lixiviation est en équilibre	16 g/l
Capacité de décantation	0,15 $t/m^2.h$
Densité de l'under-flow	50 %
Quantité de floculant ajouté pour la décantation	80 g/t minerai
Quantité de floculant ajouté au lavage	40 g/t minerai
Proportion de lavage à contre-courant	2/1

3. Neutralisation des rejets

Dans l'under-flow du 5ème décanteur sont recueillis des rejets, lesquels contiennent une quantité d'acide résiduelle et d'ions des métaux lourds. Cet acide doit être neutralisé avant le stockage sur le parc à rejets. Trois tanks de neutralisation ont été prévus à cet effet. Un tank en plus est envisagé pour le lait de chaux qui sert à la neutralisation et un bassin en fosse est préparé pour le site de neutralisation.

L'under-flow du dernier décanteur-laveur est envoyé dans les tanks de neutralisation. Les rejets (acide résiduel et ions des métaux lourds) sont neutralisés en ajoutant le lait de chaux. Après avoir effectué des tests pour le contrôle de la neutralisation, les rejets sont enfin pompés vers le bassin à rejets.

Le traitement de neutralisation exige un temps d'incubation de 1 heure, une solution d'une densité de 50 % et un pH final de 7.

4. Préparation du floculant

La section de préparation de floculant comprend le stock des floculants, la mesure de la quantité, la dissolution, ...

Le floculant stocké sous emballage est préparé pour obtenir une densité de 0,25 %. Il est ensuite envoyé par pompes vers les décanteurs.

Compte tenu de la consommation importante de floculant à la section de lavage à contre-courant dans les décanteurs et à celle de lixiviation, la section de préparation de floculant est installée à côté de la section de lixiviation.

5. Extraction par solvant

La section d'extraction par solvant reçoit deux types de solutions : *l'une riche et l'autre pauvre en cuivre*. Les deux solutions sont versées dans deux tanks de 3x3x3,1 m de dimensions chacun.

Après lixiviation :

*La *solution riche* présente une densité de 39,55 g/l. Elle est produite au rythme de 8.975 m^3 par jour. Le processus consiste en 3 étages d'extraction, 1 étage de lavage et 2 étages de stripage. Pour l'extraction par solvant d'une telle solution, la phase organique est composée de 33 % en volume de Lix 973N-Lv et 67 % en volume de kérosène 260, la proportion de la phase d'extraction 4,5/1, celle de la phase de lavage de 30/1 et celle de stripage de 1,25/1. Le temps de mélange est de 2 minutes.

*La *solution épuisée (pauvre)* présente une densité de 9,52 g/l ; elle est produite au rythme de 3.936 m^3/jr. Pour son extraction par solvant, les paramètres techniques sont identiques, hormis pour les proportions des phases. Pour la phase d'extraction, la proportion est de 1,25/1 et pour celle de stripage de 1/1.

La section comprend donc un tank mixte pour mélange et clarification. Le temps de mélange est de 2 minutes et la vitesse de clarification est de 4,5 m/h. Il est prévu un collecteur pour collecter les débordements des couples Mélangeur/Décanteur du circuit d'extraction par solvant organique.

L'intrant Lix973-Lv est dosé à 33 % en volume et l'opération d'extraction par solvant se déroule à la température ambiante. La quantité de transfert de cuivre métal dans l'extraction de la solution riche est supérieure ou égale à 27 g/l, et celle de la solution pauvre inférieure ou égale à 0,03 g/l.

La solution riche est pompée dans le premier étage d'extraction et la phase aqueuse provenant de cet étage va vers le 3ème étage. Le raffinat provenant du 3ème étage est recyclé en tête de lixiviation à cause de sa teneur élevée en acide (175 g/l). La solution pauvre est pompée dans le second étage d'extraction et la phase aqueuse provenant de cet étage qui constitue le raffinat pauvre est ensuite pompé vers le circuit Cobalt.

Les solutions mères alimentées sont mises en contact avec le solvant organique dans un diluant à haute température. Le cuivre est extrait dans la phase organique dans les mélangeurs-décanteur pour produire le raffinat riche et le raffinat pauvre. La phase organique chargée en cuivre (35 g/l de teneur en cuivre) est ensuite lavée dans l'étage de lavage avec un petit volume d'eau acidulée et ensuite strippée à l'aide de l'électrolyte épuisée provenant de la salle d'électrolyse. La solution de stripage chargée en cuivre (45 g/l) est ensuite filtrée sur un filtre à charbon actif pour le débarrasser de l'organique qui l'imprègne avant d'être pompée à la salle d'électrolyse.

L'unité d'extraction par solvant est équipée d'un module de traitement d'une émulsion stable formée par un mélange de solidephase organique-phase aqueuse. Le traitement consiste en la clarification (stripage), l'agitation et la filtration. Ce traitement est réalisé au moyen de centrifugeuses qui séparent les solides de la phase organique claire à retourner dans le circuit d'extraction par solvant organique en passant par des filtres à argiles pour éliminer les solides, produits de dégradation de l'extracteur organique spécifique de cuivre. Les solides ainsi recueillis sont envoyés à la décharge des rejets.

La solution riche en cuivre débarrassée de la phase organique est ensuite pompée dans un tank de recirculation d'où elle est recyclée dans des cellules d'électrolyse où le cuivre est déposé sous forme métallique. La phase aqueuse est retournée au stripage et les résidus (solides) sont rejetés.

Dans le circuit du décapage, de l'électrolyte épuisé provenant de la salle de l'électroextraction du cuivre est utilisé pour décaper la phase organique lavée et riche en cuivre. Il en résulte d'une part une solution électrolyte riche en cuivre à recycler vers l'électroextraction du cuivre et, d'autre part une phase organique décapée et épuisée en cuivre à recycler vers le circuit de décapage.

L'électrolyte chargé et riche en cuivre est préalablement stocké en bassin muni de chicanes pour emprisonner et récolter la phase organique entrainée mécaniquement. Cette phase organique recueillie est ainsi traitée sur filtre à coalescence de manière à séparer la phase organique débarrassée de l'électrolyte à envoyer vers le circuit d'extraction par solvant organique et l'électrolyte débarrassée de la phase organique à retourner vers le tank house (salle d'électrolyse).

Une saignée est pratiquée sur le tank de solution avant l'électrolyse vers le circuit de décapage.

6. Electrolyse d'extraction

Pour l'électrolyse d'extraction, le projet Sicomines utilise les cellules d'électrolyse en béton résine, au total 400 prévues. Il emploie des modèles de cathodes durables et applique le stripage des cathodes.. 54 cathodes et 55 anodes ont été prévues dans chaque cellule d'électroextraction. La cathode a les dimensions de 1000 x 1100 mm en matière de 316 L et l'anode en alliage Pb-Ca-Sn.

L'électrolyte provient de la section d'extraction par solvant. Il est chauffé et envoyé dans le tank house de la salle d'électrolyse. Après l'électrolyse d'extraction de cuivre, l'électrolyte pauvre est pompé vers la section d'extraction par solvant.

La salle d'électrolyse cuivre reçoit l'électrolyte chargé de cuivre provenant du circuit de décapage de la phase organique chargée et renvoie vers ce circuit l'électrolyte épuisé. Le procédé de l'électrolyse régénère de l'acide dans l'électrolyte épuisé utilisé dans le circuit de décapage pour cuivre du solvant organique chargé.

Le cuivre métallique est déposé sur des feuilles (blanks) cathodiques en acier inoxydable posés sur des cuves d'électrolyse en bétons polymères. L'électrolyte chargé en provenance du bassin de stockage est partiellement chauffé avec de l'électrolyte chaud épuisé à travers des échangeurs de chaleur et ensuite chauffé par échangeurs de chaleur utilisant de la vapeur.

Il est pratiqué une recirculation des solutions d'électrolyte sur les cuves d'électrolyse. Le dépôt électrolytique de cuivre est réalisé sur un cycle de 7 jours. En fin de cycle les cathodes obtenues sont enlevées de cuves par pont-roulant électrique actionné manuellement et nettoyées à l'eau sur cuve. Les cathodes sont ensuite transférées vers des tanks de lavage par immersion à l'eau chaude pour enlever de l'électrolyte entrainé mécaniquement. Les cathodes lavées sont ensuite défeuillées de blanks en acier inoxydable au moyen des machines semi-automatiques.

Les feuilles de cuivre métallique produites sont entassées sur des palettes en bois et transportées par élévateur vers l'aire de stockage des produits pour échantillonnage, pesage et surfaçage. Il est prévu des collecteurs de récupération des débordements sous les cuves d'électrolyse.

Dans la salle d'électrolyse, on utilise comme réactifs : du gel comme agent surfaçant et du cobalt sous forme de sulfate comme agent inhibiteur de la corrosion de la surface. La salle d'électrolyse est largement aérée pour assurer la ventilation naturelle, tandis que l'émission des brouillards d'acides sur les cuves d'électrolyse est réduite au minimum par l'utilisation des ballons en plastique flottant à la surface des cuves d'électrolyse ainsi que des bâches qui recouvrent les cellules.

Pour l'électrolyse, la densité de solution d'entrée est de 45 g/l et celle de la solution épuisée de 5 g/l. La température est de 45 °C, la densité de courant de 300 A/m^2, le rendement électrique de 90 %, la tension aux bornes de la cellule de 1,9 à 2,1 V.

Traitement des concentrés cobaltiques

Dans le procédé hydrométallurgique (Inco), le concentré cobaltique est mélangé avec de l'eau, broyé si nécessaire, pour former une boue, appelée *pulpe*, qui est chauffée à 270° C et à laquelle de l'acide sulfurique est ajouté pour dissoudre une partie du minerai qui contient le cobalt et de nombreuses impuretés (nickel, magnésium, aluminium, fer, chrome, zinc, cuivre...). Le cobalt, les impuretés et l'acide se retrouvent en solution dans l'eau.

L'étape suivante consiste à séparer le minerai non dissous (solide) de la solution, appelée « liqueur mère » (liquide). Puis, pour débarrasser cette solution de l'acide et de certaines impuretés, on ajoute progressivement du calcaire et de la chaux. L'acide est neutralisé formant du gypse solide (minéral naturel connu également sous le nom de plâtre, utilisé dans le bâtiment, mais aussi en médecine pour immobiliser les fractures). Une partie des impuretés (aluminium, fer, chrome, silice, cuivre) se transforment aussi en solides (précipités), qui sont évacués avec le gypse.

Ensuite pour se débarrasser des dernières impuretés (manganèse, magnésium, calcium) et concentrer le cobalt, un solvant de type hydrocarbure (appelé extractant) ajouté, récupère le cobalt (et parfois le nickel). Dans la solution mère, il ne reste plus que les impuretés. Un traitement ultérieur permet d'obtenir le cobalt à l'état quasiment pur.

Récupération de cobalt sous forme de carbonate

Dans le projet Sicomines, le cobalt est obtenu en éliminant le fer et le manganèse. On y arrive en faisant passer la principale partie du raffinat par l'échangeur de chaleur et en la soumettant à une réaction au lait de chaux dans 6 tanks agités installés en série en forme d'escalier. Le pH est alors amené à 3,5 environ. L'air mélangé avec le SO_2 gazeux à 2,5 % de densité est introduit dans les tanks 2 et 6.

Le temps d'incubation pour la réaction est de 5h, la température de travail de 40 °C, le pH de 3,5, la densité de calcaire de 20 %, la densité de SO_2 de 2,5 % et le contrôle de potentiel de 600 mV.

Le premier tank sert à la neutralisation de l'acide résiduel et du deuxième au sixième tank, à la précipitation du fer et du manganèse selon les réactions suivantes :

$$2FeSO_4 + SO_2 + O_2 \longrightarrow Fe_2(SO4)_3$$
$$Fe_2(SO4)_3 + 3CaCO_3 + 9H_2O \longrightarrow 2Fe(OH)_3 + 3(CaSO_4.2H_2O) + 3CO_2$$
$$MnSO_4 + O_2 + 2CaCO_3 + SO_2 + 4H_2O \longrightarrow MnO_2 + 2(CaSO_4.2H_2O) + 2CO_2$$

La solution après traitement dans le sixième tank est pompée à la filtration pour éliminer le fer et le manganèse. Le filtre est lavé et le précipité envoyé à la section de neutralisation des rejets avant de se retrouver dans le bassin des rejets. La solution clarifiée est ensuite pompée au circuit de précipitation du cobalt.

Avant la précipitation du cobalt, la solution filtrée est préalablement chauffée puis envoyée dans le premier tank de précipitation de cobalt. La section comprend également 3 tanks pour la précipitation du cobalt placé en série.

Le temps de précipitation est de 2,5 h, le pH entre 8 et 9, la température environ de 60 °C et la teneur de carbonate de sodium entre 100 et 120 g/l.

Pour la précipitation, il est ajouté dans les tanks du carbonate de sodium Na_2CO_3. La solution du Na_2CO_3 est préparée par dissolution dans l'eau du Na_2CO_3 solide. La solution est ensuite pompée à la filtration puis envoyée dans les tanks de décobaltage. La solution atteint un pH compris entre 8 et 9 et la précipitation du cobalt se déroule selon la réaction suivante :

$$Na_2CO_3 + CoSO_4 = CoCO_3 + Na_2SO_4$$

Pour récupérer le *carbonate de cobalt* $CoCO_3$, la solution du dernier tank de précipitation est pompée au filtre-presse. Le filtre est lavé et le gâteau recueilli est séché jusqu'à un degré d'humidité ≤ 10

%. Le produit est ensuite mis sous emballage pour l'expédition. La solution après filtration est pompée au traitement d'eau usée.

L'usine acide

Pour son fonctionnement, l'usine hydrométallurgique du projet Sicomines présente un besoin de consommation en acide sulfurique H_2SO_4 à 98 % de 205.500 tonnes. C'est le projet qui produit lui-même cet acide, dans une usine spéciale appelée justement *usine acide*. Celle-ci est donc conçue pour fabriquer l'acide sulfurique H_2SO_4 à 98 % à partir de la fusion du soufre solide S, selon la réaction suivante :

$$2\ S + 3\ O_2 + 2\ H_2O \longrightarrow 4\ H^+ + 2\ SO_4^{2-}$$

L'usine acide comprend, dans un seul bâtiment, la section de purification, la section d'absorption à sec, la section de transformation, la salle de ventilateur du dioxyde de soufre SO_2, du stockage de l'acide et du système de l'eau de retour.Pour produire l'acide, Sicomines utilise les gaz d'échappement de l'usine pyrométallurgique qui réalise un grillage sulfatant des minerais sulfures. Comme on le sait, au cours de ce traitement thermique, des produits comme l'acide sulfurique H_2SO_4 et le dioxyde de soufre SO_2 sont formés.

Pour obtenir ces deux composés, Sicomines a adopté la technologie d'élaboration qui consiste en un roulage et une absorption. Dans cette opération :

- La quantité totale des gaz qui entre dans le processus d'élaboration d'acide est de 71.101,22 Nm^3/h.
- La densité de SO_2 est de 9,41 % ; ici, la quantité de soufre sous forme de SO_2 est de 74.338,9 t/an, et le taux de récupération de soufre pour la fabrication d'acide est de 94,04 %.
- La quantié de l'acide sulfurique à 98,5 % produit sera de 217.377,6 t/an.
- L'acide pollué, dont la quantité d'émission est de 192 m^3/jr et la densité de l'émission de 2,7 %, est transporté à l'usine pour utilisation.

Le tableau suivant donne les émissions des gaz des fours de l'usine pyrométallurgique :

Source de gaz / Four de grillage	Composition [Nm^3/h]
Dioxyde de soufre SO_2	6.688,86
Trioxyde de SO_3	48,68
Dioxygène O_2	8.003,00
Diazote N_2	44.733,47
Dioxyde de carbone CO_2	5.674,31
Eau H_2O	5.952,50
Total	71.101,22

Pour la production de l'acide sulfurique et du dioxyde de soufre utiles dans l'extraction du cuivre et du cobalt par voie hydrométallurgique, les gaz à utiliser doivent présenter une température de 280±20 °C et une teneur en poussières $\leq$ 0,5 g/m^3. Ils sont contenus dans les fumées qui s'échappent, lesquelles seront captées, débarrassées des poussières puis envoyées vers l'usine acide.

Provenant du grillage, ces fumées sont captées au niveau de la chaudière qui récupère une partie importante de leurs énergies. Elles passent ensuite par un électrofiltre qui freine les particules solides contenues. L'on obtient ainsi des gaz purifiés, lesquels sont barbotés dans l'eau ou l'acide étendu. Le mélange subit ainsi une transformation et une absorption en 4 étapes. Les gaz qui s'échappent entrent dans le processus de fabrication de SO_2 liquide.

3. Processus d'élaboration de l'acide sulfurique

L'acide sulfurique dont on a besoin dans l'usine hydrométallurgique doit être pur, pour un meilleur rendement. Celui que l'on pssède ne l'est pas généralement. D'où il doit être *purifié*, c'est-à-dire être débarassé des poussières et des vapeurs d'eau dans les gaz qui l'accompagnent. Les étapes suivantes sont nécessaires pour y arriver :

- le passage des gaz dans le premier dépoussiéreur ;
- le passage dans la tour de réfrigération des gaz ;
- le passage dans le deuxième dépoussiéreur ;
- le passage dans le premier ;
- le passage dans le deuxième séchoir.

Issus du circuit de grillage, les gaz brûlés passent par un électrofiltre. A 280°C, ils passent par la tour de lavage et, après le contact à contre-courant avec l'acide de dilution pulvérisé vers le haut, ils produiront une mousse. C'est celle-ci qui retiendra la plupart des poussières du gaz. Par gravité, les gaz chargés des poussières tombent dans la cuve de l'acide de dilution et sont refroidis. Le SO_3 est transformé en vapeur acide et partiellement rejeté.

Au sortir de la tour de lavage, les gaz pénètrent dans la tour de refroidissement où ils entrent en contact avec l'acide de dilution qui éliminera davantage les poussières, les impuretés et les vapeurs d'acide. Les vapeurs sont condensées et deviennent liquides. De la tour de refroidissement, les gaz entrent dans la machine de lavage pour éliminer encore les poussières et deviennent plus humides.

Les gaz passent par l'étape d'absorption sèche après les machines d'élimination des vapeurs. L'acide pollué est recueilli au sortir du dépoussiéreur et entre dans la cuve de stockage, après dégagement du SO_2 dans la tour d'élimination de l'acide de dilution. Par une pompe, l'acide est envoyé vers l'usine métallurgique pour utilisation.

Après la purification de l'acide sulfurique, la transformation du dioxyde de soufre SO_2, un gaz, en sa version liquide. L'opération commence par un échange de la chaleur des gaz sortis du ventilateur SO_2 au niveau de la chaudière. Elle est possible à la température portée à 420°C. La plupart de SO_2 est transformée en SO_3. En diminuant cette température, l'on obtient un bon taux de transformation de SO_2 : le gaz est refroidi par la chaudière, ce qui fait que, dans la tour d'absorption, le SO_3 est complètement absorbé par l'acide à 98 % pulvérisé dans les parties en haut. A environ 79°C, le gaz entrera finalement dans le processus de fabrication de SO_2 liquide.

Après l'élimination des vapeurs, le gaz entre dans la tour de dessèchement à contre-courant de l'acide à 93 % pulvérisé. L'acide dans la tour circule par la cuve, la pompe de circulation et le refroidisseur par anode. Il se produit l'acide sulfurique d'une teneur de 98 % après le refroidisseur de l'acide d'absorption. Après le refroidissement, l'acide formé est envoyé au dépôt d'acide par la cuve d'où il est transporté par la pompe jusque dans les installations.

4. Processus d'élaboration du SO_2 liquide

Pour son bon fonctionnement, l'usine hydrométallurgique a besoin de 6.810 t/an de SO_2 liquide. La fabrication de ce produit utilise la technologie de concentration, de dessèchement et de refroidissement du gaz en SO_2. Le SO_2 de densité basse venant de la fabrication de l'acide H_2SO_4 augmente de densité après l'absorption du liquide ionique.

Tableau : Composition [Nm^3/h] des gaz d'élaboration du SO_2 liquide, à la température de – 80°C et à la tension de vapeur de 3 kPa.

SO_2	SO_3	O_2	N_2	CO_2	H_2O	Total
331,19	0,63	5.289,03	46.344,32	5.674,31	8,35	57.647,83
0,575%	0	9,175%	80,392%	9,843%	0,014%	100%

Quand il a une densité élevée, le SO_2 gazeux devient liquide, après dessèchement et refroidissement. En cet instant, la quantité du gaz SO_2 brûlé est de 57.647,83 Nm^3/h et sa densité de 0,575 %. Selon l'équilibre du soufre, celui-ci pourra produire le SO_2 liquide à 7.212,36 t/an.

Le soufre récupéré a un taux de 98 %. La quantité de l'émission de l'eau usée est de 36 m^3/jr. La quantité des émissions de gaz est de 59.238 Nm^3/h dont la teneur en SO_2 est de 330,2 mg/Nm^3 et la teneur en vapeur acide égale ou inférieure à 10 mg/Nm^3.

Ce SO_2 qu'emploie l'usine hydrométallurgique peut se présenter sous forme de concentration en fluide gazeux ou de liquéfaction.

**La concentration du SO_2 en fluide gazeux* est obtenue à l'aide de la solution d'un liquide ionique (dénommée liquide de concentration) qui sort de la tour d'absorption du SO_2. Celui-ci présente des taux élevés d'absorption (99,5 %) et de densité du gaz (proche de 98 %). Le liquide ionique est recyclable, tandis que les eaux usées la scorie sont quasiment inexistantes.

**La liquéfaction du gaz SO_2* est acquise par sa congélation : après le séchage de ce gaz de densité élevée, venant de la section de sa concentration à la tour de dessèchement, le gaz SO_2 pur et sec est produit. Après l'augmentation de tension par le ventilateur, ce gaz entrera dans le condenseur SO_2, où il est refroidi, condensé et finalement transformé en liquide. L'ammoniaque liquide (le zymogène) est utilisée pendant la condensation et la liquéfaction du SO_2. Ici, les émanations ou émissions gazeuses sont minimisées, et les opérations se déroulent dans des bonnes conditions.

Pour la fabrication du SO_2 liquide, le processus comprend les étapes de concentration du gaz en SO_2 liquide, le stockage du SO_2 liquide et la cheminée. Pour le projet Sicomines, le tout est situé dans le même bâtiment que celui pour le processus de fabrication d'acide.

Cas des minerais sulfurés

L'hydrométallurgie convient essentiellement aux minerais oxydés, nous l'avons dit. Mais elle peut également s'appliquer aux minerais sulfurés. Dans ce dernier cas, pour qu'elle soit efficace, il faut, à la lixiviation classique, associer une attaque bactériologique, appelée ***biolixiviation***, car les minerais sulfurés sont difficilement solubles. Les quelques bactéries utilisées sont : thiobacillus ferrooxidans, thiobacillus thiooxidans, leptospirillum ferrooxidans. Elles se développent naturellement dans les gisements sulfurés, selon des critères précis :

- le pH doit être compris entre 1,8 et 2,8 ;
- les températures doivent être comprises entre 30 et 35°C ;
- leur concentration naturelle dans les gisements doivent varier de 10^6 à $10^{10}/cm^3$ en surface à $10^3/cm^3$ en profondeur ;
- leur concentration en cuivre ne doit pas dépasser 3 g/L, sinon le milieu devient toxique ;
- leur énergie est tirée de l'oxydation des formes réduites du soufre et de celle du fer (II) en fer (III). Ces bactéries catalysent l'oxydation, par le dioxygène de l'air, des ions sulfures et du soufre en ions sulfates et des ions Fe (II) en Fe (III) (réactions 1,2,4) :

$$CuFeS_2 + 4\ O_2 \longrightarrow Cu^{2+} + Fe^{2+} + 2\ SO_4^{2-} \quad (1)$$

$$4\ Fe^{2+} + O_2 + 4\ H^+ \longrightarrow 4\ Fe^{3+} + 2\ H_2O \quad (2)$$

$$CuFeS_2 + 4\ Fe^{3+} \longrightarrow Cu^{2+} + 5\ Fe^{2+} + 2\ S \quad (3)$$

$$2\ S + 3\ O_2 + 2\ H_2O \longrightarrow 4\ H^+ + 2\ SO_4^{2-} \quad (4)$$

La biolixiviation est employée pour traiter des minerais de faible teneur en Cu ou les stériles de traitements antérieurs. Elle peut être utilisée in situ mais est surtout employée pour traiter des minerais ou des stériles disposés en tas (concassés en grains de 6 à 10 mm puis agglomérés avec 3 à 7 kg d'acide sulfurique par tonne de minerai) sur des sols étanches. La solution lixiviante (pH de 1,5 à 2) enrichie d'éléments nutritifs pour les bactéries (azote...) percole à travers le minerai en s'enrichissant en cuivre (II). La biolixiviation en tas dure de 3 à 6 mois.

Après dissolution du cuivre par biolixiviation, la solution obtenue subit la suite des opérations classiques d'hydrométallurgie (voir plus haut).

III. PYROMETALLURGIE

Le projet Sicomines vise à introduire le traitement des sulfures par pyrométallurgie, troisième usine d'obtention du cuivre et du cobalt contenus dans les minerais, après les usines de minéralurgie et d'hydrométallurgie.

La pyrométallurgie est généralement destinée aux minerais sulfurés ou sulfuro-arséniés. Elle concerne, en 2015, 79 % de la production et nécessite un raffinage ultérieur.

Elle peut bien concerner aussi bien les concentrés cobaltiques que cuivriques.

Les concentrés sulfurés ou sulfuro-arséniés du cobalt

Dans le procédé pyrométallurgique, les minerais sulfurés ou sulfuro-arséniés sont finement broyés puis concentrés (enrichis) par flottation en utilisant des agents moussants (tensioactifs). Les concentrés ainsi obtenus sont grillés pour éliminer le soufre et/ou l'arsenic. Les concentrés peuvent être lessivés par de l'eau de chaux pour former un précipité d'hydroxyde de cobalt, qui est dissous dans l'acide sulfurique pour former du sulfate de cobalt, qui sera transformé en cobalt métallique par électrolyse.

Souvent les concentrés sont réduits par du coke (10% de la masse du minerai) au four électrique en présence de la chaux. L'on obtient quatre types de produits :

*une *scorie*, contenant 15 % de cobalt qui est recyclé ;

*un *alliage blanc fer-cuivre-cobalt*, qui peut contenir jusqu'à 42 % de cobalt, 39 % de fer et 15 % de cuivre ;

*et un autre *alliage rouge*, à 89 % de cuivre, 4 % de fer et 4 % de cobalt.

L'alliage blanc, le plus intéressant en cobalt, est dissout à chaud dans l'acide sulfurique dont on extrait le cobalt métallique par électrolyse. Le cobalt peut aussi être précipité en milieu basique par ajout du carbonate de sodium pour donner du ***carbonate de cobalt***. Le cuivre est précipité par cémentation à l'aide du fer.

L'alliage rouge vise naurellement l'obtention du cuivre où il est très abondant. Le cobalt contenu dans cet alliage rouge est évidemment récupéré lors des opérations de métallurgie du cuivre.

Les concentrés sulfurés du cuivre à l'usine pyrométallurgique : production des *mattes*, du *blister* et de la *cathode de cuivre*

La *pyrométallurgie* est approvisionnée principalement par des concentrés qui représentent 85 % du cuivre traité ; les 15 % restant proviennent du recyclage de déchets.

Ce travail métallurgique va consister à faire fondre les concentrés obtenus précédemment pour obtenir un état liquide. A partir de cette nouvelle forme, le but recherché est de parvenir à le rendre plus pur. L'utilisation de la gravité et de grillages va permettre d'isoler les substances légères de celles qui sont plus lourdes. Ce procédé est très efficace car il permet de doubler la teneur en cuivre du métal conservé. A l'issue de cette transformation, le cuivre sera en effet pur à raison de 40 ou 60 %.

A ce traitement à haute température succédera la phase dite de *convertissage*, opération au cours de laquelle sera obtenu du cuivre beaucoup plus pur. Après avoir traité les fondants, le résultat obtenu est placé dans un four rotatif à 300 degrés. La chaleur et le mouvement parviennent à extraire le cuivre du produit appelé la *matte*. Après cette période de chauffe, l'usine métallurgique va pouvoir transformer le métal qui possède désormais 98 à 99,5% de cuivre ; cette forme particulière du cuivre porte le nom de *blister*, puisqu'*il sera transformé en plaques*.

Malgré sa plus grande concentration en cuivre, le blister, conservé sous formes de plaques, ne peut pas être vendu tels quel aux industries. Il faudra faire un travail supplémentaire en usine de raffinement pour obtenir une pureté supérieure. A ce stade, le cuivre pourra être vendu à bas prix aux pays possédant des capacités de raffinement importantes à disposition, comme le Japon et l'Allemagne... et la Chine.

Dans ces pays hautement industrialisés et à haute technologie, l'affinage du blister va correspondre à la dernière phase de transformation du cuivre avant son utilisation à l'échelle industrielle. L'électrolyse est le meilleur moyen de parvenir à un cuivre presque pur puisque le traitement chimique va permettre de conserver uniquement le cuivre. A l'issue de l'affinage, le cuivre est propre à la consommation et rejoindra les différentes industries.

En détail, la pyrométallurgie du cuivre, qui tend à produire un cuivre pur, est effectuée en trois étapes suivies d'un raffinage. Les deux premières étapes consistent en l'*élaboration des mattes*, la troisième en la *production du blister*. Le raffinage du blister a pour objectif d'obtenir la *cathode de cuivre*, ou cuivre d'une certaine pureté, un des produits visés par le projet Sicomines.

1°. Elaboration des concentrés (sulfurés et oxydés) de cuivre

1ère étape : ***Grillage partiel*** des concentrés vers 550-650°C. Le minerai est extrait et séparé selon les méthodes classiques (broyage, flottation) ; il est ensuite grillé pour oxyder certaines impuretés. L'opération consiste à l'oxydation partielle des sulfures de fer, présents à des teneurs élevées systématiquement dans tous les minerais sulfurés ; ce qui donne un « mixte » composé de sulfures de cuivre et de fer et d'oxyde de fer. L'arsénic (As) et l'antimoine (Sb) sont éliminés sous forme de composés volatils et récupérés. La réaction de base est la suivante :

$$2\,CuFeS_2 \longrightarrow Cu_2S, 2FeS_{\text{liq}} + 1/n\ Sb_{\text{gaz}}$$

2ème étape : ***Fusion pour matte***. Il s'agit de poursuivre l'oxydation, à 1100-1200 °C, après la fusion des concentrés. Ici, le concentré est mélangé à un laitier (sable et chaux chauffé) dans un four électrique (ou auparavant à réverbération) en atmosphère oxydante. Cette opération de fusion, qui se déroule en présence de silice, et sans apport d'oxygène, réduit la teneur en fer. L'on obtient un liquide appelé ***matte*** (de formule Cu_2S,FeS), un mélange de sulfures fondus de cuivre, de fer et d'éléments chalcophiles (Ni, Co, Pb...). Ce liquide fortement chargé en soufre contient 40 à 60 % de cuivre. Le fer et les éléments de la gangue sont rejetés dans les scories. Le fer s'accumule avec les stériles dans le *laitier* qui surnage sur la *matte*. Le laitier, essentiellement constitué de silicates, a la double fonction de rassembler les minéraux formant les stériles et de convertir les oxydes de cuivre en sulfure de cuivre Cu_2S suivant la réaction :

$$Cu_2O + FeS \longrightarrow Cu_2S + FeO$$

FeO passe, sous forme de silicates, dans les scories qui surnagent sur une *matte fondue* (formée de Cu_2S et FeS restant). La plus grande partie du fer est ainsi éliminée ainsi qu'une partie du plomb. La fusion a lieu dans des fours réverbères, électriques ou flash-smelting afin de limiter la pollution par les fumées riches en SO_2. Les fours flash-smelting donnent 72 % de la production, les fours réverbères 22 % et les fours électriques 5 %.

La matte est débarrassée de ses scories qui surnagent puis est convertie par soufflage air dans la matte liquide :

$$Cu_2S + O_2 \rightarrow 2\ Cu + SO_2\nearrow$$

En effet, l'affinité du cuivre avec l'oxygène est moindre que pour les impuretés, et en particulier que pour le fer et le soufre ; on peut donc éliminer les impuretés sans oxyder le cuivre. Le dioxyde de soufre se dégage sous forme de gaz, et les impuretés oxydées (en particulier le fer sous forme de FeO) sont absorbées par le laitier. Le métal obtenu est appelé cuivre *blister* en raison de son aspect poreux.

minerai grillé + laitier → *fusion/oxydation* → matte + scories → *extraction gravitaire* → matte — *conversion à l'air* → cuivre blister

Le cuivre blister obtenu contient encore 1 % d'impuretés. Il faut donc l'affiner. Le premier affinage se fait fondant le cuivre blister sous air (dans un four rotatif horizontal pour favoriser le mélange avec l'air) pour oxyder les impuretés et en particulier le soufre résiduel, mais cela incorpore de l'oxygène dans le cuivre. On réduit l'oxyde de cuivre obtenu par des gaz réducteurs (hydrocarbures).

L'affinage supplémentaire est en général pratiqué par électrolyse : le cuivre *blister* est coulé sous forme d'électrodes (anodes) plongées dans un bain de sulfate de cuivre, et lorsque l'on fait passer un courant, l'électrode se dissout et le cuivre se dépose sur la cathode elle-même en cuivre, tandis que les impuretés se dissolvent dans la solution. Ce qui permet d'obtenir un cuivre très pur (99,9 %). Il se forme une boue contenant en particulier les métaux précieux.

L'étape suivante du traitement, qui a lieu dans une fonderie, consiste en la fusion et le convertissage pour extraire le fer et le soufre. Durant cette opération, le fer oxydé se combine avec la silice pour produire un laitier de silicate de fer tandis que le sulfure s'oxyde pour produire de l'anhydride sulfureux gazeux. Le métal qui reste, connu sous le nom de cuivre ampoulé, contient environ 99 p. 100 de cuivre. Ce cuivre est coulé pour former des anodes et envoyé à l'affinerie, où il subit un traitement électrochimique pour produire une cathode de cuivre qui est pure à plus de 99,97 p. 100.

2°. Production du blister

Après la fusion pour matte, la ***conversion pour matte***. Pour y arriver, l'on poursuit l'oxydation de la matte liquide par de l'air ou du dioxygène, vers 1300 °C, une opération qui, pendant une durée d'environ 4 heures, se déroule en 2 phases dans des convertisseurs de type Pierce-Smith ou Hoboken.

- La 1ère phase a trait au *soufflage scorifiant* : élimination totale du fer et des autres éléments métalliques plus oxydables que le cuivre, lesquels passent dans des scories. Il reste du sulfure cuivreux Cu_2S appelé ***matte blanche*** (75 % de cuivre).

- La 2ème phase est le *soufflage pour cuivre*. L'opération consiste à débarrasser la matte de ses scories qui surnagent puis et à la convertir par soufflage air dans la matte liquide. Le *convertissage* s'effectue en oxydant fortement la matte liquide, dans un convertisseur, en présence de silice, ce qui permet d'éliminer la quasi totalité du fer dans le laitier.

$$2\ FeS_{liq} + 2\ SiO_{2\,sol} + 3\ O_{2\,gaz} \longrightarrow 2\ FeO, SiO_{2\,liq} + 2\ SO_{2\,gaz}$$

Le sulfure de cuivre est oxydé après l'évacuation du laitier, suivant la réaction :

$$3\ Cu_2S_{liq} + 3\ O_{2\,gaz} \longrightarrow 6\ Cu_{liq} + 3\ SO_{2\,gaz}$$

Cette réaction résulte de deux réactions simultanées souvent schématisées de la façon suivante :

$$2\ Cu_2S + 3\ O_2 \longrightarrow 2\ Cu_2O + 2\ SO_2\nearrow$$

$$2\,Cu_2O + Cu_2S \longrightarrow 6\,Cu_{(noir)} + SO_2\nearrow$$

En effet, l'affinité du cuivre avec l'oxygène est moindre que pour les impuretés, et en particulier que pour le fer et le soufre ; on peut donc éliminer les impuretés sans oxyder le cuivre. Le dioxyde de soufre se dégage sous forme de gaz, et les impuretés oxydées (en particulier le fer sous forme de FeO) sont absorbées par le laitier.

Les réactions étant fortement exothermiques, aucun apport d'énergie thermique complémentaire n'est nécessaire. Le cuivre en fusion est coulé en un *cuivre solide de couleur noire*, appelé ***blister*** (vocable anglais pour « ampoule », rappelant son aspect poreux, c'est-à-dire les cloques de sa surface oxydée). Ce produit titre de 98 à 99,5 % de Cu. Il reste un peu d'oxyde de cuivre I (Cu_2O). Le dioxyde de soufre (SO_2) est récupéré pour produire de l'acide sulfurique (H_2SO_4), avec une production moyenne de 2,7 tonnes d'acide par tonne de cuivre, et aussi occasionnellement en SO_2 liquide ou en soufre.

En bref, la dernière étape de la pyrométallurgie permet l'*obtention du cuivre métallique*. Cette opération, qui s'appelle la « conversion de la matte », se réalise en y insufflant du dioxygène gazeux O_2. La matte peut encore contenir un peu d'oxyde Cu_2O, qui réagit avec Cu_2S pour former du cuivre Cu. Les trois solides Cu_2O, Cu_2S et Cu sont non miscibles. Le Cu obtenu est un cuivre métallique sous forme de *blister*. Schématiquement, il s'obtient selon le processus suivant :

minerai grillé + laitier → *fusion/oxydation* → matte + scories → *extraction gravitaire* → matte — *conversion à l'air* → cuivre blister

Ce dernier est coulé dans un four pour obtenir des plaques ou des lingots devant être ensuite raffinés.

Pour les solutions aqueuses concentrées, provenant des minerais oxygénés, la séparation finale se fait par *électrodéposition* ou par *cémentation* à l'aide de déchets d'acier. Les cathodes obtenues par électrodéposition contiennent jusqu'à 99,9% de cuivre mais sont en général plus chargées en impuretés que celles résultant de l'affinage électrolytique. Le précipité de cuivre obtenu est fortement pollué en fer et doit être affiné par l'une de deux voies, thermique ou électrolytique.

3°. Raffinage du blister et obtention de la cathode de cuivre

L'on vient de voir que le traitement du cuivre, qui a lieu dans une fonderie, consiste en la fusion et le convertissage pour extraire le fer et le soufre. Durant cette opération, le fer oxydé se combine avec la silice pour produire un laitier de silicate de fer tandis que le sulfure s'oxyde pour produire de l'anhydride sulfureux gazeux. Le métal qui reste, connu sous le nom de cuivre ampoulé, ou cuivre noir, ou encore « blister », est d'une teneur de 98 % à 99,5 % en cuivre.

Les blisters peuvent être achetés tels quels par les pays consommateurs équipés d'une industrie de raffinage ; ce sont essentiellement les pays asiatiques (Chine, Japon et Inde) qui en sont les principaux acheteurs et affineurs. En juillet 2016, les principales installations industrielles d'élaboration de blister se trouvaient en Chine : à Guixi (Jiangxi), à Jinchuan et à Xiangguang, avec, en milliers de tonnes de capacité annuelle, respectivement 900, 400 et 400. Venaient après la Chine (1.600.000 t) l'Inde (900.000 t), le Japon (900.000 t), l'Allemagne (450.000 t), le Chili (400.000 t) et la Russie (400.000 t).

Mais *les blisters sont encore impropres à une utilisation dans l'industrie*, parce que leur pureté est insuffisante (ils contiennent en général 1% d'impuretés), et doivent subir par conséquent une nouvelle opération d'affinage. L'objectif est d'*obtenir la pureté nominale de 99,90 %* utilisable dans la plupart des applications. Pour ce faire, le blister est coulé pour former des anodes et envoyé à l'affinerie, où il subit un traitement électrochimique pour produire une cathode de cuivre de la pureté recherchée.

L'affinage présente donc le double avantage :

- obtenir du cuivre pur,
- récupérer des impuretés de grande intérêt : or, argent, bismuth, etc.

II existe deux procédés d'affinage (ou de raffinage), thermique et électrolytique :

1° L'affinage thermique

Dans le but d'obtenir un métal de qualité supérieure, cette technique vise à éliminer l'oxygène présent à l'intérieur. Pour y parvenir, du bois vert est ajouté dans le bain de cuivre.

Plus précisément, l'affinage thermique consiste à refondre le blister en l'oxydant pour éliminer les dernières impuretés plus oxydables que le cuivre (Fe, S, As, Pb, Sb) sous forme d'oxydes qui se volatilisent. On procède par soufflage d'air dans le bain de blister liquide.

Lors de cette opération, une partie du cuivre s'oxyde en Cu_2O. Dans ce composé, le cuivre se charge de 0,6 à 0,9 % d'oxygène dont il faut éliminer l'essentiel par une opération de perchage, qui consiste à réduire l'oxyde Cu_2O, en introduisant dans le bain de cuivre soit des troncs de bois vert, soit des produits pétroliers ou enore divers autres réducteurs. Après dégagement brutal des gaz CO et H_2 lors de sa combustion, l'on obtient alors un cuivre de qualité thermique, qui contient encore de 0,02 à 0,04 % d'oxygène et un peu d'hydrogène.

Cette technique est également appelée *perchage*, puisqu'elle tend à réduire de façon significative la teneur en gaz. Néanmoins, à l'issue de cette opération, le cuivre possède toujours une part d'oxygène et d'hydrogène. Un tel cuivre ne peut être utilisé en l'état et n'a donc que peu d'applications dans l'industrie ; aussi n'est-il presque plus utilisé aujourd'hui. Ce résultat explique pourquoi ce procédé est de moins en moins employé, ou n'est presque plus utilisé d'ailleurs.

2° L'affinage électrolytique

L'on purifie le blister principalement par la méthode d'*électrolyse* à anode soluble : le blister est coulé sous forme d'anodes (qui sont des feuilles de 350 kg, de 1 m^2 de surface et de 13 à 50 mm d'épaisseur). Ces anodes, qui joueront le rôle d'anodes solubles lors de l'affinage, contiennent déjà de 98 à 99,5 % de cuivre mais aussi d'autres métaux : fer, nickel, or, argent, ...

Les cathodes de départ sont de minces feuilles de cuivre raffiné (initialement minces et de masse égale à 8 kg) d'une pureté supérieure à 99,5 %. Chaque cellule contient par exemple 30 anodes et 31 cathodes. Les cathodes sont changées tous les 10 jours, les anodes solubles tous les 20 jours (chaque anode donne 2 cathodes).

L'électrolyte, ou bain d'électrolyse, est constitué d'un mélange de solutions de sulfate de cuivre (Cu^{2+} SO_4^{2-}) et d'acide sulfurique ($2H^+$ SO_4^{2-}).

Mises ensemble dans le bain d'électrolyse, les deux électrodes positive (anode) et négative (cathode) de l'électrolyseur suscitent une réaction, dans laquelle les différents couples qui entrent en compte sont, au niveau du blister, et par ordre de forces décroissantes : Au^{++}/Au ; Ag^{+}/Ag ; Cu^{++}/Cu ; Ni^{++}/Ni ; Fe^{++}/Fe.

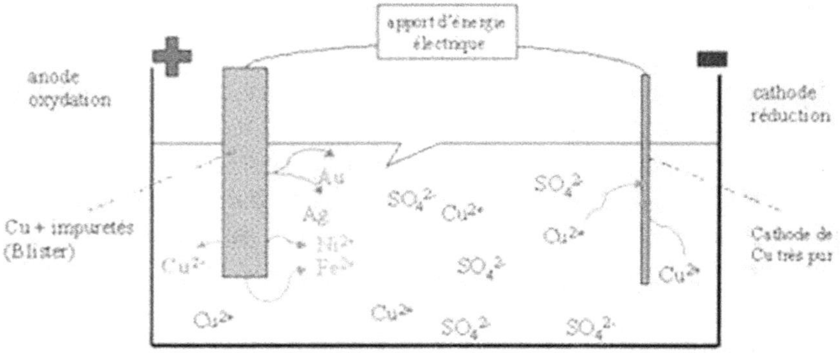

- *à l'anode* (électrode positive) : oxydation de $Fe \rightarrow Fe^{2+} + 2e^-$ puis de $Ni \rightarrow Ni^{2+} + 2e^-$ et enfin de $Cu \rightarrow Cu^{2+} + 2e^-$ tandis que Ag et Au tomberont tels quels dans la solution (forme métallique).

- *à la cathode* (électrode négative) : réduction de $Cu^{2+} + 2e^- \rightarrow Cu$ métallique. En effet, Ni^{2+} et Fe^{2+} ne réagiraient avec la cathode que s'il n'y avait plus du tout d'ions Cu^{2+} dans la solution ; or l'électrolyte est alimenté par l'anode et la solution de $CuSO_4$ régulièrement remplacée.

Les cathodes obtenues sont très pures, ayant en effet une teneur en cuivre de 99,90 %. C'est ce cuivre pur que produit la Sicomines. Il est pur mais trop poreux. D'autre part, il peut contenir des inclusions d'électrolytes. Dans ce cas, les cathodes peuvent être refondues, soit à l'air, soit sous atmosphère réductrice. Dans le premier cas, une dernière désoxydation au phosphore doit être effectuée si l'on veut du cuivre exempt d'oxygène, et l'on obtient du cuivre pur, avec une teneur supérieure à 99,9 %, appelé improprement *cuivre rouge* (désigné ainsi par opposition au laiton, alliage de cuivre et de zinc, parfois nommé « cuivre jaune »). C'est cette cathode de cuivre qui sera transformée en produits semi-finis : barres, tuyau, plaques etc.

Les impuretés sont recueillies car elles contiennent des éléments récupérables ultérieurement. Ces impuretés métalliques, initialement présentes dans le blister, sont généralement de trois sortes :

- les impuretés qui restent en solution ou précipitent : Zn, Fe, Ni, Co, Sn, Pb ;

- les impuretés qui sont insolubles et sont récupérées dans les boues anodiques : Ag, Au, Pt ;

- les impuretés qui se déposent, en partie avec le cuivre, et devront être éliminées ultérieurement : As, Sb, Bi.

La purification de 100 t de cuivre donne de 0,5 à 1 t de boues (de composition moyenne Cu : 20 à 50 %, Ag : 5 à 25 %, Au < 4 %, ainsi que : As, Sb, Sn...). On estime que 80 % de l'argent et 15 % de l'or produits dans le monde sont extraits de boues provenant de l'électro-affinage de métaux, principalement de cuivre.

Nous pouvons nous résumer en disant que l'affinage industriel du cuivre s'effectue par électrolyse d'anodes de cuivre brut (il s'agit du cuivre blister) dans une solution de sulfate de cuivre. Lorsque l'on fait passer un courant, l'anode (électrode +) se dissout et les ions cuivre migrent vers la cathode, où, sous forme de solide, ils se déposent sur la cathode (électrode –) elle-même en cuivre, tandis que les impuretés se dissolvent dans la solution. Cette opération permet d'obtenir un cuivre très pur (99,90 %) ainsi qu'une boue contenant des métaux précieux.

En général, pour chaque anode soluble, on obtient deux cathodes de 140 à 150 kg. La consommation d'énergie électrique est d'environ 250 kWh par tonne de cuivre. Il a été constaté qu'une raffinerie de cuivre qui produit 600 tonnes par jour, utilise 1092 cuves d'électrolyse avec 46 anodes par cuve.

L'on peut schématiser comme suit[1] :

[1] « Histoire de la production du cuivre », dans *Wikipédia*, l'encyclopédie libre.

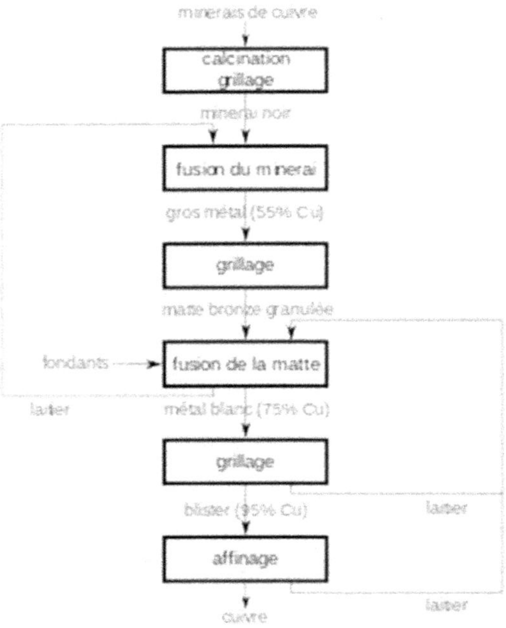
minerais de cuivre
calcination
grillage
minerai noir
fusion du minerai
gros métal (55% Cu)
grillage
matte bronze granulée
fondants
fusion de la matte
laitier
métal blanc (75% Cu)
grillage
blister (95% Cu)
laitier
affinage
laitier
cuivre

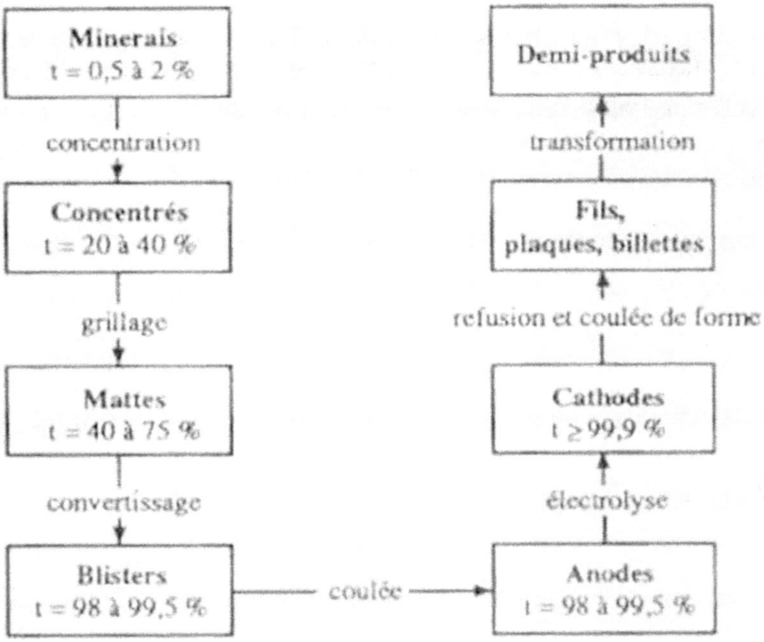
Minerais
t = 0,5 à 2 %
concentration
Concentrés
t = 20 à 40 %
grillage
Mattes
t = 40 à 75 %
convertissage
Blisters
t = 98 à 99,5 %
coulée
Anodes
t = 98 à 99,5 %
électrolyse
Cathodes
t ≥ 99,9 %
refusion et coulée de forme
Fils,
plaques, billettes
transformation
Demi-produits

3°. Les trois types de cuivres affinés

L'affinage permet de dégager trois types de cuivre différents : Cu-a1, Cu-b1 et Cu-c1.

*Le *cuivre Cu-a1*, contenant de l'oxygène, est intéressant à cause de sa conductibilité électrique exceptionnelle, mais il ne supporte pas les traitements supérieurs à 400 °C (notamment il se prête mal au soudage) à cause de sa sensibilité aux atmosphères réductrices (compte tenu de la présence de l'hydrogène à l'intérieur).

*Le *cuivre Cu-b1*, désoxydé au phosphore, possède pour sa part une faible conductibilité électrique, mais il est particulièrement apte aux déformations, constituant ainsi des produits aux formes différentes. Il a également l'avantage d'être soudé très facilement et permettre de constituer des créations à base de cuivre dans différents domaines d'applications.

*Le *cuivre Cu-c1*, exempt d'oxygène, réunit les avantages des deux catégories précédentes ; donc il est parfait pour des réalisations spécifiques qui demandent une qualité de cuivre importante.

Les trois cuivres sont proposés aux industries qui choisissent celui qui correspond le plus aux projets de fabrication d'objets.

Il faut savoir que, en ce qui concerne le projet Sicomines, l'Etude de faisabilité assure qu'une usine pyrométallurgique produit annuellement 78.000 tonnes de cuivre blister et 13.000 tonnes d'alliage cupro-cobaltifère à 75 % en cuivre et à 9,4 % en cobalt. La production annuelle d'une usine hydrométallurgique est, quant à elle, de 125 à 130.000 tonnes de cuivre cathodique et de 17.000 tonnes de carbonate de cobalt ($CoCO_3$) à 40 % en cobalt.

L'on peut résumer que l'affinage du cuivre utilise la réaction naturelle de ce métal transformé en cathode à partir d'une anode soluble. En d'autres termes, l'affinage est pratiqué par électrolyse : le cuivre *blister* est coulé sous forme d'anodes (électrodes positives) plongées dans un bain de sulfate de cuivre, et lorsque l'on fait passer un courant, l'anode se dissout et le cuivre se dépose sur la cathode (électrode négative) elle-même en cuivre, tandis que les impuretés se dissolvent dans la solution. L'on obtient un cuivre très pur (99,9 %), et une boue contenant en particulier les métaux précieux.

En passant de l'anode (+) à la cathode (-), seul le cuivre sera récolté et les autres éléments qui ne réagissent pas au cours de cette étape. Mais malgré une utilisation intelligente de ce procédé chimique, *le cuivre obtenu ne sera pas pur immédiatement*. L'on considère que le cuivre est pur s'il titre à 99,9 % ou à un pourcentage supérieur. C'est un tel produit qui pourra être vendu aux différentes industries et constituer un grand nombre d'objets.

Pour obtenir un cuivre pur d'une teneur minimale de 99,9 %, les cathodes doivent être refondues afin de subir plusieurs transformations. Cette opération ne se réalise malheureusement pas en RDC, mais ailleurs, et notamment en Chine.

La RDC a donc dû se contenter de célébrer la cathode de cuivre produite par la Sicomines…

IV. DE L'USINE PYROMETALLURGIQUE A L'USINE HYDROMETALLURGIQUE

Traitement des concentrés cuivre-cobalt

Comme ceux de la Zambie, les minerais mixtes de cuivre-cobalt de la RDC sont soit traités en deux étapes, *par voie pyrométallurgique puis par voie hydrométallurgique*, soit traités directement par voie hydrométallurgique (voir dans ce dernier cas le chapitre sur l'hydrométallurgie)[1].

En pyrométallurgie, le minerai sulfure riche est traité au four avec soufflage d'oxygène pour la production d'un grillé qui suivra le circuit des minerais oxydes à la lixiviation. Les fumées du four après dépoussiérage serviront à produire l'acide sulfurique et le dioxyde de soufre (SO_2) liquide. Ce dioxyde est utilisé dans la métallurgie du cobalt, selon le procédé décrit plus haut.

---

[1] Les minerais oxydés de nickel-cobalt sont traités traditionnellement en 2 étapes, pyrométallurgique puis hydrométallurgique. C'était le cas, en partie, des minerais de Nouvelle Calédonie. Actuellement, se développe, au Canada, en Australie et en Nouvelle-Calédonie, le traitement des minerais oxydés de nickel-cobalt uniquement par voie hydrométallurgique. Les minerais sulfurés de nickel-cobalt sont traités, traditionnellement, par voie pyrométallurgique, mais un nouveau procédé, hydrométallurgique, dérivé du traitement des minerais oxydés est développé en Nouvelle-Calédonie …

Dans le cas d'un traitement par pyrométallurgie puis hydrométallurgie, le minerai après ajout de coke (10 % de la masse du minerai) est réduit au four électrique. La consommation d'énergie est de 12 000 kWh/t de Co. L'on obtient :

*une *scorie* contenant 15 % de Co, qui est recyclée ;

*un *alliage « blanc »* contenant 42 % de Co, 15 % de Cu, 39 % de Fe et

*un *alliage « rouge »* à 89 % de Cu, 4 % de Co, 4 % de Fe.

Le cobalt de ce dernier alliage est récupéré lors des opérations de métallurgie du cuivre.

L'alliage blanc est dissous à chaud dans l'acide H_2SO_4. Il s'ensuit la précipitation de deux métaux :

*Le cuivre est précipité par cémentation à l'aide du fer.

*Le cobalt est précipité en milieu basique (ajout de chaux) par du carbonate de sodium Na_2SO_4. On obtient du *carbonate de cobalt* $CoCO_3$, produit visé par le projet Sicomines.

En chimie, le carbonate de cobalt(II) $CoCO_3$ est obtenu en chauffant du sulfate de cobalt(II) $CoSO_4$ avec une solution de bicarbonate de sodium $NaHCO_3$. La calcination du carbonate de cobalt(II) $CoCO_3$ conduit à l'oxyde de cobalt(II,III) Co_3O_4 :

$$3\ CoCO_3 + {}^1/_2\ O_2 \rightarrow 3\ CO_2 + Co_3O_4.$$

Le Co_3O_4 est facilement attaqué par les acides minéraux, par exemple par l'acide chlorhydrique $HCl_{(aq)}$:

$$CoCO_3 + 2\ HCl + 5\ H_2O \rightarrow [Co(H_2O)_6]Cl_2 + CO_2.$$

Il faut savoir, selon le projet Sicomines, qu'une usine pyrométallurgique produit annuellement 78.000 tonnes de cuivre blister et 13.000 tonnes d'alliage cupro-cobaltifère à 75 % en cuivre et de 9,4 % en cobalt. La production annuelle d'une usine hydrométallurgique est, quant à elle, de 130.000 tonnes de cuivre cathodique et de 17.000 tonnes de carbonate de cobalt ($CoCO_3$) à 40 % en cobalt.

RESUME : ELABORATION DES PRODUITS MARCHANDS VISES PAR LA SICOMINES ET LEUR UTILISATION

Nous avons dit que le projet Sicomines visait initialement trois types de produits marchands : le concentré de cuivre, le carbonate de cobalt et la cathode de cuivre. Essayons de résumer leur élaboration, vue en détail dans les lignes précédentes.

1°. *Le concentré de cuivre*

Il s'obtient en débarrassant le minerai extrait de quelques-uns de ses éléments pour ne garder que la partie contenant le cuivre métal d'une teneur de l'ordre de 25 à 40 % ; la Sicomines le vend sous forme de sulfure ou d'oxyde, pour qu'il aille se faire raffiner ailleurs.

Dans la mine DIMA, l'on trouve les quelques minerais sulfures et oxydes suivants :

- sulfures de cuivre : *chalcocite* Cu_2S, covelline CuS, *chrysocolle*, la *bornite* Cu_5FeS_4, *cuprite*, *carrolite*, *chalcopyrite* $CuFeS_2$…

- oxydes de cuivre : *malachite* $Cu_2CO_3(OH)_2$, *cuprite* Cu_2O, ténorite CuO, *carrolite* $CuS.Co_2S_3$, *chrysocolle* $(Cu,Al)_2H_2(Si_2O_5)(OH)_4*n(H_2O)$…

2°. *Le carbonate de cobalt (II)*

Carbonate cobalteux, de formule $CoCO_3$, il contient au moins 40 % de cobalt ; il se présente sous la forme d'une poudre cristallisée rougeâtre paramagnétique, insoluble dans l'eau mais rapidement attaqué par les acides minéraux. La forme disponible commercialement est un carbonate de cobalt (II) basique violet pâle de formule $CoCO_3(Co(OH)_x(H_2O)_y$.

Le carbonate de cobalt (II) a de nombreuses applications. Notamment, c'est :

- un intermédiaire dans la purification hydrométallurgique du cobalt à partir de ses minerais ;
- un pigment inorganique ;
- un précurseur de catalyseurs, en particulier un précurseur de l'octacarbonyle de dicobalt $Co_2(CO)_8$;
- un catalyseur utilisé en synthèse organique et en chimie des composés organométalliques ;

- un complément alimentaire, dans la mesure où le cobalt est un oligo-élément ;

- un produit employé pour réaliser des glaçures sur céramiques, notamment dans le cas de la faïence de Delft.

3°. ***La cathode de cuivre (ou cuivre cathodique)***

C'est une barre, ou plaque, ou encore feuille de cuivre (une feuille fait 2 mètres de long, 80 cm de large et 600 kg) ou du cuivre métal de pureté 99,9 % obtenu par électrolyse du concentré de cuivre.

Les usages du cuivre à ce niveau sont nombreux. Certains de ces usages sont bien connus du grand public, mais pas tous ; de fait, le cuivre, par ses propriétés, est bien plus présent qu'on ne le pense dans la vie de tous les jours. Par exemple :

- L'excellente capacité du cuivre à conduire l'électricité en fait un choix logique pour tout ce qui est filage et câblage électriques. C'est d'ailleurs l'usage principal du cuivre. Plus de 50 % de la consommation mondiale de cuivre y est consacrée et cette proportion tend à augmenter.

- Le cuivre a une grande résistance à la corrosion. C'est d'ailleurs pourquoi son utilisation par les architectes est de plus en plus systématique. On l'utilise pour les toitures, les statues et tout ce qui est à la merci des intempéries. Contrairement au fer et à l'acier, le cuivre ne rouille pas. Lorsqu'il est exposé aux intempéries, le cuivre s'oxyde et forme ainsi une mince couche le protégeant et lui permettant de rester intact pendant des centaines d'années. De plus, le cuivre peut être recyclé plusieurs fois sans perdre ses propriétés.

- Le cuivre est un antibactérien très efficace. On le retrouve ainsi dans plusieurs endroits publics tels que les hôpitaux, les transports en commun et bien d'autres endroits où les bactéries sont omniprésentes.

Voilà pour la cathode de cuivre, un cuivre pur d'une teneur minimale de 99,9 %. Pour qu'elles soient très pures, les cathodes doivent être refondues afin de subir plusieurs transformations. Cette opération ne se réalise malheureusement pas en RDC, mais ailleurs, et notamment en Chine. La RDC a donc dû se contenter de célébrer la cathode de cuivre produite par la Sicomines…

RESULTATS DE LA MISE EN ŒUVRE DU PROJET MINIER

La production par Sicomines de la cathode de cuivre, un évènement, fêté par le gouvernement !

La Sicomines, qui, sous les yeux de deux minitres, Louise Munga du Portefeuille et Martin Kabwelulu des Mines, procéda, le 6 juin 2015 à Kolwezi, à la mise en production de l'étape 1 de son projet minier, obtint sa première ***cathode de cuivre*** en octobre 2015.

Ce fut un grand évènement. Il fut fêté avec faste le 6 novembre 2015 à Kolwezi, sous le nom « Célébration de mise en production de la Phase I du Projet minier Sicomines » projété à l'écran. Des personnalités plus ou moins prestigieuses y prirent part, parmi lesquelles les ministres du Portefeuille et des Mines, le Vice-gouverneur de l'Exim Bank, organe, avec Bank of China, de financement du projet, le Secrétaire Exécutif du BCPSC, l'Administrateur-Délégué-Général de la Gécamines, le Directeur Général de la Sicomines et son adjoint...

Dans son discours de circonstance, Moïse Ekanga a exprimé son sentiment de satisfaction et sa gratitude à l'endroit du Président de la République, initiateur du Projet de Coopération sino-congolaise :

''Tout ce que nous savons est que les gens viennent seulement exploiter nos ressources naturelles en laissant des trous par-ci par-là, et même une pauvreté indescriptible au sein de la population. Mais, jamais on n'a construit le pays. Aujourd'hui, grâce à la détermination du Chef de l'Etat Joseph Kabila et à la coopération sino-congolaise, nous avons un modèle de partenariat public-privé qui porte des fruits''.

Cette collaboration entre l'Etat congolais et les privés chinois contribue, nota le patron du BCPSC, au développement socio-économique de la RDC, laquelle bénéficie de l'expertise technique et managériale des sociétés chinoises. La Sicomines, qui dispose d'un effectif de 3000 employés dont 75 % des Congolais, assure le transfert des connaissances et des technologies, et facilite l'intégration aussi bien sociale que culturelle.

Le Directeur Général a.i. de la Gécamines, Jacques Kamenga, est allé dans le même sens, soulignant que l'économie congolaise gagnera assurément avec le projet Sicomines :

‘‘Ce projet a un impact économique très important pour le pays en termes de création des emplois et de revenues possibles. La Gécamines trouvera son compte dans les dividendes.’’

De leur côté, les actionnaires de la Sicomines se sont réjoui du succès récolté par le volet minier du Projet de Coopération. Zhang Zongyan, président de CREC, la société chinoise spécialisée dans la construction, a soutenu que le projet minier Sicomines a abouti avec bonheur grâce à l'appui sans failles des autorités congolaises et de l'ambassade de Chine au Congo. C'est par un travail acharné que ce projet a pu anticiper sa mise en production de la phase I, après deux ans et demi de construction minière intensive.

Cette phase I, qui s'est accomplie en octobre 2015, vise une production annuelle de 125.000 tonnes de cuivre. Dans sa phase II, cette production devra doubler : 250.000 tonnes de cuivre, mais 600.000 tonnes d'hydroxyde de cobalt. Dans ce cas, la Sicomines devra devenir le premier producteur africain du cuivre et du cobalt, et l'un de 10 premiers producteurs du monde de ces métaux.

Commercialisation par la Sicomines des dérivés usinés du cuivre

La RDC est le second producteur mondial de Cu obtenu par hydrométallurgie, après le Chili et avant les Etats-Unis et la Zambie.

En 2015, la situation était la suivante (en milliers de t. Monde : 3 897; Union européenne (Espagne et Chypre) : 70).

Chili	1 778	Mexique	158
R.D. Congo	775	Laos	93
Etats-Unis	589	Pérou	73
Zambie	216	Espagne	68

Source : *Cochilco.*

La Sicomines intervient naturement dans la part de la RDC concernant la production et l'exportation des produits usinés du cuivre. Ainsi, en 2016, voici sa situation :

Type de produit	Tonnage (en tonnes)	Teneur (en %)	Valeur exportée (en USD)
Cuivre noir (matte)	122 152,48	60.00	176 472 684,23
Cathode de cuivre	55 708,37	99.90	248 883 448,77

Source : Initiative pour la Transparence dans les Industries Extractives (ITIE-RDC).

Au deuxième trimestre 2019, la co-entreprise minière a produit et exporté ce qui suit :

Type de produit	Tonnage (en tonnes)	Exportation totale en RDC par toutes les entreprises
Concentré de cuivre	11 064,85	17 113,6
Cathode de cuivre	21 663,78	178 700,85

Le raffinage de la cathode de cuivre, ailleurs qu'en RDC : la Sicomines favorisée par l'Etat congolais ?

Nous avons dit que le cuivre cathodique n'est pas pur à 100 %. Pour qu'il le devienne, il doit être débarrassé de quelques impuretés qui l'enrobent.

La Sicomines ne raffine pas sa cathode de cuivre. C'est la Chine qui s'en occupe. C'est de très loin le premier pays du monde du cuivre cathodique raffiné, avec 2.650.000 tonnes de Cu produites en juillet 2016 dans ses installations industrielles (900, 650, 600 et 500 milliers de tonnes produites respectivement par Guixi au Jiangxi, Jinchuan, Daye dans le Hubei et Yunnan Copper). La Chine est suivie par le Chili (600.000 tonnes), l'Inde (500.000), la Russie (460.000), le Japon (450.000), les Etats-Unis (450.000) et la Corée du Sud (440.000).

L'exportation du cuivre cathodique congolais vers la Chine, semble-t-il, n'a pas toujours été faite dans les règles. C'est ce que constate en 2017 Georges Kapiamba, président de l'Association congolaise pour l'accès à la justice (ACAJ), dans une correspondance adressée au ministre des Mines, Martin Kabwelulu. Dans sa lettre, le responsable de cette organisation non gouvernementale des Droits de l'Homme dénonce les faveurs indues accordées à la Sicomines, en violation d'un arrêté interministériel interdisant les exportations des concentrés de cuivre et de cobalt. Avant de lui demander de retirer l'autorisation accordée à la joint-venture sino-congolaise pour l'exportation de ces produits marchands.

Dans sa réponse à Georges Kapiamba le 8 juillet 2017 (Arrêté Interministériel n°0129/CAB.MIN/MINES/01/2017 et n° 032/CAB.MIN/FINANCES/2017), Martin Kabwelulu reconnaît qu'effectivement il existe bien non pas un arrêté, mais une série d'arrêtés ministériels et interministériels antérieurs qui interdisaient toute exportation des concentrés de cuivre et de cobalt en RDC. Mais, précise le ministre des Mines, ces arrêtés avaient connu, entre 2013 et 2017, quelques modifications successives plus ou moins importantes. La modification majeure portait sur le *renouvellement du moratoire au regard de la problématique du déficit énergétique*.

Ce moratoire est encore d'actualité, dit Kabwelulu, qui explique : ''En termes clairs, les exportations des concentrés de cuivre et de cobalt sont autorisées, à titre exceptionnel, pour toutes les sociétés qui se retrouvent dans ce cas, tant que la problématique du déficit énergétique persiste''.

La Sicomines compte parmi ces sociétés-là dont la mesure de suspension d'exportation des concentrés de cuivre et d'hydroxyde de cobalt a été levée.

Par ailleurs, à l'examen du rapport mensuel d'Août 2017 dressé par la Division Provinciale des Mines du Katanga/Sud, le ministre constate que l'essentiel des produits miniers marchands de la Sicomines est constitué des concentrés de cuivre et l'hydroxyde de cobalt. Au regard de l'ampleur de ce projet qui a pour vocation, entre autres, d'amortir l'investissement des projets d'infrastructures et miniers réalisés dans le cadre de la Convention de collaboration entre la RDC et le Groupement d'Entreprises chinoises, Martin Kabwelulu, sous la pression ou non de l'ACAJ, revient sur cette affaire, en interdisant à la Sicomines d'exporter des métaux non transformés. En effet, par sa lettre no CAB.MIN.MIN/MINES/01/1178/2017 du 11 septembre 2017, le ministre des Mines signifie au Directeur Général de Sicomines, Sun Ruiwen, sa désapprobation sur le type de produits miniers que l'entreprise exporte. En réalité, la majeure partie des produits exportés par cette société minière est constituée des concentrés du cuivre non raffiné et de l'hydroxyde de cobalt, des cathodes de cuivre et du cobalt non traitées. Kabwelulu déclare que les autorités minières locales avaient reçu l'ordre de *«ne plus autoriser l'exportation de produits miniers autres que du cuivre traité et du cobalt»*. Sur 112 camions transportant les exportations de métaux, seuls 44 ont auraient été autorisés à sortir parce qu'ils étaient déjà à la frontière. ''La Sicomines doit respecter la convention'', déclare encore le ministre dans sa lettre. Elle devrait également fournir ''de nombreuses clarifications'' au Ministre des Mines sur les raisons pour lesquelles elle n'a pas exporté de cobalt au cours de ses 18 premiers mois de production malgré le fait que son ''périmètre minier contient des minerais de cobalt''.

Martin Kabwelulu demande donc à la Sicomines de prendre toutes les dispositions nécessaires pour la production et l'exportation des produits miniers marchands à grande valeur ajoutée, en l'occurrence le *Cuivre cathodique* et le *Cobalt métal.*

En cette année 2017, le projet minier de 3,2 milliards USD réalisé par Sicomines représentait environ un quart du concentré de cuivre et 5 % des exportations de cathodes de cuivre du Congo en 2016. Elle a exporté 115 000 tonnes métriques de concentré de cuivre et 20 000 tonnes de cathodes de cuivre au premier semestre 2017, selon la Division provinciale des mines du sud du Katanga, où se trouve la mine.

Il faut rappeler que la Convention de Collaboration sino-congolaise du 22 avril 2008, qui a abouti à la création de Sicomines, stipule que l'entreprise doit produire 200 000 tonnes de cathodes de cuivre par an à la fin de sa première année de production commerciale et *« un tonnage correspondant »* de cobalt transformé, lequel est obtenu en tant que sous-produit de l'extraction de cuivre. Selon la Convention, la production devrait atteindre 400 000 tonnes de cuivre affiné au cours de la troisième année de production.

L'on sait que la Sicomines a commencé à produire en novembre 2015. En un an, elle avait produit 44 000 tonnes de cathodes de cuivre au lieu des 200 000 tonnes prévues par la convention, indique le ministre des Mines, et pas de cobalt, au lieu du tonnage convenu. En 2016, elle avait exporté le quart du concentré de cuivre sorti de la République démocratique du Congo. Le gouvernement de ce pays veut que les produits exportés par la Sicomines aient la plus grande valeur ajoutée possible, afin d'accélérer le remboursement des fameux 6 milliards de dollars. C'est pourquoi il a bloqué 68 camions de Sicomines sur les 112 qui transportaient des métaux vers la Zambie, selon le journal en ligne congolais *politico.cd.*

A charge contre la Sicomines, le gouvernement de Kinshasa souligne que les entreprises suisse Glencore, à Mutanda, et chinoise China Molybdenum, à Tenke Fungurume, exportent, elles, du cobalt transformé, ce que la Sicomines ne fait que depuis juin 2017 et en petites quantités.

Cette mesure prise par Martin Kabwelulu d'interdire, dans sa lettre du 11 septembre 2017, l'exportation par la Sicomines du cuivre et du cobalt non raffinés, est applaudie par bon nombre d'organes de presse congolais. Par exemple, *scooprdc.net* en parle sous un titre éloquent et significatif, de toute évidence exagéré : *Contrats chinois : la Sicomines fraude déjà !* Dans l'article, le media en ligne salue le courage du ministre des Mines, lequel a pris, dit-il, une décision salutaire pour permettre à l'Etat congolais de contrôler les volumes exacts de la teneur de ces minerais censés rembourser les prêts chinois de 6,2 milliards de dollars contractés dans le cadre des contrats chinois.

La réaction de la Sicomines ne se fait pas attendre. Dans une lettre du 6 octobre 2017, la joint-venture fait comprendre au ministre les conséquences qui pourraient résulter de l'interdiction en force de l'exportation des produits miniers marchands mis en cause. Elle indique également qu'il était temps que les deux parties trouvent un mécanisme opérationnel concerté face à la réalité de production minière. Ce mécanisme ne devrait pas plomber les activités de la Sicomines ni retarder non plus les opportunités de remboursement rapide de l'emprunt effectué par l'Etat congolais auprès du consortium chinois. Enfin, la Sicomines évoque les difficultés auxquelles elle est confrontée, notamment le déficit énergétique de 170 MW pour tourner à plein régime, avant d'affirmer qu'elle a consenti 660 millions USD pour la construction du barrage de Busanga.

Ainsi donc, la partie chinoise reconnaît n'avoir pas respecté ses obligations constitutionnelles, mais cette cette situation, fait-elle valoir, est due au manque d'électricité disponible en RDC. Il lui faudrait 170 MW de plus. En 2013 déjà, le gouvernement congolais avait interdit l'exportation de cuivre et de cobalt non transformés mais n'avait pas appliqué son interdiction, en raison du déficit chronique en électricité dans le pays.

En faveur de la Sicomines, une source minière au Katanga, interrogée par *La Libre Afrique*[1], affirme que :

''Les gisements de la Sicomines ne contiennent pas beaucoup de cobalt. En moyenne, au Katanga, il y a une tonne de cobalt pour dix tonnes de cuivre. Mais il y a quelques gisements, notamment ceux de Sicomines, qui contiennent environ dix fois moins de cobalt. Le leur reprocher, c'est ignorer la géologie...

Les Chinois ont bien compris les contraintes de leur gisement. Ils investissent dans une centrale électrique à Busanga, mais ça leur prendra encore trois ou quatre ans... Ils vont devoir probablement payer plus au gouvernement. En fait, on révise leur contrat, à eux aussi. De mon point de vue, c'est bien que les Chinois soient, eux aussi, victimes d'extorsions de ce type parce qu'ils vont comprendre le point de vue des Occidentaux : ça détériore le climat des affaires. Il faut un minimum de règles et de stabilité pour pouvoir travailler.''

Le problème réside donc dans la production d'une énergie suffisante, nécessaire pour la réalisation des produits marchands désirés. L'investissement prévu par la Sicomines pour la construction d'une telle source énergique (centrale de Busanga) est de 660 millions de dollars et elle en espère 240 MW supplémentaires.

En fait, assure la Sicomines, par la voix de son directeur adjoint de la Sicomines, Jean Nzeng, il n' a ''pas de problème majeur'' avec le ministère des Mines ; avec celui-ci, la société était en contact ''pour débloquer la situation''.

Le ministre semble être sensible à l'argumentation avancée par la Sicomines, mais en même temps, il veut rassurer l'ACAJ. Aussi essaie-t-il de départager les deux protagonistes, l'ACAJ et la Sicomines. Cette dernière, écrit-il dans sa lettre n° CAB.MIN/MINES/01/1297/2017 du 10 octobre 2017, bénéficie du moratoire, mais sous deux conditions :

---

[1] Marie-France Cross, « RDC : conflit entre Kinshasa et des investisseurs chinois », 10 octobre 2017, *La Libre Afrique/AFP*.

''La levée de cette mesure a été motivée par les engagements pris par la Sicomines, à savoir :

1° A très court terme, soit en janvier 2018, sauf imprévu, le montage d'une section de grillage pour oxyder au moins les 2/3 des concentrés sulfures en vue d'une extraction hydro-métallurgique du cuivre métal ;

2° A moyen terme, avant fin de l'année 2020, la construction en cours du projet hydroélectrique de Busanga par la Sicohydro, d'une capacité de 240 MW, qui garantira la fourniture totale de l'énergie électrique à la Sicomines dans sa deuxième phase, avec une perspective de produire 250 000 tonnes de cuivre métal par an.''

La décision ministérielle du 10 octobre 2017 – de lever sa mesure de suspension des exportations des produits miniers concentrés de la Sicomines – refroidit la presse qui l'avait saluée en son temps.

Soucieux d'éclairer davantage la lanterne de l'ACAJ, le ministre des Mines, dans une correspondance du 1er décembre 2017 adressée au président de cette organisation non gouvernementale, révèle les raisons qui ont motivé sa décision du 10 octobre 2017 qui levait la mesure de suspension d'exportation des concentrés de cuivre et d'hydroxyde de cobalt de la Sicomines :

''La levée de cette mesure ne nécessitait nullement la signature d'un Arrêté Ministériel ou Interministériel, dès lors qu'un cadre réglementaire d'ordre général (l'Arrêté Interministériel n° 0129/CAB.MIN/MINES/01/2017 et n° 032/CAB.MIN/FINANCES/2017 du 8 juillet 2017) régente la commercialisation et l'exportation des produits miniers marchands.''

En outre, Martin Kabwelulu ajoute que :

''Par respect au parallélisme de forme et au principe de l'acte contraire, la mesure de suspension prise par ma lettre du 11 septembre 2017 [demandant à la Sicomines de prendre toutes les dispositions qui s'imposaient pour la production et l'exportation des produits miniers marchands à grande valeur ajoutée, à savoir le cuivre cathodique et le cobalt métal] ne pouvait être levée que par une autre lettre, en l'occurrence celle du 10 octobre 2017 [levant la mesure de suspension d'exportation des concentrés de cuivre et d'hydroxyde de cobalt de la Sicomines].''

Le ministre des Mines précise que la levée de cette mesure ne favorise nullement une concurrence déloyale en faveur de la Sicomines, dès lors que toutes les sociétés minières qui font face au problème du déficit énergétique exportent également les concentrés de cuivre et de cobalt dans les conditions permises par la réglementation en vigueur.

Dans la même correspondance, Martin Kabwelulu tient à rassurer le président de l'ACAJ que :

''La politique du Ministère des Mines est d'amener notre pays, d'une part à commercialiser et à exporter les produits miniers marchands à grande valeur ajoutée, et d'autre part à promouvoir l'installation des industries de manufacture pour la transformation locale des produits miniers marchands afin de permettre au peuple congolais de tirer réellement profit de ses richesses.

[Cependant] la pesanteur du déficit énergique annihile cette dynamique et met le secteur minier dans une position défavorable pour la valorisation des produits miniers marchands.''

Apparemment pas convaincu ou satisfait de l'assurance donnée par Martin Kabwelulu, Georges Kapiamba, dans une lettre n° 102/ACAJ/PN/GK/2017 du 17 novembre 2017, rendue publique cinq jours après, lui demande tout simplement de retirer l'autorisation accordée à la Sicomines pour l'exportation – jugée illégale – des concentrés de cuivre et de cobalt !

Le président de l'ACAJ, qui s'insurge contre ce qu'il appelle ''les avantages illégaux accordés à Sicomines [qui] s'apparentent à un pillage des mines'', explique que ''les exportations de Sicomines des concentrés de cuivre et de cobalt causent un manque à gagner énorme à l'Etat congolais et viole l'article 58 de la Constitution qui viole qui dispose que tous les Congolais ont le droit de jouir des richesses nationales et que l'Etat a le devoir de les redistribuer et garantir le droit au développement''.

Aussi le président de l'ACAJ appelle-t-il au ministre des Mines qu'il existe un arrêté interministériel interdisant les exportations des concentrés de cuivre et de cobalt. En effet, au terme de l'article 1 de l'arrêté interministériel n°s 0327/CABMIN/MINES/01/2013 et 855/CABMIN/FINANCES/01/2013 du 4 juin modifiant et complétant l'arrêté interministériel du 5 avril 2013 portant réglementation des exportations des produits miniers marchands, "les exportations des concentrés de cuivre et de cobalt sont interdites".

Non seulement le ministre agirait ainsi dans le respect des deux décisions gouvernementales du 5 avril et du 4 juin 2013, mais également dans celui de l'article 93 de la Constitution qui ''impose aux membres du gouvernement de ne statuer que par voie d'arrêté et non d'une simple lettre''. Par ailleurs, Kapiamba réaffirme la disponibilité de l'ACAJ à accompagner en justice un groupe de victimes pour contester la décision du ministre de Mines. Toutefois, ajoute-t-il ''un moratoire allant jusqu'au 31 décembre est accordé à tous les opérateurs miniers qui produisent des concentrés de cuivre et de cobalt de se conformer à cette interdiction''.

Sur son compte Twitter, le coordonnateur de l'ACAJ, Georges Kapiamba, soulève le préjudice de cette décision sur les intérêts congolais : ''ACAJ demande Ministre des Mines de rapporter sa lettre autorisant Sicomines à exporter des concentrés de cuivre et de cobalt au préjudice des intérêts de Congolais''.

Mais le gouvernement congolais restera sur sa position, celle d'autoriser la Sicomines de continuer à exporter les concentrés de cuivre et de cobalt non encore transformés, jusqu'à ce que le déficit énergétique trouve solution par la mise en fonction de la centrale hydroélectrique de Busanga.

Déjà 1,4 milliard USD produit depuis 2015

Trois ans après que la plateforme financière Sicomines ait commencé sa production minière depuis octobre 2015, elle a déjà produit 1,4 milliard USD. C'est ce qu'a révélé Moïse Ekanga, lors d'une tribune organisée par *Radio Top Congo* le mercredi 11 juillet 2018[1]. Pour le patron du BCPSC, cette joint-venture mise en place pour soutenir la construction des infrastructures en RDC par les entreprises chinoises a également encaissé des bénéfices dès la première année de production. Cela montre qu'elle répond à ce que l'on attendait d'elle, c'est-à-dire qu'en lui octroyant des concessions minières pour l'exploitation commune des minerais, qu'elle parvienne à produire de l'argent devant rembourser le prêt chinois alloué à la contruction des infrastructures et à l'investissement minier.

Moïse Ekanga s'est réjouit que l'entité financière ait fait ses preuves, ait rempli sa mission :

[1] Willy Akonda Lomanga, *Desk Eco*, 13 juil 2018.

‘‘La Sicomines avait pour mission d'emprunter de l’argent auprès des structures financières essentiellement chinoises dans l’objectif d’investir dans le secteur minier et dans les infrastructures avant même la production minière. Elle fait l’exploitation des mines et les bénéfices générés servent au remboursement des investissements dans les deux secteurs. Elle a réussi à faire décaisser un montant de 1,798 milliards USD pour la première phase. Et les intérêts sont à 338 millions USD avec comme taux d’intérêt de 6,1 %. Concernant les infrastructures le décaissement est 685 millions USD avec les intérêts de 72 millions USD.’’

Le coordonnateur du Programme sino-congolais affirme que la Sicomines a déjà dégagé des bénéfices contrairement aux entreprises installées en RDC :

‘‘Actuellement les recettes brut sont évaluées à 1,4 milliards USD. En 2016 les bénéfices ont été réalisés à l’ordre de 60 millions USD contre 312 millions en 2017. Avec cet argent recueilli, 35 % des bénéfices sont alloués aux actionnaires au titre de dividendes et 65 % sont destinés au remboursement. Avec comme clé de répartition sur les 65 %, le secteur minier (35%) et les infrastructures (65 %. Il est important de souligner que dans Sicomines l’état congolais représentée par le groupe de la GECAMINES détient 32 % des parts et les entreprises chinoises détiennent 68 % des parts.’’

Moïse Ekanga rappelle pourquoi la RDC en est arrivée là. Elle éprouvait des difficultés à s’accorder avec les bailleurs de fond traditionnels (FMI, Banque Mondiale) pour la mise en place d’un programme de reconstruction du pays. D’où le recours au partenariat avec les entreprises et banques chinoises reposant sur l’exploitation commune des ressources naturelles de la RDC afin de financer le développement des infrastructures de base.

Appelé « Les 5 Chantiers (de la République) », ce programme était évalué au départ à plus 50 milliards. Mais à la suite des craintes – puis des pressions – venues des bailleurs traditionnels de voir la RDC s’endetter après la fin de l’initiative PPTE, ce montant a été largement revu à la baisse, successivement à 9 milliards USD puis à 6 milliards USD, soit finalement 3 milliards USD pour le projet minier et 3 milliards USD pour les infrastructures.

Ainsi, l’argent produit de 1,4 milliard USD concerne la phase I de la production minière du projet Sicomines. Cette production accomplie dès octobre 2015, nous le savons, vise une production annuelle de 125.000 tonnes de cuivre. Le projet sera encore plus performant dans sa phase II, avec une production qui devra en principe doubler : 250.000 tonnes de cuivre et 600.000 tonnes d'hydroxyde de cobalt.

Pour atteindre cet objectif, qui dera de la Sicomines un potentiel premier producteur africain du cuivre et du cobalt, et l'un de 10 premiers producteurs du monde de ces métaux, il faudra que l'on multiple la quantité de courant électrique pour alimenter les usines de production. Pour arriver à cette performance attendue par tous, la mise en marche d'une importante source d'énergie électrique sera donc nécessaire. Elle ne pourra venir que de la construction d'une centrale hydroélectrique envisagée sur le site de Busanga.

LES BESOINS EN ENERGIE DE LA SICOMINES : LE BARRAGE DE BUSANGA ET LA JV SICOHYDRO

Les besoins en énergie de la Sicomines

La mise en œuvre du projet Sicomines nécessite une consommation assez considérable d'énergie et le fonctionnement de la technologie utilisée ou à utiliser dépend principalement de la fiabilité de l'alimentation en énergie électrique.

L'Etude de faisabilité présentée par ENFI avait soulevé cette *problématique d'alimentation en énergie électrique*. Elle avait déterminé que 25 mégawatts étaient nécessaires pendant la période d'infrastructure (découverture, exhaure et infrastructure) et que 100 mégawatts suffisaient pendant la 1ère période des travaux (exploitation, exhaure, criblage, hydrométallurgie et production d'acide sulfurique), afin de produire 4.550.000 tonnes de minerais par an

Pour les travaux de dénoyage des mines et de construction des usines, Sicomines Sarl avait besoin de 40 MW que la SNEL s'était engagée à lui fournir. Cependant, les besoins énergétiques totaux de ce Projet étaient estimés à 170 MW ; comme l'offre de la SNEL était insuffisante pour satisfaire ces besoins, l'option avait été levée de construire un nouveau barrage hydroélectrique d'une capacité estimée à 240 mégawatts (MW) pendant la 2ème période des travaux (exploitation, exhaure, criblage, métallurgie, pyrométallurgie et production d'acide sulfurique), afin de produire 9.100.000 tonnes de minerais par an.

En résumé, les besoins globaux en énergie du projet Sicomines ont été estimés, dès le départ, de la manière suivante :

*25 mégawatts pendant la période d'infrastructure (découverture, exhaure et infrastructure) ;

*100 mégawatts pendant la 1ère période des travaux (exploitation, exhaure, criblage, hydrométallurgie et production d'acide sulfurique), afin de produire 4.550.000 tonnes de minerais par an ;

*240 mégawatts pendant la 2ème période des travaux (exploitation, exhaure, criblage, métallurgie, pyrométallurgie et production d'acide sulfurique), afin de produire 9.100.000 tonnes de minerais par an.

Ce champ de conception d'utilisation de l'énergie électrique est en fait plus vaste. Il couvre l'alimentation et la distribution de l'énergie électrique, les lignes de force (d'alimentation ou de transport d'énergie électrique), le contrôle, l'éclairage, les paratonnerres, la mise à la terre, la sécurité d'électricité de tous les sites, ...

Volonté de rompre la dépendance du courant zambien

Quoique riche en ressources hydroélectriques, la RDC ne produit pas depuis toujours et actuellement encore assez d'énergie électrique, utile pour alimenter ses usines. La plupart de ses centrales hydroélectriques ont connu ou connaissent de graves avaries qui ne permettent plus le fonctionnement complet notamment des projets miniers, à l'instar de celui de Sicomines.

Le patronat congolais a souvent, ou toujours, déploré ce déficit chronique d'énergie au Katanga qui entrave l'essor du secteur minier, à l'origine de la forte croissance économique qu'a connue le pays de 2012 à 2016 (plus de 7 % par an en moyenne). Dans un communiqué publié début juin 2016, la Chambre des mines congolaises se réjouit de l'annonce récente d'un projet de développement de l'énergie solaire en Zambie devant apporter 100 mégawatts supplémentaires à la région. Elle demeure cependant ''extrêmement préoccupée'' par la desserte en électricité en RDC et regrette que la SNEL, compagnie publique congolaise, ''n'ait pas été en mesure de lancer des projets similaires au Katanga''[1].

---

[1] « RDC : contrat chinois pour la construction d'un barrage de 240 MW », *AFP*, 06 juin 2016.

En effet, actuellement, à l'instar de nombreuses autres entreprises minières, la Sicomines, qui est assise sur des réserves évaluées à 10 millions de tonnes en cuivre, utilise l'essentiel de ses besoins en courant électrique venu principalement de la Zambie, la Société nationale d'électricité (SNEL) étant incapable de lui fournir la quantité voulue de l'énergie nécessaire. Pour ne pas toujours compter sur le bon vouloir zambien, la Sicomines, comme les autres entreprises minières de la région, est contrainte d'acheter des générateurs diesel qui augmentent les coûts de production à hauteur de 1000 dollars la tonne, selon la Chambre des mines à la Fédération des Entreprises du Congo.

En important du courant électrique pour ses entreprises minières, la RDC, le plus grand producteur africain du cuivre, perd environ 50.000 tonnes par an de sa production en raison de l'alimentation électrique inadéquate.

Le gouvernement congolais avait décidé depuis quelque temps de rompre une dépendance étrangère en cette matière. C'est pourquoi ses experts ont pensé à construire une centrale hydroélectrique locale. Celle-ci devrait être jetée sur la rivière Lualaba, nom donné au cours supérieur du fleuve Congo.

C'est pour disposer d'une alimentation électrique susceptible de garantir sa bonne rentabilité, que Sicomines s'est résolue ainsi, en partenariat avec la SNEL, de construire la centrale hydroélectrique envisagée.

Il avait été décidé que cette centrale hydroélectrique sera située à 80 km de la concession et aura une capacité installée de conception de 4 x 60 MW, soit 240 MW. Le site de Busanga fut choisi et le projet fut dénommé « Projet Busanga ».

Située dans le sud-est du pays, à 65 kilomètres de la ville de Kolwezi, Busanga est une localité de la province minière du Lualaba. Une rivière, dont la province tire son appellation, , coule le long de Busanga. C'est sur cette rivière Lualaba, qui n'est rien d'autre que le nom donné au cours supérieur du fleuve Congo, que sera donc jetée la fameuse centrale hydroélectrique de Busanga.

La centrale de Busanga, une longue histoire

L'idée de construire une centrale hydroélectrique sur le Lualaba afin d'alimenter les usines minières n'était pas nouvelle. Elle date de l'époque coloniale. Dès 1947, l'Union Minière du Haut-Katanga (UMHK), créée le 28 octobre 1906, qui deviendra le 2 janvier 1967 la Générale des carrières et des mines (Gécamines), découvre deux sites, Nzilo et Nseke, qui, localisés à l'entrée des gorges du fleuve Lualaba, se prêtent particulièrement bien à l'établissement de centrales hydroélectriques : la vallée y est très encaissée, la chute d'eau étant de 445 mètres entre Nzilo et un troisième site, du nom de Busanga, situé à la fin des rapides. L'UMHK commence d'abord à aménager le site de Nzilo I, puis celui de Nseke. Y sont successivement érigés le barrage Nzilo I en 1952 et le barrage Le Marinel (futur barrage Nseke) en 1956.

L'idée de construire une troisième centrale hydroélectrique, qui serait située à Busanga, en aval de deux autres centrales existantes – Nzilo I et Le Marinel – sur le Lualaba, émerge dans les années 1960. Elle est émise à cette époque, comme pour les deux premières centrales, par l'UMHK, l'actuelle Gécamines, propriétaire de la concession dans laquelle se trouve le site de Busanga. L'UMHK confie alors au bureau d'études belge Traction-Electricité (Tractebel) le soin de mener les études nécessaires pour *le projet hydroélectrique envisagé. Les études détaillées étant approuvées,* les travaux préliminaires sont même entrepris dès la fin de la décennie 1960. L'ensemble des travaux de construction, dont la fin est prévue en 1973, n'aboutissent pas ; ils sont arrêtés suite aux décisions de nationalisation – « zaïrianisation » – des entreprises étrangères prises par le gouvernement.

L'on en reste là, jusqu'à ce que l'idée refasse surface au début du XXIème siècle. La Gécamines cède alors sa concession de Busanga à l'entreprise MagEnergy, filiale du consortium MagIndustries et un opérateur éprouvé du secteur de l'électricité.

En 2006, MagEnergy obtient un protocole d'accord pour développer le site de Busanga. L'entreprise produit alors des études de faisabilité pour la construction d'une centrale hydroélectrique et s'apprête à construire celle-ci avec le concours des créanciers qu'elle avait déjà mobilisés.

Mais quand la RDC signe la Convention de collaboration avec les entreprises chinoises le 22 avril 2008, elle veut naturellement confier à l'une d'elles la construction projetée de la centrale hydroélectrique. C'est ainsi que le 12 mars 2010, les deux parties, congolaise et chinoise, signent un Protocole d'accord en vue de la construction de la Centrale hydroélectrique de Busanga.

S'ensuit évidemment une protestation en règle de MagEnergy, qui se déclare toujours prête à s'embarquer dans l'aventure qui consiste à fournir à la Sicomines une source d'énergie venue de Busanga. Des négociations vont s'engager entre la partie congolaise et MagEnergy, des négociations très serrées menées sous la supervision du Bureau de Coordination et de Suivi du Programme Sino-Congolais (BCPSC). Moïse Ekanga, Secrétaire exécutif de cette entreprise étatique chargée du partenariat entre la RDC et les entreprises chinoises qui y travaillent, va déployer toutes ses forces pour parvenir à obtenir de MagEnergy de céder sa concession de Busanga, à Sinohydro, l'entreprise chinoise retenue pour construire la centrale hydroélectrique envisagée. Il y arrive en 2016, soit après un peu plus de six ans de conciliabule, quand les deux parties parviennent à une entente, selon laquelle MagEnergy cède ses droits, y compris ses études de faisabilité de la centrale hydroélectrique de Busanga, au groupement d'entreprises chinoises pour la construction de ladite centrale, moyennant naturellement des dommages et intérêts.

Il faut avouer qu'il n'était point facile de pousser MagEnergy de renoncer à son projet. Les Congolais savent que cette firme est la seule qui ait mené avec succès une réhabilitation d'une turbine du barrage Inga 2 avec la G23, à un coût faible comparé à ce qui, semble-t-il, se fait actuellement avec d'autres groupes en réhabilitation. D'ailleurs, jusqu'à ce jour, la SNEL, selon certains, serait encore en train de se battre avec d'autres partenaires, sans parvenir à remettre un nouveau groupe sur le réseau.

C'est pourquoi, après avoir convaincu MagEnergy à céder ses études de faisabilité aux Congolais et Chinois engagés dans le partenariat « gagnant-gagnant », Moïse Ekanga, la cheville ouvrière du programme présidentiel des « Cinq chantiers », ne cache pas d'exprimer sa satisfaction[1] : ‘‘Nous avons récupéré ce projet de MagEnergy pour le confier au groupement d'entreprises chinoises en

[1] CK, « MagEnergy facilite la production de 240 MW au Katanga », *Le Potentiel*, Kinshasa, 13 juin 2016.

vue d'accélérer le développement de la centrale hydroélectrique de Busanga d'une capacité de 240 mégawatts. Les négociations ont certes duré, mais aujourd'hui l'on peut affirmer que le processus a abouti.''

Georges Kyriakos, vice-président de MagEnergy, a fini par ne pas regretter d'avoir abandonné le projet Busanga au profit de l'entente sino-congolaise. ''Ce geste, dit-il, est une manière de soutenir les efforts du gouvernement congolais''.

Après l'aboutissement des négociations avec MagEnergy, l'Etat congolais peut passer à l'étape suivante. L'étape suivante consiste à engager le partenaire chinois dans le financement du projet. Il s'agit de remettre les études de faisabilité de MagEnergy à la Sicomines SA, afin qu'elle en fasse usage pour la construction de la centrale hydroélectrique de Busanga. Sicomines présente lesdites études à l'appréciation d'une Commission interministérielle. Les experts de celle-ci élaborent, le 11 juillet 2015, un rapport portant sur l'Approbation des études de faisabilité technique, économico-financière et d'impacts socio-environnementaux du Projet hydraulique Busanga présentées par la Sicomines.

Les études de faisabilité approuvées, la Sicomines peut commencer à envisager la construction d'un barrage qui produira une énergie nécessaire au fonctionnement de ses usines. Moïse Ekanga, du BCPSC, indique que l'électricité que la Centrale hydroélectrique de Busanga produira sera destinée en priorité à la co-entreprise sino-congolaise ; il précise que, sur les 240 MW attendus, 170 MW seront en effet utilisés par Sicomines, et le résidu (les 70 MW restants) servira en partie à alimenter d'autres sociétés minières et une autre partie sera allouée au réseau de la province minière du Lualaba, dont ceux de son chef-lieu, la ville de Kolwezi, un réseau actuellement géré par la SNEL.

Tout cela deviendra réalité dans les cinq prochaines années, c'est-à-dire au mieux en 2020, informe le responsable du Programme sino-congolais, délai au bout duquel la fameuse centrale hydroélectrique de Busanga devra être réalisée.

Le « Projet Busanga » : SICOHYDRO, pour gérer l'alimentation en énergie électrique de la SICOMINES

Pour exploiter, c'est-à-dire construire et gérer la centrale hydroélectrique de Busanga, Congolais et Chinois ont pensé qu'il était nécessaire de créer une nouvelle société autre que la Sicomines. A cet effet, les autorités congolaises signent, le lundi 6 juin 2016 à Kinshasa, un accord confiant à un consortium chinois la construction d'une centrale hydroélectrique de 240 MW, destinée à combler une partie du déficit énergétique freinant la production minière en RDC.

Moïse Ekanga, du BCPSC, précise que, sur les 240 MW que produira la Centrale, 170 MW seront utilisés par la Sicomines afin de fonctionner à pleine capacité, et les 70 MW restants serviront à alimenter d'autres sociétés minières et des ménages de la province minière du Lualaba, dont ceux de son chef-lieu, la ville de Kolwezi.

Ainsi, pendant les travaux de la construction de la centrale Busanga, la Sicomines ne pourra pas être alimentée en priorité par la SNEL. Dans une première phase, elle ne pourra que l'importer. C'est le Secrétaire Exécutif du BCPSC qui l'a déclaré : ''Sicomines ne fonctionnera pas à pleine capacité jusqu'à ce que la centrale de Busanga soit prête ; elle aura un accès prioritaire à Busanga mais pas au réseau tout entier''.

Le 4 juillet 2016, un « Accord de Joint-Venture de Busanga », relatif à la construction et l'exploitation d'une centrale hydroélectrique, est ainsi signé entre la RDC et les investisseurs chinois de China Railway Resources Group Co. Ltd (CRR) et de Power China Resources Lmited (PCR), désignés par le Groupement d'entreprises chinoises.

En vertu de cet accord, il est créé une société commune du Projet hydroélectrique Busanga, qui prend le nom de la « ***Sino-Congolaise Hydroélectrique*** », SICOHYDRO SA en sigle, ayant pour ''mission de développer, de construire, d'exploiter la Centrale hydroélectrique de Busanga, de transporter, de distribuer et d'assurer la commercialisation de l'énergie électrique y produite en vue d'alimenter principalement le Projet Minier de Sicomines SA''.

SICOHYDRO, la société d'exploitation de la centrale de Busanga, sera ainsi une joint-venture entre les partenaires Sicomines

(China Railway Group Ltd et Sinohydro Corp.) et l'Etat congolais. Les actionnaires de Sicohydro SA sont donc :

- La Sicomines, joint-venture entre le Groupe Gécamines (32 %) et le consortium d'entreprises chinoises (68 %), dont l'actionnariat change légèrement de temps à autres mais qui est dominé par la Sinohydro et le China Railway Group ;
- Le Groupe Gécamines ;
- La SNEL (4 %) ;
- Congo Management SA (COMAN).

Selon la SNEL, le capital social de Sicohydro s'élève à 20 millions USD. Le Secrétaire exécutif du BCPSC a confié que les partenaires chinois fourniront la moitié (50 %) du financement, tandis que le reste proviendra du budget de l'État relatif au développement des infrastructures obtenu de l'accord d'exploitation minière entre la Chine et la RDC pour le développement des infrastructures ; ce financement sera remboursé par SICOHYDRO, une fois que la centrale de Busanga sera opérationnelle. L'Etat congolais est représenté par la Gécamines et la Société Nationale d'Electricité (SNEL), tandis qu'un privé congolais, COMAN, entre également dans le capital.

Selon Moïse Ekanga, de longues discussions avaient eu lieu sur les sources du financement, dont la partie chinoise aurait souhaité qu'une partie provienne des prêts pour les infrastructures de Sicomines, ainsi que sur la répartition du capital entre les divers actionnaires. L'issue de ces discussions n'était pas connue à l'époque.

Après la création de la société Sicohydro, *la cession de la concession Busanga*. A cet effet, le mardi 23 août 2016, le gouvernement, à travers le ministère de l'Energie et des Ressources hydrauliques, signe, à Kinshasa, avec Sicohydro, un contrat de concession pour la construction de la centrale hydroélectrique de Busanga. C'est le nouveau concessionnaire, Sicohydro, qui a indemnisé MagEnergy, l'ancien propriétaire du site.

Le coût du financement de ce barrage d'une capacité installée de 240 MW s'élève à 660 millions USD, dont 610 millions sont destinés à la construction de la centrale et 50 autres au transport de l'énergie.

Le ministre de l'Energie et des Ressources hydrauliques, Jeannot Matadi Nenga Gamanda, et le directeur général de la société

Sicohydro, He Ying Qiang, ont apposé leurs signatures au bas du contrat. La cérémonie a eu lieu en présence de la vice-ministre à l'Energie, Maguy Rwakabuba.

Ledit contrat fixe les principes généraux et détermine les rapports entre l'Etat congolais, autorité concédante, et la société Sicohydro, en matière d'exercice des compétences, de construction et d'exploitation d'infrastructures nécessaires, en vue de garantir l'alimentation en énergie électrique au projet minier de Sicomines.

Il était prévu que les travaux de construction prennent 3 à 4 ans ; ils doivent donc théoriquement se terminer en cette année 2020. Sa mise en production permettra de répondre aux besoins non seulement du projet mais aussi des communautés locales.

En effet, à l'achèvement des travaux de construction, la centrale devra être reliée au réseau hydroélectrique sud de la RDC. A partir de ce réseau partent les lignes de force double circuit de 220 kV qui alimentent présentement le projet, au niveau de la sous-station de pivot SCK220kV.

Implantée à 20 km de la concession Sicomines, la sous-station SCK220kV est le centre du réseau électrique de Kolwezi. A part les centrales de cette région, elle est liée à la centrale Inga, laquelle, issue du Kongo Central via deux lignes de force DC de 500 kV, est longue de 1.700 km environ. La capacité réelle de ces deux lignes de force DC est de 100 MW. L'achèvement des travaux de réhabilitation de la centrale Inga (8 x 178 MW et 3.500 MW) peut fournir au projet une alimentation électrique suffisante.

La capacité productive d'une centrale hydroélectrique varie en fonction des saisons. Pendant la saison sèche, elle accuse un déficit pour satisfaire la charge électrique du projet. La compensation proviendra alors du réseau électrique national.

L'investissement sur les sources d'électricité du projet comprend celui sur les équipements d'alimentation en énergie électrique primaire et secondaire de deux intervalles de sortie des lignes 220 kV de la sous-station SCK 220 kV.

Les besoins et exigences sur les sources d'électricité du projet se présentent de la manière suivante :

- tension : 220 kV ;

- fréquence : 50 Hz ± 0,2 Hz ;
- capacité : 240 MW (circuit unique) ;
- nombre de circuits : circuit double.

De la sous-station SCK 220 kV à Kolwezi à la sous-station réductrice principale 220/35/10 kV du site de concentration de la concession, les lignes de force de 220 kV présentent une longueur d'environ 20 km. En tenant compte des charges énergétiques impératives dans les activités préliminaires telles que le drainage et la construction, le projet va conduire les sources d'électricité provisoires par le raccordement T de la sous-station R.O.120 kV à celle KADI 120 kV et d'installer la sous-station provisoire 120 / 35 / 10 kV dans la concession. La longueur de lignes sera de 3 km.

En vue de garantir la fiabilité de l'alimentation électrique des charges importantes particulièrement, il est installé deux groupes électrogènes au gazole de 1.000 kW chacun.

RESUME DU PROJET BUSANGA[1]

PERIODES	ACTIONS
1970	Premières études de faisabilités sur le site par Tractebel
2006	Signature d'une entente (la «Convention») entre MagEnergy Inc et le ministère de l'Énergie pour développer le site comme producteur indépendant d'électricité (PIE) en RDC.
25/03/ 2011	Le compte rendu du conseil des ministres renseigne « la mise à disposition par la RDC du site de Busanga pour la production de 240 MW d'électricité au Katanga afin de répondre aux besoins de productivité de quelques-uns de nos partenaires chinois dans cette province ».
Août 2012	Le compte rendu précité parle du versement de 328 millions USD qui représentent la participation de la partie congolaise, soit 50 %, disponibilisés pour financer le développement du projet de la centrale hydroélectrique de Busanga.

[1] Tableau établi par la synergie AFREWATCH – IBGDH – OAERSE, *Pas au courant, pas de courant. Analyse critique de la gouvernance du projet hydroélectrique de Busanga*, Lubumbashi, Septembre 2018, p. 16, *https://resourcematters.org/wp-content/uploads/2018/09/BUSANGA-SICOHYDRO-Rapport-de%CC%81tude-092018.pdf*

Mai 2013	L'Etude d'Impact Environnemental de la Sicomines indique que « Pour les besoins en électricité, le projet étudie les capacités et les conditions d'exploitation du barrage hydroélectrique de Busanga pour une alimentation stable et permanente en énergie électrique. La puissance d'installation de la Centrale est de 240 MW et fera partie des réseaux électriques de la RDC. »
Juin 2016	MagEnergyinc cède la concession Busanga à Sicohydro. Sinohydro et China Railway comptent financer la centrale hydroélectrique d'une valeur de 660 millions de dollars.
4 juillet 2016	Signature d'un accord de JV Busanga entre la RDC et les investisseurs chinois.
5 juillet 2016	Création d'une JV, société anonyme de droit congolais (avec un conseil d'administration) appelée « Sicohydro ».
23 août 2016	Signature du contrat de concession entre le ministère de l'Energie et des Ressources hydrauliques et la Sicohydro pour la construction de la centrale hydroélectrique de Busanga sur la rivière Lualaba.

10
La Convention de Collaboration, dix ans après

Signé le 17 septembre 2007 sous la forme d'un « Protocole d'accord RDC-Chine » et formalisé le 22 avril 2008 par la « Convention de Collaboration » entre l'Etat congolais et un groupement d'entreprises chinoises, le Projet de coopération sino-congolais totalise en 2017-2018 dix ans de son existence.

Aucun bilan officiel n'a été produit à cette occasion. Mais, à la base de quelques données que nous avons pu rassembler, des données fournies par le BCPSC et l'ACGT, nous essayons de dresser un tableau qui puisse prétendre donner la récapitulation de tout ce qui a été réalisé pendant les dix ans du Projet de développement sino-congolais.

Du Projet minier, il s'agit d'établir un récapitulatif des sommes reçues d'Exim Bank et utilisées pour l'exécution des travaux par les entreprises chinoises. Pour le Projet des Infrastructures, nous dresserons un taleau d'ouvrages qui ont été effectivement réalisés.

ENCAISSEMENTS ET DECAISSEMENTS DES FONDS

Dix ans après, seulement 2 milliards 600 millions USD ont été décaissés sur les 6 milliards prévus

Au cours du « Colloque International sur les Enjeux de la Coopération Sino-Africaine en RDC » organisé du 5 au 6 octobre 2017 au Congo Fleuve Hôtel à Kinshasa, Moïse Ekanga, Secrétaire exécutif du Bureau de Coordination et de Suivi du Programme sino-congolais, a révélé que sur les 6 milliards de dollars américains prévus, seulement 2 milliards 600 millions ont été décaissés, soit 43 % de l'ensemble.

Le Projet Minier a été le plus nanti : plus de deux tiers (exactement 69,23 %) de la somme décaissée, soit près de 1 milliard 800 millions USD, ont été consacrés aux mines. Par contre, le Projet d'Infrastructures, lui, n'a reçu qu'un peu moins du tiers (30,76 %) de cette somme, soit près de 800 millions USD.

Si l'on considère que 3 milliards USD étaient initialement affectés à chacun de deux projets, l'on note que le Projet Minier a utilisé 60 % de ce qui lui était destiné, tandis que le Projet d'Infrastructures n'a bénéficié que de seulement près de 27 %, soit 800 millions USD, de l'ensemble qui lui était alloué.

Les deux tableaux suivants résument la situation que le Secrétaire exécutif vient d'évoquer ; il s'agit du tableau détaillant les *encaissements annuels en faveur du Projet Minier* et celui explicitant les *décaissements annuels en faveur du Projet d'Infrastructures.*

Tabeau 1 : Encaissements annuels en faveur du Projet Minier

Les encaissements ont été réalisés à partir de l'année 2009. Ils n'ont pas eu lieu en 2008, en 2011, en 2016 et en 2017. Jusqu'en avril 2018, date à laquelle la Convention de Collaboration totalise exactement dix ans, la situation se présente comme suit :

Année	Fonds reçus d'Exim Bank
2008	
2009	175 000 000 USD
2010	128 751 900 USD
2011	
2012	220 000 000 USD
2013	979 437 179 USD
2014	177 000 000 USD
2015	117 240 000 USD
2016	
2017	
TOTAL	**1 797 429 079 USD**

Ainsi, en dix ans, le Programme sino-congolais a obtenu de la chinoise Exim Bank une somme de 1 milliard 797 millions 429 mille 79 dollars américains, soit environ 1 milliard 800 millions USD. Tout de même une belle somme, qui dépasse légèrement les deux tiers de la somme initialement retenue pour le Projet minier (3 milliards).

L'on peut noter que l'institution financière chinoise a été plus généreuse en 2013, au cinquième anniversaire de la Convention de Collaboration, avec un prêt-record de près de 1 milliard USD (exactement 979 437 179 USD). Pourtant, c'est en cette année-là que la presse tant nationale qu'internationale avait prétendu que ''l'Exim Bank, c'en était fini avec le Programme sino-congolais''. Une accusation vigoureusement démentie, et avec raison, par Moïse Ekanga, responsable de ce programme de développement. Après 2013, la pourvoyeuse des fonds chinoise a encore manifesté, par deux fois, en éà14 et en 2015, sa volonté de continuer à financer le Projet de coopération, avec des prêts, il est vrai, relativement moindres.

L'investissement minier a consisté notamment à la construction d'une mine, à l'achat de l'équipement et à l'installation des usines.

Tableau 2 : Décaissements annuels en faveur du Projet d'Infrastructures

De 2008 à 2017, les décaissements ont été régulièrement effectués, d'année en année. Jusqu'en avril 2018, soit dix après la signature de la Convention de Collaboration, la situation se présente comme suit :

Année	Fonds décaissés par Sicomines
2008	31 531 713 USD
2009	194 746 538 USD
2010	127 635 037 USD
2011	50 032 991 USD
2012	31 695 310 USD
2013	1 500 000 USD
2014	41 161 834 USD
2015	71 011 141 USD
2016	66 272 246 USD
2017	70 143 413 USD
TOTAL	**685 730 223 USD**

Ainsi, dix ans après la signature de la Convention de Collaboration, la joint-venture Sicomines n'a déboursé que 685 millions 730 mille 223 dollars américains, soit approximativement 800 millions USD, ce qui n'atteint même pas le tiers de la somme allouée. Une somme infirme, qui n'atteint même pas le tiers de la somme initialement allouée aux infrastructures (3 milliards USD).

Encaissements annuels en faveur du Projet d'Infrastructures

De 2008 à 2017, les encaissements n'ont été effectués qu'en 2011, 2013 et 2014. Jusqu'en avril 2018, date à laquelle la Convention de Collaboration totalise exactement dix ans, la situation se présente comme suit :

Année	Fonds reçus d'Exim Bank
2008	
2009	
2010	
2011	8 987 919 USD
2012	
2013	563 062 821 USD
2014	123 000 000 USD
2015	
2016	
2017	
TOTAL	**695 050 740 USD**

COÛTS DES INFRASTRUCTURES REALISEES

800 millions USD des projets d'infrastructures réalisés sur 1,053 milliard USD de financement chinois disponibilisé depuis 2008

Lors d'une conférence de presse tenue le mardi 5 novembre 2019 à Kinshasa avec les professionnels des médias membres du Réseau des journalistes économiques et financiers (REJEF)[1], le DG de l'ACGT, Charles-Médard Ilunga Mwamba a commencé par donner une petite leçon du partenariat sino-congolais conclu le 22 avril 2008. Au début, le partenariat sino-congolais, sur le volet infrastructures, devrait porter sur 3 milliards USD. Mais finalement, il a été réduit à 1,053 milliard USD à la suite de la pression exercée par les institutions de Bretton Woods (Banque mondiale et FMI), qui redoutaient un endettement de la RDC qui, classé « Pays Pauvre très endetté » (PPTE), était déjà en ce moment-là dans le processus de réduction de sa dette extérieure estimée à environ 14 milliards USD.

Le DG a révélé que sur le 1,053 milliard USD disponibilisé par la Convention de Collaboration amendée, quelque 800 millions USD ont déjà été consommés, d'août 2008 à octobre 2018, par la réalisation de « plusieurs projets visibles » tant à Kinshasa que dans les provinces.

---

[1] *Deskeco*, 06 novembre 2019.

Le patron de l'ACGT a expliqué que ''La priorité a été d'offrir à Kinshasa une voirie structurante. Du constat qui avait été fait en 2007 est qu'il n'y avait pas de routes capables d'absorber la fluidité du parc automobile de la capitale... Nous avons reconstruit le boulevard du 30 juin en lui donnant plus de capacité. De même, nous avons reconstruit le boulevard Lumumba, le boulevard Triomphal, l'avenue de la Radio, l'avenue du Tourisme, Lutendele, etc. Nous avons construit des nouveaux ponts à Kinshasa qui durent plus de 100 ans. Sur le boulevard Lumumba, nous avons construit plus de 6 ponts...''

En province, Charles-Médard Ilunga a noté qu'il existe aussi plusieurs projets déjà réalisés avec le financement chinois pendant que d'autres sont en cours de concrétisation. ''Nous avons plusieurs projets à l'intérieur du pays. Nous avons des projets de 4 stades, d'une usine des préfabriqués. Nous avons assuré la connexion de plusieurs centres de production et de ville de consommation. Pour aller de Lwambo à Manono dans le Katanga, les gens pouvaient faire plus d'un mois. Aujourd'hui, on peut faire ce trajet le même jour. Il y a autant des routes comme ça. Nous avons fait la traversée d'Idiofa. Aujourd'hui, nous sommes en train de faire des études pour moderniser le tracé Ilebo-Idiofa-Kiwit. Nous avons fait des études pour aller de Kasomeno à Kasenga, les travaux sont déjà en cours.''

Dans l'ensemble, en dix ans, l'ACGT a piloté 62 projets d'infrastructures d'une valeur totale de 2,365 milliards USD (exactement 2.365.306.419,94 USD) depuis sa création en 2008. Ces projets et ce montant se répartissent comme suit :

Programme sino-congolais : 1 304 005 854,64 USD
Contrats de concession : 870 244 176,97 USD
Trésor public : 191 056 388,33 USD.

Le budget alloué au Programme sino-congolais, le plus important de tous les contrats, intègre les coûts des travaux de la 2ème phase des routes Lwambo-Mitwaba-Manono (284.681.120,91 USD) et Bukavu-Kamanyola (56.602.312,69 USD) ; étant donné qu'il s'agit des prêts accordés au programme sino-congolais, l'ACGT est intervenue dans les secteurs des routes, des voiries, des bâtiments et dans la construction d'infrastructures spéciales. Au total :

*2 343,86 km de routes, dont 1 578,86 km de routes bitumées et 936,60 km de route en terre ;

*108,95 kilomètres de voirie asphaltée ;

*8 projets de bâtiments dont :

*1 unité de production des panneaux préfabriqués pour la construction de 360 maisons à Kisangani ;

*1 usine de captage d'eau à Kamina ;

*4 stades, dont un de 15.000 places à Kalemie et trois de 10.000 places à Goma, Bukavu et Bunia ;

*1 Hôpital de 450 lits à Kinshasa ;

*Des stations de péage et de pesage ;

*2 projets d'aménagement urbains ;

*Des Ponts, dalots et passerelles.

Seules les infrastructures exécutées par le Programme sino-congolais et pilotées par l'ACGT nous intéressent ici. Nous les avons déjà décrites au chapitre précédent. Ici, donnons, avec l'ACGT, un tableau récapitulatif de quelques-unes de ces infrastructures.

TABLEAUX RECAPITULATIFS DES INFRASTRUCTURES REALISEES DE 2008 A 2018

Dix après la signature de la Convention de Collaboration entre le Gouvernement congolais et un groupe d'entreprises chinoises, plusieurs infrastructures prévues ont été construites, mais pas toutes. Certaines, qui n'étaient pas envisagées sur la liste de l'annexe C, se sont ajoutées.

Au départ, l'annexe C de la Convention de Collaboration répertoriait les projets d'infrastructures suivants : Routes, voiries, bâtiments, chemin de fer, énergie et aéroports et ports. Le coût global de ces projets s'élèvait à 3 milliards USD. Le plan de décaissement de cette somme prévoyait :

- La 1ère phase de *750 millions USD en 2009* ;
- La 2ème phase de 1 milliard USD en 2010 ;
- La 3ème phase de 750 millions en 2011 ;
- La 4ème phase de 500 millions en 2012.

En 2009, le financement était donc de 750 millions USD, somme répartie en deux tranches de la manière suivante :

- une 1ère tranche de 350 millions USD ;
- une 2ème tranche de 400 millions.

Maitre d'ouvrage délégué du gouvernement avec pour mission « la conception et le management des projets d'infrastructures structurantes dans les secteurs de Routes, Voiries, Ports, Aéroports, Chemins de fer, Architecture, Énergies, Infrastructures passives de télécommunication et Environnement », l'ACGT dresse un tableau récapitulatif de l'ensemble des travaux d'infrastructures, que nous déployons en plusieurs petits tableau comme suit :

Les voiries

KINSHASA. Il s'agit essentiellement de la modernisation des voies :

Projet	***Voies***	***km***	***Coût (USD)***	Début travaux	Récept. travaux
Route de Lutendele	2x1	4,5	19.933.656	10/01/2009	
Avenue du Tourisme	2x1	6,80	29.776.839	10/01/2009	26/02/2013
Bvd du 30 Juin, lot 1	2x4	5,32	24.118.560	01/01/2010	29/07/2014
Bvd du 30 Juin lot 2	2x3	2,50	19.341.204	08/02/2011	23/07/2014
Boulevards Triomphal et Sendwe	2x4 2x3	2,165 1,500	36.245.150	24/12/2009	13/04/2013
Renforcement des Blds Triomphal et Sendwe	2x4 2x3	2,165 1,500	5 000 000	Juillet 2017	26/01/2018
Boulevard Lumumba lots 2 et 3	2x4	14,3	148.881.990 125.469.762	06/07/ 2011	06/12/2013
Boucle Gare Centrale		0,600	1.932.876		
Modernisation de l'av. Nzolana Phase 1	2x1	1,4	15.000.000	19/09/2016	24/12/2018
Modernisation de l'av. Nzolana Phase 2	2x1	9,576	26 871 394		

Notes

- *Modernisation de la route Lutendele*. Sur cette voie, il y a un pont de 57 m de portée à 3.900.000 USD.

- *Modernisation du Boulevard du 30 Juin lot 2*. Sur cette voie a été construit le Pont Basoko (ou Pont Dag Hammarskjöld).

- *Modernisation des Boulevards Triomphal* et *Sendwe*. Longueur totale : 2,75 km.

- *Modernisation du Boulevard Lumumba lots 2 et 3.* Sur le montant 148.881.990 USD, 27.504.694 USD ont été consacrés aux ouvrages d'art.

- *Modernisation de l'avenue Nzolana.* Phase I (15 millions) : travaux de chaussée revêtue en BB (1,4 km), construction du pont Mayi ya Mbinza de 20 m de portée en béton précontraint, signalisation horizontale et sauvegarde du site érosif sur l'avenue Nzolana ;

Phase II (23 986 953,49 USD) : à inscrire au budget 2018 du Programme sino-congolais (PSC).

PROVINCES. Il s'agit essentiellement de la modernisation des voies :

Projet	***Voies***	***km***	***Coût (USD)***	Début travaux	Fin travaux
Lubumbashi (14 avenues)		7,50	3.748.246		
Kisangani (6 routes)	2x1	10,914	15.000.000	3 nov. 2016	Octobre 2018
Kalemie (Bld Lumumba)	2x2	5,30	15.000.000	11 mars 2017	Octobre 2018
Uvira / Phase 1	2x3	2,236	10.000.000	01 déc. 2016	14 avril 2018
Réhabilitation/Moderni-sation à Manono	2x1	3,84	5.000.000	8 nov. 2018	7 nov. 2019
Acquisition/installation de 1382 poteaux solaires à Kalemie			36.245.150	27/11/2017	Avril 2019
Bitumage de 14 km route Kanina-Musonoi-Kapata à Kolwezi	2x1	3,334	9.500.000	Mai 2018	Mai 2019

Les routes

Il s'agit de la construction, de la modernisation ou de la réhabilitation des voies (voies 2x1) :

	Projet	*km*	*Coût (USD)*	*Début travaux*	*Récept. travaux*
1	Bitumage Route Bukavu-Kamanyola PK0-PK5 Phase 1	5	13.000.000	Oct. 2014	15 avril 2018
2	*Idem*. Phase 2 : du PK5 au PK55	50	56 602 313	14 mai 2018	
3	Terrassement et bitumage Lubumbashi-Kasomeno	137	162.283.871	28 févri. 2009	17 déc. 2016
4	Bitumage RN4 Beni-Niania (Luna)	60	57 768 564	1er juin 2009	11 nov. 2011
5	Traversée de Butembo	15	33 342 701	02/02/2011	5 juin 2017
6	Réhabilit. Route Lwambo-Mitwaba-Manono-Kalemie	466	30 000 000	6 oct. 2015	15 janvier 2018
7	Réhabilit. Route Bunagana-Rutshuru-Goma	100	10 000 000	05 nov. 2016	18 avril 2018
8	Réhabilit. Route revêtue Mbuji Mayi-Mwene Ditu	135	15.000.000	18 oct. 2016	27 nov. 2018
9	Réhabilitat. Route Kikwit-Idiofa	70	10.000.000	23 mars 2017	Juin 2019
10	Ouverture Route Kamina-Kabongo	230	6.000.000	18 sept. 2018	octobre 2019
11	Ouverture Route Kabondo Dianda-Mukwende	350	6.000.000	08 nov. 2018	Prévision 7 nov. 2019
12	Réhabilit. Route Kitanda-Ankoro	70	5.000.000	1er trimest. 2019	-
13	Construction d'un pont à Lomela		5.000.000	Déc. 2018	Prévision Déc. 2019

Les bâtiments

Projet	*Surface (m^2)*	*Coût (USD)*	*Début travaux*	*Récept. travaux*
Hôpital du Cinquanteaire	40.000	114.879.516	2 mai 2009	27/08/2014
Stade Kalemie	14 633,44	16.128.606	10 août 2016	Nov. 2018
Stade de Bunia	14 633,44	10.000.000	17 mai 2017	Mai 2019
Stade de Bukavu	14 633,44	10.000.000	27 nov. 2017	Nov. 2019
Stade de Goma	14 633,44	10.000.000	25 mai 2017	Mars 2019
Usine préfabriqués	14.400	7 492 260	Oct. 2013	7 av. 2018
Construction 10 maisons Kinshasa	100	40.880 par maison	Oct. 2013	7 av. 2018
Construction unité captage/traitement d'eau à Kamina		10.000.000	20 avril 2017	Juillet 2019

11

La Convention de Collaboration : Documents officiels et autres textes

A. TEXTES OFFICIELS

PROTOCOLE D'ACCORD RDC-CHINE DU 17 SEPTEMBRE 2007

PROTOCOLE D'ACCORD

Entre

La République Démocratique du Congo représentée par Monsieur Pierre LUMBI OKONGO, Ministre d'Etat en charge des Infrastructures, Travaux Publics et Reconstruction d'une part :

Et

Le groupement des Entreprises Chinoises composé de l'Export-Import Bank of China (EXIM BANK of CHINA), la China Railway Engineering Corporation (CREC), Société SA, et la société SINOHYDRO Corporation, représentée par Monsieur LI CHANGJIN, Président Directeur Général de la CREC ; d'autre part ;

Ci-après désignés « les Parties »

I. PREAMBULE

Considérant les accords de coopération signés le 3 avril et le 07 décembre 2001 entre la République Démocratique du Congo et la République Populaire de Chine ;

Considérant les memoranda d'entente commune et accords sur le financement du développement des infrastructures de la République Démocratique du Congo par l'exploitation de ses ressources minières que le Gouvernement signé respectivement Le 9 août 2007 avec la SINOHYDRO, le 16 août 2007 avec l'EXIM BANK et le 17 août 2007 avec la CREC ainsi que les accords conclus par elles sur la reconstruction de la RDC.

Tous ces memoranda et accords sont appelés ci-après l'Accord Précédent ;

Vu les consultations des parlies et suivant le mémorandum on understanding of ressources finance for infrastructures development ;

IL A ETE CONVENU ET ARRETE CE QUI SUIT :

II. DE L'OBJET

Article 1

Le présent protocole porte sur la fixation des modalités de coopération de financement pour le déve1oppement des infrastructures de la première tranche, en cor1trepartie, de l'exploitation des ressources naturelles de la République Démocratique du Congo.

III. DES MODALITES

Article 2

Les parties conviennent de constituer dans le cadre de l'exploitation minière une société de joint-venture (SJV) sous forme de société mixte de droit congolais regroupant d'une part les entreprises chinoises du groupement et d'autre part, d'entreprises congolaises désignées par le Gouvernement.

Le financement du développement des travaux d'infrastructure dans le cadre de cet accord sera garanti par 1es concessions minutes mises à la disposition de la SJV par le RDC.

Article 3

En vue d'assurer le suivi et l'évaluation, le Gouvernement mettra en place un Comité compétent multisectoriel devant servir de guichet unique pour toutes les questions et formalités relatives à l'exécution de tâche définie dans le présent Protocole.

Article 4

La participation du Gouvernement ou ses mandataires au capital social de 1a Société de Joint-Venture dont question fi à l'article deux, procède du principe « gagnant - gagnant » et la Société de Joint Venture s'établira comme suit :

. Partie Congolaise : 32 % ;
. Partie Chinoise : 68 %.

Article 5

Sur le principe essentiel du financement du développement d'infrastructure par la réalisation du dividende de la part d'Etat RDC résultant de l'exploitation de la Société de Joint -Venture la répartition du résultat d'exploitation se fera en trois (3) états :

- La première étape dite étape d'amortissement d'investissement minier. Durant cette étape la 1otatité du résultat d'exploitation servira au remboursement et à l'amortissement de l'investissement minier extractif et industriel el ce compris les intérêts.

- La seconde étape est une étape de remboursement ou de paiement des travaux d'infrastructure. Durant cette étape, soixante-six pour cent (66 %) du bénéfice net du résultat d'exploitation de la Société de Joint-Venture sera utilisé pour le paiement et le remboursement des travaux d'infrastructure réalisés prévus dans la première tranche des projets dans la liste annexée tandis que le reste, soit trente-quatre pourcent (34 %) sera distribué proportionnellement entre parties.

Pendant cette étape, le montant total du paiement des projets des travaux infrastructure sera prévu de trois (3) milliards USD.

- La troisième étape sera une étape d'exploitations commerciales soit le remboursement et l'amortissement de la totalité des investissements à l'exploitation minière et au développement d'infrastructure, de la première tranche, la répartition du dividende résultant de se l'exploitation de la société de Joint-Venture.

Pendant cette étape, la Société de Joint-Venture se soumettra à la législation congolaise en vigueur en matière fiscale et douanière ; en l'occurrence le Code des Investissements et le code de Minier.

IV. DES CONDITIONS PARTICULIERES

Article 6

Le Gouvernement accorde à la Partie Chinoise, le bénéfice de tous les avantages douaniers et fiscaux prévus par le Code des investissements et le Code minier de la République Démocratique du Congo ainsi que les dispositions particulières applicables aux marchés publics à financement extérieur ;

Afin que le cumul du dividende de la part de l'Etat résultant de l'exploitation minière de la Joint-Venture atteigne le plus tôt possible un niveau capable de payer ou de rembourser, la construction des travaux d'infrastructure, le Gouvernement, va consentir à la Partie

Chinoise des dispositions particulières applicables aux marchés publics.

Toutefois pendant la période du remboursement, le Gouvernement se réserve le droit d'accorder d'autres avantages fiscaux et douaniers plus larges à la Joint-Venture pour la réalisation des projets.

Ces conditions particulières comprennent l'exemption des frais et paiement relatifs à la demande, â l'octroi, au transfert et à la cession des droits et titres miniers, des permis de prospection et d'exploitation ; l'exemption des frais d'entrée à la porte minière et de prélèvement préalable sur la valeur estimative du gisement, etc.

Elles comprennent aussi l'exonération totale de tous les impôts, droits, taxes, douanes, redevances, directs ou indirects, à l'intérieur ou à l'import et l'export, payables en République Démocratique du Congo et ceux liés aux activités minières et au développement d'infrastructures de la Société de Joint-Venture.

Aux fins d'assurer la réussite de son exploitation minière et des travaux d'infrastructure, la Société de Joint-Venture aura loisir de choisir librement le fournisseur du matériel et équipement, de technologie et de service, d'embaucher, à l'intérieur comme à l'extérieur pays, le personnel qualifié conformément à la législation congolaise en la matière.

Le Gouvernement garantit à la Société de Joint-Venture la sécurité de son investissement minier et le paiement des travaux d'infrastructure qu'elle réalisera.

Compte tenu de l'importance du volume et du coût des projets d'Infrastructures avec leur caractère de travaux publics de longue périodicité d'amortissement minier et du fait de la lenteur du cumul du dividende de la pan de l'Etat et, en particulier afin d'accélérer développement d'infrastructures et de la reconstruction nationale pour servir le plus tôt possible le progrès socioéconomique, les parties reconnaissent.

Que le financement du développement d'infrastructures par les dividendes de la part de l'Etat résultant de l'exploitation minière de la Société de Joint-Venture ne sera pas le choix unique dans le cadre de la collaboration entre le Gouvernement et la Société de Joint-Venture.

A cet effet et en cas de besoin, le Gouvernement proposera à la Société de Joint-Venture d'accepter d'autres modalités du paiement d'une partie des projets des grands travaux d'infrastructures de volume et coût plus important. Ladite modalité pourra être paiement par le Maître de l'Ouvrage moyennant le crédit acheteur.

Dans ce cas, le Groupement pourra mener toutes les démarches nécessaires à l'assistance du Maître de l'ouvrage ou du Gouvernement pour la réalisation du financement auprès de l'institution bancaire en Chine avec des conditions acceptables et le Gouvernement s'engage de faire en temps corporation économique, à l'accord de prêt et à la matière, etc.

Les conditions particulières du présent article auront une validité de trente (30) ans à partir de la date de prise d'effet du présent protocole d'accords. Elle peut être protocole pour une période égale à la demande de l'une des parties au moins six mois avant l'exploitation du terme de 30 ans.

V. DES DROITS ET OBLIGATIONS DES PARTIES

Article 7

A dater de la prise d'effet du présent protocole, les parties s'engagent à mettre rapidement en place, conformément à la législation congolaise, une Joint-Venture minière dans les 30 jours suivant la signature.

L'apport au capital social de chaque actionnaire sera appelé proportionnellement. Après la signature du présent protocole, les projets 'ainsi annexé au présent Protocole, seront soumis à l'appréciation et l'accord écrit d'EXIM Bank.

Le Groupement Chinois s'engage à soumettre progressivement au comité sus évoqué le rapport de préfaisabilité du projet minier et la demande d'octroi des titres miniers. Le gouvernement en achèvera le traitement et le transfert du titre minier dans un délai de 15 jours à dater du dépôt.

Les droits et titres miniers octroyés à la Société de Joint-Venture seront propriétés de cette dernière pour toute la durée de la Joint-Venture.

Le Groupement Chinois s'engage à soumettre progressivement audit comité, le cahier des charges techniques proposé et l'offre financière des projets des travaux d'infrastructures. Le Gouvernement devra en achever le dépouillement et accorder son approbation dans un délai d'un mois à dater du dépôt.

Dans le cas où des travaux d'infrastructures seraient payés par le Gouvernement au moyen d'autres financements, celui-ci devra démarrer la procédure du montage financier dès la conclusion des contrats des travaux. Le Gouvernement s'engage à conclure avec la joint-venture, le marché concessionnel global des travaux d'infrastructures prévus à annexe 2.

Le gouvernement garantira au groupement ou àla Société de Joint-Venture le libre transfert du fonds, la libre ouverture des comptes bancaires en devise et en monnaie locale à, l'intérieur comme à l'extérieur du pays et la sécurité des opérations intéressés et exemption des droits, impôts et frais bancaires lies à l'impossibilité administrative.

Le Groupement Chinois, en déployant ses avantage professionnel, techniques et gestionnaires, s'engage à tout mettre en œuvre pour réduire le coût de revient, économiser les ressources financières des constructions, assurer la moderne conception, la qualité, le haut rendement, la fiabilité et la durabilité des travaux d'infrastructures et de service à travers sa participation à la reconstruction nationale.

Sur demande du Gouvernement ou du Maître de l'ouvrage, la Société de Joint-Venture pourra assurer les travaux de proposition relative à la normalisation et régularisation des études, du gémie civil, de l'équipement et du fonctionnement des travaux d'infrastructure, de formation des ressources humaines concernés et de proposition concernant la planification et systématisation du développement national d'infrastructures et de construction.

VI. DE LA LEGISLATION ULTERIEURE

Article 8

Sans préjudice des avantages acquis dans le cadre du présent protocole d'accord, la société de Joint-Venture bénéficiera des avantages résultant de toutes les nouvelles dispositions légales et réglementaires qui seraient ultérieurement prises par le Gouvernement ou des conventions que celui-ci viendrai à conclure avec d'autres investisseurs.

VII. DE LA LISTE DES PROJETS

Article 9

La liste des projets des ressources minérales et des travaux d'infrastructure convenues dans : le cadre de la présente collaboration est prise aux annexes 1 et 2 du présent Protocole d'Accord.

VIII. DE L'EXCLUSIVITE

Article 10

Le Gouvernement s'engage à ne pas conclu le avec les tiers une convention portant sur des projets faisant objet du présent Protocole.

IX. DE L'ENTREE EN VIGUEUR

Article 11

Le présent Protocole ainsi que l'accord précédent sont considérés comme principe et base de chaque contrat ou marché sépare en la matière et entrera en vigueur à la date de sa signature par les parties et après approbation des projets d'exploitation minière et du développement des infrastructures par l'autorité compétente Chinoise.

Article 12

Le présent Protocole est rédigé en 8 exemplaires originaux, chaque partie en gardant deux.

En cas de divergence entre le présent protocole et l'accord précédent, le protocole prévaudra. Toutefois, en cas de force majeur, les parties procèderont par négociations amiables pour adapter le présent Protocole aux nouvelles conditions.

Fait à Kinshasa, le 17 septembre 2007.

Pour la République Démocratique du Congo,

Pierre LUMBI OKONGO,

Ministre en charge des Infrastructures, Travaux Publics et Reconstruction.

Pour le Groupement des Entreprises Chinoises,

LI CHANGJIN.

CONVENTION DE COLLABORATION DU 22 AVRIL 2008

CONVENTION DE COLLABORATION ENTRE LA REPUBLIQUE DEMOCRATIQUE DU CONGO ET LE GROUPEMENT D'ENTREPRISES CHINOISES : CHINA RAILWAY GROUP LTD SINOHYDRO CORPORATION RELATIVE AU DEVELOPPEMENT D'UN PROJET MINIER ET D'UN PROJET D'INFRASTRUCTURES EN REPUBLIQUE DEMOCRATIQUE DU CONGO

Entre

La République Démocratique du Congo, représentée aux fins des présentes par Monsieur Pierre LUMBI OKONGO, Ministre en charge des Infrastructures, Travaux Publics et Reconstruction, d'une part, ci-après dénommée « RDC ».

et

CHINA RAILWAY GROUP LIMITED, ayant son siège social à n° 1, XingHuo Road, Fengtai District, Beijing, China, représentée aux fins des présentes par son Président du Conseil d'Administration, Monsieur SHI DaHua, son représentant légal;

SINOHYDRO CORPORATION, ayant son siège social à n° 1, Ertiao, Baiguang Road, Xuanwu District, Beijing, China, 100761, représentée aux fins des présentes par Monsieur FAN JiXiang, son représentant légal ;

ci-après dénommées « le Groupement d'Entreprises Chinoises », d'autre part.

Ci-après désignés, individuellement, « Partie » et collectivement, « Parties ».

IL EST CONVENU ET ARRÊTE CE QUI SUIT :

1. OBJET

Article 1 : Objectifs des Parties.

1.1. Les Parties reconnaissent et déclarent qu'en signant la présente Convention de Collaboration, elles poursuivent la réalisation des objectifs suivants :

1.1.1. Pour la RDC : trouver les ressources financières nécessaires à la réalisation des projets d'infrastructures nationales estimées importantes et urgentes.

1.1.2. Pour le Groupement d'Entreprises Chinoises : investir dans le domaine des métaux non-ferreux dans les territoires de la RDC.

1.2. Les deux Parties conviennent de coopérer comme suit pour réaliser, à la satisfaction de chacune d'elles, les objectifs sus mentionnés :

1.2.1. Le Groupement d'Entreprises Chinoises s'engage à mobiliser et mettre en place le financement pour la construction des infrastructures en RDC (le « Projet d'Infrastructures »). Le financement sera remboursé par les revenus de l'exploitation minière de tels gisements cupro-cobaltifères situés dans la région de Kolwezi, actuellement inexploités, dont l'Entreprise publique La Générale des Carrières et des Mines, en abrégé « GECAMINES » est titulaire des

Droits et Titres miniers qui s'y rapportent. Les modalités concrètes du remboursement de ce financement sont définies dans le Titre IV de la présente Convention de Collaboration.

1.2.2. Le Groupement d'Entreprises Chinoises s'engage à mobiliser et mettre en place le financement nécessaire pour le développement des gisements listés en Annexe A (« le Projet Minier »). Les modalités du remboursement de cet investissement sont définies dans le Titre IV de la présente Convention de Collaboration.

1.3. Le Projet Minier et le Projet d'Infrastructures sont appelés collectivement le Projet de Coopération.

1.4. Pour la constitution d'une « Joint Venture Minière » et la réalisation du Projet Minier, la RDC désigne son entreprise publique bien identifiée au 1.2.1 ci-dessus laquelle sera autorisée à désigner une autre personne physique de son choix qui sera ultérieurement remplacée par l'une des sociétés affiliées de GECAMINES pour constituer le GROUPE GECAMINES.

1.5. Pour la constitution d'une JV Minière et la réalisation du Projet Minier, le Groupement d'Entreprises Chinoises désigne cinq (5) sociétés, à savoir China Railway Group (Hong Kong) Limited, China Railway SinoCongo Mining Limited, China Railway Resources Development Limited, Sinohydro Corporation Limited et Sinohydro Harbour Co. Ltd., ces cinq (5) sociétés formant le CONSORTIUM.

Article 2 : Objet de la Convention de Collaboration

La présente Convention de Collaboration a pour objet de définir et de préciser le Projet de Coopération que les Parties se proposent de réaliser, les modalités générales et particulières de leur réalisation ainsi que les droits et obligations des Parties relativement à ce Projet de Coopération.

II. PROJET MINIER

Article 3 : Modalités de Coopération. Constitution de la Joint Venture minière

3.1. Les Parties réaliseront leur coopération par la constitution d'une JV Minière à laquelle la RDC fera céder, par l'entremise de son entreprise publique GECAMINES et avec la participation de cette dernière, les droits et titres sur les gisements faisant l'objet de la présente Convention de Collaboration au Projet Minier.

3.2. La JV Minière sera ainsi constituée conformément aux règles et usages courants de constitution des sociétés commerciales en République Démocratique du Congo.

3.3. Elle sera gérée par le droit des sociétés commerciales et devra générer des profits dont une partie servira au remboursement aussi bien des investissements miniers que des investissements des Travaux d'Infrastructures.

3.4. Pour garantir au Groupement d'Entreprises Chinoises les moyens de recouvrer, leurs investissements dans le Projet Minier et dans le Projet d'Infrastructures, les Parties fixent la répartition du capital social de la JV Minière comme suit : 68 % pour le Groupement d'Entreprises Chinoises et 32 % pour le Groupe GECAMINES.

Article 4 : Cession des Droits et Titres Miniers des gisements

La RDC s'engage à ce que son entreprise publique GECAMINES cède à la JV Minière, les Droits et Titres miniers couvrant les gisements naturels cupro-cobaltifères suivants : Dikuluwe, Mashamba Ouest, Jonction D, Cuvette Dima, Cuvette Mashamba et Synclinal Dikuluwe Colline D contenant des réserves minières estimées à environ 10.616.070 tonnes de cuivre dont environ 6.813.070 tonnes de cuivres en ressources certaines, environ 626.619 tonnes de cobalt et, en tonnage restant à déterminer, toutes autres substances minérales valorisables. Ces gisements, dont GECAMINES détient les Droits et Titres miniers sous la numérotation PE 9681 et 9682 tels que inscrits dans les registres ad hoc tenus par le Cadastre Minier (« CAMI »), sont situés dans la région de Kolwezi, Province du Katanga, République Démocratique du Congo, conformément au plan en Annexe B de la présente Convention de Collaboration.

Article 5 : Pas-de-porte et Assistance financière à la Rénovation Technique de Gécamines

5.1. Dans le cadre du Projet de Coopération, la Partie chinoise s'engage à verser un pas de porte de trois cent-cinquante millions de dollars américains (350.000.000 USD) à la Partie congolaise, à condition que : l'Etude de Préfaisabilité ait été approuvée par le Gouvernement Chinois, lors de l'approbation de la Convention de JV qui sera conclue entre le GROUPE GECAMINES et le CONSORTIUM ; l'audit effectué par le CONSORTIUM sur la régularité et la validité des Droits et Titres miniers ne révèle aucun vice caché et/ou apparent, la cession des Droits et Titres miniers par GECAMINES à la JV Minière couvrant les gisements naturels cupro-cobaltifères et autres substances minérales valorisables prévus à l'article 4 de la présente Convention de Collaboration ait eu lieu.

5.2. Le Groupement d'Entreprises Chinoises promet, par ailleurs, de chercher et mettre en place une assistance financière à hauteur de 50 millions de dollars américains (50.000.000 USD), sous la forme d'un prêt à GECAMINES, pour la réhabilitation de ses Ateliers de l'Ouest (AO), du Centre (ACP) et de Lubumbashi (LC).

Les achats d'équipements seront effectués en priorité auprès des entreprises chinoises. Les travaux de réhabilitations seront effectués par des sous-traitants congolais. En cas de recours à des sous-traitants non congolais, la priorité est donnée aux entreprises chinoises.

Cette assistance financière ne produira pas l'obligation des Parties vis-à-vis de la cession des Droits et Titres miniers et de leur jouissance en faveur de la Partie chinoise.

Elle sera mise en place suivant l'approbation du Projet de Coopération par le Gouvernement chinois. A la demande écrite de GECAMINES, ledit financement sera payé en liquide et/ou en équipement.

Article 6 : Etudes de Préfaisabilité et de Faisabilité

6.1. Le Groupement d'Entreprises Chinoises effectuera une Etude de Préfaisabilité sur le Projet Minier pour le compte et à charge de la JV Minière. L'Etude de Préfaisabilité devra être soumise à l'approbation des organes autorisés de GECAMINES et des sociétés du Groupement d'Entreprises Chinoises.

6.2. La JV Minière effectuera ensuite une Etude de Faisabilité dont les conclusions devront être soumises au Conseil d'Administration et à l'Assemblée générale de la JV Minière. L'Etude de Faisabilité ainsi approuvée devra ensuite être avalisée par les Gouvernements chinois et la RDC.

6.3. Les Parties conviennent que les Etudes de Préfaisabilité et Faisabilité devront démontrer que le Projet Minier permettra de dégager un taux interne de rentabilité au profit du Groupement d'Entreprises Chinoises, c'est-à-dire un IRR, d'au moins 19 %.

Article 7 : Réalisation du Projet Minier.

7.1. En vue de permettre à la JV Minière de débuter rapidement le remboursement des investissements dont elle bénéficiera et ceux à faire dans le Projet d'Infrastructures, les Parties conviennent que la

RDC et le Groupement d'Entreprises Chinoises devront aider la JV Minière à commencer la production commerciale dans le délai fixé par l'Etude de Faisabilité réalisée par la JV Minière. L'objectif de la première année de production commerciale est fixé à 200.000 tCu. Ce niveau sera porté à 400.000 tCu à partir de la troisième année de production commerciale.

7.2. Le montant total des investissements miniers ainsi que le délai pour la mise en place de ce financement seront déterminés par l'Etude de Faisabilité.

III. PROJET D'INFRASTRUCTURES.

Article 8 : Travaux d'infrastructures.

La liste des travaux d'infrastructures à financer par le Groupement d'Entreprises Chinoises proposée par la Partie congolaise est jointe en Annexe C de la présente Convention de Collaboration. Le choix et la réalisation effectifs des travaux d'infrastructures listés en Annexe C seront déterminés par la consultation mutuelle des deux Parties.

Article 9 : Réalisation du Projet d'infrastructures.

Le Groupement d'Entreprises Chinoises mobilisera et mettra en place le financement du Projet d'Infrastructures, au travers de la JV Minière. Le montant total de celui-ci sera déterminé en fonction du résultat d'exploitation minière. Le Projet d'Infrastructures sera effectué en deux tranches.

9.1. *Les travaux d'infrastructures de la première tranche.*

La liste de la première tranche des travaux d'infrastructures à réaliser, classés dans leur ordre de priorité, sera proposée et soumise par la Partie congolaise au Groupement d'Entreprises Chinoises immédiatement après la signature de la présente Convention de manière à permettre aux équipes techniques de ce dernier de réaliser et de présenter à la Partie congolaise les propositions financières et techniques de ces travaux et de planifier leur exécution. Les travaux d'infrastructures seront démarrés immédiatement après l'approbation de l'Etude de Faisabilité par les Gouvernements congolais et chinois.

9.2. *Les travaux d'infrastructures de la deuxième tranche.*

Le démarrage ainsi que le volume des travaux d'infrastructures de la deuxième tranche seront déterminés par consultation mutuelle des deux parties en fonction de la rentabilité du Projet minier. Les travaux d'infrastructures de la deuxième tranche seront remboursés par les contributions fiscales et douanières dues à l'Etat par la JV Minière au cours de la troisième période d'exploitation (voir l'article 12), qui suit la fin de la période de remboursement de la première tranche des travaux d'infrastructures.

9.3. Nonobstant la disposition de l'article 9.1 et après que les Droits et Titres miniers prévus par l'article 4 de la présente Convention de Collaboration auraient été cédés à la JV Minière et à condition que la JV Minière constitue une hypothèque sur les Droits et Titres miniers, le Groupement d'Entreprises Chinoises mobilisera et mettra en place le financement pour réaliser des travaux d'infrastructures les plus urgents et dont les conditions de réalisation sont remplies. Ledit financement sera compté dans le financement pour la première tranche de travaux d'infrastructures et sera remboursé par la IV Minière selon les dispositions du Chapitre IV de la présente Convention de Collaboration.

Article 10 : Contrat de Travaux d'infrastructures.

Chaque projet des travaux d'infrastructures fera l'objet d'un contrat spécifique entre le Maître d'ouvrage, la JV Minière, l'une ou l'autre des sociétés du Groupement d'Entreprises Chinoises et/ou ses sociétés affiliées qui seront autorisées et appelées à les réaliser. Cc contrat spécifiera les clauses suivantes :

10.1. L'emprunteur des fonds pour les travaux d'infrastructures sera la JV Minière et/ou l'entreprise chinoise. La JV Minière sera constituée pour réaliser le Projet Minier et prendre en charge le remboursement des investissements miniers et d'infrastructures.

10.2. Le remboursement du financement des travaux d'infrastructures sera effectué par la JV Minière suivant les dispositions du Titre IV de la présente Convention de Collaboration.

10.3. La garantie du remboursement est assurée par la RDC qui s'engage, dans le cadre de la présente Convention de Collaboration, à octroyer au Groupement d'Entreprises Chinoises d'autres concessions minières ou d'autres ressources et moyens satisfaisants au cas où les revenus attendus de la JV Minière s'avéreraient insuffisants pour réaliser le remboursement de ses investissements dans le Projet Minier et dans le Projet d'Infrastructures.

10.4. Le Maître d'Ouvrage du Projet d'Infrastructures dans le cadre de la présente Convention de Collaboration sera le Ministère en charge des Infrastructures, Travaux Publics et Reconstruction (ITPR) de la RDC.

10.5. Le Maître d'œuvre (architecte) des travaux d'infrastructures dans le cadre de la présente Convention de Collaboration sera tout organisme désigné par le Maître d'Ouvrage.

10.6. L'Entrepreneur sera le Groupement d'Entreprises Chinoises et/ou ses sociétés affiliées dûment désignées.

10.7. La JV Minière n'interviendra pas dans la conduite ou dans la supervision des travaux d'infrastructures. Elle est cependant autorisée à effectuer les opérations et procédures financières et comptables, les transferts, la mise à disposition des fonds destinés à la construction des infrastructures. La JV Minière effectuera le paiement des travaux sur instruction du Maître d'ouvrage, sur la base des factures décomptes présentées par les entreprises prestataires (entrepreneurs) et après qu'elle aura vérifié la conformité en terme de prix.

Article 11 : Dispositions particulières concernant le Projet d'infrastructures.

11.1. Compte tenu de l'importance du volume et du coût des projets d'infrastructures avec leur caractère de travaux publics, des longues périodicités d'amortissement minier et du fait de la lenteur du cumul du dividende de la part de l'Etat et, en particulier afin d'accélérer le développement d'infrastructures et la reconstruction nationale pour servir le plus tôt possible le progrès socioéconomique, les Parties reconnaissent que le financement du développement d'infrastructures par le dividende de la part de l'Etat résultant de l'exploitation minière de la JV Minière ne sera pas le choix unique dans le cadre de la présente collaboration entre la RDC et la JV Minière.

A cet effet et en cas de besoin, la RDC proposera à la JV Minière d'accepter d'autres modalités du paiement d'une partie des projets des grands travaux d'infrastructures de volume et confit plus importants. Ladite modalité pourra être un paiement par le Maître d'Ouvrage moyennant le crédit acheteur. Dans ce cas, le Groupement d'Entreprises Chinoises pourra mener toutes les démarches nécessaires à l'assistance du Maître d'Ouvrage ou de la RDC pour la réalisation du financement auprès de l'institution bancaire en Chine avec des conditions acceptables et, la RDC s'engage à faire en temps voulu les formalités et procédures nécessaires à la coopération économique, à l'accord de prêt et à la garantie en la matière, etc.

11.2. Les Parties conviennent que pour la réalisation des investissements qu'ils feront pour les Projets Minier et d'Infrastructures, le Groupement d'Entreprises Chinoises recoure au maximum aux entreprises congolaises pour toutes les fournitures et les prestations qu'elles seront capables de satisfaire.

Elles conviennent néanmoins que, tant pour leurs approvisionnements à l'étranger que pour les prestations que les entreprises congolaises ne pourront pas satisfaire, le Groupement d'Entreprises Chinoises donne priorité au marché chinois à condition que les prix offerts par ce dernier soient compétitifs.

IV. REMBOURSEMENT DES INVESTISSEMENTS

Article 12 : Remboursement des Investissements du Groupement d'entreprises chinoises.

Initialement, il est prévu trois périodes pour le remboursement des investissements du Projet de Coopération :

*Première période, dite période de remboursement minier (première Etape),

*Deuxième période, dite période de remboursement de la première tranche des infrastructures (Deuxième Etape),

*Troisième période, dite période commerciale (Troisième Etape).

La JV Minière remboursera comme suit les investissements du Groupement d'Entreprises Chinoises dans le Projet Minier et dans le Projet d'Infrastructures :

Au cours de la Première Période : elle affectera la totalité de ses bénéfices au remboursement complet des investissements miniers, y compris au paiement de leurs intérêts, du Groupement d'Entreprises Chinoises dans le développement du Projet Minier. Le financement du Projet Minier sera fait à 30 % sous forme de prêt d'Actionnaire, remboursé sans l'application d'intérêts. Les 70 % restants seront remboursés avec un taux d'intérêts annuel de 6.1 %.

Au cours de la Deuxième Période, la JV Minière affectera 66% de son bénéfice au remboursement des investissements de la première tranche des infrastructures et au paiement de leurs intérêts annuels de Libor (six mois) + 100 BP, et elle répartira les 34 % restant à la rétribution de ses actionnaires, proportionnellement à leurs parts dans le capital social. Le montant total du remboursement durant cette période ne saurait dépasser 3 milliards de dollars américains en principal.

Au cours de la Troisième Période, elle distribuera la totalité de ses bénéfices à ses Actionnaires, au prorata de leurs parts dans le capital social.

La deuxième tranche des travaux d'infrastructures ainsi que le paiement de leurs intérêts annuels de Libor (six mois) + 100 BP seront financés par toutes les contributions fiscales et douanières auxquelles la RDC aura droit dans la Troisième Période dite période commerciale. L'écart éventuel entre le taux réel bancaire et le taux appliqué à la JV Minière sera à la charge du Groupement d'Entreprises Chinoises.

Neuf avant plus tard, en juillet 2017, les parties congolaise et chinoise modifieront cet article 12 de la Convention de Collaboration, en supprimant la « troisième période », pour ne retenir que les deux premières. La ***première et la deuxième périodes*** *(ou* ***étapes****) seront dites successivement* ***« période de remboursement »*** *(40 % pour les investissements miniers et 60 % pour ceux d'infrastructures) et* ***« période commerciale »*** *(pendant laquelle les Actionnaires se partageront la totalité des bénéfices nets distribuables au prorata de leurs parts dans le capital social de la JV Minière).*

V. ENGAGEMENTS ET GARANTIES DE LA RDC

Les engagements pris par la RDC à l'égard du Groupement d'Entreprises Chinoises sont les suivants :

Article 13 : Garanties relatives aux gisements et Droits et Titres Miniers.

13.1. La RDC garantit, pendant toute la période du Projet de Coopération, que les Droits et Titres miniers qui feront l'objet de la cession à la IV Minière ne sont entachés d'aucun vice caché et/ou apparent pouvant compromettre la jouissance paisible desdits droits et titres. Le Groupement d'Entreprises Chinoises veillera à ce que le CONSORTIUM effectue un audit sur la régularité et la validité desdits Droits et Titres miniers. La cession ne pourra avoir lieu qu'à la condition que l'audit cité ci-dessus aura démontré que les Droits et

Titres miniers ne sont entachés d'aucun vice caché et/ou apparent. Dans le cas contraire, si l'existence d'un ou plusieurs vice(s) caché(s) et/ou apparentes) est démontrée, GECAMINES s'engage à y remédier dans les délais les plus brefs. Au cas où le ou les vice(s) caché(s) et/ou apparentes) sont irrémédiables, la présente Convention de Collaboration sera résiliée.

13.2. La RDC garantit que les gisements, dont les Droits et Titres miniers seront cédés à la JV Minière, contiennent les réserves minières évoquées à l'Article 4 de la présente Convention de Collaboration. Au cas où la vérification lors de l'Etude de Faisabilité démontre que la réserve est inférieure à la réserve indiquée à l'Article 4 de la présente Convention de Collaboration, la RDC s'engage à accorder de nouvelles concessions à la JV minière. L'investissement d'infrastructures sera suspendu jusqu'à ce que le niveau de réserve soit atteint.

13.3. Engagement relatif à la faisabilité et la rentabilité du Projet Minier.

13.3.1. Si l'Etude de Préfaisabilité sur le Projet Minier n'est pas acceptée par le Groupement d'Entreprises Chinoises et/ou GECAMINES, le Groupement d'Entreprises Chinoises mettra fin à l'investissement d'infrastructures. Les Parties se concerteront pour trouver une solution.

13.3.2. Si l'Etude de Faisabilité n'est pas validée par les Gouvernements chinois et la RDC, les Parties se concerteront pour chercher des mesures à prendre soit pour accorder de nouvelles concessions minières à la JV Minière, soit pour ajuster le montant des investissements d'infrastructures. Au cas où la RDC apporterait d'autres Droits et Titres miniers, la JV Minière effectuera un audit sur la régularité et la validité desdits droits et titres. La JV Minière effectuera une Etude de Faisabilité sur ces nouvelles concessions minières.

L'investissement d'infrastructures sera suspendu tant que la ou les nouvelle(s) Etude(s) de Faisabilité n'aura (ont) pas été approuvée(s) par le Gouvernement chinois et la RDC. Si, malgré deux fois d'apports de nouvelles concessions minières, la ou les Etude(s) de Faisabilité n'est (sont) pas approuvée(s) par le Gouvernement chinois et la RDC, la présente Convention de Collaboration sera résiliée. La JV Minière sera dissoute et liquidée.

13.3.3. Si l'Etude de Faisabilité démontre que l'IRR (Internal Rate of Return) du Groupement d'Entreprises Chinoises est inférieur à 19 %, la RDC s'engage à prendre toutes les mesures susceptibles d'améliorer les conditions de coopération afin d'atteindre le seuil de 19% au profit du Groupement d'Entreprises Chinoises.

13.3.4. Si la JV Minière n'a pas remboursé les investissements et les intérêts des Projets Minier et d'Infrastructures dans les 25 ans qui suivent sa création, la RDC s'engage à rembourser le solde restant à payer par toutes autres voies.

Article 14 : Avantages commerciaux et fiscaux et d'autres Avantages accordés par la RDC.

14.1. Dispositions générales.

14.1.1. La RDC accorde, dans le cadre de ce Projet de Coopération, à la JV Minière, le bénéfice de tous les avantages douaniers, fiscaux et de change prévus par les lois et les règlements en vigueur en RDC ainsi que les dispositions particulières applicables aux marchés publics à financement extérieur.

14.1.2. Afin que le cumul des dividendes de la part de la RDC résultant de l'exploitation minière de la JV Minière atteigne le plus tôt possible un niveau permettant de payer ou de rembourser la construction des travaux d'infrastructures, la RDC va consentir au Groupement d'Entreprises Chinoises les dispositions particulières applicables aux marchés publics.

14.1.3. La RDC garantira au Groupement d'Entreprises Chinoises et/ou à la JV Minière le libre transfert de fonds, la libre ouverture de comptes bancaires en devises et en monnaie locale à l'intérieur comme à l'extérieur du pays et la sécurité des opérations intéressées ainsi que l'exemption des droits, impôts et frais bancaires liés à l'imposition administrative.

14.1.4. Aux fins d'assurer la réussite de son exploitation minière et des travaux d'infrastructures, la JV Minière aura le loisir de choisir librement, sans préjudice des dispositions de l'article 11.2. de la présente Convention de Collaboration, le fournisseur dumatérie1 et d'équipements, de technologie et de service, d'embaucher, à l'intérieur comme à l'extérieur du pays, le personnel qualifié conformément à la législation congolaise en la matière.

14.2. Avantages particuliers pendant les deux premières périodes.

La RDC concède, pendant les périodes de remboursement de l'investissement minier et de l'investissement de la première tranche d'infrastructures, les avantages particuliers suivants :

14.2.1. L'exonération totale de tous les impôts, droits, taxes, douanes, redevances, directs ou indirects, à l'intérieur ou à l'import et l'export, payables en RDC et ceux liés aux activités minières et au développement d'infrastructures.

14.2.2. L'exemption des frais et paiements relatifs à la demande, à l'octroi, au transfert et à la cession des Droits et Titres miniers, des permis de prospection et d'exploitation ;

14.2.3. L'exemption des frais des royalties liées à l'exploitation minière.

14.2.4. Durant les deux premières périodes, tous paiements éventuels d'impôts, droits, taxes douanières, redevances, qui auraient été payés par la JV Minière ou par les entreprises chinoises chargées des travaux d'infrastructures, dans le cadre de la présente Convention de Collaboration, seront considérés et comptabilisés comme dépenses des travaux d'infrastructures.

14.3. Autres avantages offerts par la RDC.

14.3.1. Dans le cadre de ce Projet de Coopération, la RDC s'engage à faciliter l'octroi des visas et permis de travail aux employés expatriés, en République Démocratique du Congo, de l'entrepreneur d'infrastructure et de la JV Minière.

14.3.2 La RDC s'engage à maintenir la sécurité sur les sites des Projets Minier et d'Infrastructures. Elle s'engage également à régler, en temps voulu, tous les problèmes relatifs aux ou provoqués par les émeutes, les actes de violence publique, les grèves, etc. afin que les Projets Minier et d'Infrastructures puissent être réalisés dans les meilleures conditions.

14.4. De la législation ultérieure.

Sans préjudice des avantages acquis dans le cadre de la présente Convention de Collaboration, la JV Minière et l'entrepreneur chargé des travaux d'infrastructures bénéficieront des avantages résultant de toutes les nouvelles dispositions légales et réglementaires qui seraient ultérieurement prises par la RDC ou des conventions que celle-ci viendrait à conclure avec d'autres investisseurs. Néanmoins, toutes nouvelles dispositions légales et réglementaires apportant des désavantages à leur égard ne leur seront pas appliquées.

Article 15 : Garanties de la RDC contre les Risques politiques.

15.1. Dans les 12 mois qui suivent l'approbation du Projet de Coopération par le Gouvernement chinois, la RDC s'engage à obtenir de son Parlement l'adoption d'une loi devant sécuriser le régime fiscal, douanier et de change applicable au Projet de Coopération en raison de sa spécificité. Si le Parlement National de la RDC n'adopte pas ladite loi dans le délai, le Groupement d'Entreprises Chinoises aura le droit de décider de réaliser ou résilier la présente Convention.

15.2. La RDC s'engage à ne jamais, en aucun cas, s'approprier, nationaliser, ni exproprier, directement ou indirectement, la JV minière ainsi que son patrimoine.

15.3. La RDC s'engage à respecter le Traité relatif à l'encouragement et à la protection mutuelle des investissements signé entre les Gouvernements congolais et chinois à la date du 18 décembre 1997.

15.4. Au cas où le Groupement d'Entreprises Chinoises et ses sociétés affiliées décident de s'assurer, à leurs frais, du Projet Minier, des investissements des travaux d'infrastructures ou d'autres projets de coopération éventuels ultérieurement convenus, par le biais d'organismes spécialisés tels que la MIGA (Multilateral Investment Guarantee Agency), contre les risques politiques en particulier, et si la souscription de ces assurances nécessite la reconnaissance du pays d'accueil, la RDC s'engage à la donner à temps.

15.5. Si le Groupement d'Entreprises Chinoises et ses sociétés affiliées, suite à la souscription d'assurance, reçoivent un paiement en réparation, la RDC devra non seulement reconnaître la validité de ce paiement mais également accepter la subrogation de l'assureur pour le remboursement. Le droit de subrogation de l'assureur ne dépassera pas le droit de remboursement appartenant au Groupement d'Entreprises Chinoises et/ou à ses sociétés affiliées.

15.6. La RDC garantit à la JV Minière la sécurité de son investissement minier et le remboursement des travaux d'infrastructures qui seront réalisés dans le cadre de la présente Convention de Collaboration notamment conformément aux articles 12 et 13 de la présente Convention de Collaboration.

Article 16 : Autres Engagements et Garanties.

La RDC s'engage à instituer, dès la signature de la présente Convention de Collaboration, un comité multisectoriel (« Comité de Pilotage et de Coordination ») chargé 1) du suivi de la présente Convention de Collaboration et des accords dans le cadre de la présente Convention de Collaboration, 2) de la facilitation de la réalisation du Projet de Coopération, notamment les questions liées au transport, à l'accès à l'eau et à l'électricité, etc. 3) d'assurer le suivi des Travaux d'Infrastructures Gouvernementales, 4) de l'interface entre le Gouvernement chinois, la RDC et la JV Minière. Ce Comité servira de guichet unique qui pourra représenter la RDC. De plus, le Comité se chargera de toutes les questions et formalités relatives aux travaux d'infrastructures.

Le Comité se charge également des relations et des formalités entre le JV Minière et les autorités gouvernementales. La RDC et le Groupement d'Entreprises Chinoises pourront convenir par la suite de lui attribuer d'autres responsabilités. Un règlement d'ordre intérieur devra être élaboré le plus rapidement possible par le Comité afin d'assurer le bon fonctionnement du Projet de Coopération.

VI. GARANTIES DU GROUPEMENT D'ENTREPRISES CHINOISES

Article 17 : Engagements et Garanties du Groupement d'Entreprises Chinoises.

17.1. Le Groupement d'Entreprises Chinoises garantit, stipule et déclare qu'il a la ferme volonté de s'engager, en partenariat avec la RDC ou l'entreprise publique GECAMINES, dans la réalisation du Projet Minier et du Projet d'Infrastructures décrits dans la présente Convention de Collaboration.

17.2. Le Groupement d'Entreprises Chinoises s'engage à mobiliser les financements nécessaires pour la réalisation des Projets sus évoqués conformément aux conditions décrites dans la présente Convention de Collaboration. Il s'engage, à ce propos, à octroyer à la JV Minière, sur prêt d'Actionnaire, à rembourser sans intérêt, 30 % des investissements estimés nécessaires pour son développement par l'Etude de Faisabilité qui sera effectuée préalablement et pour la mise en œuvre du Projet Minier.

17.3. Le Groupement d'Entreprises Chinoises s'engage à prêter à GECAMINES les fonds nécessaires pour sa participation au capital social de la JV Minière et aux augmentations éventuelles de celui-ci.

17.4. Le Groupement d'Entreprises Chinoises veillera notamment à ce que la JV Minière soit capable de faire face à un remboursement rapide des investissements miniers et des Travaux d'Infrastructures Gouvernementales.

Il veillera, entre autres objectifs, à ce que la JV Minière opte pour une technologie performante, capable de réduire les coûts d'exploitation qui devront être avantageusement comparables à ceux des sociétés opérant dans le même secteur.

17.5. Le Groupement d'Entreprises Chinoises, fort de ses avantages professionnels, techniques et gestionnaires, s'engage à tout mettre en œuvre pour réduire le coût de revient, économiser les ressources financières des constructions, assurer la moderne conception, la qualité, le haut rendement, la fiabilité et la durabilité des travaux d'infrastructures et de service à travers sa participation à la reconstruction nationale en cours en RDC.

17.6. Le Groupement d'Entreprises Chinoises veillera à ce que le Projet de Coopération soit approuvé par l'autorité compétente chinoise dans les 120 jours qui suivent la signature de la présente Convention de Collaboration.

VII. CONSULTATION PERIODIQUE DES PARTIES

Article 18 : Périodicité des Consultations.

Afin de garantir la bonne exécution du Projet de Coopération, les représentants du Groupement d'Entreprises Chinoises et ceux de la RDC se rencontreront chaque année, au cours du premier semestre à l'initiative de la Partie la plus diligente. La rencontre peut avoir lieu à Beijing ou à Kinshasa. Au cours de cette rencontre, les discussions porteront sur les sujets suivants :

- La vérification de l'exécution de la présente Convention de Collaboration,
- La consultation amiable afin de résoudre les éventuelles divergences nées pendant l'exécution du Projet de Coopération,
- La formulation des propositions afin d'améliorer l'exécution du Projet de Coopération,
- Les sujets divers relatifs à l'exécution du Projet de Coopération.

VIII. FORCE MAJEURE ET REGLEMENT DES DIFFERENDS

Article 19 : Force Majeure.

19.1. Tous les cas de force majeure seront appréciés conformément au droit commun. Constitue un cas de force majeure tout acte, situation de droit ou de fait, phénomène ou circonstance à caractère extérieur, imprévisible et irrésistible échappant au contrôle raisonnable de la Partie qui l'invoque.

19.2. Dans l'hypothèse de la survenance d'un cas de force majeure, la Partie affectée notifiera immédiatement et par écrit la situation auprès de l'autre Partie. Au cas où le cas de force majeure dure plus de 60 jours dès la notification, les Parties se concertent pour trouver une solution.

19.3. L'exécution des obligations des Parties est suspendue aussi longtemps que dure la force majeure.

19.4. Les Parties à la présente Convention de Collaboration se sont mises d'accord sur le fait que compte tenu de la nature de cette collaboration, l'expropriation, la nationalisation, la promulgation d'une nouvelle loi ou la modification de législation en RDC ne peut, en aucun cas, constituer un cas de force majeure.

Article 20 : Règlement des différends et Arbitrage.

20.1. Tout différend relatif à l'interprétation et à l'exécution de la présente Convention de Collaboration doit être réglé en priorité par des discussions amiables entre les Parties.

20.2. Tout différend n'ayant pas été réglé dans les six mois qui suivent ces discussions amiables sera, à la demande de l'une des Parties, soumis à l'arbitrage de CIRDI (Centre international pour le règlement des différends relatif aux investissements) selon ses règles. La langue de l'arbitrage sera la langue française et la langue chinoise. En cas de conflit entre les deux langues, la langue française prévaudra.

Article 21 : Droit applicable.

La loi applicable est la loi du lieu de l'acte. Au cas où la loi applicable ne peut être déterminée selon le critère précédent, et afin de la déterminer, les parties se réfèreront aux critères usuellement utilisés dans le commerce international pour régler les différends de même nature.

IX. DISPOSITIONS FINALES

Article 22 : Domiciliations et Notifications.

Tous avis, directives, demandes ou autres communications, exigés ou envisagés en vertu d'une clause de la présente Convention de Collaboration doivent être faits par écrit et envoyés aux adresses suivantes :

POUR LA REPUBLIQUE DEMOCRATIQUE DU CONGO
A l'attention de M. le Ministre des Infrastructures, Bâtiment Ex-CNS
Avenue Haute Tension, à Kinshasa Ngaliema
BP : Tél : Fax :

POUR LE GROUPEMEMENT D'ENTREPRISES CHINOISES
A l'attention du Président du Conseil d'administration de la CHINA RAILWAY GROUP Ltd n° 26
LianHuaChiNanLi, Fengtai District, Beijing, Chine
BP : 100055 Tél : 00861051843417, Fax : 00861051841757

Tous avis, directives, demandes ou autres communications seront réputés avoir été donnés ou soumis le jour de livraison ou, dans le cas d'une télécopie, le prochain jour ouvrable après réception du rapport de transmission.

Tout changement d'adresse sera signalé à l'autre Partie par écrit et au moins 30 (Trente) jours après son effectivité.

Article 23 : Contradictions.

Au cas où les dispositions de la Convention de JV Minière et les Statuts de la JV Minière entrent en conflit avec les dispositions de la présente Convention de Collaboration, les dispositions de la Convention de Collaboration prévaudront.

Article 24 : Amendement.

Tout amendement à la présente Convention de Collaboration ne pourra intervenir qu'après et par la voie d'un avenant dûment signé par les Parties.

Article 25 : Langues.

Cette Convention de Collaboration est rédigée en français et en chinois. Les deux versions font foi. En cas de divergence dans l'interprétation des deux versions, l'interprétation de la version française prévaudra.

Articles 26 : Annexes.

Les documents cités ci-dessous constituent les annexes à la présente convention de collaboration et en font parties intégrante. Il s'agit de :

ANNEXE A : Liste des gisements cédés à la JV Minière.

ANNEXE B : Description géologique et coordonnées des gisements.

ANNEXE C : Liste des projets d'infrastructures.

Article 27 : Entrée en vigueur.

La présente Convention de Collaboration entrera en vigueur à la date de sa signature.

EN FOI DE QUOI les Parties ont signé, en six (6) exemplaires, la présente Convention de Collaboration à Beijing, le 22/04/2008, et chacune des deux Parties détenant deux exemplaires originaux.

POUR LA REPUBLIQUE DEMOCRATIQUE DU CONGO,

Monsieur Pierre Lumbi Okongo.

POUR CHINA RAILWAY GROUP LIMITED,

Monsieur LI ChangJin

POUR SINOHYDRO CORPORATION.

Monsieur FAN JiXiang.

CREATION DE LA SICOMINES

Ordonnance n° 08/046 du 14 juillet 2008 autorisant la création d'une société par actions à responsabilités limitées dénommée la « Sino-Congolaise des Mines », en sigle « SICOMINES »

Le Président de la République,

Vu la Constitution, spécialement en son article 79 alinéa 3ème ;

Vu, Tel que modifié et complété à ce jour, le Décret du 27 février 1887 relatif aux Sociétés Commerciales, spécialement en son article 6 ;

Vu, tel que modifié et complété à ce jour, l'Arrêté Royal du 22 juin 1926 relatif aux Sociétés par Actions à Responsabilité Limitée, spécialement en son article 1er ;

Vu, telle que modifiée et complétée à ce jour, l'Ordonnance n° 07/017 du 03 mai 2007 portant organisation et fonctionnement du Gouvernement, modalités pratiques de collaboration entre le Président de la République et le Gouvernement ainsi qu'entre les membres du Gouvernement, spécialement en son article 58 ;

Vu, telle que modifiée et complétée à ce jour, l'Ordonnance n° 07/018 du 16 mai 2008 fixant les attributions des Ministères ;

Vu le procès-verbal de l'Assemblée Général constitutive de la Société par Actions à Responsabilité Limitée dénommée la « SINO-CONGOLAISE DES MINES », en sigle « SICOMINES » Sarl, tenue le 28 juin 2008 ;

Sur proposition du Ministre de l'Economie Nationale et Commerce;

Le Conseil des Ministres entendu ;

O R D O N N E :

Article 1er :

Est autorisée, la création de la Société par Action à Responsabilité Limitée dénommée la SINO-CONGOLAISE DES MINES, en sigle «SICOMINES» Sarl.

Article 2 :

Le Ministre de l'Economie Nationale et Commerce est chargé de l'exécution de la présente Ordonnance qui entre en vigueur à la date de sa signature.

Fait à Kinshasa, le 14 juillet 2008.

Joseph KABILA KABANGE, Antoine GIZENGA, Premier Ministre.

CREATION DE L'« AGENCE CONGOLAISE DES GRANDS TRAVAUX » (A.C.G.T.)

Première partie 49ème année n°17

JOURNAL OFFICIEL

de la République Démocratique du Congo

Cabinet du Président de la République

Kinshasa - 1er septembre 2008

GOUVERNEMENT

Cabinet du Premier Ministre

Décret n° 08/017 du 26 août 2008 portant création, organisation et fonctionnement de l'Agence Congolaise des Grands Travaux

Le Premier Ministre,

Vu la Constitution, spécialement en ses articles 90, 92 et 93 ;

Vu la Loi n° 08/009 du 07 juillet 2008 portant dispositions générales applicables aux établissements publics, spécialement en ses articles 2,4 et 5 ;

Vu l'Ordonnance n° 06/001 du 30 décembre 2006 portant nomination d'un Premier Ministre ;

Vu l'Ordonnance n° 07/017 du 25 novembre 2007 portant nomination des Ministres d'Etat, Ministres et Vice-Ministres ;

Vu telle que modifiée et complétée à ce jour, l'Ordonnance n° 07/017 du 03 mai 2007 portant organisation et fonctionnement du Gouvernement, modalités pratiques de collaboration entre le Président de la République et le Gouvernement ainsi qu'entre les membres du Gouvernement, spécialement en ses articles 2,9 et 44 ;

Vu telle que modifiée et complétée à ce jour l'Ordonnance no 07/018 du 16 mai 2007 fixant les attributions des Ministères ;

Vu le Programme National de Reconstruction, matérialisant les cinq chantiers du Gouvernement, spécialement en matière d'infrastructures de base ;

Vu les Accords et les Conventions conclus par le Gouvernement de la République avec les partenaires chinois ;

Sur proposition du Ministre des infrastructures, travaux publics et reconstruction ;

Le Conseil des Ministres entendu,

DECRETE

TITRE 1ER : DES DISPOSITIONS GENERALES

Article 1er :

Il est créé, sous la dénomination de l'« Agence Congolaise des Grands Travaux » en sigle « A.C.G.T. » un service public à caractère technique, jouissant d'une autonomie administrative et financière, et placé sous l'autorité du Ministre ayant les Infrastructures, Travaux Publics et Reconstruction dans ses attributions. L'A.C.G.T. agit à la demande et sur instruction du Ministre ayant la Reconstruction dans ses attributions.

Article 2 :

Le siège de l'A.C.G.T. est établi à Kinshasa. Pour les besoins de son fonctionnement, l'A.C.G.T. peut ouvrir des agences ou succursales en tous autres lieux du territoire national, sur décision de la Direction générale.

Article 3 :

L'A.C.G.T. a pour objet la coordination, la supervision et le contrôle de l'exécution des Projets d'infrastructures spécifiés dans les Conventions et Accords de Collaboration signés entre la République Démocratique du Congo et les partenaires chinois. Elle joue le rôle de Maître d'ouvrage délégué et celui de guichet unique dans la mise en œuvre des projets. A cet effet, elle est chargée des tâches spécifiques suivantes :

- la constitution d'un fonds documentaire technique sur l'ensemble des projets ;
- la définition et la planification du programme d'infrastructures ;
- l'approbation des études de faisabilité (budgets, options techniques, études d'impacts environnementaux et sociaux, ...) après validation par les structures pérennes du Gouvernement ;
- la désignation de la structure pérenne concernée en l'occurrence l'Office des Voiries et Drainage et l'Office des Routes en qualité de maître d'ouvrage pour chaque projet, sauf là où l'expertise n'est pas avérée ;
- la préparation des contrats des travaux à soumettre à la signature du Ministre des Infrastructures, Travaux Publics et Reconstruction ;
- la supervision et la coordination de l'exécution des travaux ;
- le suivi des facturations et des paiements des travaux en collaboration avec la Sicomines ou tous autres partenaires chinois ;
- l'interface des Projets avec les Ministères sectoriels et autres structures publiques ;
- la représentation du Maître d'ouvrage et la coordination sectorielle des projets relevant du Ministère des Infrastructures, Travaux Publics et Reconstruction ;
- la facilitation pour toutes les questions en rapport avec les projets.

L'A.C.G.T. peut déléguer l'exécution de certaines des tâches énoncées ci-dessus à d'autres structures ou institutions techniques publiques en République Démocratique du Congo.

TITRE II : DU PATRIMOINE ET DES RESSOURCES

Article 4 :

Le patrimoine de l'A.C.G.T. est constitué :

1° des biens meubles et immeubles mis à sa disposition par l'Etat congolais dans le cadre de ses activités ;

2° des équipements matériels et biens divers acquis sur fonds propres notamment dans le cadre de la Convention de collaboration entre la République Démocratique du Congo et le Groupement d'Entreprises chinoises représenté par Crec ;

3° de tous les autres biens provenant de différents partenaires chinois aux accords signés avec la République Démocratique du Congo;

4° de dons et legs.

Article 5 :

L'A.C.G.T. assure son fonctionnement grâce aux ressources suivantes :

- les fonds mis à sa disposition par la Sicomines ou tout autre partenaire chinois selon des mécanismes à définir entre l'Agence et ces derniers dans le cadre des Conventions ou Accords de collaboration ;
- les dotations budgétaires ;
- la mise à disposition d'experts par les partenaires et organismes internationaux et nationaux.

TITRE III : DES STRUCTURES, DE L'ORGANISATION ET DU FONCTIONNEMENT

Article 6 :

Les structures de l'A.C.G.T. sont :

- Le Comité de Direction
- La Direction Générale

Section 1: Du Comité de Direction

Article 7 :

Le Comité de Direction est l'organe de conception et de suivi, chargé de définir les orientations générales du Projet. A ce titre, il exerce notamment les attributions suivantes :

- Superviser l'exécution des engagements des parties aux Conventions et Accords de collaboration signés par la République Démocratique du Congo en rapport avec les projets d'impact tels que repris dans les Conventions et Accords de collaboration signés entre la République Démocratique du Congo et les partenaires chinois ;
- approuver le règlement général des Projets ;
- approuver le cadre organique de l'A.C.G.T. ;

- approuver le recrutement du personnel aux postes de commandement;

- valider le plan d'action et le budget annuel de l'A.C.G.T. ;

- approuver les rapports d'activités périodiques, les états financiers, le tableau de formation des résultats et le bilan de l'A.C.G.T. ;

- promouvoir des rapports harmonieux entre parties dans la réalisation des projets d'infrastructures ;

- assurer l'interface des projets avec le Gouvernement.

Article 8 :

Le Comité de Direction est composé des membres ci-après :

- deux représentants du cabinet du Ministre des infrastructures, travaux publics et reconstruction ;
- un Représentant du Secrétariat Général aux Infrastructures et Travaux Publics ;
- un Représentant de l'Office des Routes ;
- un Représentant de l'Office des Voiries et Drainage ;
- un Représentant du Bureau d'Etudes, d'Aménagement et d'Urbanisme ;
- un Représentant du Bureau Technique de Contrôle ;
- un Représentant de la Cellule « Infrastructures » et ;
- le Directeur Général de l'A.C.G.T.

Le Directeur Général de l'A.C.G.T. participe aux réunions du Comité de direction avec voix délibérative.

Article 9 :

Les membres du Comité de Direction sont proposés par leurs services respectifs et nommés par Ordonnance du Président de la République.

Article 10 :

Le Comité de Direction est présidé par un des délégués du Ministre des Infrastructures, Travaux Publics et Reconstruction, le délégué du Secrétaire Général aux Infrastructures et Travaux Publics en est le Vice-Président. Le Secrétariat du Comité de Direction est assuré par le Directeur Général de l'A.C.G.T. ou son délégué.

Article 11 :

Le Comité de Direction se réunit sur convocation de son Président une fois par mois et chaque fois que l'intérêt des Projets l'exige ou lorsque la demande a été faite par écrit, soit par la moitié de ses membres, soit par l'autorité de tutelle. Les convocations sont adressées à chaque membre, sauf cas d'urgence, huit jours francs au moins avant la date de la tenue de la réunion.

Le Comité de Direction ne peut siéger valablement que si le quorum des 2/3 de ses membres est atteint.

Les décisions se prennent à la majorité simple des membres présents. En cas d'égalité des voix, celle du Président est prépondérante.

Article 12 :

Les membres du Comité de Direction ont droit à un jeton de présence dont le montant est fixé par le Ministre des Infrastructures, Travaux Publics et Reconstruction. Ce jeton est pris en charge dans le cadre du budget de fonctionnement de l'A.C.G.T.

Article 13 :

Un Règlement Intérieur, approuvé par le Ministre des infrastructures, travaux publics et reconstruction, détermine les autres modalités d'organisation et de fonctionnement du Comité de direction.

Section 2 : De la Direction générale

Article 14 :

La Direction Générale de l'A.C.G.T. est chargée de coordonner l'ensemble des activités du Projet et assure la gestion courante de l'Agence. A cet effet, elle assure notamment les tâches spécifiques suivantes :

- l'élaboration des règles de procédures de gestion et d'organisation des activités des Projets ;
- la préparation du règlement général des Projets (manuel des procédures, attributions et fonctionnement des services) ;
- la définition du cadre organique du personnel ;
- la liaison entre les entreprises et la Joint-venture Minière pour toutes les questions liées au financement des projets d'infrastructures ;
- l'organisation des activités de contrôle et de réception des travaux
- la préparation des plans d'action annuels ;
- la préparation des rapports périodiques des Projets, et des états financiers de l'Agence ;
- la gestion des fonds mis à la disposition de l'AC.G.T.

Article 15 :

La Direction Générale de l'A.C.G. T. est assurée par un Directeur Général et un Directeur Général adjoint nommés et, le cas échéant, relevés de leurs fonctions par le Président de la République, sur proposition du Ministre des Infrastructures, Travaux Publics et Reconstruction. Elle comprend en son sein 11 sections :

1. Section Routes
2. Section Voiries
3. Section Bâtiments
4. Section Chemins de fer
5. Section Aéroports et Ports
6. Section Ressources humaines et formation
7. Section Administration et Finances
8. Section Environnement
9. S. Logistique, Sécurité, Relations publiques et Communication
10. Section Juridique
11. Section Energie.

Article 16 :

Le personnel de l'A.C.G.T. est régi par un statut fixé par le Ministre des Infrastructures, Travaux Publics et Reconstruction sur proposition du Directeur Général. Le statut du personnel fixe notamment le barème des traitements, les indemnités et autres avantages accessoires, ainsi que le régime disciplinaire.

Article 17 :

Le Directeur Général engage l'Agence dans les limites de la délégation qu'il reçoit du Comité de Pilotage.

Il ne contracte aucune obligation personnelle relativement aux engagements de l'Agence.

Article 18 :

La Direction Générale se réunit autant de fois que les circonstances l'exigent, mais au moins une fois par semaine sur convocation et sous la présidence du Directeur Général.

Elle délibère sur toutes les Questions intéressant aussi bien l'ensemble des activités des projets que la gestion courante de l'Agence. Il en est dressé un procès-verbal lequel est communiqué au Comité de Direction et au Ministre de Tutelle pour approbation.

La non-objection de la tutelle dans le délai de huit jours vaut acceptation des décisions prises par la Direction Générale. La présence des 2/3 des membres est requise pour la validité des délibérations.

Les décisions sont prises à la majorité simple des membres présents. En cas d'égalité des voix, celle du Directeur Général est prépondérante et départage.

Article 19 :

Un Règlement Intérieur, approuvé par le Ministre des infrastructures, travaux publics et reconstruction détermine les modalités de convocation ainsi que les autres règles de fonctionnement de la Direction générale.

Section 3 : Du contrôle des auditeurs externes

Article 20 :

Le contrôle des opérations financières et comptables de l'A.C.G.T. est exercé par des auditeurs externes nommés par le Ministre des Infrastructures, Travaux Publics et Reconstruction. Ils sont pris en charge par le budget de fonctionnement de l'Agence.

Section 4 : Du Régime douanier, fiscal et parafiscal

Article 21 :

L'A.C.G.T est exonérée de tous impôts, droits, taxes et redevances pour toutes les opérations liées à son objet.

TITRE IV : DES DISPOSITIONS FINALES

Article 22 :

L'Agence Congolaise des Grands Travaux pourra être supprimée par Décret du Premier Ministre. Dans ce cas, l'actif et le passif, ainsi que ses droits et obligations seront repris par l'Etat.

Article 22 :

Le Ministre des infrastructures, travaux publics et reconstruction est chargé de l'exécution du présent décret qui entre en vigueur à la date de sa signature.

Fait à Kinshasa, le 26 août 2008.

Le Premier Ministre, Antoine GIZENGA

Le Ministre des Infrastructures, Travaux Publics et Reconstruction
Pierre LUMBI OKONGO.

CREATION DU « BUREAU DE COORDINATION ET DE SUIVI DU PROGRAMME SINO-CONGOLAIS » (B.C.P.S.C.)

Première partie 49ème année n°17
JOURNAL OFFICIEL
de la République Démocratique du Congo
Cabinet du Président de la République
Kinshasa - 1er septembre 2008

GOUVERNEMENT
Cabinet du Premier Ministre

Décret n° 08/ 018 du 26 août 2008 portant création, organisation et fonctionnement du « Bureau de Coordination et de Suivi du Programme Sino-Congolais » en sigle « B.C.P.S.C. »

Le Premier Ministre,

Vu la Constitution, spécialement en ses articles 90, 92 et 93;

Vu la Loi n° 08 / 009 du 07 juillet 2008 portant dispositions générales applicables aux établissements publics, spécialement en ses articles 2,4 et 5 ;

Vu l'Ordonnance n° 06/001 du 30 décembre 2006 portant nomination d'un Premier Ministre ;

Vu l'Ordonnance n° 007/071 du 25 novembre 2007 portant nomination des Ministres d'Etat, Ministres et Vice-Ministres ;

Vu telle que modifiée et complétée à ce jour, l'Ordonnance n° 07/017 du 03 mai 2007 portant organisation et fonctionnement du Gouvernement, modalités pratiques de collaboration entre le Président de la République et le Gouvernement ainsi qu'entre les membres du Gouvernement, spécialement en ses articles 2, 9 et 44 ;

Vu l'Ordonnance n° 07/018 du 16 mai 2007 fixant les attributions des Ministères telle que complétée par l'Ordonnance n° 08/007 du 25 janvier 2008 ;

Vu le Programme National de Reconstruction matérialisé par les cinq chantiers du Gouvernement, spécialement en matière d'infrastructures de base ;

Vu les accords et conventions conclus à cet effet par le Gouvernement de la République Démocratique du Congo avec les partenaires chinois ;

Sur proposition du Ministère des Infrastructures, Travaux Publics et Reconstruction.

Le Conseil des Ministres entendu ;

D E C R E T E

TITRE 1ER : DES DISPOSITIONS GENERALES

CHAPITRE 1 : NATURE JURIDIQUE ET SIEGE

Article 1er :

Il est créé, sous la dénomination de Bureau de Coordination et de Suivi du Programme Sino-Congolais, en sigle « B.C.P.S.C. », un service public à caractère administratif et financier, jouissant d'une autonomie administrative et financière et placé sous la tutelle du Premier Ministre.

Article 2 :

Le siège de B.C.P.S.C. est établi à Kinshasa. Pour les besoins de son fonctionnement, le B.C.P.S.C. peut ouvrir des bureaux en tous autres lieux du territoire national ainsi que dans les ambassades de la République Démocratique du Congo à l'étranger, sur décision du comité de coordination Interministériel.

CHAPITRE 2 : OBJET

Article 3 :

Le B.C.P.S.C. a pour objet la gestion et le suivi de la mise en œuvre des accords de coopération signés entre le Gouvernement de la République Démocratique du Congo et les partenaires privés chinois dans les domaines minier et des infrastructures de base.

A cet effet, il a pour mission de :

- jouer le rôle d'interface entre les différentes parties et entités intéressées par les projets issus des accords de coopération en matière d'infrastructures, notamment le Gouvernement de la République Démocratique du Congo, les Groupements d'Entreprises Chinoises, la Sicomines ou toute autre joint-venture d'exploitation des ressources naturelles, l'Agence Congolaise des Grands Travaux ainsi que les structures des partenaires chinois chargées du suivi de ces projets ;

- assurer le suivi de la mise en œuvre des Conventions et des accords avec les partenaires chinois ;

- préparer les différentes rencontres, réunions et /ou négociations entre les parties ;

- assurer les négociations avec les banques ou institutions financières pour obtenir tout appui supplémentaire en vue de mener à bien la mise en œuvre desdits projets.

TITRE II : DE LA STRUCTURE, DE L'ORGANISATION ET DU FONCTIONNEMENT

CHAPITRE 3 : STRUCTURE DU B.C.P.S.C.

Article 4 :

La structure du B.C.P.S.C. est composée :

- du Comité Interministériel de Coordination ;
- du Secrétariat Exécutif

CHAPITRE 4 : ORGANISATION ET FONCTIONNEMENT

Section 1 : Du Comité interministériel de Coordination

Article 5 :

Le Comité Interministériel de Coordination est l'organe de conception et de suivi, chargé de définir les orientations générales sur la supervision des projets issus des accords de coopération avec les groupements d'entreprises chinoises.

A ce titre, il exerce notamment les attributions suivantes :

- superviser l'exécution des engagements des parties aux conventions et accords de collaboration signés par la République Démocratique du Congo et les partenaires chinois ;
- approuver le cadre organique du B.C.P.S.C. et ses Modifications;
- approuver le recrutement du personnel aux postes de Commandement ;
- valider le plan d'action et le budget annuel du B.C.P.S.C. ;
- approuver les rapports d'activités périodiques, les états financiers du B.C.P.S.C. ;
- examiner les rapports d'audits du B.C.P.S.C. ;
- promouvoir les rapports harmonieux entre parties ;
- assurer l'interface du B.C.P.S.C. vis-à-vis du Gouvernement.

Article 6 :

Le Comité de Coordination est constitué par les Ministres directement impliqués dans les projets issus des accords avec les partenaires chinois. Sont d'office membres du Comité Interministériel de Coordination :

- le Ministre d'Etat près le Président de la République ;
- le Ministre près le Premier Ministre ;
- le Ministre des Infrastructures, Travaux Publics et Reconstruction;
- le Ministre des Affaires Etrangères et de la Coopération Internationale ;
- le Ministre des Finances ;
- le Ministre du Budget ;
- le Ministre des Mines ;
- le Ministre des Transports et Voies de Communication ;
- le Ministre de l'Energie ;
- le Ministre de l'Urbanisme et Habitat ;
- le Ministre des Relations avec le Parlement ;
- le Directeur Général de l'A.C.G.T. ;
- le Vice-Président de la joint-venture d'exploitation des ressources naturelles ;
- le Secrétaire Exécutif du B.C.P.S.C.

Les Ministres et autres dirigeants des entités concernées par l'une ou l'autre phase de la mise en œuvre des projets d'infrastructures seront invités aux réunions du Comité de Coordination chaque fois qu'il s'agira de leurs secteurs ou entités et auront voix délibérative.

Article 7 :

La Présidence du Comité de Coordination est assurée par le Ministre ayant les infrastructures, Travaux Publics et Reconstruction dans ses attributions. Le Secrétariat du Comité de Coordination est assuré par le Secrétaire exécutif du B.C.P.S.C.

Article 8 :

Le Comité Interministériel de Coordination se réunit en plénière sur convocation de son Président une fois par trimestre pour lever les options sur les questions proposées par le Secrétariat Exécutif Permanent. Il peut se réunir en session extraordinaire chaque fois que de besoin ou sur instruction de la tutelle.

Les convocations sont adressées par écrit à chaque membre, sauf cas d'urgence, dix jours francs au moins avant la date de la tenue de la réunion.

Le Comité Interministériel de Coordination ne peut siéger valablement que si le quorum des 2/3 de ses membres est atteint.

En cas d'égalité des voix lors d'un vote, celle du Président est prépondérante.

A l'issue des travaux, un rapport est rédigé par le Secrétaire Exécutif et transmis au Premier Ministre.

Article 9 :

Les membres du Comité Interministériel de Coordination ont droit à un jeton de présence dont le montant est fixé par le Premier Ministre sur proposition du Ministre des Infrastructures, Travaux Publics et Reconstruction.

Ce jeton est pris en charge dans le cadre du budget de fonctionnement du B.C.P.S.C.

Sur proposition du Comité Interministériel de Coordination un règlement intérieur, approuvé par le Premier Ministre, détermine les autres avantages, modalités et règles de fonctionnement du Comité Interministériel de Coordination.

Section 2 : Du Secrétariat Exécutif Permanent

Article 10 :

Le Secrétariat Exécutif Permanent est chargé de coordonner l'ensemble des activités liées à l'encadrement pour leur bonne fin des projets issus des accords et conventions signés par la République Démocratique du Congo avec les partenaires chinois en matière d'infrastructures de base. Il assure la gestion courante du B.C.P.S.C., conformément aux directives du Ministre des Infrastructures, Travaux Publics et Reconstruction appuyées par les recommandations du Comité Interministériel de Coordination.

A cet effet, il assure notamment les tâches spécifiques suivantes :

- la préparation et la planification des négociations, des accords et conventions et de toutes les activités d'encadrement des projets ;
- la définition du cadre organique du personnel ;
- la réalisation des toutes les facilitations administratives, fiscales et parafiscales liées aux projets et en faveur du personnel, national et étranger, utilisé dans ces projets ;
- la gestion des bases des données relatives aux accords, aux projets, aux ressources naturelles de la République Démocratique du Congo, aux infrastructures et aux potentialités économiques et commerciales, aux études d'impacts environnementaux d'infrastructures de base, aux études économiques en relation directe avec les accords avec les partenaires chinois ;
- la rédaction du rapport des travaux du Comité Interministériel de coordination.

Article 11 :

Le Secrétariat Exécutif est dirigé par un Secrétaire Exécutif assisté d'un Secrétaire Exécutif Adjoint tous nommés et, le cas échéant, relevés de leurs fonctions par le Président de la République, sur proposition du Ministre des Infrastructures, Travaux Publics et Reconstruction.

Le Secrétaire Exécutif Adjoint remplace le Secrétaire Exécutif en cas d'absence ou d'empêchement.

Il comprend en outre, des services et un personnel nécessaire à l'accomplissement de la mission du Comité Interministériel de Coordination.

Article 12 :

Le Secrétariat Exécutif comprend les structures suivantes :

- Le Comité d'experts
- La Mission Economique près l'Ambassade de la RDC en Chine
- Le Service d'Appoint.

Article 13 :

Le Comité d'experts est multidisciplinaire. Il est composé des experts nommés par le Premier Ministre sur proposition du Comité Interministériel de Coordination.

Article 14 :

La Mission Economique près l'Ambassade de la République Démocratique du Congo en Chine est chargée de collecter les informations sur les projets et de maintenir le contact avec les partenaires du pays hôte.

Article 15 :

Le Service d'Appoint comprend l'Administration et Finances, le Secrétariat, les Relations publiques et protocole ainsi que la logistique.

Article 16 :

Le personnel du Secrétariat Exécutif Permanent est régi par un statut fixé par le Ministre des Infrastructures, Travaux Publics et Reconstruction sur proposition du Secrétaire Exécutif, sans préjudice des prescrits du Code du travail.

Article 17 :

Le statut du personnel fixe notamment les conditions de recrutement, le barème des traitements, les indemnités et autres avantages, ainsi que le régime disciplinaire.

Article 18 :

Le Secrétariat Exécutif se réunit autant de fois que les circonstances l'exigent, mais au moins une fois par semaine, sur convocation et sous la présidence du Secrétaire Exécutif. Il délibère sur toutes les questions liées à la gestion courante du Bureau. Il en est dressé un procès-verbal, lequel est transmis au Comité interministériel de Coordination et au Premier Ministre. La non objection du Comité Interministériel de Coordination dans le délai de huit jours vaut acceptation des décisions prises par le Secrétariat exécutif.

TITRE III : PATRIMOINE, RESSOURCES ET CONTROLE

CHAPITRE 5 : DU PATRIMOINE

Article 19 :

Le patrimoine du B.C.P .S.C. est composé :

- des biens meubles et immeubles mis à sa disposition par l'Etat congolais dans le cadre de ses activités ;
- des équipements matériels et biens divers acquis dans le cadre de la Convention de collaboration entre la République Démocratique du Congo et le Groupement des Entreprises Chinoises représenté par le CREC ;
- de tous les autres biens provenant de différents partenaires aux accords signés avec la République Démocratique du Congo ;
- de dons et legs.

CHAPITRE 6 : DES RESSOURCES

Article 20 :

Le B.C.P.S.C. assure son fonctionnement grâce aux dotations budgétaires et aux subventions diverses.

CHAPITRE 7 : DU CONTROLE

Article 21 :

Le contrôle des opérations financières et comptables du B.C.P.S.C. est exercé par des auditeurs internes.

Le Président du Comité Interministériel de Coordination peut commettre les auditeurs externes. Ils sont pris en charge par le Budget de fonctionnement du B.C.P.S.C.

TITRE IV : DES DISPOSITIONS FINALES

Article 22 :

Le B.C.P.S.C. pourra être supprimé par Décret du Premier Ministre délibéré en Conseil des Ministres. En cas de dissolution l'actif et le passif ainsi que ses droits et obligations restent la propriété de l'Etat.

Article 23 :

Le Ministre des Infrastructures, Travaux Publics et Reconstruction est chargé de l'exécution du présent Décret qui entre en vigueur à la date de sa signature.

Fait à Kinshasa, le 26 août 2008.

Le Premier Ministre, Antoine GIZENGA.

Ministre des Infrastructures, Travaux Publics et Reconstruction,
Pierre LUMBI OKONGO.

AVENANTS

AVENANT N° 1 A LA CONVENTION DE COLLABORATION RELATIVE AU DEVELOPPEMENT D'UN PROJET MINIER ET D'UN PROJET D'INFRASTRUCTURES EN REPUBLIQUE DEMOCRATIQUE DU CONGO DU 22 AVRIL 2008

(produit le 28 juin 2008)

ENTRE LES SOUSSIGNES :

1. LA REPUBLIQUE DEMOCRATIQUE DU CONGO, ci-après dénommée « RDC », représentée aux fins des présentes par Monsieur Pierre Lumbi Okongo, Ministre en charge des Infrastructures, Travaux Publics et Reconstruction,

2. CHINA RAILWAY GROUP LIMITED, société de droit chinois, ayant son siège social au No.1, XingHuo Road, Fengtai District, Beijing, China, représentée aux fins des présentes par son représentant légal, le Président du Conseil d'Administration, Monsieur SHI DaHua ;

3. SINOHYDRO CORPORATION, société de droit chinois, ayant son siège social au No.1, Ertiao, Baiguang Road, Xuanwu District, Beijing, China, 1 00761, représentée aux fins des présentes par Monsieur FAN JiXiang, son représentant légal ;

4. CHINA METALLURGICAL GROUP CORPORATION, société de droit chinois, ayant son siège social au No.11, Gaoliangqiaoxiejie, Haidian

District, Beijing, RP.C. (100081), représentée aux fins des présentes par Monsieur Shen HeTing, son représentant légal.

APRES AVOIR PREALABLEMENT EXPOSE QUE :

A. LA RDC ; d'une part, et, d'autre part, CHINA RAILWAY GROUP LIMITED et SINOHYDRO CORPORATION, ci-après dénommées «Groupement d'Entreprises Chinoises», ont signé la CONVENTION DE COLLABORATION RELATIVE AU DEVELOPPEMENT D'UN PROJET MINIER ET D'UN PROJET D'INFRASTRUCTURES EN REPUBLIQUE DEMOCRATIQUE DU CONGO le 22 AVRIL 2008 dans laquelle les parties se sont fixées pour objectif de réaliser le Projet de Coopération.

B. CHINA METALLURGICAL GROUP CORPORATION est une société minière de droit chinois qui souhaite adhérer au Projet de Coopération afin d'accélérer le développement celui-ci.

C. La RDC et le Groupement d'Entreprises Chinoises ont marqué leur accord pour l'adhésion de CHINA METALLURGICAL GROUP CORPORATION au Projet de Coopération.

EN FOI DE QUOI, Il A ETE CONVENU ET ARRETE CE QUI SUIT :

Article 1 : Objet de l'avenant

1.1. CHINA METALLURGICAL GROUP CORPORATION adhère à la Convention de collaboration du 22 avril 2008 avec CHINA RAILWAY GROUP LIMITED et SINOHYDRO CORPORATION, en tant que «Groupement d'Entreprises Chinoises», afin de réaliser le Projet de Coopération.

1.2. L'article 1.5 de la CONVENTION DE COLLABORATION RELATIVE AU DEVELOPPEMENT D'UN PROJET MINIER ET D'UN PROJET D'INFRASTRUCTURES EN REPUBLIQUE DEMOCRATIQUE DU CONGO du 22 avril 2008 est modifié comme suit :

1.5. Pour la constitution d'une JV Minière et la réalisation du Projet Minier, le Groupement d'Entreprises Chinoises désigne cinq (5) *sociétés,* à *savoir China Railway Group (Hong Kong) Limited, China Railway Resources Development Limited, Sinohydro Corporation Limited, Sinohydro Harbour Co. Ltd. et China Metallurgical Group Corporation, ces cinq* (5) *sociétés formant le CONSORTIUM.*

1.6. CHINA METALLURGICAL GROUP CORPORATION aura le droit de participer, avec CHINA RAILWAY GROUP LIMITED, et SINOHYDRO CORPORATION, en tant que « Groupement d'Entreprises Chinoises », dans le Projet de Coopération, avec tous les droits et les obligations qui y *sont attachés.*

Article 2 : Entrée en vigueur

Le présent avenant entre en vigueur à la date de sa signature.

Ainsi fait à Kinshasa, le 28 juin 2008.

En sept exemplaires originaux, chacune des parties reconnaissant d'avoir reçu le sien, les trois autres étant destinés au service notarial.

1. POUR LA REPUBLIQUE DEMOCRATIQUE DU CONGO
2. POUR CHINA RAILWAY GROUP LIMITED, Monsieur Li ChangJin
3. POUR SINOHYDRO CORPORATION, Monsieur Li YuePing
4. POUR CHINA METALLURGICAL GROUP CORPORATION, Monsieur Wang YongGuang.

AVENANT N° 1 A LA CONVENTION DE JOINT VENTURE DU 22 AVRIL 2008

(produit le 28 juin 2008)

ENTRE LES SOUSSIGNES :

1. LA GENERALE DES CARRIERES ET DES MINES, en abrégé «GECAMINES» et en sigle « GCM », entreprise publique de droit congolais, créée par le décret 049 du 07 novembre 1995, enregistrée au Nouveau Registre de Commerce de Lubumbashi sous le numéro 453 et ayant son siège social sur le Boulevard Kamanyola, n° 419, B. P. 450, Lubumbashi, République Démocratique du Congo, représentée aux fins des présentes par Messieurs ASSUMANI SEKIMONYO et Paul FORTIN, respectivement Président du Conseil d'Administration et Administrateur Délégué Général ; Boulevard Kamanyola, n° 419 à Lubumbashi, B.P.450, République Démocratique du Congo ;

2. Monsieur Gilbert KALAMBA BANIKA, domicilié au n° 419, Boulevard Kamanyola, Building Gécamines, 4ème étage, à Lubumbashi en République Démocratique du Congo ;

3. CHINA RAILWAY GROUP (Hong Kong) Limited, ayant son siège social à Unit 1201-1203 12/ F Apec Plaza, 49 Hal Yuen Rd Kwun Tong Kl, représentée aux fins des présentes par Madame Lü Feng, son Administratrice ; Unit 1201-1203 12/ F Apec Plaza, 49 Hal Yuen Rd Kwun Tong Kl ;

4. CHINA RAILWAY SINO-CONGO MINING LIMITED, ayant son siège social à Unit 1201-03 12/ F Apec Plaza, 49 Hal Yuen Rd Kwun Tong Kl, représentée aux fins des présentes par Madame Lü Feng, son Administratrice ;

5. CHINA RAILWAY RESOURCES DEVELOPMENT LIMITED, ayant son siège social à Unit 1201-1203 12/ F Apec Plaza, 49 Hal Yuen Rd Kwun Tong Kl, représentée aux fins des présentes par Madame Lü Feng, son Administratrice ;

6. SINOHYDRO CORPORATION LIMITED, ayant son siège social au N°1, Ertiao, Baiguang Road, Xuanwu District, Beijing, P.R. China (100761), représentée aux fins des présentes par Monsieur Huang Bao Dong, son représentant légal ;

7. SINOHYDRO HARBOUR CO. LTD., ayant son siège social au A308, N°1, Tong Da Square, Tianjin Port Free Trade Zone, Tianjin, P.R.China (300461), représentée aux fins des présentes par Monsieur Tong JinSong, son représentant légal.

EN PRESENCE DE

1. La SOCIETE IMMOBILIERE DU CONGO, Société Privée à Responsabilité Limitée de droit congolais, en abrégé, SIMCO SPRL, créée par acte authentique du 15 mai 2008, ayant son siège social sur le Boulevard Kamanyola, n° 419, B. P. 450, Lubumbashi, République Démocratique du Congo, représentée aux fins des présentes par le Président d Conseil de Gérance, Monsieur ZONGWE KILUBA ;

2. CHINA METALLURGICAL GROUP CORPORATION, société de droit chinois, ayant son siège social au No.11, Gaoliangqiaoxiejie, Haidian District, Beijing *R.P.C.* (100081), représentée aux fins des présentes par Monsieur Shen HeTing, son représentant légal.

A. En conséquence des négociations entreprises en 2007 entre la République Démocratique du Congo, « RDC », d'une part, et, d'autre part, CHINA RAILWAY GROUP LIMITED et SINOHYDRO CORPORATION, ci-après dénommées le *Groupement d'Entreprises Chinoises*, la CONVENTION DE COLLABORATION RELATIVE AU DEVELOPPEMENT D'UN PROJET MINIER ET D'UN PROJET D'INFRASTRUCTURESEN REPUBLIQUE DEMOCRATIQUE DU CONGO a été signée entre ces deux parties en date du 22 avril 2008 aux termes de laquelle la RDC désignait GECAMINES pour conclure un accord de Joint-venture en vue de la réalisation du Projet de Coopération et l'autorisait en même temps à choisir une personne physique pour constituer le « GROUPE GECAMINES », ladite personne sera remplacée par sa filiale à créer ;

B. Qu'à ce titre, Monsieur Gilbert Kalamba a été choisi par GECAMINES pour comparaître et signer à ses côtés la Convention de Joint-venture, en date du 22 avril 2008, avec le Consortium d'Entreprises Chinoises désignées par le Groupement d'Entreprises Chinoises dans la CONVENTION DE COLLABORATION RELATIVE AU DEVELOPPEMENT D'UN PROJET MINIER ET D'UN PROJET D'INFRASTRUCTURES EN REPUBLIQUE DEMOCRATIQUE DU CONGO du 22 avril 2008 citée au litera (A) ci-dessus aux termes de laquelle ces entreprises ont reconnu à GECAMINES le droit de faire remplacer Monsieur Gilbert Kalamba par sa société affiliée ;

C. GECAMINES a constitué SIMCO SPRL au sein de laquelle elle détient 99 % des parts sociales constitutives du capital social. De ce fait, SIMCO SPRL, étant sa filiale, GECAMINES la désigne, en remplacement de Monsieur Gilbert Kalamba, pour participer avec elle dans la création de la JV Minière qui sera dénommée « LA SINO-CONGOLAISE DES MINES SARL », en abrégé « SICOMINES SARL »;

D. Monsieur Gilbert Kalamba marque son accord à ce qu'il soit remplacé dans le Projet de Coopération par SIMCO SPRL, filiale de GECAMINES, en faveur de laquelle il transfèrera sa participation dans le Projet de Coopération tel que prévu dans la Convention de Joint-venture du 22 avril 2008 ;

E. Les parties au présent avenant se sont mises d'accord pour que CHINA METALLURGICAL GROUP CORPORATION remplace CHINA RAILWAY SINO-CONGO MINING LIMITED et devienne actionnaire, titulaire des Actions de la catégorie « B », de SICOMINES SARL.

Article 1 : Objet de l'Avenant

1.1. Les parties au présent avenant prennent acte que Monsieur Gilbert Kalamba transfère et transporte à SIMCO SPRL, qui accepte, son droit de participation dans le Projet de Coopération prévu dans la CONVENTION DE COLLABORATION RELATIVE AU DEVELOPPEMENT D'UN PROJET MINIER ET D'UN PROJET D'INFRASTRUCTURES EN REPUBLIQUE DEMOCRATIQUE DU CONGO du 22 avril 2008 tel que mise en œuvre par la Convention de Joint-venture précitée datant du même jour et partant son remplacement dans ladite convention par SIMCO SPRL.

1.2. Les parties au présent avenant prennent acte que CHINA METALLURGICAL GROUP CORPORATION remplace CHINA RAILWAY SINO-CONGO MINING LIMITED et devient actionnaire de SICOMINES SARL.

1.3. Les articles 6, 7 et 28.1 de la Convention de JV du 22 avril 2008 sont modifiés comme suit :

ARTICLE 6 - *LES APPORTS*

Les apports des Actionnaires pour la constitution du capital social de SICOMINES SARL se feront en numéraire, à hauteur de :

~ vingt millions de Dollars américains (20.000.000 US$) pour GECAMINES, Actionnaire de la catégorie A ;

~ douze millions de Dollars américains (12.000.000 US$) pour SIMCO SPRL, Actionnaire de la catégorie A ;

~ vingt-deux millions de Dollars américains (22.000.000 US$) pour CHINA RAILWAY GROUP (Hong Kong) LIMITED, Actionnaire de la catégorie B ;

~ six millions de Dollars américains (6.000.000 US$) pour CHINA RAILWAY RESOURCES DEVELOPMENT LIMITED, Actionnaire de la catégorie B ;

~ vingt millions de Dollars américains (20.000.000 US$) pour CHINA METALLURGICAL GROUP CORPORATION, Actionnaire de la catégorie B ;

~ seize millions de Dollars américains (16.000.000 US$) pour SINOHYDRO CORPORATION LIMITED, Actionnaire de la catégorie B ;

~ quatre millions de Dollars américains (4.000.000 US$) pour SINOHYDRO HARBOUR Co. *LTD., Actionnaire de catégorie B.*

ARTICLE 7 - CAPITAL SOCIAL

7.1. Le capital social est fixé à la somme de cinquante milliards de francs congolais (FC. 50.000.000.000), équivalant à cent millions de dollars américains (US$ 100.000.000) à la date des présents Statuts. Il est représenté par cent mille (100.000) Actions d'une valeur nominale de cinq cent mille francs congolais (FC 500.000) chacune, équivalant à mille dollars américains (US$ 1.000).

Toutes les Actions ont été entièrement souscrites comme suit :

i. Actionnaire de catégorie « A » : GECAMINES

Vingt mille (20.000) Actions dites de catégorie A, soit 20 % du capital social, non diluables.

ii. Actionnaire de catégorie « A » : SIMCO SPRL

Douze mille (12.000) Actions dites de catégorie A, soit 12 % du capital social, non diluables.

iii. Actionnaire de catégorie « B » : CHINA RAILWAY GROUP (HONG KONG) LIMITED

Vingt-deux mille (22.000) Actions dites de catégorie B, soit 22 % du capital social.

iv. Actionnaire de catégorie « B » : CHINA RAILWAY RESOURCES DEVELOPMENT LIMITED

Six mille (6.000) Actions dites de catégorie B, soit 6 % du capital social.

v. Actionnaire de catégorie « B » : CHINA METALLURGICAL GROUP CORPORATION

Vingt mille (20.000) Actions dites de catégorie B, soit 20 % du capital social.

vi. Actionnaire de catégorie « B » : SINOHYDRO CORPORATION LIMITED

Seize mille (16.000) Actions dites de catégorie B, soit 16 % du capital social.

vii. Actionnaire de catégorie « B » : SINOHYDRO HARBOUR CO. LTD.

Quatre mille (4.000) Actions dites de catégorie B, soit 4 % du capital social.

28.1. La Société est administrée par un Conseil d'Administration composé de douze (12) Administrateurs : Huit (8) Administrateurs élus parmi les candidats présentés par les titulaires des Actions de la catégorie « B » et quatre (4) Administrateurs élus parmi les candidats présentés par les titulaires des Actions de la catégorie « A ».

Article 2 : Effets des remplacements

2.1. Monsieur Gilbert Kalamba et SIMCO SPRL ont marqué leur accord, confirmé et reconnu, en présence de GECAMINES, que SIMCO SPRL aura le droit de participer avec GECAMINES, en tant que «GROUPE GECAMINES», dans la Convention de JV avec tous les droits et les obligations qui y sont attachés.

A cet effet, SIMCO SPRL se subroge dans tous les droits et obligations de Monsieur Gilbert Kalamba résultant de la possession du droit de participation à la Convention de JV.

2.2. CHINA RAILWAY SINO-CONGO MINING LIMITED et CHINA METALLURGICAL GROUP CORPORATION ont marqué leur accord, confirmé et reconnu, en présence des quatre sociétés, à savoir CHINA RAILWAY GROUP (HONG KONG) LIMITED, CHINA RAILWAY RESOURCES DEVELOPMENT LIMITED, SINOHYDRO CORPORATION LIMITED et SINOHYDRO HARBOUR CO. LTD, que CHINA METALLURGICAL GROUP CORPORATION aura le droit de participer avec les quatre sociétés ci-dessus, en tant que «CONSORTIUM», dans la Convention de JV avec tous les droits et les obligations y attachés.

A cet effet, CHINA METALLURGICAL GROUP CORPORATION se subroge dans tous les droits et obligations de CHINA RAILWAY SINO-CONGO MINING LIMITED résultant de la possession du droit de participation dans la Convention de JV.

Le présent avenant entre en vigueur à la date de sa signature.

Ainsi fait à Kinshasa, le 28 juin 2008.

En douze exemplaires originaux, chacune des parties reconnaissant avoir reçu le sien, les trois autres étant destinés au service notarial.

1. Pour La Générale des Carrières et des Mines
Paul FORTIN, Administrateur-Délégué Général
2. Monsieur Assumani Sekimonyo
Président du Conseil d'Administration
3. Pour China Railway Group (Hong Kong) Limited
4. Pour China Railway Sino-Congo Mining Limited
5. Pour China Railway Resources Development Limited
6. Pour Sinohydro Corporation Limited
7. Pour Sinohydro Harbour Co, Ltd
8. Pour Simco Sprl, Par Monsieur Zongwe Kiluba
9. Pour China Metallurgical Group Corporation

AVENANT N° 2 A LA CONVENTION DE JOINT VENTURE DU 22 AVRIL 2008

(produit le 2 décembre 2008)

ENTRE LES SOUSSIGNES :

1. LA GENERALE DES CARRIERES ET DES MINES, en abrégé «GECAMINES» et en sigle « GCM », entreprise publique de droit congolais, créée par le décret 049 du 07 Novembre 1995, enregistrée

au Nouveau Registre de Commerce de Lubumbashi sous le numéro 453 et ayant son siège social sur le Boulevard Kamanyola, n° 419, B.P. 450, Lubumbashi, République Démocratique du Congo, représentée aux fins des présentes par Messieurs ASSUMANI SEKIMONYO et Paul FORTIN, respectivement Président du Conseil d'Administration et Administrateur Délégué Général ;

2. LA SOCIETE IMMOBILIERE DU CONGO, Société Privée à Responsabilité Limitée de droit congolais, en abrégé, SIMCO SPRL, ayant son siège social sur le Boulevard Kamanyola, n° 419, B.P. 450, Lubumbashi, République Démocratique du Congo, représentée aux fins des présentes par Monsieur ZONGWE KILUBA, le Président du Conseil de Gérance ;

3. CHINA RAILWAY GROUP (Hong Kong) Limited, ayant son siège social à Unit 1201-1203 12 / F Apec Plaza, 49 Hoi Yuen Rd Kwun Tong Kl, représentée aux fins des présentes par Madame La Feng, son Administratrice ;

4. CHINA RAILWAY RESOURCES DEVELOPMENT LIMITED, ayant son siège social à Unit 1201-1203 12 / F Apec Plaza, 49 Hoi Yuen Rd Kwun Tong Kl, représentée aux fins des présentes par Madame LU Feng, son Administratrice ;

5. SINOHYDRO CORPORATION LIMITED, ayant son siège social au *W1,* Ertiao, Baiguang Road, Xuanwu District, Beijing, P.R. China (100761), représentée aux fins des présentes par Monsieur Huang Bao Dong, son représentant légal ;

6. SINOHYDRO HARBOUR CO. LTD., ayant son siège social au A308, *W1,* Tong Da Square, Tianjin Port Free Trade Zone, Tianjin, P.R.China (300461), représentée aux fins des présentes par Monsieur Tong JinSong, son représentant légal.

7. CHINA METALLURGICAL GROUP CORPORATION, société de droit chinois, ayant son siège social au No.11, Gaoliangqiaoxiejie, Haidian District, Beijing P.R.China. (100081), représentée aux fins des présentes par Monsieur Shen HeTing, son représentant légal.

EN PRESENCE DE

8. ZHEJIANG HUAYOU COBALT CO. LTD, société de droit chinois, ayant son siège social au NO.18 Wuzhen E. Rd. Economic Development Zone of Tongxiang, Zhejiang Prov, P.R.China (314500), représentée aux fins des présentes par Monsieur Chen Xuehua, son représentant légal.

APRES AVOIR PREALABLEMENT EXPOSE QUE :

A. En conséquence des négociations entreprises en 2007 entre la République Démocratique du Congo, « RDC », d'une part, et, d'autre part, CHINA RAILWAY GROUP LIMITED et SINOHYDRO CORPORATION, ci-après dénommées le Groupement d'Entreprises Chinoises, la Convention de Collaboration relative au développement d'un projet minier et d'un projet d'infrastructures en République Démocratique du Congo a été signée entre ces deux Parties en date du 22 avril 2008, ci-après « Convention de Collaboration » ;

B. La République Démocratique du Congo, CHINA RAILWAY GROUP LIMITED, SINOHYDRO CORPORATION et CHINA METALLURGICAL GROUP CORPORATION ont signé, le 28 juin 2008, l'Avenant n° 1 à la Convention de Collaboration selon lequel CHINA METALLURGICAL GROUP CORPORATION adhérait à la Convention de Collaboration, en tant que membre du « Groupement d'Entreprises chinoises » afin de réaliser le Projet de Coopération.

C. La République Démocratique du Congo, CHINA RAILWAY GROUP LIMITED, SINOHYDRO CORPORATION, CHINA METALLURGICAL GROUP CORPORATION et ZHEJIANG HUAYOU COBALT CO. LTD ont signé l'Avenant n° 2 à la Convention de Collaboration selon lequel l'Avenant n° 1 du 28 juin 2008 à la Convention de Collaboration est résilié et par conséquent CHINA METALLURGICAL GROUP CORPORATION ne fait plus partie du Groupement d'Entreprises Chinoises et ZHEJIANG HUAYOU COBALT CO. LTD adhère à la Convention de Collaboration et, en tant que membre du Groupement d'Entreprises Chinoises, elle participe désormais au Projet de Coopération.

EN FOI DE QUOI, IL A ETE CONVENU ET ARRETE CE QUI SUIT:

Article 1 : Objet de l'avenant

1.1. Les Parties au présent Avenant acceptent que CHINA METALLURGICAL GROUP CORPORATION se retire du Consortium des Entreprises Chinoises, ci-après « Consortium ».

1.2. Les Parties au présent Avenant acceptent que ZHEJIANG HUAYOU COBALT CO. LTD participe au Consortium et deviendra, en conséquence, actionnaire de SICOMINES SARL après la constitution de celle-ci.

1.3. Les articles 6, 7 et 31.1, 31.2 de la Convention de Joint Venture du 22 avril 2008, tels qu'amendés par l'Avenant n° 1 du 28 juin 2008, sont modifiés comme suit :

ARTICLE 6 - *LES APPORTS*

Les apports des Actionnaires pour la constitution du capital social de SICOMINES SARL se feront en numéraire, à hauteur de :

1. vingt millions de Dollars américains (20.000.000 US$) pour GECAMINES, Actionnaire de la catégorie A ;

2. douze millions de Dollars américains (12.000.000 US$) pour SIMCO SPRL, Actionnaire de la catégorie A ; SIMCO SPRL

3. vingt-sept millions de Dollars américains (27.000.000 US$) pour CHINA RAILWAY GROUP (HONG KONG) LIMITED, Actionnaire de la catégorie B ;

4. six millions de Dollars américains (6.000.000 US$) pour CHINA RAILWAY RESOURCES DEVELOPMENT LIMITED, Actionnaire de la catégorie B ;

5. cinq millions de Dollars américains (5.000.000 US$) pour ZHEJIANG HUAYOU COBALT Co. *LTD, Actionnaire de la catégorie B ;*

6. vingt-six millions de Dollars américains (26.000.000 US$) pour SINOHYDRO CORPORATION LIMITED, Actionnaire de la catégorie B ;

7. quatre millions de Dollars américains (4.000.000 US$) pour SINOHYDRO HARBOUR Co. *LTD., Actionnaire de la catégorie B.*

ARTICLE 7 - *CAPITAL SOCIAL*

1. Le capital social est fixe à la somme de cinquante milliards de francs congolais (FC. 50.000.000.000), équivalant à cent millions de dollars américains (US$ 100.000.000) à la date des présents Statuts. II est représenté par cent mille (100.000) Actions d'une valeur nominale de cinq cent mille francs congolais (FC 500.000) chacune, équivalant à mille dollars américains (US$ 1.000).

Toutes les Actions ont été entièrement souscrites comme suit :

i. Actionnaire de catégorie « A » : GECAMINES Vingt mille (20.000) Actions dites de catégorie A, soit 20 % du capital social, non diluables.

ii. Actionnaire de catégorie A: SIMCO SPRL Douze mille (12.000) Actions dites de catégorie A, soit 12 % du capital social, non diluables. SIMCO SPRL, iii. Actionnaire de catégorie « B » : CHINA RAILWAY GROUP (HONG KONG) LIMITED Vingt-sept mille (27.000) Actions dites de catégorie B, soit 27 % du capital social.

iv. Actionnaire de catégorie « B » : CHINA RAILWAY RESOURCES DEVELOPMENT LIMITED Six mille (6.000) Actions dites de catégorie B, soit 6 % du capital social.

v. Actionnaire de catégorie « B » : ZHEJIANG HUAYOU COBALT Co. LTD Vingt mille (5.000) Actions dites de catégorie B, soit 5 % du capital social.

vi. Actionnaire de catégorie « B » : SINOHYDRO CORPORATION LIMITED Vingt-six mille (26.000) Actions dites de catégorie B, soit 26% du capital social.

vii. Actionnaire de catégorie « B » : SINOHYDRO HARBOUR Co. *LTD. Quatre mille (4.000) Actions dites de catégorie B, soit* 4 *% du capital social.*

ARTICLE 31 : GESTION JOURNALIERE - COMITE DE DIRECTION

31.1. Le Conseil d'Administration désigne, parmi les Administrateurs de la catégorie « B », un Administrateur-Délégué. L'Administrateur-Délégué sera assisté d'un Administrateur-Délégué Adjoint que le Conseil d'Administration désigne parmi les Administrateurs de la catégorie « A ». Le Conseil d'Administration fixe les émoluments et avantages de l'Administrateur-Délégué et de l'Administrateur Délégué Adjoint.

31.2. L'Administrateur-Délégué et l'Administrateur-Délégué Adjoint pourront être remplacés par décision du Conseil d'Administration, prise aux trois quarts des voix présentes ou représentes.

Article 2 : Entrée en vigueur

Le présent Avenant entre en vigueur à la date de sa signature.

Ainsi fait en onze exemplaires originaux, chacune des Parties reconnaissant avoir reçu
le sien, deux étant destinés au service notarial et un destiné aux archives de la société.

1. POUR LA GENERALE DES CARRIERES ET DES MINES, Paul FORTIN, ADG- PCA, à Kinshasa, le 2 septembre 2008.
2. POU R SIMCO SPRL, A Kinshasa, le 2 septembre 2008.
3. POUR CHINA RAILWAY GROUP (Hong Kong) Limited,

à Beijing, le septembre 2008.

4. POUR CHINA RAILWAY RESOURCES DEVELOPMENT LIMITED,

à Beijing, le septembre 2008.

5. POUR SINOHYDRO CORPORATION LIMITED,

à Beijing, le 10 septembre 2008.

6. POUR SINOHYDRO HARBOUR CO. LTD.,

à Beijing, le \ , septembre 2008.

7. POUR ZHEJIANG HUAYOU COBALT CO., LTD

8. POUR CHINA METALLURGICAL GROUP CORPORATION,

à Beijing, le 2 septembre 2008.

AVENANT N° 3 A LA CONVENTION DE COLLABORATION RELATIVE AU DEVELOPPEMENT D'UN PROJET MINIER ET D'UN PROJET D'INFRASTRUCTURES EN REPUBLIQUE DEMOCRATIQUE DU CONGO DU 22 AVRIL 2008

(produit le 21 octobre 2009)

ENTRE LES SOUSSIGNES :

1. LA REPUBLIQUE DEMOCRATIQUE DU CONGO, ci-après dénommée « RDC », représentée aux fins des présents par Monsieur Pierre Lumbi Okongo, Ministre en charge des Infrastructures, Travaux Publiques et Reconstruction, Monsieur Athanase Matenda, Ministre des Finances, et Monsieur Michel Lokola, Ministre du Budget ;

2. CHINA RAILWAY GROUP LIMITED, société de droit chinois, ayant son siège social au N°1, XingHuo Road, Fengtai District, Beijing, China, représentée aux fins des présents par son représentant légal, le Président du Conseil d'Administration, Monsieur SHI DaHua ;

3. SINOHYDRO CORPORATION, société de droit chinois, ayant son siège social au N°1, Erting, Baiguang Road, Xuanwu District, Beijing, China, 100761, représentée aux fins des présents par Monsieur FAN JiXiang, son représentant légal ;

4. ZHEJIANG HUAYOU COBALT CO. LTD, société de droit chinois, ayant son siège social au N° 18, Wuzhen E. Rd Economic Development Zone of Tongxiang, Zhejiang Prov. P.R.China (314500), représentée aux fins des présents par Monsieur CHEN Xuehua, son représentant légal ;

Ci-après dénommées collectivement « les Parties » et individuellement « une/la Partie ».

APRES AVOIR PREALABLEMENT EXPOSE QUE :

A. Considération que la RDC et le Groupement d'Entreprises chinoises composé de CHINA RAILWAY GROUP LIMITED et SINOHYDRO CORPORATION, ont signé la Convention de Collaboration relative au Développement d'un Projet Minier et d'un Projet d'Infrastructures en République Démocratique du Congo du 22 Avril 2008, ci-après « Convention de Collaboration », dans laquelle les Parties se sont fixées pour objectif de réaliser le Projet de Coopératif.

B. Considération la Convention de Collaboration a fait l'objet de l'Avenant n°2 signé le 11 septembre 2008 entre la RDC et le Groupement d'Entreprises chinoises composé de CHINA RAILWAY GROUP LIMITED, SINOHYDRO CORPORATION et CHINA METALLURGICAL GROUP CORPORATION, en présence de ZHEJIANG HUAYOU COBALT CO. LTD, aux termes duquel les signataires ont convenu et accepté le retrait de CHINA METALLURGICAL GROUP CORPORATION de la Convention et l'adhésion de ZHEJIANG HUAYOU COBALT CO. LTD à la Convention de Collaboration.

C. Considérant qu'à la demande de la RDC, après l'approbation de la dépense préliminaire du Projet Minier par la Commission Nationale du Développement et de la Réforme de la Chine, le Groupement d'Entreprises chinoises a déjà mis en place des fonds nécessaires pour les travaux d'infrastructures les plus urgents et a déjà démarré les travaux d'infrastructures les plus urgents sans que le Projet Minier ne soit approuvé par le Conseil des Affaires de l'Etat de la Chine suite à la l'examen par la Commission Nationale du Développement et de la Réforme de la Chine.

EN FOI DE QUOI, IL EST CONVENU ET ARRETE CE QUI SUIT :

Article 1

Le titre I de l'article 5.1 de la Convention de Collaboration « - l'Etude de Préfaisabilité ait été approuvée par le Gouvernement Chinois, lors de l'approbation de la Convention de JV qui sera conclue entre le GROUPE GECAMINES et le « CONSORTIUM » est modifié comme suit :

- « *La Commission Nationale du Développement et de la Réforme de la Chine approuve le paiement de la dépense préliminaire du Projet Minier ; le Ministère du Commerce de la Chine octroie un Certificat d'Investissement à l'Etranger relatif à la JV Minière* ».

Article 2

Le paragraphe 2 de l'article 5.2 de la Convention de Collaboration est modifié comme suit :

- « *Cette assistance financière ne produira pas l'obligation des Parties vis-à-vis de la cession des Droits et Titres miniers et de leur jouissance en faveur de la Partie chinoise. Elle sera mise en place suivant l'approbation du Projet Minier par le Conseil des Affaires de l'Etat de la Chine suite à l'examen par la Commission Nationale du Développement et de la Réforme de la Chine. A la demande écrite de GECAMINES, ledit financement sera payé en liquide et/ou en équipement.* »

Article 3

L'article 6.2 de la Convention de Collaboration est modifié comme suit :

« *6.2. La JV Minière effectuera ensuite une Etude de Faisabilité qui devra être approuvée par le Conseil d'Administration et l'Assemblée générale de la JV Minière. L'Etude de Faisabilité devra ensuite être déposée par la Partie chinoise à la Commission Nationale du Développement et de la Réforme de la Chine pour l'approbation du Projet Minier par le Conseil des Affaires de l'Etat de la Chine et au Ministère des Mines de la RDC et au Bureau de Coordination et de Suivi du Programme Sino-Congolais.* »

Article 4

L'article 9.3 de la Convention de Collaboration est modifié comme suit :

« *9.3. Nonobstant la disposition de l'article 9.1 et après que les Droits et Titres miniers prévus par l'article 4 de la présente Convention de Collaboration auraient été cédés à la JV Minière et à condition que la JV Minière constitue une hypothèque sur les Droits et Titres miniers, le Groupement d'Entreprises chinoises mobilisera et mettra en place le financement pour réaliser des travaux d'infrastructures les plus urgents et dont les conditions de réalisation sont remplies. Ledit financement sera compté dans le financement pour la première tranche de travaux d'infrastructures et sera remboursé par la JV Minière selon les dispositions du Chapitre IV de la présente Convention de Collaboration.*

Les travaux d'infrastructures les plus urgents susmentionnés signifient tous les travaux d'infrastructures démarrés après l'approbation de la dépense préliminaire du Projet Minier par la Commission Nationale du Développement et de la Réforme de la Chine et avant l'approbation du Projet Minier lui-même par le Conseil des Affaires de l'Etat de la Chine suite à l'examen par la Commission Nationale du Développement et de la Réforme de la Chine. La liste exacte desdits travaux sera confirmée par les Parties. »

Article 5

L'article 10.3 de la Convention de Collaboration est modifié comme suit :

« La garantie de remboursement est assurée par la RDC qui s'engage, dans le cadre de l'article 13.3.4 de la présente Convention de Collaboration, à octroyer au Groupement d'Entreprises chinoises d'autres concessions minières ou d'autres ressources et moyens satisfaisants au cas où les bénéfices générés par la JV Minière s'avéreraient insuffisants pour réaliser le remboursement de ses investissements dans le Projet d'Infrastructures. »

Article 6

L'article 12 de la Convention de Collaboration est modifié comme suit :

« 12.1. Il est prévu deux périodes pour le remboursement des investissements du Projet de Coopération, ainsi qu'une période commerciale.

Première période, dite période de remboursement des investissements des travaux les plus urgents (Première Etape) ;

Deuxième période, dite période de remboursement minier et remboursement de la première tranche des infrastructures, réduction faite des travaux les plus urgents qui auraient été remboursés (Deuxième Etape) ;

Troisième période, dite période commerciale (Troisième Etape).

La JV Minière remboursera comme suit les investissements du Groupement d'Entreprises chinoises dans le Projet Minier et dans le Projet d'Infrastructures.

- Au cours de la Première Période, elle affectera la totalité de ses bénéfices au remboursement complet des investissements des travaux les plus urgents, y compris au paiement de leurs intérêts annuels de LIBOR (six mois) + 100BP (LIBOR du 22 Avril 2008) ;

- Au cours de la Deuxième Période, la JV Minière affectera 85 % de ses bénéfices au remboursement des investissements miniers ainsi que leurs intérêts.

Après le remboursement des investissements miniers ainsi que leurs intérêts, la JV Minière affectera 85 % de ses bénéfices au remboursement de la première tranche des investissements (réduction faite des investissements des travaux les plus urgents et ses intérêts qui auraient été remboursés) ainsi que leurs intérêts.

Les investissements miniers seront faits à 30 % sous forme de prêt d'Actionnaires, remboursés sans l'application d'intérêts. Les 70 % restants seront remboursés avec un taux d'intérêt annuel de 6,1 %.

Les investissements de la première tranche des infrastructures seront remboursés avec un taux d'intérêt annuel de LIBOR (six mois) + 100BP (LIBOR du 22 Avril 2008).

La JV Minière affectera les 15 % des bénéfices à la rétribution de ses actionnaires, proportionnellement à leurs parts dans le capital social.

Les investissements de la première tranche des infrastructures (y compris les travaux les plus urgents) ne sauraient dépasser 3 milliards de dollars américains en principal. Les investissements et le programme de la première tranche des infrastructures seront mis en place après concertation des Parties en fonction de revenus pouvant être dégagés de l'exploitation de la JV Minière tels que présentés par le « Modèle Economique » du Projet de Coopération de l'Etude de Faisabilité approuvée conformément à l'article 6.2 de la présente Convention.

- Au cours de la troisième Période, elle distribuera la totalité de ses bénéfices nets à ses Actionnaires, au prorata de leurs parts dans le capital social.

L'écart éventuel entre le taux réel bancaire et le taux appliqué à la JV Minière sera à la charge du Groupement d'Entreprises chinoises.

12.2. Nonobstant la disposition de l'article 12.1, la JV Minière devra respecter toutes les stipulations relatives aux remboursements des prêts dans les contrats des prêts conclus avec les institutions financières. »

Article 7

L'article 13.3.2 de la Convention de Collaboration est modifié comme suit :

« 13.3.2. Si le Projet Minier n'est pas approuvé par le Conseil des Affaires de l'Etat de la Chine suite à l'examen par la Commission Nationale du Développement et de la Réforme de la Chine, les Parties se concerteront pour chercher des mesures à prendre, soit la RDC accordera de nouveaux droits et titres miniers à la JV Minière, soit les Parties ajusteront le montant des investissements d'infrastructures.

Au cas où la RDC apporterait d'autres droits et titres miniers, la JV Minière effectuera un audit sur la régularité et la validité desdits droits et titres. La JV Minière effectuera également une Etude de Faisabilité sur ces nouveaux droits et titres miniers. La nouvelle Etude de Faisabilité devra être déposée auprès de la Commission Nationale du Développement et de la Réforme de la Chine pour l'approbation du Projet Minier par le Conseil des Affaires de l'Etat de la Chine.

L'investissement d'infrastructures sera suspendu tant que la nouvelle approbation du Projet Minier n'aura pas été accordée par le Conseil des Affaires de l'Etat de la Chine.

Si, malgré deux fois d'apports de nouveaux droits et titres miniers, le Projet Minier n'est toujours pas approuvé par le Conseil des Affaires de l'Etat de la Chine, la présente Convention sera résiliée. La JV Minière sera dissoute et liquidée après l'application des dispositions suivantes :

Les investissements (y compris leurs intérêts) versés au Projet de Coopération par le Groupement d'Entreprises chinoises, et/ou via la JV Minière, et les investissements (y compris leurs intérêts) versés au Projet de Coopération directement par la JV Minière avec son propre financement seront remboursés par la RDC à la JV Minière dans un délai de soixante (60) jours suivant la réalisation de l'hypothèse prévue par le paragraphe précédent. Ces investissements seront ensuite remboursés par la JV Minière au Groupement d'Entreprises chinoises et aux fournisseurs des financements.

Les Droits et Titres miniers seront rétrocédés gratuitement à GECAMINES par la JV Minière après la satisfaction complète des conditions suivantes :

- la JV Minière aura remboursé tous les investissements (y compris leurs intérêts) versés au Projet de Coopération par le Groupement d'Entreprises chinoises, et/ou vi la JV Minière, et les investissements (y compris leurs intérêts) versés au Projet de

Coopération directement par la JV Minière avec son propre financement ;

- la Partie congolaise accepte que la JV Minière puisse disposer de tous ses biens y compris les Droits et Titres Miniers pour rembourser les prêts qu'elle aura conclus y compris les intérêts.

Article 8

L'article 13.3.4 de la Convention de Collaboration est modifié comme suit :

« 13.3.4. Si la JV Minière n'a pas remboursé les investissements et les intérêts des Projets d'infrastructures dans 25 ans qui suit sa création, la RDC s'engage à rembourser le solde restant à payer par toutes autres voies. »

Article 9

Le premier paragraphe de l'article 14.2 de la Convention de Collaboration est modifié comme suit :

« 14.2. Avantages particuliers pendant les deux premières périodes

La RDC concède à la JV Minière, pendant les deux premières périodes de remboursement de l'investissement, soit les périodes pour rembourser les investissements des travaux les plus urgents, l'investissement minier et la première tranche d'infrastructures, les avantages particuliers suivants :

Article 10

L'article 15.1 de la Convention de Collaboration est modifié comme suit :

« Dans les 12 mois qui suivent l'approbation du Projet Minier par le Conseil des Affaires de l'Etat de la Chine suite à l'examen par la Commission Nationale du Développement et de la Réforme de la Chine, la RDC s'engage à obtenir de son Parlement l'adoption d'une loi devant sécuriser le régime fiscal, douanier et de change applicable au Projet de Coopération en raison de sa spécificité. Si le Parlement National de la RDC n'adopte pas ladite loi dans le délai, le Groupement d'Entreprises Chinoises aura le droit de décider de réaliser ou résilier la présente Convention.''

Article 11

L'article 17.6 de la Convention de Collaboration est supprimé.

Article 12 : Les Parties conviennent que la deuxième tranche des travaux d'infrastructures prévus par l'article 9.2 de la Convention de Collaboration est annulée.

Article 13

Les Parties conviennent que les investissements versés par le Groupement d'Entreprises Chinoises au Projet de Coopération seront mis en place de la manière suivante :

1. Le Groupement d'Entreprises Chinoises investit directement ;
2. Le Groupement d'Entreprises Chinoises investit via la JV Minière ;
3. La JV Minière investit avec les financements qu'elle aura obtenus auprès des Banques chinoises.

Article 14

Le présent Avenant entre en vigueur à la date de sa signature.

Ainsi fait en huit exemplaires originaux, chacune des parties reconnaissant d'avoir reçu le sien, trois étant destinés au service notarial et un destiné aux archives de la SICOMINES.

1. POUR LA REPUBLIQUE DEMOCRATIQUE DU CONGO

Monsieur Pierre LUMBI OKONGO
Monsieur Athanase MATENDA
Monsieur Michel LOKOLA
A Kinshasa, le 21 octobre 2009

2. POUR CHINA RAILWAY GROUP LIMITED

A Beijing, le 21 octobre 2009

3. POUR SINOHYDRO CORPORATION

A Beijing, le 21 octobre 2009

4. POUR ZHEJIANG HUAYOU COBALT CO. LTD

A Beijing, le 21 octobre 2009

AVENANT N° 4 A LA CONVENTION DE COLLABORATION RELATIVE AU DEVELOPPEMENT D'UN PROJET MINIER ET D'UN PROJET D'INFRASTRUCTURES EN REPUBLIQUE DEMOCRATIQUE DU CONGO DU 22 AVRIL 2008

(produit le 7 août 2017)

LA REPUBLIQUE DEMOCRATIQUE DU CONGO, représentée par Monsieur Pierre Kangudia Mbayi, Ministre d'Etat en charge du Budget, Monsieur Henri Yav Mulang, Ministre des Finances,

Monsieur Thomas Luhaka Losenjola, Ministre des Infrastructures, Travaux Publiques et Reconstruction et Monsieur Martin Kabwelulu Labilo, Ministre des Mines ;

Ci-après dénommée « **RDC** » ou « **Partie congolaise** » ;

CHINA RAILWAY GROUP LIMITED (« CREC »), société de droit chinois, ayant son siège social au n° 918, Building n° 1, Yard n° 128, South 4th Ring West Road, Fengtai District, Beijing, China, représentée aux fins des présents par Monsieur LI Changjin, son représentant légal et Président du Conseil d'Administration ;

POWER CONSTRUCTION CORPORATION OF CHINA (« POWERCHINA »), la dénomination actuelle de SINOHYDRO CORPORATION, société de droit chinois, ayant son siège social au N°1, Sanlihe Road, Haidian District, Beijing, China, représentée aux fins des présents par Monsieur YAN Zhiyong, son représentant légal ;

ZHEJIANG HUAYOU COBALT CO. LTD., société de droit chinois, ayant son siège social au N° 18, Wuzhen E. Rd. Economic Development Zone of Tongxiang, Zhejiang Prov. P.R. China (314500), représentée aux fins des présents par Monsieur ZHAO Zhanhu, dûment mandaté ;

Ci-après dénommées collectivement « *Groupement d'Entreprises Chinoises* » ou « *Partie Chinoise* ».

Ci-après dénommées collectivement « Parties ».

APRES AVOIR PREALABLEMENT EXPOSE QUE :

1. La RDC et le Groupement d'Entreprises Chinoises ont signé la *Convention de Collaboration relative au Développement d'un Projet Minier et d'un Projet d'Infrastructures en République Démocratique du Congo* du 22 avril 2008 et ses avenants (ci-après dénommés collectivement « *Convention de Collaboration* »), en vue de réaliser le Projet de Coopération dans le cadre de la Convention de Collaboration, y compris le Projet Minier et le Projet d'Infrastructures. Le gouvernement chinois a approuvé le Projet de Coopération.

2. Pour la mise en exécution de l'article 16 de la Convention de Collaboration, il est créé par la RDC en publiant le décret y relatif, un Bureau de Coordination et de Suivi du Programme Sino-Congolais (ci-après dénommé « Bureau de Coordination ») qui sert de guichet unique pour se charger de l'administration et du suivi de l'exécution du Projet de Coopération.

Dans le cadre de la Convention de Collaboration, en vue de régler les nouvelles situations lors de son exécution, à l'issue des négociations amiables, les Parties ont conclu cet Avenant (ci-après le « présent Avenant »).

Article 1.

Les dispositions suivantes de l'article 1.5 de la Convention de Collaboration, tel que modifié par l'avenant n°2, « Pour la constitution d'une JV Minière et la réalisation du Projet Minier, le Groupement d'Entreprises Chinoises désigne cinq (5) sociétés, à savoir China Railway Group (Hong Kong) Limited, China Railway SinoCongo Mining Limited, China Railway Resources Development Limited, Sinohydro Corporation Limited et Zhejiang Huayou Cobalt Co. Ltd., ces cinq (5) sociétés formant le CONSORTIUM », sont modifiées comme suit :

« Pour la réalisation du Projet Minier, le Groupement d'Entreprises Chinoises désigne trois (3) sociétés, à savoir China Railway (Hong Kong) Engineering Limited, PowerChina Resources Limited (dénomination actuelle de Sinohydro Resources Limited) et Zhejiang Huayou Cobalt Co. Ltd., ces trois (3) sociétés formant le CONSORTIUM. »

Article 2.

Les dispositions suivantes de l'article 12.1 de la Convention de Collaboration modifié par son Avenant n°3 :

« 12.1. Il est prévu deux périodes pour le remboursement des investissements du Projet de Coopération, ainsi qu'une période commerciale.

Première période, dite période de remboursement des investissements des travaux les plus urgents (Première Etape) ;

Deuxième période, dite période de remboursement minier et remboursement de la première tranche des infrastructures, réduction faite des travaux les plus urgents qui auraient été remboursés (Deuxième Etape) ;

Troisième période, dite période commerciale (Troisième Etape).

La JV Minière remboursera comme suit les investissements du Groupement d'Entreprises chinoises dans le Projet Minier et dans le Projet d'Infrastructures.

- Au cours de la Première Période, elle affectera la totalité de ses bénéfices au remboursement complet des investissements des travaux

les plus urgents, y compris au paiement de leurs intérêts annuels de LIBOR (six mois) + 100BP (LIBOR du 22 avril 2008) ;

- Au cours de la Deuxième Période, la JV Minière affectera 85 % de ses bénéfices au remboursement des investissements miniers ainsi que leurs intérêts.

Après le remboursement des investissements miniers ainsi que leurs intérêts, la JV Minière affectera 85 % de ses bénéfices au remboursement de la première tranche des investissements (réduction faite des investissements des travaux les plus urgents et ses intérêts qui auraient été remboursés) ainsi que leurs intérêts.

Les investissements miniers seront faits à 30 % sous forme de prêt d'Actionnaires, remboursés sans l'application d'intérêts. Les 70 % restants seront remboursés avec un taux d'intérêt annuel de 6,1 %.

Les investissements de la première tranche des infrastructures seront remboursés avec un taux d'intérêt annuel de LIBOR (six mois) + 100BP (LIBOR du 22 Avril 2008).

La JV Minière affectera les 15 % des bénéfices à la rétribution de ses actionnaires, proportionnellement à leurs parts dans le capital social.

Les investissements de la première tranche des infrastructures (y compris les travaux les plus urgents) ne sauraient dépasser 3 milliards de dollars américains en principal. Les investissements et le programme de la première tranche des infrastructures seront mis en place après concertation des Parties en fonction de revenus pouvant être dégagés de l'exploitation de la JV Minière tels que présentés par le « Modèle Economique » du Projet de Coopération de l'Etude de Faisabilité approuvée conformément à l'article 6.2 de la présente Convention.

- Au cours de la troisième Période, elle distribuera la totalité de ses bénéfices nets à ses Actionnaires, au prorata de leurs parts dans le capital social.

L'écart éventuel entre le taux réel bancaire et le taux appliqué à la JV Minière sera à la charge du Groupement d'Entreprises Chinoises. »

sont modifiées comme suit :

« 12.1. Il est prévu deux périodes pour le remboursement des investissements du Projet de Coopération, ainsi qu'une période commerciale.

Première période, dite période de remboursement concomitant du principal des prêts des investissements miniers et ceux d'infrastructures, dans les proportions respectives de 40 % et 60 % de l'enveloppe globale destinée aux remboursements, ainsi que les paiements de leurs intérêts (Première Etape) ;

Deuxième période, dite période commerciale (Deuxième Etape).

- Au cours de la Première Période, la JV Minière affectera annuellement 35 % de ses bénéfices nets à la rétribution de ses actionnaires, proportionnellement à leurs parts dans le capital social ; la JV Minière remboursera les principaux et leurs intérêts des prêts des investissements miniers et ceux des investissements des infrastructures, ainsi que les paiements de leurs intérêts respectifs, conformément aux contrats des prêts signés avec les actionnaires ou/et les institutions financières selon les modalités ci-dessous :

Au cours de la Première Période, la JV Minière affectera son flux de trésorerie, entre autres, au remboursement du principal des prêts des investissements miniers et ceux des investissements des infrastructures, ainsi que les paiements de leurs intérêts respectifs, conformément aux stipulations des contrats des prêts mentionnés ci-dessus. Les investissements miniers seront financés à 30 % par des prêts octroyés par les Actionnaires, remboursables sans l'application d'intérêts. Les 70 % restants, en tant que prêts des institutions financières, seront remboursés avec un taux d'intérêt annuel de 6,1%.

Les prêts destinés aux investissements d'infrastructures seront remboursés avec un taux d'intérêt annuel de LIBOR (six mois) + 100BP (LIBOR publié deux jours ouvrables avant la date de valeur). Le taux d'intérêt qui est flottant sera déterminé tous les six mois. Les intérêts composés seront calculés par trimestre et sur la base du montant total des investissements des infrastructures effectivement mis en place ainsi que des intérêts dus accumulés à la fin de chaque trimestre. Les intérêts ainsi calculés seront comptés dans le montant total des investissements de la première tranche des infrastructures qui ne dépassera pas 3 milliards de dollars américains.

L'écart éventuel entre le taux réel bancaire et le taux appliqué à la JV Minière sera à la charge du Groupement d'Entreprises Chinoises.

- Au cours de la Deuxième Période, les Actionnaires se partageront la totalité des bénéfices nets distribuables au prorata de leurs parts dans le capital social de la JV Minière.

Article 3.

Les dispositions suivantes de l'article 16 de la Convention de Collaboration :

« La RDC s'engage à instituer, dès la signature de la présente Convention de Collaboration, un comité multisectoriel (« Comité de Pilotage et de Coordination ») chargé 1) du suivi de la présente Convention de Collaboration et des accords dans le cadre de la présente Convention de Collaboration, 2) de la facilitation de la réalisation du Projet de Coopération, notamment les questions liées au transport, à l'accès à l'eau et à l'électricité, etc. 3) d'assurer le suivi des Travaux d'Infrastructures Gouvernementales, 4) de l'interface entre le Gouvernement chinois, la RDC et la JV Minière. Ce Comité servira de guichet unique qui pourra représenter la RDC. De plus, le Comité se chargera de toutes les questions et formalités relatives aux travaux d'infrastructures.

Le Comité se charge également des relations et des formalités entre le JV Minière et les autorités gouvernementales. La RDC et le Groupement d'Entreprises Chinoises pourront convenir par la suite de lui attribuer d'autres responsabilités. Un règlement d'ordre intérieur devra être élaboré le plus rapidement possible par le Comité afin d'assurer le bon fonctionnement du Projet de Coopération. »

sont modifiées comme suit :

« La RDC s'engage à instituer, dès la signature de la présente Convention de Collaboration, un Bureau de Coordination et de Suivi du Programme Sino-Congolais, BCPSC en sigle (dénommé « Bureau de Coordination »), chargé 1) du suivi de la présente Convention de Collaboration et des accords dans le cadre de la présente Convention de Collaboration, 2) de la facilitation de la réalisation du Projet de Coopération, notamment les questions liées au transport, à l'accès à l'eau et à l'électricité, etc. 3) d'assurer le suivi des Travaux d'Infrastructures Gouvernementales, 4) de l'interface entre le Gouvernement chinois, la RDC et la JV Minière. Ce Bureau de Coordination servira de guichet unique qui pourra représenter la RDC. De plus, le Bureau de Coordination se chargera de toutes les questions et formalités relatives aux travaux d'infrastructures.

Le Bureau de Coordination se charge également des relations et des formalités entre le JV Minière et les autorités gouvernementales. La RDC et le Groupement d'Entreprises Chinoises pourront convenir par la suite de lui attribuer d'autres responsabilités. Un règlement d'ordre intérieur devra être élaboré le plus rapidement possible par le

Bureau de Coordination afin d'assurer le bon fonctionnement du Projet de Coopération. »

Article 4.

La domiciliation pour le Groupement d'Entreprises Chinoises prévue dans l'article 22 de la Convention de Collaboration est modifiée comme suit :

POUR LE GROUPEMENT D'ENTREPRISES CHINOISES

A l'intention du Président du Conseil d'Administration de CHINA RAILWAY GROUP Ltd
Tower A Zhongguozhongtie Plaza, 69 Fuxing Road, Haidian District, Beijing, China
BP : 100039
Tél : 0086-10-51845225
Fax : 0086-10-51841757 ».

Article 5. Dispositions Finales

5.1. Le présent Avenant entre en vigueur à la date de sa signature. Les dispositions de la Convention de Collaboration et ses autres avenants s'appliqueront en cas de lacune dans le Présent Avenant.

5.2. En cas de conflit entre les dispositions du Présent Avenant et celles des actes antérieures, les dispositions du Présent Avenant prévaudront.

5.3. Ainsi fait en dix (10) exemplaires originaux, soumis à l'Office notarial à Kinshasa par la JV Minière en vue de l'authentification, la Partie Congolaise en détient quatre (4), trois (3) étant destinés à la Partie Chinoise, deux (2) au service notarial et un (1) destiné aux archives de la JV Minière.

LA REPUBLIQUE DEMOCRATIQUE DU CONGO

Monsieur Pierre Kangudia Mbayi, Ministre d'Etat en charge du Budget

A Kinshasa, le 26 juillet 2017.

Monsieur Henri Yav Mulang, Ministre des Finances

A Kinshasa, le 26 juillet 2017.

Monsieur Thomas Luhaka Losenjola, Ministre des Infrastructures, Travaux Publiques et Reconstruction

A Kinshasa, le 26 juillet 2017.

Monsieur Martin Kabwelulu Labilo, Ministre des Mines.

CHINA RAILWAY GROUP LIMITED

Représenté par Monsieur LI Changjin

A Pékin, le 7 août 2017.

POWER CONSTRUCTION CORPORATION OF CHINA
Représenté par Monsieur YAN Zhiyong

A Pékin, le 7 août 2017.

ZHEJIANG HUAYOU COBALT CO. LTD.
Représenté par Monsieur ZHAO Zhanhu

A Pékin, le 7 août 2017.

C. BILAN DE LA CONVENTION DE COLLABORATION

CINQ QUESTIONS A MOÏSE EKANGA

Interview à *Le Potentiel*, 16 septembre 2010.

1. Pouvez-vous mieux préciser les grandes lignes du partenariat entre la RDC et la Chine que l'on sait diviser en trois phases distinctes ?

Il ne s'agit pas réellement d'un partenariat gagnant-gagnant, mais d'un certain côté on pourrait le dire puisque c'est mentionné dans les accords. Ce que je veux montrer ici est que le projet de coopération qui nous unit aux entreprises chinoises est le projet de coopération sino-congolais, et ce projet se présente sous deux aspects: un projet minier et un projet d'infrastructures. Les Chinois se sont engagés à financer les deux projets et le projet minier servira de garantie au remboursement de tous les financements alloués tant aux infrastructures qu'au développement du projet minier. Cette coopération a été matérialisée par la Convention de collaboration signée le 22 avril 2008, qui met en relation les intérêts du Congo et de la Chine. D'un côté la partie congolaise requiert des infrastructures, mais manque de moyens et de main-d'œuvre qualifiée pour les construire, et de l'autre la partie chinoise, en situation d'excédent financier, a besoin de s'assurer une source fiable de matières premières.

2. Quel est la hauteur de l'accord ?

Initialement, le montant total de l'accord était de 9,2 milliards de dollars, à raison de 6 milliards pour les infrastructures — divisés en 2 tranches de 3 milliards chacune — et 3,2 milliards pour l'investissement minier. Mais nous avons dû faire face à des difficultés avec les bailleurs de fonds traditionnels tels que la Banque mondiale, le Fond monétaire international, le Club de Paris et le Club de Londres, qui considéraient que nous avions privilégié le créancier chinois au déni- ment d'autres créanciers. Étant donné que la deuxième tranche des infrastructures qui s'élevait à 3 milliards devait être remboursée par la fiscalité prélevée au niveau de l'exploitation de la Sicomines, le Fond monétaire international nous a demandé de supprimer cette deuxième tranche. Après renégociations avec la partie chinoise, nous avons décidé de réduire le montant de la transaction, pour nous accorder sur un montant de 6,2 milliards de dollars au lieu des 9,2 milliards initialement prévus, à raison de 3 milliards pour les infrastructures et 3,2 milliards pour le projet minier.

3. Que répondez-vous à ceux - parfois même des Congolais - qui estiment que votre pays se fait « spolier » par les Chinois et que ce partenariat est plus profitable à la Chine qu'à la RDC ?

Je soulignais précédemment le fait que ce partenariat est un partenariat comme tous les autres. Avec les anciens partenaires, la part revenant à la Gécamines était comprise entre 7 et 25 %, tandis que cette part s'élève à 32 % avec les Chinois, ce qui représente pour nous une grande première. De plus, pour les réserves de 10 millions de tonnes de gisements de cuivre, le « pas-de-porte » prévu pour la Gécamines est de 350 millions de dollars à raison de 35 dollars la tonne, alors que cette tonne rapportait à peine 10 dollars avec les autres partenariats. Et lorsque l'on tente de réviser les contrats miniers avec les entreprises autres que chinoises, elles ne se montrent pas prêtes à payer plus de 20 dollars la tonne. Donc ce partenariat n'est pas uniquement profitable aux Chinois, et nous ne nous faisons pas « spolier ». Deuxième chose, lorsque les gens se mettent en association, les bénéfices nets sont généralement divisés en termes de dividendes entre les actionnaires. Or dans ce cas-là, nous réservons 66 % des bénéfices nets au remboursement des investissements réalisés dans les infrastructures et dans le projet minier, et sur les 34 % restant, la Gécamines en récupère 32 % et les entreprises chinoises se répartissent les autres 68 % sans obtenir de contrepartie.

4. Le Bureau de coordination de financement sino-congolais et l'Agence congolaise des grands travaux ne sont pas des agences d'exécution de travaux, mais de planification des travaux. Quel est à ce titre votre rôle précis et concret ? S'agit-il plus d'impulser ou de coordonner ?

L'Agence des grands travaux est un service du ministère des Infrastructures. La Convention stipule que si ce n'est pas le ministère des Infrastructures lui-même qui s'occupe du suivi des travaux sur le terrain, il a la possibilité de déléguer, et nous avons créé cette structure comme étant le maître d'ouvrage délégué. Cette agence réalise le travail du ministère des Infrastructures dans le suivi des travaux sur le terrain. Le Bureau de coordination est le bureau qui est chargé de l'ensemble de la coordination du programme sino-congolais…

5. Concernant l'évolution des termes de la coopération sino-congolaise, pouvez-vous nous dire ce qui a été effectivement réalisé, ce qui reste à faire ?

Dans le projet de coopération, nous avons deux projets : le projet minier et le projet d'infrastructures. Concernant le projet minier, des études de faisabilité ont été réalisées et ont été approuvées par le conseil d'administration de la Sicomines, avant d'être soumises au gouvernement chinois pour approbation. Les Chinois ont déjà déboursé 518 millions de dollars sur les 3,2 milliards prévus pour des travaux préliminaires et le paiement du « pas-de-porte ». Sur le plan des infrastructures, différents projets d'hôpitaux et de routes ont représenté environ 338 millions de dollars sur les 350 millions de dollars prévus, et je pense qu'ils seront réalisés d'ici l'année prochaine. En plus de ces 350 millions de dollars, nous avons reçu une tranche de 400 millions de dollars dont environ 115 viennent d'être débloqués pour certains projets urgents, à l'instar des projets liés aux festivités du 30 juin, au Boulevard du 30 Juin et au Boulevard Triomphal de Kinshasa, et à la Place du Cinquantenaire communément appelée «Esplanade du Palais du Peuple», où se déroulera l'ensemble du défilé.

PROJET DE COOPERATION SINO-CONGOLAIS. « CINQ ANS AU SERVICE DE LA RECONSTRUCTION ET DE LA MODERNISATION DE LA RDC »

Par Moïse EKANGA,
Secrétaire exécutif du BCPSC.

Vendredi 24 mai 2013, Fleuve Congo Hôtel, Kinshasa. Le Bureau de Coordination et de Suivi du Programme Sino-Congolais (BCPSC) a décidé de commémorer le cinquième anniversaire de la Convention de Collaboration. Une occasion pour le Secrétaire exécutif Moïse Ekanga d'expliquer, sous forme de conférence de presse, ce qu'est réellement cet accord historique conclu entre la République et un groupe d'entreprises chinoises. A la sortie de la conférence de presse, un texte (titre : Projet de Coopération sino-congolais *; sous-titre :* « Cinq ans au service de la reconstruction et de la modernisation de la RDC ») *a été distribué, que nous reproduisons intégralement comme suit :*

Au commencement étaient les 5 chantiers…

Le 26 janvier 2001, Joseph Kabila Kabange prête serment en qualité de Président de la République. Dans son discours d'investiture, il s'assigne trois objectifs : mettre fin à la guerre, organiser les élections libres et transparentes afin de permettre au Peuple de choisir ses dirigeants et de reconstruire le pays.

Le 6 décembre 2006, à l'issue d'une élection présidentielle qu'il a remportée, le nouveau président élu aux suffrages universels directs s'est engagé à réaliser sa promesse relative à la reconstruction nationale à travers sa vision-programme des « 5 Chantiers de la République », en réalité 8 : infrastructures et voies de communication, eau et électricité, santé et éducation, emploi et logement.

Mais dans un pays qui sort d'une décennie de guerre, où trouver les moyens pour reconstruire et moderniser un pays avec une économie complètement en ruine ?

… Les 5 chantiers ont engendré un Protocole d'accord entre la RDC et l'entreprise chinoise CREC…

Face à l'*insuffisance de ressources financières internes*, il fallait littéralement un miracle pour financer l'ambitieux programme des 5 chantiers. Joseph Kabila va alors déployer ses équipes d'experts à travers les différents continents à la *recherche des partenaires financiers.*

Mais, c'est de l'équipe partie de Kinshasa, le 25 février 2007 vers la Chine en passant par l'Afrique du Sud, Hong-Kong et l'Indonésie que viendra le salut.

Des concertations que cette équipe va engager avec la China Development Bank (CDB), les entreprises CREC et Sinohydro ainsi que Export Import Bank of China (Exim Bank) en juin de la même année déboucheront, le 17 septembre 2007, à la signature d'un *protocole d'accord* entre le Gouvernement et la République et l'entreprise chinoise CREC.

… Le Protocole d'accord a engendré la Convention de Coopération…

Le *protocole d'accord* est considéré comme l'ancêtre de la Convention de Collaboration signé le 22 avril 2008 entre le Gouvernement de la République du Congo et le Groupement d'Entreprises Chinoises, représenté par les entreprises CREC et Sinohydro.

Depuis le 22 avril 2013, la Convention de coopération totalise donc 5 années au service de la reconstruction, de la modernisation et du développement de la RD Congo.

… et la Convention de Coopération a engendré le BCPSC

L'article 3 de la Convention de coopération signée entre le Gouvernement congolais et le Groupement des entreprises chinoises demande au Gouvernement congolais de mettre en place un *Comité compétent multisectoriel* en vue d'assurer le suivi et l'évaluation de la Convention. Une structure devant, en même temps, servir de guichet unique pour toutes les questions et formalités relatives à l'exécution des tâches définies dans la Convention. Mis en place par le décret n° 08/018 du 26 août 2008 portant création, organisation et fonctionnement du « Bureau de Coordination et de suivi du Programme Sino-Congolais », le B.C.P.S.C », a pour mission de :

- Jouer le rôle d'*interface entre les différentes parties et entités* intéressées par les projets issus des accords de coopération en matière d'infrastructures, notamment, le Gouvernement de la RDC, les Groupements d'Entreprises Chinoises, la Sicomines ou toute autre joint-venture d'exploitation des ressources naturelles, l'ACGT ainsi que les structures des partenaires chinois chargées du suivi de ces projets ;

- *Assurer le suivi de la mise en œuvre* des Conventions et des accords avec les partenaires chinois ;

- *Préparer les différentes rencontres*, réunions et /ou négociations entre les parties ;

- *Assurer les négociations avec les banques ou instructions financières* pour obtenir tout appui supplémentaire en vue de mener à bien la mise en œuvre desdits projets.

Convention de coopération : deux objectifs, deux volets

En concluant cet accord avec le groupement des entreprises chinoises, *la RDC* ne visait qu'un objectif : *trouver les ressources financières à la réalisation des projets d'infrastructures nationales et à la modernisation du pays.*

Pour le Gouvernement d'Entreprises Chinoises, par contre, le besoin était d'*investir dans le domaine de métaux non ferreux sur le territoire de la RDC.*

En réponse à ce double objectif des parties, la RDC s'est engagée à céder les droits et titres miniers couvrant les gisements miniers de Dikuluwe et Mashamba, détenus par la Gécamines, à la joint-venture Sicomines créée dans le cadre de la Convention de coopération. La RDC s'engageait sur deux autres paliers :

- Transférer les droits et titres détenus par la Gécamines sur les concessions minières à la Sicomines Sarl ;

- Obtenir, au vu de la spécificité de ce Projet de coopération, l'adoption par l'Assemblée Nationale d'une Loi devant sécuriser le régime fiscal, douanier et de change applicable au Projet.

Le Groupement d'Entreprises chinoises, de son côté, s'engage à mobiliser et à mettre en place le financement pour la construction des infrastructures en RDC : c'est le volet « *Projet d'infrastructures* » de la Convention. Elle s'engage aussi à financer le développement des concessions minières : c'est le second volet de la Convention, « *Projet Minier* ». *Le Projet Minier et le Projet d'infrastructures sont collectivement appelés « Projet de coopération ».*

Le Groupement d'Entreprises chinoises s'est engagé à mobiliser 6 milliards USD pour le financement du Projet d'infrastructures, montant qui a été, par la suite, réajusté à la baisse (3 milliards USD) à la demande de la RDC après discussions avec le FMI et la Banque Mondiale ainsi que 3,2 milliards USD pour financer le Projet Minier dont 30 % sous forme d'equity et sans intérêt.

On l'a vu, les parties ont voulu matérialiser leur coopération par la construction d'une joint-venture minière dans laquelle *le Groupement d'Entreprises chinoises détient 68 % d'actions et le Groupe Gécamines 32 %.* Jouant le rôle de plateforme financière, c'est cette joint-venture minière qui emprunte, finance le Projet de coopération dans ses deux volets (projet d'infrastructures et Projet Minier) et assure le remboursement.

On le voit, cette formule évite à l'Etat…

Préalables à l'exécution de la Convention

Dès le départ, l'exécution de la Convention de collaboration avait été subordonnée à la réalisation de l'étude de faisabilité du Projet Minier et son approbation par le Gouvernement de la RDC et celui de la République Populaire de Chine. Dès le deuxième semestre de l'année 2010, l'Etat congolais a approuvé la Convention et l'étude de faisabilité.

Mais, il a fallu attendre le deuxième semestre de l'année 2011 pour voir la Convention approuvée par la Commission de la Réforme et de Développement ainsi que par le Conseil des Affaires d'Etat de la Chine. Or, c'est à partir de cette période que la RDC pouvait s'attendre au premier financement tant pour les infrastructures que pour le Projet Minier.

En dépit de ce contretemps, compte tenu de la bonne collaboration qui existe entre les Parties, les travaux ont pu démarrer bien avant 2011! C'est que le Groupement d'entreprises chinoises avait, de bonne foi, procédé aux décaissements de 468 millions USD avant l'approbation proprement dit du Projet Minier par le Conseil des Affaires d'Etat du Gouvernement chinois !

Situation des décaissements à ce jour

Par rapport au niveau de décaissement de 1,05 milliard USD en faveur des projets d'infrastructures prévu par l'étude de faisabilité avant la mise en production du Projet Minier (Sicomines Sarl), voici la situation des décaissements à ce jour :

Pour le Projet Minier :

- *518 millions USD* décaissés en janvier 2009 par le Groupement d'Entreprises Chinoises, actionnaires de la Sicomines Sarl au titre de la dépense préliminaire décaissés avec l'aval du Ministre du Commerce du Gouvernement Chinois en faveur du projet Minier.
- *370 millions USD* de financement accordé à Sicomines Sarl en 2012.
- *32 millions USD* libérés par le Groupement des entreprises chinoises au titre de prêt d'associés pour la souscription de Gécamines au capital social.

Les discussions sont en cours entre le Groupement et la Gécamines pour la libération d'un prêt de 50 millions USD en faveur de cette dernière pour réhabiliter ses ateliers de Panda.

Pour le Projet d'infrastructures :

- *350 millions USD* accordés en janvier 2009 à la Sicomines Sarl au titre de prêt par Exim Bank sous la garantie du Groupement d'Entreprises chinoises et la Sicomines Sarl, pour financer la première tranche des travaux d'infrastructures les plus urgents.

- *118 millions USD* accordés à Sicomines Sarl en juin 2010 comme un deuxième prêt Exim Bank sous la garantie du Groupement d'Entreprises Chinoises, en vue de financer la deuxième tranche des travaux les plus urgents d'infrastructures.

- *328 millions USD* représentant la participation de la partie congolaise (50 %) au développement du projet de la centrale hydroélectrique de Busanga ont été disponibilisés pour financer ce projet en août 2012.

- *53 millions USD* de budget reprend les rubriques allouées aux infrastructures en mars 2013.

En plus de la centrale de Busanga, ce projet reprend les rubriques suivantes :

- Nouveaux projets d'infrastructures ;
- provision pour paiement des avenants des projets réalisés ou en cours de réalisation : 65 millions USD.

Comme je l'ai dit au départ, les discussions sont en cours avec le groupement d'Entreprises chinoises pour trouver un mécanisme de financement du projet Busanga en BOT et dégager ainsi le montant de 328 millions USD en faveur des projets d'infrastructures à réaliser avant la mise en production de la Sicomines, c'est-à-dire avant fin 2015.

Que dire de l'exploitation minière ?

Il est bon de noter que le Projet de Coopération Sino-Congolais consacré par la Convention de Collaboration et de joint-venture ainsi que leurs avenants *ne stipulent pas la cession des concessions minières au Groupement d'Entreprises chinoises ni aux Chinois, mais à une entreprise de droit congolais, en l'occurrence la Sicomines*, constituée en plateforme financière qui emprunte, finance le projet de Coopération et assure le remboursement sur base de l'exploitation minière.

Quid de la valeur des Concessions minières ?

Les réserves des concessions minières concernées par le projet minier (joint venture Sicomines) sont estimées à 10 millions de tonnes de cuivre, chiffre avancé par la Gécamines et vérifié par un consultant recruté par le Conseil d'Administration de la Sicomines Sarl.

La Sicomines Sarl a entre autres pour obligation, de *commercialiser les produits qui seront issus du traitement métallurgiques des minerais aux prix les plus rémunérateurs et selon les stratégies les plus performantes dans l'intérêt des parties* (Article 9.4 vii de la convention de JV).

Projet de Coopération : contraintes et écueils

En dépit de la bonne foi des parties dans l'exécution de la convention de la Collaboration, quelques difficultés ont ralenti le rythme d'exécution du Projet :

- *Le crash financier* intervenu en 2008 et ses effets pervers sur les cours des minerais ; le long délai pris par les institutions Chinoises compétentes à approuver l'étude de faisabilité.
- *Le long délai* qui s'écoule entre le premier décaissement (janvier 2009) et la mise en production (fin 2015) ;
- *Le retard apporté dans l'adoption de la loi* portant régime fiscal, douanier et de change devant sécuriser le projet de Coopération ;
- *Le déficit énergétique* observé dans la zone du projet (Kolwezi).

Certaines de ces difficultés ont été surmontées, les autres sont en voie de l'être.

En ce qui concerne l'exploitation minière :

En janvier 2009, le Ministère de Commerce du Gouvernement chinois a autorisé au Groupement d'Entreprises Chinoises, actionnaires de la Sicomines Sarl, à décaisser en faveur du projet Minier, la somme de 518 millions USD au titre de la *dépense préliminaire*.

En 2012, un autre financement de l'ordre de 370 millions USD a été accordé à la Sicomines.

Quant aux engagements pris, les entreprises chinoises ont libéré *la totalité du pas de porte à raison de 50 % en 2009 et le solde en 2012*, elles ont également versé à la Sicomines Sarl 32 millions USD pour le compte de la Gécamines tandis que les formalités de paiement de 50 millions USD sont en cours.

Les travaux sur terrain ont été officiellement lancés le 16 avril dernier et suivant les prévisions, la première production est attendue fin 2015, toutes choses restant égales par ailleurs.

Pour ce qui est du projet d'Infrastructures :

Il y a lieu de noter que les décaissements en faveur des projets d'infrastructures ont été effectués avant même la réalisation de l'étude de faisabilité du Projet Minier, garanti de remboursement, et son approbation par les instances gouvernementales de deux pays.

C'est l'occasion également de relever que l'étude de faisabilité prévoit des décaissements de l'ordre de 1,05 milliard USD en faveur des projets d'infrastructures avant la mise en production du projet Minier (Sicomines SARL).

Convention de coopération : quel bilan à ce jour ?

Depuis la signature de la convention et malgré les écueils rencontrés, le projet de Coopération Sino-Congolais a déjà engrangé plusieurs réalisations, essentiellement au volet du développement des infrastructures publiques et communautaires.

A titre d'exemple, avec le prêt de *350 millions USD* obtenu en janvier 2009 d'Exim Bank, la RDC a financé la première tranche des travaux d'infrastructures, notamment : le Boulevard du 30 juin (lot 1), l'Avenue du Tourisme, la bretelle de Lutendele, le tronçon routier Lubumbashi – Kasomeno sur la RN5, le tronçon routier Beni – Luna sur la RN4 et l'Hôpital du Cinquantenaire.

Avec *118 millions USD* de prêt d'Exim Bank, le Congo a pu financer la deuxième tranche des travaux d'infrastructures à savoir : le Boulevard du 30 juin (lot 2), les Boulevards triomphal et Sendwe, l'Esplanade du palais du peuple, l'acquisition d'une unité de production des préfabriqués pour le volet habitat, l'acquisition des groupes électrogènes pour accroître le taux de desserte en électricité de certains Chefs-lieux des provinces et l'acquisition des poteaux solaires pour l'éclairage public de certains Chefs-lieux des territoires.

Avec le montant de *328 millions USD*, apportée en août 2012 comme participation de la partie congolaise (50 %) au développement du projet, la RDC est en train de financer les travaux de construction en cours de la Centrale hydroélectrique de Busanga. Les discussions sont en cours avec les entreprises chinoises pour trouver un mécanisme de financement du projet Busanga en BOT et dégager ainsi le montant de 328 millions USD en faveur des projets d'infrastructures à réaliser avant la mise en production de la Sicomines Sarl, c'est-à-dire, avant fin 2015.

Outre ces réalisations, il y a lieu de noter quelques effets d'entraînement que ce projet de Coopération a apporté au pays. Sur le plan international, l'opinion et les partenaires traditionnels se sont rendu compte que la RDC redevenait un pays fréquentable sur le plan économique et financier, un partenaire crédible avec lequel on peut négocier. Bien plus, la RDC se trouve, du coup, dans une meilleure posture qui lui permet d'obtenir plus et mieux, des conditions autrement plus avantageuses.

Dans le domaine minier, la Convention de Collaboration, ayant été à la base de la revisitation des contrats miniers, a permis à l'Etat Congolais d'améliorer tant soit peu la position des entreprises minières nationales dans les différents partenariats signés avec les entreprises étrangères. Cette amélioration peut être appréhendée à travers le réajustement à la hausse tant du taux de participation au capital de différentes joint-ventures que de la valeur du pas de porte à la tonne de cuivre, sans que ces joint-ventures atteignent les conditions offertes par la Sicomines Sarl à la Gécamines.

L'émergence d'une main d'œuvre congolaise qualifiée

Dans le domaine de la reconstruction, le Projet de Coopération Sino – congolais a inauguré une nouvelle ère dans le secteur de construction avec l'afflux de matériels et équipements de génie civil, favorisant la concurrence, la formation et l'émergence d'une main d'œuvre congolaise qualifiée, la réduction du prix des matériaux de construction (sable, caillasse, ciment, etc.). Cet accroissement de la capacité de construction s'est traduit par le boom immobilier dont nous sommes témoins aujourd'hui à Kinshasa et ailleurs. *Le cadre dans lequel nous nous réunissons ce matin, le Fleuve Congo Hôtel, en est une belle illustration.*

Fortes de cette capacité de construction, les entreprises chinoises dont CREC, Sinohydro, pour ne citer que celles-là, négocient des contrats d'études et des travaux avec le Gouvernement de la RDC et/ou les entreprises publiques. C'est le cas des projets :

* de construction de la centrale hydroélectrique de Zongo II (en exécution) ;

* de modernisation de la piste de l'Aéroport international de N'djili (en exécution) ;

* de construction de nouvelles aérogares de N'djili et de la Luano;

* de modernisation de l'aérogare de Bangoka (Kisangani) ;

* de modernisation du Chemin de fer Kinshasa-Matadi et du Pont de Matadi ;

* de construction des lignes de transport d'électricité et autres (5 lots) ;

* d'implantation d'une unité de montage et de fabrication de compteurs BT à prépaiement ;

* de déploiement de la fibre optique (Phase 2) Kinshasa-Kasumbalesa.

Tous ces projets sont à financer par Exim Bank of China.

Contrairement aux contrats de partenariat conclus entre les entreprises publiques du secteur minier et certaines sociétés étrangères, les ressources du pays, dans le cadre de la Convention d'avril 2008, sont mises en exploitation pour réaliser les infrastructures qui sont mises au service de tous les secteurs d'activités et améliorent la vie de la population.

Des perspectives prometteuses à l'horizon

Après le redimensionnement du Projet Minier à l'initiative de la RDC, la première tonne de cuivre produite par la Sicomines est attendue en 2015 et non, comme initialement prévue, en 2017.

Le Projet de Coopération pourra alors atteindre sa vitesse de croisière en termes d'investissement et d'infrastructures et, éventuellement, aboutir à l'obtention d'une nouvelle ligne de crédit, en fonction des résultats du Projet minier.

On le voit, l'exécution parfaite du Projet augure d'ores et déjà des plus belles perspectives pour le développement des infrastructures, l'amélioration de nos revenus miniers et, au-delà, la reconstruction de la RDC et l'amélioration du bien-être de la population.

Moïse EKANGA,
Secrétaire exécutif du BCPSC.

LE PROJET DE COOPERATION SINO-CONGOLAIS

Le 22 avril 2013, la « Convention de Collaboration » signée entre la République démocratique du Congo et un groupement d'entreprises chinoises accomplissait ses cinq ans d'existence. A cette occasion, Moïse Ekanga Lushyma, Secrétaire Exécutif du Bureau de Coordination et de Suivi du Programme Sino-Congolais (BCPSC), avait tenu, le vendredi 24 mai 2013, une conférence de presse à l'établissement Congo Fleuve Hôtel de Kinshasa.

C'est une allocution importante à plus d'un titre. Elle nous apprend la motivation qui a conduit le Président de la République, Joseph Kabila Kabange, à s'approcher du partenaire chinois pour réaliser son œuvre de la reconstruction nationale. Elle nous renseigne aussi sur le cheminement qui a conduit à la signature de ce Projet de Coopération. Elle nous donne enfin le bilan de cet accord capital, cinq ans après sa mise en application.

Enrichi par quelques éléments relatifs aux années postérieures (de 2014 à 2018), ce discours de 2013 reste d'actualité, dix ans après l'élaboration de la Convention sino-congolaise. Il décrit non seulement le passé, mais il « prophétisait » déjà le présent et envisageait l'avenir. C'est pourquoi, nous le reproduisons in extenso, en espérant qu'il nous serve d'introduction au présent ouvrage, ou nous donne un aperçu général du thème qu'il aborde.

''Mesdames et Messieurs de la Presse,

En date du 22 avril 2008, le Gouvernement de la République et un consortium d'entreprises chinoises représenté par les sociétés CREC et Sinohydro signaient un accord de coopération historique et sans précédent qui totalise aujourd'hui cinq ans.

J'aimerais brièvement m'entretenir avec vous de ce Projet en 6 points :

*au point 1, je retracerai la genèse du projet ;

*au point 2, je vous rappellerai les objectifs qui lui ont été assignés ;

*au point 3, j'évoquerai les modalités de sa mise en œuvre ;

*au point 4, j'esquisserai les préalables à sa mise en œuvre effective ;

*au point 5, je m'attarderai sur le bilan en termes de décaissements, du développement du Projet minier et d'effets d'entrainement dans le cadre de la modernisation et du développement du pays ;

*au point 6, je terminerai en évoquant les perspectives heureuses qui s'offrent à notre Pays à la suite de l'exécution de ce Projet de coopération.

Mesdames et Messieurs de la Presse,

D'emblée, je souhaiterais dissiper un malentendu s'agissant de l'accord intervenu entre le Gouvernement de la République Démocratique du Congo et le Groupement d'entreprises chinoises pour le développement des infrastructures et l'exploitation commune des ressources minières, le fameux « contrat du siècle » !

En effet, *il n'y a jamais eu de contrat* signé dans ce cadre, ni entre la RDC et la République Populaire de Chine, ni entre la RDC et Exim Bank of China. Ce que la presse appelle « le contrat chinois » n'existe donc pas. Je souhaite vivement que nous parlions du « Projet de coopération sino-congolais. »

Cinq ans après, la question que d'aucuns continuent à se poser aujourd'hui est celle de savoir pourquoi la RDC a été amenée à négocier cet accord et pourquoi en ce moment-là.

Rappelons-nous que lors de son discours d'investiture le 26 janvier 2001, Son Excellence Joseph Kabila Kabange, Président de la République, Chef de l'Etat, s'est assigné trois objectifs à savoir :

* Mettre fin à la guerre ;
* Organiser les élections libres et transparentes afin de permettre au Peuple de se choisir ses dirigeants ;
* Reconstruire le pays.

Les deux premiers objectifs ayant été atteints à la suite de la mise en place du Gouvernement communément appelé *1 + 4* et la tenue des élections libres et transparentes en 2006, avec une victoire tant à la Présidentielle qu'aux Législatives, le Chef de l'Etat s'est engagé à partir de 2007 à réaliser sa promesse relative à la reconstruction nationale à travers la vision – programme *« 5 Chantiers de la République ». Mais avec quels moyens ?*

Face à l'insuffisance de ressources financières internes, dans ce pays détruit par trente ans de dictature et une longue guerre et où les partenaires traditionnels n'ont réalisé que 30 à 40 % des promesses de financement, il fallait trouver des voies et moyens, mieux, concevoir un modèle pouvant servir de palliatif à la modicité des recettes du

Trésor et financer ainsi le programme des « Cinq chantiers ». C'est pour répondre à cet impératif que des équipes d'experts ont été déployées à travers les différents continents à la recherche des partenaires.

Le 25 février 2007, l'une de ces équipes fit le déplacement de la République Sud-Africaine, de Hong-Kong, de Shanghai et de l'Indonésie. C'est cette équipe qui participa aux premières concertations avec la China Development Bank (CDB), les entreprises CREC et Sinohydro ainsi que Export Import Bank of China (Exim Bank) en juin de la même année, lesquelles concertations ont débouché à la signature d'un protocole d'accord entre le Gouvernement de la République et l'entreprise Chinoise CREC le 17 septembre 2007 ; lequel est considéré comme l'ancêtre de la Convention de Collaboration du 22 avril 2008 signée entre le Gouvernement de la République et le Groupement d'Entreprises Chinoises, représenté par les entreprises CREC, Sinohydro et leurs filiales.

Un projet pour quels objectifs ?

Le Gouvernement de la RDC devait trouver les ressources financières nécessaires à la réalisation des projets d'infrastructures nationales estimées importantes et urgentes tandis que le Groupement d'Entreprises Chinoises avait pour objectif d'investir dans le domaine de métaux non ferreux dans le territoire de la RDC.

En vue d'atteindre ces objectifs, les parties se sont engagées à :

➢ Pour la RDC :

* Céder les droits et titres miniers couvrant les gisements miniers de Dikuluwe et Mashamba à la JV minière à créer ;

* Obtenir l'adoption par l'Assemblée Nationale d'une loi devant sécuriser le régime fiscal, douanier et de change du Projet de Coopération ;

➢ Pour le Groupement d'Entreprises Chinoises :

* Mobiliser et à mettre en place le financement nécessaire à la construction des infrastructures, c'est « *le Projet d'Infrastructures* » et le développement des concessions minières, c'est « *le Projet Minier* ». *Le Projet d'Infrastructures et le Projet Minier sont appelés collectivement le Projet de Coopération.*

Quelles sont les modalités de mise en œuvre de ce Projet ?

Outre les apports de chacune des parties, la Convention de Collaboration prévoit la création d'une Joint-Venture devant exploiter les gisements miniers, laquelle fut créée en 2008 avec comme actionnaires le Groupe Gécamines détenant *32 % des parts et les Entreprises Chinoises détentrices de 68 % des parts.*

Jouant le rôle de plateforme financière, c'est cette JV minière, la Sicomines Sarl, qui emprunte, finance le Projet d'Infrastructures et le Projet Minier et assure le remboursement sur base de revenus d'exploitation minière évitant ainsi un accroissement de la pression de la dette à l'Etat Congolais.

Au plan financier, les engagements des entreprises chinoises consistent à mobiliser :

*USD 6 milliards pour le Projet d'Infrastructures, lesquels ont été réduits à USD 3 milliards à la demande du Gouvernement de la RDC, pour intégrer les préoccupations soulevées par le Fonds Monétaire International et d'autres bailleurs de fonds traditionnels ;

*USD 3,2 milliards pour le développement du Projet Minier dont 30% au titre de prêt d'associés sans intérêt ;

*USD 350 millions au titre de pas de porte ;

*USD 32 millions au titre de prêt d'associés en faveur de la Gécamines pour sa participation au capital social de la Sicomines Sarl ;

*USD 50 millions de prêt à la Gécamines en vue de la réhabilitation de ses ateliers de Panda.

Il sied de souligner que les fonds levés par les entreprises chinoises dans le cadre de ce Projet de Coopération sont garantis par les entreprises chinoises ; d'une part et la Sicomines Sarl détentrice de doits et titres miniers, d'autre part.

Je voudrais également préciser que le Projet de Coopération Sino-Congolais consacré par les Conventions de Collaboration et de Joint-Venture ainsi que leurs avenants ne stipulent nullement la cession des concessions minières au Groupement d'Entreprises Chinoises ni aux Chinois, mais à une entreprise de droit congolais, en l'occurrence la Sicomines Sarl, constituée en plateforme financière qui emprunte, finance le Projet de Coopération et assure le remboursement sur base de l'exploitation minière.

Quant à la valeur des concessions minières, les estimations des réserves (10 millions de tonnes de cuivre) avancées par la Gécamines ont été vérifiées par un bureau d'études recruté par le Conseil d'Administration de la Sicomines Sarl.

La Sicomines Sarl a entre autres pour obligations, de *commercialiser les produits qui seront issus du traitement métallurgique des minerais aux prix les plus rémunérateurs du marché international et selon les stratégies les plus performantes dans l'intérêt des parties* (Article 9.4.vii de la Convention de JV).

Le remboursement des financements du Projet d'Infrastructures et du Projet Minier est assuré par 66 % du bénéfice d'exploitation de la Sicomines Sarl, le solde soit 34 % étant distribué aux actionnaires au titre de dividendes au prorata de leurs mises.

Cette clause contractuelle ainsi que la hauteur des sommes à mobiliser confèrent une spécificité à l'Accord du 22 avril 2008, ce qui a justifié les différents qualificatifs dans la presse : « Contrats chinois : contrat miracle ... » (*Jeune Afrique* du 19 mai 2008), « les contrats chinois en RDC : un nouvel ordre économique pour l'Afrique ? » (*Alterinfo*) ; « (Quand le fleuve Congo illuminera l'Afrique), le contrat du siècle » (*Le Monde Diplomatique*), etc.

Quels étaient les préalables à la mise en exécution de la Convention?

Vu son importance, l'exécution de la Convention de Collaboration était subordonnée à la réalisation de l'étude de faisabilité du Projet Minier et son approbation par le Gouvernement de la RDC et celui de la République Populaire de Chine.

Si l'Etat Congolais a approuvé la Convention et l'étude de faisabilité au *deuxième semestre de l'année 2010*, la Commission de la Réforme et du Développement ainsi que le Conseil des Affaires d'Etat de la Chine *ne l'ont fait qu'au deuxième semestre de l'année 2011*, période à partir de laquelle, suivant les accords, on pouvait attendre le premier financement tant pour le Projet d'Infrastructures que pour le Projet Minier.

Mais vous conviendrez avec moi que les travaux ont démarré en 2009 au lieu du deuxième semestre de l'année 2011, démontrant ainsi la bonne collaboration qui existe entre les Parties.

En dépit de la bonne foi des parties dans l'exécution de la Convention de Collaboration, quelques autres difficultés ont ralenti le rythme de réalisation des objectifs poursuivis par les contractants.

Parmi ces difficultés on peut citer :

*le crash financier intervenu en 2008 et ses effets pervers sur les cours des minerais ;

*le long délai pris par les institutions chinoises compétentes à approuver l'étude de faisabilité ;

*le long délai qui s'écoule entre le premier décaissement (janvier 2009) et la mise en production (fin 2015) ;

*le retard enregistré dans l'adoption de la loi portant régime fiscal, douanier et de change devant sécuriser le Projet de Coopération;

*le déficit énergétique observé dans la zone du projet (Kolwezi).

Certaines de ces difficultés ont été surmontées, les autres sont en voie de l'être.

Quel bilan à ce jour ?

En ce qui concerne l'exploitation minière :

En janvier 2009, le Ministère de Commerce du Gouvernement Chinois a autorisé au Groupement d'Entreprises Chinoises, actionnaires de la Sicomines Sarl, à décaisser en faveur du Projet Minier la somme de 518 millions USD au titre de la *dépense préliminaire*.

En 2012, un autre financement de l'ordre de 370 millions USD a été accordé à la Sicomines Sarl.

Quant aux engagements pris, les entreprises chinoises ont libéré la totalité du Pas-de-porte à raison de 50 % en 2009 et le solde en 2012, elles ont également versé à la Sicomines Sarl 32 millions USD pour le compte de la Gécamines tandis que les formalités de paiement de USD 50 millions sont en cours.

Les travaux sur terrain ont été officiellement lancés le 16 avril dernier et suivant les prévisions la première production est attendue à la fin de l'année 2015, toutes choses restant égales par ailleurs.

Pour ce qui est du Projet d'Infrastructures, il y a lieu de noter que *les décaissements en faveur des projets d'infrastructures ont été effectués avant même la réalisation de l'étude de faisabilité du Projet Minier*, garanti de remboursement, et son approbation par les instances gouvernementales de deux pays.

C'est l'occasion également de relever que l'étude de faisabilité prévoit des décaissements de l'ordre de 1,05 milliard USD en faveur des projets d'infrastructures avant la mise en production du Projet Minier (Sicomines Sarl).

En janvier 2009, un prêt Exim Bank de USD 350 millions, garanti par le Groupement d'Entreprises Chinoises et la Sicomines Sarl, a été accordé à la Sicomines Sarl pour financer la première tranche des travaux d'infrastructures, notamment : le Boulevard du 30 juin (Lot 1), l'Avenue du tourisme, la Bretelle de Lutendele, le tronçon routier Lubumbashi – Kasomeno sur la RN5, le tronçon routier Beni – Luna sur la RN4 et l'Hôpital du Cinquantenaire.

En juin 2010, un deuxième prêt Exim Bank de USD 118 millions, garanti par le Groupement d'Entreprises Chinoises, fut accordé à la Sicomines Sarl au titre de financement de la deuxième tranche des travaux d'infrastructures à savoir : Boulevard du 30 juin (Lot 2), Boulevards Triomphal et Sendwe, Esplanade du Palais du Peuple, l'acquisition d'une unité de production des préfabriqués pour le volet habitat, l'acquisition des groupes électrogènes pour accroitre le taux de desserte en électricité de certains chefs-lieux des provinces et l'acquisition des poteaux solaires pour l'éclairage public de certains chefs-lieux des territoires.

En août 2012, un montant de 328 millions USD, représentant la participation de la partie congolaise (50 %) au développement du projet de la centrale hydroélectrique de Busanga, a été disponibilisé pour financer ce projet.

En mars 2013, le budget alloué aux infrastructures, en plus du projet Busanga, reprend les rubriques suivantes :

*Nouveaux projets d'infrastructures : USD 53 millions ;

*Provisions pour paiement des avenants des projets déjà réalisés ou en cours de réalisation : USD 65 millions.

Comme je l'ai dit, les discussions sont en cours avec les Entreprises Chinoises pour trouver un mécanisme de financement du projet Busanga en BOT et dégager ainsi le montant de USD 328 millions en faveur des projets d'infrastructures à réaliser avant la mise en production de la Sicomines Sarl, c'est-à-dire avant fin 2015.

Outre ces réalisations, il y a lieu de noter quelques effets d'entrainement que ce Projet de Coopération a apporté au pays.

Sur le plan international, l'opinion et les partenaires traditionnels se sont rendu compte que la RDC redevenait un pays fréquentable sur le plan économique et financier, un partenaire crédible avec lequel on peut négocier. Bien plus, la RDC se trouve, du coup, dans une meilleure posture qui lui permet d'obtenir plus et mieux dans des conditions autrement plus avantageuses.

Dans le domaine minier, la Convention de Collaboration, ayant été à la base de la revisitation des contrats miniers, a permis à l'Etat Congolais d'améliorer tant soit peu la position des entreprises minières nationales dans les différents partenariats signés avec les entreprises étrangères. Cette amélioration peut être appréhendée à travers le réajustement à la hausse tant du taux de participation au capital de différentes joint-ventures que de la valeur du pas de porte à la tonne de cuivre, sans que ces joint-ventures atteignent les conditions offertes par la Sicomines Sarl à la Gécamines.

Dans le domaine de la reconstruction, le Projet de Coopération Sino-Congolais a inauguré une nouvelle ère dans le secteur de construction avec l'afflux de matériels et équipements de génie civil, favorisant la concurrence, la formation d'une main d'œuvre qualifiée congolaise, la réduction du prix des matériaux de construction (sable, caillasse, ciment, etc.). Cet accroissement de la capacité de construction s'est traduit par le boom immobilier dont nous sommes témoins aujourd'hui à Kinshasa et ailleurs. *Le cadre dans lequel nous nous réunissons ce matin, le Fleuve Congo Hôtel, en est une belle illustration.*

Fort de cette capacité de construction, les entreprises chinoises dont CREC, Sinohydro, ... pour ne citer que celles-là, négocient des contrats d'études et des travaux avec le Gouvernement de la RDC et/ou les entreprises publiques. C'est le cas des projets :

*de construction de la centrale hydroélectrique de Zongo II (en exécution) ;

*de modernisation de la piste de l'Aéroport international de Ndjili (en exécution) ;

*de construction de nouvelles aérogares de Ndjili et de la Luano;

de modernisation de l'aérogare de Bangboka (Kisangani) ;

*de modernisation du Chemin de fer Kinshasa – Matadi et du Port de Matadi ;

*de construction des lignes de transport d'électricité et autres (5 lots) ;

*d'implantation d'une unité de montage et de fabrication de compteurs BT à prépaiement ;
*de déploiement de la fibre optique (Phase 2) Kinshasa – Kasumbalesa ;
*Etc.

Tous ces projets sont financés ou à financer par Exim Bank of China.

Contrairement aux contrats de partenariat conclus entre les entreprises publiques du secteur minier et certaines sociétés étrangères, les ressources du pays, dans le cadre de la Convention d'avril 2008, sont mises en exploitation afin de réaliser les infrastructures qui sont mises au service de tous les secteurs d'activités et améliorent la vie de la population.

Mesdames et Messieurs de la Presse,
Après le redimensionnement du Projet minier, à l'initiative des parties, la première tonne de cuivre de Sicomines Sarl est attendue en 2015 et non, comme initialement prévu en 2017. Le Projet de Coopération pourra alors atteindre sa vitesse de croisière en termes d'investissements, en infrastructures et éventuellement ouvrir la voie à l'obtention d'une nouvelle ligne de crédit, en fonction des résultats du Projet minier.

Que Dieu bénisse la RDC ! Je vous remercie.''

Moïse EKANGA LUSHYMA.
Secrétaire exécutif du BCPSC.

LES ENJEUX DE LA COOPERATION SINO-CONGOLAISE

Intervention de M. Moïse Ekanga
au « Colloque International sur les Enjeux de la Coopération Sino-Africaine en RDC », Kinshasa, 5-6 octobre 2017.

Le 17 septembre 2007, à Kinshasa, fut signé un important « protocole d'accord » entre la RDC et un Groupement d'Entreprises Chinoises, un contrat qu'entérina le 22 avril 2008, à Beijing, une « Convention de Collaboration RDC – Entreprises chinoises ».

En 2017-2018, la coopération sino-congolaise totalisait donc dix ans.

Ce fut l'occasion de dresser un bilan, somme toute provisoire, ou partiel. Elle s'est présentée les 5 et 6 octobre 2017, lors du *« Colloque International sur les Enjeux de la Coopération Sino-Africaine en RDC »*, organisé au Congo Fleuve Hôtel de Kinshasa. A cet effet, trois principales allocutions ont été tenues, celles du Secrétaire exécutif du BCPSC, du ministre des Affaires étrangères de la RDC et de l'ambassadeur de Chine en RDC. Voici l'intégralité de l'intervention de Moïse Ekanga.

''Il m'a été demandé, en tant que Secrétaire Exécutif du Bureau de Coordination et de Suivi du Programme Sino-Congolais, BCPSC en sigle, d'intervenir dans le « Colloque International sur les Enjeux de la Coopération Sino-Africaine en RD Congo », organisé du 5 au 6 octobre 2017 par l'Institut National des Arts (INA). Le thème principal retenu par l'organisateur est la « Contribution d'un Partenariat stratégique gagnant-gagnant entre la Chine et la RDC au renforcement de la Mise en Œuvre de l'Agenda 2030 pour le Développement Durable en RDC ».

Mon intervention est brève. Elle concerne les « Enjeux de la Coopération Sino-Congolaise ». On peut entendre par « enjeu », ce que l'on peut gagner ou perdre dans une compétition, dans une entreprise, dans un Conflit, dans une collaboration, etc. Dans une Coopération entre deux pays, l'enjeu consiste donc à ce que chacun des gouvernements ou chacun des peuples peut gagner ou perdre en rapport dans les relations qu'ils établissent.

Il s'agit ici d'analyser les enjeux de la Coopération Sino-Congolaise. L'on peut faire débuter la Coopération entre la RDC et la République populaire de Chine (RPC) à l'accession à la souveraineté internationale de notre pays. Elle continue naturellement jusqu'à ce jour, et nous espérons qu'elle ne s'estompera point.

J'ai cru nécessaire d'aborder cette Coopération en quatre périodes.

- *La 1ère s'étale de 1960 à 1965*, une période pendant laquelle le gouvernement chinois accorda même au Gouvernement congolais un prêt de 15.000.000 FC, lequel ne lui arriva malheureusement pas.

- *La 2ème période, qui s'étend de 1965 à 1997*, se caractérise par une Coopération Sino-congolaise essentiellement orientée vers le secteur agricole (avec l'envoi par la RPC des missions agricoles pour promouvoir l'agriculture, notamment la culture du riz) et celui des

Infrastructures (avec notamment la construction du Palais du Peuple, du Stade de martyrs ex-Kamanyola, de la Cité présidentielle de la N'sele...

Je fais remarquer que, ''étant donné le niveau de développement et le faible niveau d'interventions de la Chine, ces deux périodes ne présentaient pas de grands enjeux.''

- *La 3ème période, qui va de 1997 à 2007*, se caractérise par :

1° une Coopération militaire demandée à la Chine par le président LD Kabila pour contrer l'offensive du RCD d'août 1998 (la Chine lui accorda un prêt de USD 53 millions de USD à cet effet) ;

2° la volonté affichée par la RDC de renforcer la Coopération avec la Chine.

- *La 4ème période, qui commence en 2007 et se poursuit à ce jour*, est essentiellement la *période de redynamisation de la Coopération Sino-congolaise*. Elle comprend quelques moments forts suivants :

1°. La réalisation des projets d'infrastructures en BOT (route L'shi-Kasumbalesa) ;

2°. La signature de la convention de collaboration du 22 avril 2008 ;

3°. Le financement des Infrastructures par Exim Bank de Chine aux conditions préférentielles (Piste de l'aéroport de N'djili, Projet Zongo 2, Projet de déploiement de la fibre optique Muanda-Kinshasa et Kinshasa-Kasumbalesa) ;

4°. La participation au Forum de Coopération Sino-africaine.

A présent, je vais esquisser le bilan de la Coopération Sino-Congolaise en ces quelques mots :

1. Pour le Projet de Coopération sino-congolais :

1°. USD 2,6 milliards dont 826 millions dans les Infrastructures ;

2°. Production des cathodes (de cuivre) depuis novembre 2015 en fonction de l'approvisionnement en énergie électrique ;

3°. Démarrage du développement du Projet de la centrale hydroélectrique de Busanga (240 MW) ;

4°. 2016, la première année de production a dégagé un bénéfice ;

5° Poursuite de travaux de construction des Infrastructures.

2. *Les projets bénéficiant des prêts préférentiels* du gouvernement chinois se poursuivent avec beaucoup de difficultés.

3. Quant au *Forum de Coopération Sino-africaine*, la RDC n'a pas encore tiré bénéfice de différents financements mis en place lors du Sommet de Johannesburg. Notamment, faute de produire de sérieuses études de faisabilité, elle ne peut recevoir les 7 milliards USD que lui a réservés la Chine sur les 60 milliards octroyés à l'ensemble du Continent noir.

Comme moi, vous avez noté qu'il existe ou subsiste quelques difficultés pour la mise en œuvre du Projet de Coopération :

1. L'absence de projets, mieux l'absence des études de faisabilité avec comme conséquences :

1°. Longs délais entre la disponibilité du financement et le démarrage effectif de travaux,

2°. Difficulté de maîtriser les coûts des projets (==>ant le phénomène de budgets additionnels)

3°. Difficultés d'accès au financement annoncé au Sommet de Johannesburg.

2. L'exigence de réunir les conditions de concessionnalité exigées par le Ministère des Finances pour les projets soumis au financement d'Exim Bank de Chine ;

3. Les difficultés de libérer la contrepartie de 15 % exigés au bénéficiaire du financement ;

4. Délais généralement longs d'études du dossier au niveau de l'Exim Bank (deux ans).

L'on peut se demander : ''Que Faire ?'', pour sortir de cette « impasse ». L'on peut envisager quelques lignes de sortie, dont :

1. En l'absence d'une allocation budgétaire du Trésor Public pour financer les études de faisabilité, il y a lieu d'instituer une redevance « financement Étude de Faisabilité ».

2. Pour les projets rentables, on a obtenu du gouvernement chinois la prise en charge de la contrepartie de 15 % par les entrepreneurs et la cession de l'exploitation du Projet par ce dernier jusqu'au remboursement du prêt ;

3. Continuer à travailler avec les frères africains pour obtenir l'assouplissement des conditions de concessionnalité annoncé par le Président XI Jinping en décembre 2015 ;

4. Rendre effective l'application de la loi sur la sous-traitance.

Pour terminer, je voudrais dire que le BCPSC se montre déterminé à réussir le Programme Sino-Congolais dont il a la charge. ''Nous devons le faire, à cause de bénéfices que notre pays tire de cette Coopération « gagnant-gagnant » notamment en termes de coûts de travaux, de la présence massive de matériels et équipements de génie civil et de modernisation de nos Infrastructures dont le cadre qui nous accueille ce jour constitue un exemple palpant.''

"SUR LES $ 6,6 MILLIARDS, ON A DECAISSE A CE JOUR $900 MILLIONS POUR LES INFRASTRUCTURES ET $1,8 MILLIARD POUR LES MINES"

Interview de Moise EKANGA
accordée à Hubert Leclercq de *La Libre Afrique*,
le 18 août 2020[1].

Depuis plus de dix ans, il était présenté par la presse occidentale comme trop nationaliste et hostile aux occidentaux. Le Secrétaire Exécutif du Bureau de Coordination et de suivi du programme sino-congolais(BCPSC), Moise Ekanga, suit avec attention les moindres faits et gestes du monde des affaires en République Démocratique du Congo en particulier et dans le monde en général. Elu Député national dans le territoire de Lomela en 2018 et Sénateur de la province du Sankuru en 2019, sa parole est aussi rare que celle du Président de la République honoraire Joseph Kabila dont il est proche. Et quand il parle, ses paroles sont minutieusement scrutées tant par les Chinois que par les occidentaux. Ces derniers peuvent se rassurer qu'il n'est pas opposé à la Coopération belgo-congolaise. Moise Ekanga l'a souligné au cours d'une interview qu'il a accordée à Hubert Leclercq de Libre Afrique, un journaliste connu pour ses articles poignants contre l'ancien régime au pouvoir en RDC. Voici l'intégralité de ladite interview.

Moise Ekanga, un nom synonyme de... contrats chinois en République démocratique du Congo et dans le monde des affaires qui observe, ne fût-ce qu'un tantinet, ce qui se passe dans ce géant d'Afrique centrale. Proche de Kabila, l'homme, élu député national de Lomela sur la liste du PPRD puis sénateur du Sankuru en mars 2019, comme indépedant, demeure aussi et surtout le Secrétaire Exécutif du

[1] Tiré de *La Libre Afrique*, *http://alternance.cd/2020/08/21/cooperation-belgo-congolaise-moise-ekanga-une-interview-qui-fait-bouger-les-lignes/*

*Bureau de coordination et de suivi du programme sino-congolais, alias BCPSC, alias le "*contrat chinois*".*

Un contrat signé le 22 avril 2008 entre l'État congolais et un groupement d'entreprises chinoises (deux entreprises étatiques et une société privée de droit chinois). De ce contrat naîtra la Sicomines SA, la joint-venture constituée par le gouvernement congolais (représenté ici par la Gécamines) et le Groupe des entreprises chinoises (GEC). Les Chinois détenant 68 % de cette joint-venture, pour 32 % à la Gécamines.

Le système mis en place est relativement simple et répond à la fois aux besoins de la Chine de se garantir l'accès aux matières premières dont elle a besoin pour faire tourner son secteur industriel, tout en se protégeant contre les risques que la dette contractée par la RDC ne soit jamais honorée. La RDC peut, via ce contrat, financer les infrastructures dont elle a besoin pour son développement. C'est donc un système de troc dans lequel ce sont les bénéfices futurs de la Sicomines SA qui serviront à rembourser les travaux d'infrastructures. "Une fois la dette effacée, les installations et les concessions seront transférées à l'État congolais après concertation", *explique Moïse Ekanga.*

Plus de 12 ans après la signature de ce "contrat du siècle", on peut dire, M. Ekanga, que tout ne s'est pas déroulé comme prévu ?

Tout n'a pas été parfait mais je pense que nous progressons de manière satisfaisante. Si les travaux d'infrastructures ont pu commencer rapidement, dès 2009, la production minière, elle, a mis beaucoup plus de temps à se mettre en route. Ce n'est qu'en 2016 que la production a réellement pu commencer pour la Sicomines. La production minière, c'est un processus lourd, sans oublier que la RDC connaît de gros soucis d'énergie. Or, les mines ont besoin de beaucoup d'énergie. Les travaux d'infrastructure, qui sont vitaux, car je dis toujours que la route du développement passe par le développement de la route, ont commencé essentiellement dans les zones les plus facilement accessibles comme le Katanga, le Bas-Congo ou Kinshasa. Le centre du pays n'est pas oublié mais il est difficilement accessible et nous avons dû freiner le rythme des travaux d'infrastructure tant que les investissements dans le secteur minier ne rapportaient pas car la RDC ne pouvait alors pas rembourser les investissements réalisés par les entreprises chinoises. Si nous ne pouvions rembourser, la charge de la dette s'accumulait. C'était un cycle dangereux.

Le contrat chinois prévoit que 6,6 milliards de dollars soient apportés par les partenaires chinois ?

Oui, 3 milliards pour les infrastructures et 3,6 milliards pour le projet minier.

Concrètement, qu'est-ce qui a été investi jusqu'à aujourd'hui ?

On a décaissé 900 millions de dollars pour les infrastructures, intérêts compris, et 1,8 milliard pour les investissements miniers.

Vous dites que la production minière a commencé fin 2015. Pouvez-vous nous donner une idée de ce qui a été produit.

Je peux vous dire que les bénéfices vont croissants malgré les fluctuations des cours des matières premières. En 2016, le bénéfice a flirté avec les 100 millions de dollars. On a triplé ce chiffre en 2017, et on a atteint les 400 millions de dollars de bénéfices en 2018 et 2019.

Comment sont ventilés ces bénéfices ?

Tout est très transparent. 35 % de ces bénéfices vont au paiement de dividendes aux actionnaires et 65 % servent au remboursement des emprunts, capital et intérêt.

Où vont ces 35 % de bénéfices qui reviennent à l'État congolais ?

C'est argent va à la Gécamines.

Pas dans les caisses de l'État congolais ?

Le contractant, ce n'est pas l'État congolais mais la Gécamines.

Le souci de fourniture énergétique vous a obligé à revoir vos prétentions à la baisse.

En effet, vu ce souci d'approvisionnement en énergie électrique, l'objectif de production de 250 000 tonnes de cuivre par an a été revu à la baisse. Les partenaires chinois et congolais se sont entendus pour investir pour la première phase dans des installations industrielles d'une capacité de production de 125 000 tonnes par an en attendant l'accroissement de l'offre énergétique qui passe par la construction d'une centrale hydroélectrique à Busanga.

La population locale de Busanga, dans la province du Lualaba, doit quitter ses terres face à la construction de la retenue d'eau pour la centrale hydroélectrique. Elle se plaint du peu qu'elle reçoit pour cette expropriation...

Les soucis pour les habitants de Busanga ont été réglés. Aujourd'hui, la Gécamines et le ministère des Mines travaillent sur les questions relatives aux personnes qui y exploitaient des carrés miniers. Si ces exploitants sont dans leur bon droit, ils recevront un autre carré minier. Les autres ne recevront rien.

La centrale hydroélectrique sera financée par les Chinois alors qu'initialement l'État congolais devait investir 50 % ?

En effet, le budget de ce projet estimé à 656 millions de dollars devait être financé à parts égales entre la RDC et la Chine. Mais en 2014, le président Kabila a promulgué la loi sur la libéralisation du secteur de l'électricité. Laquelle permettait notamment à l'État congolais de chercher des investisseurs privés plutôt que d'engager des millions de dollars destinés au financement des projets d'infrastructure. Les actionnaires chinois de Sicomines SA ont pris la résolution de signer un contrat de concession avec le gouvernement congolais pour le développement du projet de Busanga. Ce projet est totalement financé par les Chinois, lesquels détiennent 75 % des parts et ont cédé 25 % aux entreprises d'État et privées congolaises via un système de portage. Busanga doit permettre la production de 240 mégawatts. Le projet minier a besoin de 170 mégawatts, il sera donc possible de réinjecter 70 mégawatts sur le réseau national qui viendront s'ajouter aux 50 mégawatts fournis jusqu'ici par la SNEL (société nationale d'électricité) au projet minier. C'est donc un projet très important pour l'avenir énergétique du pays.

A vous entendre, ce contrat du siècle est très avantageux pour toutes les parties. Pourquoi ne pas avoir multiplié ce genre d'initiative avec d'autres partenaires ?

Nous avons reçu des demandes mais nous sommes bloqués parce que nous ne disposons pas à ce jour de concessions minières ayant des réserves prouvées. Nous savons que nous disposons d'un potentiel important mais nous ne pouvons pas le chiffrer scientifiquement.

Pourquoi ne pas investir dans ce genre de recherches ?

Le ministère de Mines a signé un contrat avec la société espagnole Excalibur qui dresse des cadastres miniers mais, une fois de plus, s'est posé un problème de financement. Du coup, ce projet n'a toujours pas commencé.

On vous sent un peu désabusé face à ce constat ?

Si nous ne changeons pas de mentalité, nous n'évoluerons pas. Vous avez vu la place de la RDC dans le classement mondial du doing business ? Ce n'est pas encourageant. Comment voulez-vous attirer les investisseurs s'ils n'ont pas la garantie d'opérer avec sérénité et d'être à l'abri des tracasseries administratives et judiciaires. J'ai vu défiler des hommes d'affaires très intéressés. La journée, ils rencontrent les officiels qui leur présentent une certaine vision du potentiel du pays mais la nuit, ils voient les opérateurs économiques qui travaillent sur le terrain et qui leur expliquent les difficultés auxquelles ils sont confrontés. Dans ce contexte, c'est très compliqué de faire venir des investisseurs. La RDC est évidemment responsable de cette situation mais je pense que la Belgique a aussi un rôle à jouer. Je suis très sérieux. Vous connaissez le pays mieux que les autres et votre voix est écoutée dans toute l'Europe et même aux États-Unis. Il est important que nous puissions retravailler ensemble, chacun faisant sa part. Je ne demande pas aux Belges de faire tout le travail à notre place mais ce sera plus facile de commencer avec des gens que l'on connaît.

Voilà une invitation surprenante dans le chef d'un homme souvent considéré comme anti-occidental ?

Cette image est née avec le contrat chinois. Je suis un pragmatique. Je suis prêt à travailler avec tout le monde si c'est pour le bien de mon pays.

Le contrat chinois est basé sur la production et la vente de cuivre et de cobalt, pourtant, initialement, lors de vos premiers voyages en Chine vous cherchiez à commercialiser d'autres matières ?

C'est exact, en 2007, quand nous avons commencé les discussions avec la Chine, nous pensions leur vendre du chrome et du nickel. Les Chinois étaient intéressés. Ils sont allés dans le Kasaï, où se trouvent ces matières premières. Ils ont fait des prélèvements qui étaient très positifs. Mais il n'y avait pas d'électricité du tout au Kasaï, le projet n'est pas allé plus loin et nous nous sommes tournés vers le cuivre et le cobalt. Ce qui signifie que lorsque nous aurons de l'électricité, il y a là un vrai potentiel.

Le 6 août dernier, l'ONG britannique Global Witness a critiqué un contrat passé entre la Gécamines et une société chinoise (CNMC) pour le projet minier de Deziwa. Un projet qui porte sur 4,6 millions de tonnes de cuivre et 420 000 tonnes de cobalt et qui prévoit un investissement de 880 millions de dollars de la société chinoise sous forme de prêt. Après quoi, les infrastructures doivent être transférées à la Gécamines (qui possède 49 % des parts de la nouvelle société Somidez, pour 51 % à son partenaire chinois). Mais il y a un souci pour l'ONG britannique : CNMC veut réaliser au préalable des « bénéfices raisonnables ». Or, faute de chiffres et de date, difficile de savoir si ce mégacontrat est équitable. Vous pouvez rassurer l'ONG ?

Selon les informations qui m'ont été transmises par la Gécamines, les choses sont très claires. Au bout de 9 ans, les Chinois auront récupéré leur mise avec bénéfices et l'ensemble des infrastructures sera alors transféré à la Gécamines. Ce sera peut-être même plus rapide, les calculs sont faits sur un prix de 5 000 dollars la tonne de cuivre. Aujourd'hui, le cours est à un peu plus de 6 000 dollars.

ARTICLES DE PRESSE SUR LA SICOMINES

Sicomines produit sa première cathode à Kolwezi, le rêve devient réalité

Alunga Mbuwa
09/11/2015 - 02:00

https://www.lesoftonline.net/articles/sicomines-produit-sa-premi%C3%A8re-cathode-%C3%A0-kolwezi-le-r%C3%AAve-devient-r%C3%A9alit%C3%A9

Cette nouvelle étape franchie, le Congo va pouvoir lever des fonds via les entreprises chinoises.

Louise Munga Mesozi, ministre du Porte-feuille, accompagnée de son collègue des Mines, Martin Kabwelulu, a présidé vendredi 6 novembre la cérémonie de mise en production de la phase 1 du projet minier Sicomines, produit du fameux contrat sino-congolais.

Le volet exploitation minière du contrat est ainsi donc entré en production avec, dans sa première phase, un objectif de 125.000 t/an et, à terme, aussitôt que la question énergétique qui se pose avec acuité au Katanga résolue avec la mise en service du barrage de Busanga, une production annuelle atteignant 250.000 tonnes de cuivre raffiné (à 99%).

La grande différence à la Sicomines est dans la mécanisation de la production. « Tout y a été automatisé, selon un observateur. C'est la technologie la plus poussée au Congo, la capacité la mieux installée ». La Sicomines, « avec 10 millions de tonnes de réserves (gisements) en cuivre et 6 millions en cobalt, se positionne désormais dans le Top 10 des producteurs dans le monde. La première cathode de cuivre, produite par cette nouvelle usine, a été officiellement produite vendredi 6 novembre.

Communiquer pour expliquer.

« Aujourd'hui est un tournant dans l'accomplissement du projet Sicomines », s'est réjoui le secrétaire exécutif du Bureau de coordination et de suivi du programme sino-congolais, BCPSC, Moise Ekanga Lushyma.

Le lancement de la production à Kolwezi, capitale de la nouvelle province du Lualaba, s'est déroulé en présence du vice gouverneur de l'Eximbank chinoise et des présidents de CREC et de Sinohydro, arrivés au Congo pour fêter l'événement.

Ces derniers mois, le BCPSC s'est fait fort de communiquer sur le projet. Lors des programmes télévisés comme lors des visites de diplomates. Des diplomates accrédités à Kinshasa - l'Européen Jean-Michel Dumond, le britannique Jan Lambe, le Chinois Wang Tong Qing, un conseiller de l'ambassade des Etats-Unis à Kinshasa, Eric Madison, le consul général de Belgique à Lubumbashi Stephane Doppagne, le chef des opérations de la Banque mondiale pour les deux Congo, Ndiaye Ahmadou Moustapha, la directrice pays du PNUD, Mme Priya Gajraj et le représentant résident du FMI Oscar Melhado - ont ainsi été conduits à Kolwezi.

Pour Moïse Ekanga, cette visite d'information entrait dans un cadre de transparence et de redevabilité. « De la Sicomines, on en parle beaucoup mais peu saisissent réellement la portée de ce projet. L'objet de la présente visite est de toucher du doigt la réalité du projet à son stade actuel », a-t-il indiqué.

La visite a permis aux invités de noter l'avancée du projet. Un personnel local évalué à 3.000 agents, soit 75 % de l'effectif, a été recruté et bénéficie de nombreuses formations qui devraient lui permettre de remplacer peu à peu le personnel expatrié chinois à certains postes.

Le rêve devient réalite.

L'embauche du personnel local a été effectuée de manière à favoriser les populations riveraines. La société .a consenti à indemniser systématiquement les paysans délocalisés en vue du projet.

« Plus de 60 millions de dollars sont inscrits au budget de la Sicomines pour la mise en œuvre de la protection environnementale », a indiqué Sun, Rui Wen, directeur général de la Sicomines.

Voilà huit ans que le projet Sicomines a débuté lorsque le Congo s'est tourné vers la Chine pour trouver des financements supplémentaires nécessaires à la mise en œuvre de son ambitieux programme de reconstruction et de modernisation.

En septembre 2007, un protocole d'accord est signé entre le Congo et un groupement d'entreprises chinoises. Le 22 avril 2008, le protocole d'accord a permis la signature, entre notre pays et le groupement d'entreprises chinoises, d'une Convention de collaboration mieux connue sous le nom de Projet de coopération sino-congolais.

Outre la réalisation d'infrastructures, ce projet a mis en place une joint-venture dénommée Sicomines pour l'exploitation commune des minerais entre le Congo et le groupement d'entreprises chinoises. Celle- ci constitue la clé de voûte du Projet puisque cette entreprise de droit congolais joue un rôle de plateforme financière.

C'est la Sicomines qui emprunte et finance les deux volets de la Convention, à savoir, le Projet Infrastructures et le Projet Minier. C'est elle aussi qui assure le remboursement de la dette à partir des revenus d'exploitation minière.

C'est elle - détentrice des droits et titres miniers - qui garantit, côté congolais, les fonds levés par les entreprises chinoises dans le cadre du Projet. La Convention prévoit qu'après la commercialisation des produits issus du traitement métallurgique des minéraux aux prix les plus rémunérateurs du marché international, la Sicomines se charge d'assurer le remboursement à hauteur de 66 % des financements du projet Infrastructures et du projet minier et de redistribuer les 34 % autres aux actionnaires à titre de dividende.

Maitenant que la première catoque est sorte des usines de Kolwezi, il ne reste aux Congolais qu'à rêver aux flux d'investissements dont le pays va bénéficier pour sa reconstruction.

Sicomines : un bel exemple de coopération sino-africaine

Par Funeka Yazini April, expert au Human Sciences Research Council de l'Afrique du Sud.

28. 07. 2016, *http://french.china.org.cn/business/txt/2016-07/28/content_38977299.htm*

La cérémonie de lancement de la première phase du projet de minerai de cuivre-cobalt de Sicomines en République démocratique du Congo.

La Sino-congolaise des mines (Sicomines) est un bel exemple de l'industrialisation des mines sur le continent africain. Le 22 avril 2008, un accord de coopération de nouveau type d'une valeur de 6,7 milliards de dollars (3 milliards de dollars pour les infrastructures et 3,7 milliards de dollars pour les ressources minières) destiné à un échange entre la propriété des mines et les infrastructures a été signé entre Sinohydro, China Railway Engineering Corporation et la Gécamines (Société générale des carrières et des mines) contrôlée par la République démocratique du Congo.

La signature de cet accord a alors suscité une forte protestation de la part de la Banque mondiale et du FMI. Leurs griefs : Le montant exorbitant de l'investissement chinois, et le fait que les pays africains exportant les minerais bruts depuis des dizaines d'années, sont toujours confrontés à la faiblesse de leur industrie. La Chine souhaitait aider l'industrialisation de certaines régions la RDC par le développement des infrastructures, et créer un nouveau modèle de coopération avec l'Afrique, pourtant, l'industrialisation en tant que moteur de la croissance économique ne peut pas être exagérée.

Des termes de l'accord portant sur la main-d'œuvre et l'exploitation des ressources déséquilibrées entre l'Afrique et le reste du monde étaient également sujets à polémique. De nombreux reportages soutiennent qu'en Afrique, les entreprises chinoises amènent des travailleurs chinois pour la construction des infrastructures en dépit des habitants locaux.

Malgré d'abondantes ressources, l'Afrique fait face à la pauvreté et au sous-développement, aussi l'exploitation de ses minerais reste toujours une question controversée. Les profits de l'industrie minière en Afrique n'étant pas utilisés convenablement pour la stimulation de l'industrialisation sur le continent.

Nous sommes allés rencontrer Sicomines pour voir ce qu'il en est et évaluer l'influence de cette société sur la RDC, aux travers des infrastructures et de la main-d'œuvre, et du point de vue des Chinois et des Africains. Sicomines a réalisé la majorité écrasante des programmes des infrastructures d'urgence, dont le boulevard du 30 Juin, l'esplanade devant le palais du Peuple, le boulevard du Triomphe et l'avenue du Tourisme. Elle a aussi construit des routes d'une longueur totale de 220 km, construit 19 groupes-générateurs et installé 6 626 panneaux solaires.

La RDC sort d'une guerre civile et est en train de se reconstruire. Les routes sont très importantes pour ce pays confronté à la pénurie d'infrastructures. Le long du boulevard du 30 juin à Kinshasa, la capitale, se dressent des gratte-ciel qui étaient inexistants il y a une décennie, le commerce se développe.

Il y a dix ans, on avait besoin d'un 4X4 pour rouler dans Kinshasa; aujourd'hui la situation a totalement changé grâce au développement des infrastructures. Le commerce étant facilité, le progrès industriel pousse la croissance économique.

Le phénomène que les entreprises chinoises emploient principalement la main-d'œuvre chinoise n'existe pas à Sicomines. Bien au contraire, les agglomérations autour des régions minières à Kolwezi, où Sicomines est installée, bénéficient amplement de l'accord de l'industrie minière. Parmi les 3 000 travailleurs employés par la Sicomines, plus de 76 % sont Congolais, ce qui apporte à la RDC d'importantes opportunités de développement, tout en renforçant la capacité à construire de ce pays.

La société organise également des formations professionnelles pour les employés locaux afin d'améliorer leur niveau technique. Depuis 2013, plus de 20 000 employés congolais ont reçu des formations en gestion, en ingénierie, en technique, en sécurité, et une formation judiciaire. Après une visite à Sicomines au mois de mai

2015, la Banque mondiale et le FMI ont finalement donné à la société une appréciation positive, revenant sur leur attitude de départ.

Les enquêtes sur place confirment que Sicomines ne ménage pas ses forces pour respecter les clauses de l'accord signé en 2008, et que les habitants de la RDC bénéficient véritablement de cet accord. Le cas de la Sicomines montre que pour l'Afrique, qui a un besoin urgent d'investissements dans les infrastructures et de moderniser son économie, les investissements chinois peuvent se révéler une solution partielle.

Le plus grand défi affronté par l'industrie minière de l'Afrique au XXIe siècle réside dans le sous-développement industriel. D'après une enquête effectuée en 2013 dans les régions sub-sahariennes, les Africains considèrent l'emploi et les infrastructures comme leur principal souci. D'après les habitants locaux, la promesse d'une révolution industrielle par les infrastructures, les installations et les services publics est un attrait pour les Congolais. Le cas de la Sicomines est un exemple typique d'une coopération sino-africaine saine. Pour les pays africains, l'enjeu actuel est de déterminer si le modèle de coopération entre la Chine et la RDC mis en place en 2008 peut être mieux conçu pour promouvoir la valorisation du minerai que prônent la vision africaine de l'exploitation minière et l'Agenda 2063 de l'Union africaine.

Kolwezi en pleine croissance : la Sicomines, la plus célèbre parmi les compagnies chinoises opérant dans la province

Par Muriel Devey Malu-Malu
https://www.jeuneafrique.com, 8 février 2011 à 17h04.

C'est dans l'arc cuprifère, dont le district est le centre nerveux, que se concentrent les plus grands gisements. Voyage au cœur d'une ville qui grandit au milieu des concessions.

Espace urbain et zone minière se côtoient.

Depuis l'avion – un petit porteur d'une vingtaine de places -, la vue est grandiose. À l'est, la majestueuse rivière Lualaba – qui prendra le nom de Congo à Kisangani – ondule à travers champs, tel un gros serpent repu. Et nous arrivons à Kolwezi. Sur le trajet depuis l'aéroport, hormis quelques camions et bus jaunes *« made in USA »* qui sillonnent une route tout juste réhabilitée, rien n'indique que l'on se trouve dans le plus grand centre minier de la RD Congo. Pas plus qu'en centre-ville, dans la coquette commune de Manika, comme endormie à l'ombre de ses arbres touffus. Seules les villas des anciens cadres de la Gécamines rappellent le temps glorieux de l'ex-géant minier.

Il faut pousser jusqu'à l'ouest du centre-ville et franchir la barrière d'accès de la concession que la Gécamines partage avec ses partenaires pour réaliser que l'on est bien dans l'antre des « mangeurs de cuivre », comme le rappelle une pancarte rouillée. Devant nous, un paysage lunaire, parsemé de touffes de verdure. Sur plusieurs kilomètres, ce ne sont que mines souterraines et carrières à ciel ouvert – vastes gradins circulaires de pierre et de terre rouge, parfois envahis d'eaux bleutées, remblais grisâtres, amas poudreux olivâtres, pylônes, usines… Le tout baigné de nuages de poussière et de fumée. Au lointain, on distingue des creuseurs, souvent très jeunes, et quelques femmes et négociants, « petits poucets » perdus dans l'immensité des lieux.

Une cité internationale

L'empire minier de Kolwezi s'étend bien au-delà de cette concession. Il couvre l'ensemble du district (formé des communes urbaines de Manika et de Dilala, et des territoires ruraux de Lubudi et de Mutshatsha). L'un des plus grands projets y est mené par Kamoto Copper Company (KCC), un partenariat entre Katanga Mining, filiale du suisse Glencore, et la Gécamines. Sa fusion avec DRC Copper and Cobalt Project a permis à KCC de mettre la main sur les importants gisements de Kamoto et de Kov. Glencore est aussi actionnaire de Mutanda Mining, via sa filiale Samref, qui a confié l'exploitation de sa carrière de Kisanfu au libanais Bazano. Glencore gère quant à lui l'usine, dont la production de 20 000 tonnes de cathodes doit tripler d'ici à 2012, grâce à deux nouvelles unités d'électrolyse.

L'autre grande concession est confiée à Tenke Fungurume Mining, contrôlé par l'américain Freeport-McMoRan Copper & Gold, aux côtés de son compatriote Lundin et de la Gécamines : un royaume d'une centaine de collines, à l'est de Kolwezi, formant les mines de Kwatebala et de Tenke-Sefu-Fwaulu, auxquelles s'ajoutent deux usines de transformation du cuivre et du cobalt.

Parmi les poids lourds figure aussi Metalkol, dont l'actionnaire majoritaire, le kazakh Eurasian Natural Resources Corp. (ENRC), a récupéré les riches rejets de Kingamyambo, autrefois attribués à

Kingamyambo Musonoi Tailings, une filiale du canadien First Quantum Minerals – dont le litige avec l'État congolais sur ce dossier est actuellement soumis à un arbitrage international. ENRC a également pris le contrôle de Boss Mining, qui exploite la mine de Mukondo, à Kakanda, et dispose de deux concentrateurs et d'une usine hydrométallurgique.

Des projets de plus petite envergure, en phase d'exploration, sont menés par la Société d'exploitation des gisements de Kalukundi, détenue par l'australien Africo Resources, ainsi que par la Société minière de Deziwa et Ecaille C, une filiale de Platmin Congo. Les Indiens sont présents également, via Kisanfu Mining, une coentreprise associant Aurum, la Société minière du Katanga et Mineral Mining Resources.

Enfin, parmi les compagnies chinoises opérant dans la province, la plus célèbre est la Sino-Congolaise des mines (Sicomines), un partenariat entre China Railway, Sino Hydro et la Gécamines. La Sicomines a hérité des gisements de Dikuluwe, Mashamba, Jonction D et Cuvette Dima, mais leur exploration est retardée, la carrière étant noyée. Les Chinois se rattrapent via la Compagnie minière de Musonoï (Western Mining) et la Minière de Kalumbwe Myunga (China Overseas Engineering Corp.), en phase d'exploration. Quant à la Congo Dong Fang International Mining, elle pourrait reprendre l'exploration, actuellement à l'arrêt, des rejets de la mine de Mutoshi, détenue par la Société minière de Kolwezi (joint-venture entre Anvil Mining et la Gécamines).

Responsabilités sociales

Forage, prospection, construction de mines, production, réhabilitation et réalisation de concentrateurs et d'usines métallurgiques… Les sites sont de véritables ruches. Certains sont aussi pourvus de logements pour les ouvriers recrutés aux quatre coins du monde. Les travailleurs congolais, eux, logent en ville, notamment dans les cités minières – Musonoï, Kapata et Luilu – construites par la Gécamines.

Pour nourrir et soigner leurs employés et s'acquitter de leurs responsabilités sociales vis-à-vis des villages situés dans leurs périmètres, les compagnies investissent dans l'agriculture, forent des puits, construisent des hôpitaux, des écoles… Des réalisations auxquelles elles consacrent un pourcentage des droits superficiaires et de la redevance minière ; la part qui leur est demandée, selon elles. Pourtant, certains exigent la mise en place d'un organe tripartite – pouvoirs publics (État et province), société civile et représentants des miniers – chargé de contrôler la mise en œuvre effective, par les entreprises, de leurs responsabilités sociales.

Mais ce sont surtout l'approvisionnement énergétique et les transports qui préoccupent les miniers. Bien qu'assurée par les centrales hydroélectriques de Nseke et Nzilo, par la connexion aux lignes à haute tension de la centrale d'Inga (dans la province du Bas-Congo) et par des groupes électrogènes, l'offre en énergie est très insuffisante. Tous attendent donc l'achèvement de la centrale de Busanga, sur la Lualaba, à 50 km de Kolwezi.

Autre chantier suivi de près : la reconstruction du chemin de fer angolais de Benguela (CFB), détruit par la guerre civile dans ce pays (1975-2002). L'État angolais, qui a confié les travaux à des entreprises chinoises, annonce que ce réseau de 1 350 km devrait être opérationnel en 2012. Il permettra d'évacuer dans de meilleures conditions les minerais katangais depuis Dilolo, le tout proche poste frontalier, et d'acheminer les équipements industriels lourds depuis le port angolais de Lobito, sur la côte atlantique. D'ici là, le transport s'effectue surtout par la route, avec ses aléas, en particulier sur le tronçon Kolwezi-Likasi, en cours – enfin – de bitumage.

Implantation d'agences bancaires, de magasins, d'hôtels et de restaurants, amélioration de la voirie (en partie financée par les miniers)... Avec la reprise, Kolwezi s'équipe progressivement.

Le revers de la médaille

De quoi réjouir Mme la maire, ex-cadre de la Gécamines, qui fut bourgmestre de la populaire commune de Dilala. Mais la médaille a son revers. L'afflux de migrants venus d'autres districts du Katanga, des provinces voisines (Kasaï et Maniema), voire des pays limitrophes, a fait exploser la population de Kolwezi. « Nous avons 1,5 ou 2 millions d'habitants, je ne sais pas... Ce que je constate, c'est que la ville s'étend de plus en plus vers le fleuve et que les familles s'entassent dans une même pièce », explique Charlotte Cime, « Maman » pour ses administrés.

Une urbanisation accélérée qui pose des problèmes, aussi bien en ce qui concerne l'aménagement et les services urbains (logement, assainissement, eau, électricité...) que le civisme, la sécurité ou même l'alimentation. « Il faut remettre nos populations aux champs », martèle l'élue, inquiète du déficit de produits agricoles. Au premier rang de ses préoccupations figurent également la santé – avec des projets de nouveaux hôpitaux, centres de santé et cliniques mobiles – et l'éducation.

La scolarisation primaire, notamment, est en forte baisse depuis la fermeture des écoles de la Gécamines. « Nous devons rouvrir des écoles publiques, réhabiliter notre université et nos instituts supérieurs, les doter en matériel, et construire des logements d'étudiants pour que Kolwezi redevienne le carrefour universitaire qu'il était autrefois », martèle Mme la maire, qui imagine le mieux pour sa ville. Le cœur cuprifère de la RD Congo le vaut bien.

Table des matières

STRUCTURES ÉDITORIALES DU GROUPE L'HARMATTAN

L'HARMATTAN ITALIE
Via degli Artisti, 15
10124 Torino
harmattan.italia@gmail.com

L'HARMATTAN HONGRIE
Kossuth l. u. 14-16.
1053 Budapest
harmattan@harmattan.hu

L'HARMATTAN SÉNÉGAL
10 VDN en face Mermoz
BP 45034 Dakar-Fann
senharmattan@gmail.com

L'HARMATTAN CAMEROUN
TSINGA/FECAFOOT
BP 11486 Yaoundé
inkoukam@gmail.com

L'HARMATTAN BURKINA FASO
Achille Somé – tengnule@hotmail.fr

L'HARMATTAN GUINÉE
Almamya, rue KA 028 OKB Agency
BP 3470 Conakry
harmattanguinee@yahoo.fr

L'HARMATTAN RDC
185, avenue Nyangwe
Commune de Lingwala – Kinshasa
matangilamusadila@yahoo.fr

L'HARMATTAN CONGO
67, boulevard Denis-Sassou-N'Guesso
BP 2874 Brazzaville
harmattan.congo@yahoo.fr

L'HARMATTAN MALI
Sirakoro-Meguetana V31
Bamako
syllaka@yahoo.fr

L'HARMATTAN TOGO
Djidjole – Lomé
Maison Amela
face EPP BATOME
ddamela@aol.com

L'HARMATTAN CÔTE D'IVOIRE
Résidence Karl – Cité des Arts
Abidjan-Cocody
03 BP 1588 Abidjan
espace_harmattan.ci@hotmail.fr

L'HARMATTAN ALGÉRIE
22, rue Moulay-Mohamed
31000 Oran
info2@harmattan-algerie.com

L'HARMATTAN MAROC
5, rue Ferrane-Kouicha, Talaâ-Elkbira
Chrableyine, Fès-Médine
30000 Fès
harmattan.maroc@gmail.com

NOS LIBRAIRIES EN FRANCE

LIBRAIRIE INTERNATIONALE
16, rue des Écoles – 75005 Paris
librairie.internationale@harmattan.fr
01 40 46 79 11
www.librairieharmattan.com

LIBRAIRIE L'ESPACE HARMATTAN
21 bis, rue des Écoles – 75005 Paris
librairie.espace@harmattan.fr
01 43 29 49 42

LIB. SCIENCES HUMAINES & HISTOIRE
21, rue des Écoles – 75005 Paris
librairie.sh@harmattan.fr
01 46 34 13 71
www.librairieharmattansh.com

LIB. MÉDITERRANÉE & MOYEN-ORIENT
7, rue des Carmes – 75005 Paris
librairie.mediterranee@harmattan.fr
01 43 29 71 15

LIBRAIRIE LE LUCERNAIRE
53, rue Notre-Dame-des-Champs – 75006 Paris
librairie@lucernaire.fr
01 42 22 67 13

www.ingramcontent.com/pod-product-compliance
Lightning Source LLC
LaVergne TN
LVHW021144061026
849535LV00002B/350